中国社会科学院
国际研究学部集刊

中国社会科学院
国际研究学部集刊
［第8卷］

新安全观与新安全体系构建

**New Security Concepts and Constrouction of
Security System**

中国社会科学院国际研究学部

张蕴岭／主编
袁正清／副主编

社会科学文献出版社
SOCIAL SCIENCES ACADEMIC PRESS（CHINA）

主编、副主编简介

张蕴岭　全国政协委员，中国社会科学院学部委员、国际研究学部主任，中国亚太学会会长。

袁正清　中国社会科学院世界经济与政治研究所研究员，博士生导师，《世界经济与政治》副主编。

目　录

序 言

张蕴岭

我国正处在重要发展期，维护国家安全和创建有利的安全环境至关重要，确保和延伸我国发展的机遇期是现实的战略目标。在新的形势下，需要新的安全观念和战略。

习近平主席提出，国家安全必须坚持以总体国家安全观为指导，以人民安全为宗旨，以政治安全为根本，以经济安全为基础，以军事、文化、社会安全为保障，以促进国际安全为依托，走出一条中国特色国家安全道路（2014年4月15日习近平在中央国家安全委员会第一次会议上的讲话）。应该说，总体安全观的提出，是我国关于国家安全认识和构建的一个重大转变，也是对我国提出的新安全观思想的一个新的发展，其最重要的含义是把安全的各个要素统合起来，把内部和外部的安全统合起来。

就国内安全而言，政治安全是保证，而保障政治安全，核心是保障中国共产党执政地位，坚持走有中国特色社会主义的道路，抵御内外敌对势力的侵袭与渗透。社会安全是基石，而保障社会安全，重要的是实现包容性发展，缩小社会收入分配差距，构建广覆盖的基本社会保障体系，化解社会矛盾，构建公民对国家和社会事务参与及负责的民主与诚信体系，制止宗教极端势力、邪教、民族分裂势力及恐怖活动。经济安全是关键，保障经济安全，重要的是保障经济发展的安全，保证全面深化改革开放进程的顺利实施，实现发展方式的转变，走可持续发展的道路，保持经济稳定与较快增长的势头。鉴于我国与世界的经济联系紧密，相互依赖，特别是我国经济在世界经济中占据的地位越来越重要，影响力越来大，一方面要提升制约内部、局部问题扩散和防止外部危机冲击的能力；另一方面也要提升自身对外部经济运行、市场走向和资源、能源供给条件的导向力，积极参与全球治理和国际体系的改革，维护一个开放、公平的国际市场环境，保障国家发展所需的资源、能源供给的安全。

当然，还有信息安全、国土安全、军事安全、文化安全、科技安全、生态安全、资源安全、核安全，等等。就信息安全而言，它对国家安全具有特殊的保障内涵，应建立维护信息畅通、保障信息安全的技术和监管体系，具备快速、有效应对重大信息事故的能力。掌握核心和尖端技术，研制出本国自主知识产权的核心和尖端信息技术，建立可以自主掌控的、安全和有效的现代信息体系。作为一个上升的大国，我国需要拓展发展的利益与战略空间，为此，要提升应对和反制霸权国家对我国的战略包围、遏制并制止其对我国核心利益、重要利益侵犯和侵蚀的能力，提升保证我国经济交往、资源和能源供给的海上、陆地和空中战略通道畅通的能力，提升高效、迅速应对内地和边境地区突发事件，特别是暴力恐怖事件的能力，确保我国发展机遇期的内外综合安全环境不受到大的干扰和破坏。

尽管我国已经是一个综合实力很强的大国，遭受外敌入侵的危险基本消除，但是外部安全环境的保证仍然面临许多挑战。这既需要我国审慎应对和处理各种复杂的矛盾，也需要有作为地创建新的协商与合作机制。特别是，在全球化深入发展的大势下，各种影响我国发展与安全的因素内外交织，渗透性、突发性和联动性特点突出。我国的对外交往遍及世界，经济联系、人员交流、文化交流广泛而深入。因此，世界经济形势的变化，局部和大的危机冲击，地区局势，特别是重要国家政局动荡及政局变化引起的对华关系调整，恐怖袭击，大型突发事件等，都对我国的发展、对外关系、国际贸易和投资、海外资产、原料能源供应，以及我国公民人身安全产生重要的影响，甚至是严重的威胁。

如今，世界经济与国际关系格局正处在大的转变之中，一则，大变化与重组为我国的发展与提升带来许多新的机遇；二则，大变化与重组产生的新矛盾带来不稳定性和不确定性，对我国造成许多威胁和挑战。

从经济安全环境来看，世界经济的发展已经进入一个新的发展调整期，调整期的主要特点是不稳定性、不确定性和风险性增大。有利的方面是，世界市场开放与合作发展的大趋势没有发生逆转，新兴经济体为世界经济的发展增添新的活力，创新技术推动发展的力量得到加强。但是，不利的方面也非常突出，其中，主要是发达国家的经济增速放慢，新兴经济体进入发展的调整期，发达国家特别是美国力图通过贸易再平衡战略，领衔"跨太平洋伙伴关系协定"（TPP）制定新的规则，以保住其既有利益，削弱包括中国在内的新兴经济体的竞争优势。尽管新兴经济体的群体发展是一个大趋势，是我国开拓市场的新疆域，但是，由于多数国家缺乏可持续的内生资本和技术创造力，陷入高增长后的结构失衡，使得市场发展不稳定，贸易和投资保护主义增强。出于对我国竞争力的担心，我国的商品和投资在新兴市场上可能会受到许多限制。

随着金融国际化趋势进一步加强，我国参与国际金融体系的程度会进一步加深，人民币国际化进程会加速。国际金融市场网络化，新兴金融工具和产品不断涌现，使得国际金融市场不稳定性和风险增加，一旦发生危机，其冲击力巨大，影响迅速扩散，不仅殃及金融体系运行和自身安全，而且扩及广大领域。2008年发生的美国次贷危机冲击全球，酿成严重的全球性国际金融和经济危机，使我国遭受严重的影响。尽管未来一个时期发生这样大危机的概率不大，但那场危机的后续影响，以新的形式发生的局部危机和金融市场发生动荡的风险不能排除。因此，我国的金融市场安全，参与国际金融市场运作的安全面临严峻的挑战。

我国发展方式的转变和经济结构调整需要一个开放、稳定和可预测的国际经济环境，需要利用开放的世界市场拓展发展空间，增加对外贸易和扩大对外投资，广开资源和能源供给渠道。发达国家力推新的规则，搞市场新保护主义，针对我国的意图明显，加之我国重要的资源、能源供给来源地易于发生动荡等，这些都为我国经济保持稳定发展带来新的威胁与挑战。

从安全关系的角度看，二战后形成的国际关系格局和安全架构正在经历重大调整。与以往不同，在这一轮调整中，作为综合实力快速提升、由大国向强国行进的我国，处于大调整的漩涡中心。我国作为上升大国与守成的美国之间的关系是国际关系矛盾和安全冲突领域的焦点。美国对中国没有战略信任，把中国作为主要的挑战者。为了维护其霸权地位，在全球和地区保持主导性影响力和重大利益，美国竭力对我国进行战略压制，利用诸多手段对我国实力的提升进行限制，甚至不惜采取一些对抗性的手段对我国进行遏制。因此，今后一个时期，美国针对我国的战略布局还会加强，会利用各种手段和机会挑动事端，置我于被动，陷我于乱局。在诸多涉及我国的矛盾冲突中，都可以看到美国积极活动的影子。如何应对来自美国的战略威胁与挑战，这是我国应对外部安全挑战的一个重点。

　　来自周边地区的威胁和挑战最直接，也最为敏感和难以把握。从历史上看，周边地区的安全威胁主要是对我国领土的直接进犯，外部动荡和战乱殃及我国。如今不同了，没有任何一个周边国家有能力单独或者联合对我国入侵，主要的安全威胁来自领土争端，其中主要是海上争端（岛屿主权与海域划界）引起的冲突，或者陷入久拖无解的消耗争斗，对我所采取的敌视、敌对和联合制衡的措施，以及分裂势力、极端势力、恐怖团伙采取的暴力行动等。

　　从全球角度看，鉴于我国融入全球化发展进程，拥有巨大的全球利益，因而复杂的全球问题，包括国际体系调整改革，应对全球气候变化与生态失衡，打击极端势力、恐怖势力，防止核扩散与维护核安全等，都与我国的发展和安全息息相关。国际经济体系需要改革，其中，重要的是改变不合理的权力结构，体现世界发展的力量结构变化，能更好地反映包括我国在内的发展中国家的诉求和利益。美国等发达国家抵制和拖延改革损害我国的利益，不利于全球治理的发展。今后一个时期，围绕推动国际体系调整改革与抵制调整改革，主导规则制定与参与规则制定之间的矛盾与斗争，成为全球经济治理的一个主线条，与我国关系极大。在诸多涉及全球问题的参与和治理上，我国也面临着参与、推进调整改革与维护自身发展与安全利益的矛盾与选择，这对我国作为一个大国的参与能力建设，自身体制建设，以及我国对国际重要问题发挥重要的影响力，争取有利的国际发展环境，维护国家安全利益等，提出新的要求和挑战。

　　我国最早提出新安全观，倡导构建基于协商与合作的新安全关系和秩序，并且作出积极的努力，推动新安全关系和新安全机制的构建。在新的形势下，以总体国家安全观为指导，构建基于总体安全关系与秩序的战略会成为一个新的取向。

　　经济安全战略保障的重点应该是有利于扩大我国经济全球参与的空间，有助于提升我国核心技术竞争力，扩大对发展中国家特别是新兴经济体市场的参与，加快建设资源、能源主供给国与区域在开发和输送方面的安全保障体系，以及加快构建基于深度参与国际金融市场的本国金融运作与保障体系。我国需要一个开放的国际市场环境，因此，要维护全球贸易体系的基本框架，推动在此框架下的多边开放，反对贸易保护主义。但同时，我国也要构建新的合作发展机制，提出并且推动新机制的发展，以"增量发展"来推动原有机制的调整改革和让新机制发挥更大的作用。近年来，我国推动的金砖国家开发银行、亚洲基础设施投资银行、上合组织银行的成立，在地区和世界范围大力推动互联互通建设，提出以合作发展为宗旨的"一带一路"大战略等，这些都是思维、方式和机制上的创新。

就安全关系而言，作为一个上升的大国，面对的挑战是多方面的。应对美国的战略威胁，还是要坚持合与斗的两手，即一方面与美国共建新型大国关系，创造合作空间，增加共利基础；另一方面对其侵犯我国核心利益、重要利益的战略布局和行动进行反制，提升自身的综合应对能力，与其进行战略周旋。中美存在战略冲突，但不是一种全面对抗性的关系，两国之间的经济、安全关系和利益交织很深，相互依赖性很强，尽管存在着发生冲突的潜在危险性，但也存在着缓和冲突、化解矛盾的利益基础与沟通机制。其实，在战略上，避免与中国发生全面对抗也是美国的战略底线。中美关系的双重结构决定了双方的关系具有竞争、冲突与协商、合作并存的特征，双方都有利益要争，也都有力求减少直接冲突、寻求合作的动机。从整体安全环境来分析，稳住中美关系这个大局，使之不发生大对抗，我国在处理与其他大国关系和其他局部热点及矛盾问题上，就可以争取到更多的主动权和掌控力。

中美关系并不是大国关系的全部，不能替代其他的关系，我国还要在发展与其他大国关系上加大投入。抓住新的机遇，进一步深化中俄全面战略协作伙伴关系机制，既可以加强中俄双边关系，又可以平衡美国对我国的战略压力。中俄深化全面战略合作而不结盟，是合作共利，而不是合谋共斗。与俄罗斯深化战略协作关系，要着眼于长远利益，使俄成为我国外部安全的长久稳定器，要抓住重点领域做实、做深。中欧不存在战略冲突，我国与欧洲大多数国家的政治、意识形态分歧趋向于缩小，有着进一步拓展和深化的潜力。中欧存在两层关系，即与欧洲各国的关系和与欧盟整体的关系。国家间关系是基础，具有多样性的特点，既要抓住重点国家，如德国、法国、英国，也要重视那些具有发展潜力和具有特殊重要性的国家。欧盟关系是平台，要通过加强与欧盟整体的关系，发挥其综合、协调与超国家的能力，拓展战略性合作的领域。让欧洲成为我国外部安全的一个平衡因素。

稳住周边，发展周边，营造周边，使之成为我国走向强国之路的战略依托带，这是外部安全关系和安全环境构建的重点，要从战略依托和命运共同体的定位出发，发展和深化周边关系，处理好周边热点问题、麻烦问题。对来自周边的安全威胁和挑战要分类，分别采取不同的对应和解决措施。领土争端危及国家主权与安全，最易引发战争。我国的陆地疆界只剩下与印度有争端，短期内很难彻底解决，小型摩擦也许在所难免，所需要的是掌控局势，防止事态扩大。维护边界地区安全，应以稳定局势为基础，在谈判上可以采取更有进取性的策略，争取取得一定进展，要以发展经济关系为主轴，推动中印关系的全面发展，加强两国在地区事务、国际事务中的合作，尽力化解两个新兴大国的战略竞争与猜疑。同时，加强与南亚其他国家的关系，把斯里兰卡、孟加拉国、尼泊尔作为新的战略支点，推动中国—南盟经济与安全合作框架的建立。

东海、南海成为冲突热点，有发生局部冲突的风险。钓鱼岛涉及国家主权。中日冲突的焦点实际上不是钓鱼岛，而是中日力量的对比和东亚安全结构的历史性大转换，这是一个较长过程。战略上要稳，不被日本右翼的气势汹汹搅局。

至于南海问题成为热点，也与我国军力增强，展示实力和拓展利益有关。越南和菲律宾是以攻为守，把局部问题炒热、炒大，拉美国及其他外部力量助威，对我国进行战略牵制。美国、日本则抓住机会搅局，增加实际利益。南海岛屿的争端主要集中在南沙地区，在操作上，应以稳定占控现状为主，有选择地加强对控管岛礁的建设。维护海上航行自由符合我国利益，我国应采取更为积极的措施，倡导保障南海商业航行自由，反对单方根据大陆架原则划定专属经济区。同时，要充分利用东盟这个整体框架，稳住和继续深化与东盟的整体合作，进一步做非争端国家的工作，加强与它们的合作。

朝鲜半岛局势具有不稳定性和不确定性，是多种力量和利益的交汇点。阻止在我家门口生事，反对在我近临地区挑乱，避免被卷入战争，这是朝鲜半岛安全战略保障的一个底线考量，因此，应该在继续维护中朝关系稳定框架的同时，向朝鲜施加足够的压力，阻其进行新的核试验，劝阻其做危险的挑衅行动。韩国与我国的关系得到深入发展，愿意考虑我国的安全合作建议，因此，应进一步深化与韩国的全面战略伙伴关系。韩国在安全上倚重美国，出于对朝鲜半岛大局利益的考虑，亦有与我国发展安全合作的考虑，我国应采取更有进取性的政策，与其构建具有实质性内容的安全磋商与合作机制。在朝鲜半岛事务上，也可以开展与美国的战略沟通与协调，维护局势稳定，在朝鲜半岛形成战略平衡与制衡态势，增加我国在半岛局势发展上的主动性。

长期以来，周边地区是我国安全的最大隐患，一再发生战争。周边发生战争，不管是我国参与的，还是不参与的，都对我国造成巨大的损害，是对我国安全的直接威胁。在我国由大到强的历史转变进程中，确保不在我国周边地区发生战争，是我国安全设计与布局的一个底线，这既包括不发生针对我国的战争和在我国家门口发生战争，也包括我国不用战争的手段解决争端。

为要把周边地区作为一个重点利益区和战略依托区来营造，要进一步参与和推动周边次区域合作机制的建设，推进以共利为基础的命运共同体建设，通过主动和有作为的经济关系、政治关系、安全关系、社会关系、文化关系的多向构建，实现我国与周边地区的共同发展和共享和平，以共同的利益、共同的责任，构建命运共同体。

亚洲正在进入一个新的发展时期，我国要在亚洲有更多的作为，使亚洲成为我国构建新安全秩序和机制的实验区。上海合作组织发展的经验表明，只要找到共同的利益关注点，构建新的区域安全合作机制是可行的。我国借亚信这个平台，提出新亚洲安全观和推动亚洲新安全机制建设的倡议，得到亚洲大多数国家的支持。这是跳出美国主导的传统安全框架羁绊，提升我国的影响力和导向力，改善我国外部安全环境的重要举措。我国要在这个领域进行更大的投入，推动亚信平台机制化的建设，包括建立亚信峰会、安全部长会议的定期会晤机制，建立亚洲反恐信息中心、亚洲安全培训中心，设立亚洲安全交流项目等。新亚洲安全合作机制的内涵是寻求合作而不是对抗，是开放性的而不是封闭性的。

我国借助参与现行国际体系和秩序实现了经济的快速发展和综合实力的提升。现行国际体系和秩序有可资利用的一面，也有需要改革的一面。继续参与和维护现行国际体系和秩序的基本框架和运行机制，在发展中提升自身的地位和影响力，是一项长期的战略。与此同时，我国也必须积极推动现行国际体系和秩序的改革，深度参与全球治理，谋划和构建新型的国际和区域发展与安全合作机制，在"增量"上多下功夫，争取使国际体系和秩序的发展结构更为均衡，使发展和安全更利于我国实现国家近期和长远的目标。

总之，今后一个时期，我国的综合安全形势面临许多挑战，但也会有不少作为。现实的发展把我国置于世界转变漩涡的中心。一则，为了应对中国综合实力的快速提升，外部许多运作都有针对中国的因素；二则，我国作为有重要影响的大国，是催生或影响变化的一个重要变量。因此，我国面临挑战，但也并不完全处在被动应对危机和挑战的地位，也拥有相当的主动性和较强的导向力。这后一个方面是设计和布局我国应对外部威胁与挑战战略的一个重要着眼点。为此，要积极推动新安全制机制的构建，确保和延长我国发展的战略机遇期新的安全环境，发展适应新时期区域和国际新发展的共同安全和合作安全的新机制。

　　国际研究学部组织有关新安全观与新安全体系构建的课题研究，以汇集院内外现有的研究成果为基础，就相关问题进行进一步分析和讨论，在此基础上编辑年度集刊。本项工作得到《世界经济与政治》编辑部，特别是编辑部主任袁正清研究员的大力支持，得到各位作者的积极支持，他们对已发表的论文进行了深度修改，在此深表感谢。还要指出的是，亚太与全球战略研究院的杨丹志博士也参与了此项工作，作出应有的贡献。

　　像以往一样，我希望国际研究学部的这项工作能够对推动有关我国安全思想、理论与战略的研究起到积极的作用。

张蕴岭

2015 年 1 月 20 日

上篇
国家安全理念

以总体国家安全观评估中国外部安全环境

刘建飞 *

中国外部环境主要包括发展环境与安全环境两个方面。① 从发展的角度看，中国外部环境虽然面临着一些新挑战，但总体上是好的，机遇十分明显。从安全的角度看，中国所面临的外部环境尽管存在很多机遇，但挑战相对突出。本文试图以中国特色社会主义为视角，并以总体国家安全观为指导，对中国外部安全环境进行全面考察。

一 以中国特色社会主义为视角看国家安全外部环境

"总体国家安全观"由习近平总书记在国家安全委员会第一次会议上提出，②

---

* 刘建飞，中共中央党校国际战略研究所研究员。原文发表在《国际问题研究》2014 年第 5 期，收入本集刊时有修改。

① 外部环境若细分，还可以包括政治环境、社会环境、外交环境、文化环境、舆论环境、生态环境等，但是这些都可以归结到发展环境和安全环境。其中政治环境主要是指国家政治制度和意识形态存续与发展所面临的环境，通常会对发展环境和安全环境带来重大影响。美国 1994 年发布的《国家安全战略报告》就提出三个方面的目标，即维护安全、扩展经济和推进民主。实际上就是将政治同安全与经济并列，成为国家处理对外关系时的主要考虑因素之一。不过，当今时代主题是和平与发展，意识形态对抗的地位下降，因此，同发展环境和安全环境相比，政治环境也位居次要地位。在谈外部环境时，学者们有时也用"战略环境"一词，用以表达将各种环境因素综合到一起的总体态势。

② 《习近平总书记在国家安全委员会第一次会议上提出：坚持总体国家安全观 走中国特色国家安全道路》，《人民日报》2014 年 4 月 16 日，第 1 版。

其要义就是从中国的特殊国情出发,将政治、经济、军事等各领域安全纳入到一个有机的整体中来统筹考量、把握。与世界其他大国相比,中国最特殊的国情就是实行社会主义制度,坚持走中国特色社会主义道路。所以,考察中国的外部环境,特别是国家安全的外部环境,首先就要抓住这个基本国情。以中国特色社会主义为视角来考察国家安全外部环境问题,同单纯从国家角度来考察相比较,会有不少看点。

第一,凸显"一国两制"和祖国统一问题所带来的挑战。

虽然香港、澳门已经是中华人民共和国的一部分,但是由于实行资本主义制度并高度自治,它们有可能被西方大国利用来干预中国内政,甚至作为向中国大陆传播西方价值观的阵地。台湾虽然是中国不可分割的一部分,两岸同属一个中国的事实从未改变,但是毕竟尚未实现统一,台湾分裂的潜在威胁依然存在,而且台湾目前在安全上同美日保持着较为密切的关系,在意识形态上也同大陆有明显差异。所以,如果说港澳台地区对"中国外部环境"带来的挑战还不那么严重的话,那么,对"中国特色社会主义外部环境"所带来的挑战则十分明显。

第二,有助于对中国所面临的外部挑战有更客观、更清醒的认识。

如果仅从"中国外部环境"来审视世界,我们往往倾向于将中国作为一个普通的正在崛起的大国来看,视野局限于国家间关系中常规的问题,如国家间的安全关系、经济关系,而忽视国际政治中的意识形态因素。然而,国际政治的现实是,西方国家一直将意识形态因素纳入其对外政策。比如,在经济上,打压"走出去"的中国国企,限制向中国出口高科技产品;在军事力量发展上,对中印区别对待,对中国是防范限制,对印度是鼓励扶持。可以说,中国作为一般意义上的崛起大国,可能只有美国、日本、印度等同中国有地缘战略矛盾的大国及一些周边中小国家令我们感到担忧;而中国作为一个社会主义大国崛起,感到担忧的恐怕就不止上述国家,许多西方国家出于各种原因,对社会主义制度缺乏认同感。

第三,有助于我们更理性地认知自己的实力。

如果仅从"中国外部环境"来看问题,我们的目光往往聚焦于国家间硬实力的对比以及以硬实力为基础的国际政治格局变化,从而过多看到中国所面临的机遇,看到的挑战则相对少一些。比如,单纯从经济、军事等硬实力看问题,我们很容易看到中美之间的实力差距在快速拉近;再比如,简单地以硬实力为基础审视国际政治格局，我们也容易认为伴随着多极化推进，中国作为一极，其国际影响力和话语权会相应增大。然而，当我们从"中国特色社会主义外部环境"看问题时，情况就会有很大不同。首先，虽然美国同中国的实力对比差距在缩小，但它凭借以价值观为基础的同盟体系，依然具有十分明显的优势。其次，美国很容易打着"促进民主""推广普世价值"的旗号在国际舞台上打压中国，并得到西方盟友及相当一部分实行西方民主制度的发展中国家的理解和支持。正如卡内基和平基金会副主席托马斯·卡罗瑟斯（Thomas Carothers）所强调的："虽然西方和其他国家之间的国力对比正在发生变化，但是许多新的非西方大国实际上是民主国家。巴西、印度、印度尼西亚和土耳其等崛起民主大国的社会经济活力不仅正在发挥自己的样板作用，而且通过支持其周边国家的民主，来促进全球范围的民主。"① 最后，美国将"普世价值"作为其重要的软实力，严重制约中国软实力的构建。

"中国特色社会主义外部环境"与"中国外部环境"并非互不相关的，二者实际是一个事物的两个层面：前者是后者的内核，后者是前者的载体。载体不存，内核也就失去存在的基础；而内核不存，载体的性质和面貌也会发生根本变化。换句话说，如果"中国外部环境"出了问题，"中国特色社会主义外部环境"也不会安然无恙，中国特色社会主义事业也就难以顺利推进，从这个意义上说，"中国外部环境"的挑战自然也是"中国特色社会主义外部环境"的挑战；反之，如果中国特色社会主义事业不能顺利推进，"中国特色社会主义外部环境"就会严重恶化，进而影响"中国外部环境"。

二 政治安全的外部环境最具挑战性

习近平总书记在提出总体国家安全观和中国国家安全体系时，强调政治安全是根本。② 突出了政治安全的特殊地位。这是在对中国特殊国情和国家安全形势新特点、新趋势准确把握的基础上作出的论断。中国国情最大的特点之一就

---

① Thomas Carothers, "Reenergizing Democracy Promotion," November 29, 2012, Carnegie Endowment for International Peace, http://carnegieendowment.org/globalten/? fa = 50142.

② 《习近平总书记在国家安全委员会第一次会议上提出：坚持总体国家安全观走中国特色国家安全道路》，《人民日报》2014年4月16日，第1版。

是走中国特色社会主义道路，这一点决定中国政治安全所面临的挑战比一般国家为甚。

历史上，小国、弱国面临的最大安全威胁来自于军事方面。但对大国、强国来说，军事安全威胁的危害性则相对小一些。例如苏联，其虽曾面临多次外敌入侵，但都化险为夷。苏联解体时，其超强的军事实力丝毫未受打击。

经济安全也不足以使一个大国解体。苏联在 70 多年历史中，虽曾多次遭遇严重经济困难，但都经过艰苦奋斗渡过了难关。解体前，苏联经济也并非到了无可救药的程度。苏联安全问题首先出在政治安全上，尤其是意识形态安全上。① 苏共改旗易帜导致政权丧失，社会主义制度难以为继；国家失去凝聚力，刺激了一些加盟共和国的分离倾向；苏共内部滋生出各种派系，最后分裂、瓦解。

历史经验表明，对处在资本主义包围之中的社会主义国家的安全来说，最具颠覆性的是政治安全。中国特色社会主义事业发展到今天，虽然取得了举世瞩目的成就，但是仍然没有摆脱处在资本主义包围之中的局面。国家政治安全至关重要，其中最突出问题就是意识形态安全。正因为如此，意识形态被认定为"是党的极端重要的工作"。②

就目前来看，中国意识形态安全面临着内外挑战。

从内部来看，中国特色社会主义意识形态一直面临着两方面的挑战：一是来自右的方面，有些人试图用西方的民主社会主义取代科学社会主义；二是来自"左"的方面，有些人忽视社会主义初级阶段这个基本国情，强调社会主义与资本主义对立的一面，而漠视发展中国家需要向发达国家学习、借鉴的一面。若如此，中国特色社会主义就会失去"中国特色"，有可能退回僵化的老路。2014 年 2 月，习近平在省部级主要领导干部专题研讨班上发表重要讲话，强调"既不走封闭僵化的老路，也不走改旗易帜的邪路"。③ 对中国特色社会主义道路来说，"老路"与"邪路"都是危险之路，都会危及中国的意识形态安全。

---

① 政治安全主要包括意识形态安全、国家制度和政权安全、国家统一安全及执政党自身组织安全。苏联解体在这四个方面都有体现：执政党和国家改旗易帜、原有的国家制度和政权消亡、多民族国家解体、执政党分裂进而瓦解。

② 中共中央宣传部：《习近平总书记系列重要讲话读本》，学习出版社、人民出版社，2014，第 105 页。

③ 黄中平：《着力提高治理能力 切实防止"两个陷阱"》，《求是》2014 年第 7 期，第 50～52 页。

　　从外部来看，美国等西方国家出于"反共主义"意识形态，一直没有放弃冷战思维。① 它们对中国坚持走社会主义道路并快速崛起，越来越感到恐惧，对"中国模式"影响力的不断增强更是耿耿于怀。美国实施促进民主战略和推广"普世价值"战略，在亚洲试图构建"民主国家联盟"，在涉疆、涉藏和台湾问题上干涉中国内政，支持海外的各种反共、反华势力，在香港的政治制度发展问题上暗中同中国大陆较劲，无不是在贯彻其"西化"中国的战略。而美国的这些战略和政策，很容易得到其他西方国家的支持。美国等西方国家的所作所为，对中国的意识形态安全构成非常严峻的挑战。

　　这里值得特别强调的是美国推广"普世价值"战略的挑战。奥巴马政府上台后，将推广"普世价值"作为实施意识形态外交的主要抓手。2010 年版《美国国家安全战略报告》明确将"在国内和全世界尊重普世价值"作为美国全球战略的主要目标之一。②

　　普世价值有两类：一类是世界各国共同发扬光大的价值，如和平、发展、善治、秩序、和谐、公正、平等、合作、环保；另一类是西方首先发扬光大然后为世界多数国家所接受的价值，如自由、民主、人权、法治。这就是说，普世价值并不等同于西方的价值。容易将人引入理论误区的是第二类价值，它们虽然是西方首创，但却不是西方垄断的专利，许多发展中国家和社会主义国家也将这些价值作为本国施政的理念，最为典型的就是民主。不过，西方国家将自己奉为民主的楷模，并以传教士的姿态向全球推广所谓"普世价值"，以实现自己的利益，这是我们要保持清醒的。西方国家在推广所谓"普世价值"时，是将它们规定的内涵和标准赋予民主、自由等价值。例如，按西方的标准，凡是民主必须实行多党制、三权分立、普选等，这实际上是将实现民主方式的代议制等同于民主本身，将西方模式的民主等同于全部的民主。西方国家以它们定义的"普世价值"冒充一般普世价值的做法，在很大程度上混淆视听，导致了非常恶劣的后果。一些尊崇民主的人误以为，中国要发展民主，就必须照搬西方的模式；与之相反，一些反对自由化、要维护中国意识形态安全的人则误认为普世价值就是西方的东

---

① 参见刘建飞《美国"民主联盟"战略研究》，当代世界出版社，2013，第 3～48 页。

② The White House, *National Security Strategy*, May 2010, pp. 7，17，http：//www. whitehouse. gov/sites/default/files/rss_ viewer/national_ security_ strategy. pdf.

西，中国不能搞民主，也不能要自由和人权。尤其是美国等西方大国在推广"普世价值"时还时常实行双重标准，用"普世价值"来打压竞争对手，以维护本国的私利，这就更让人对普世价值敬而远之。普世价值很容易造成思想上、理论上的纷争，进而危及意识形态安全。

中国政治安全面临着非常复杂的外部环境，尤其是一些不利于中国维护政治安全的外部环境因素，即经济全球化、市场经济和信息网络化，恰恰是中国发展所必需的，也是无法回避的，这使政治安全的外部环境更具挑战性。

三　国家安全总体形势与外部环境评估

站在国家总体安全观的高度来审视中国国家安全体系，可以看出，不同领域的安全形势及主要威胁来源是大不相同的。政治安全形势相对较为严峻，主要威胁源来自内部。从国际共产主义运动史的经验教训可见，任何外部的政治安全威胁都要通过内部因素来发挥作用。而外部威胁源主要是美国等西方国家。军事安全也具有颠覆性，中国在评估国际形势和外部安全环境时，首先要看的就是军事安全环境，看和平与发展是否还是时代主题，中国是否会遭遇大规模战争。目前中国的军事安全只有潜在的威胁，主要威胁源来自日本及日美同盟。当然内部因素也很重要，如果自身虚弱或安全意识淡薄，让竞争对手有机可乘，就会刺激潜在外部威胁使之变成现实威胁。经济安全形势相对较好，主要潜在威胁源则来自国内。中国应对国际金融危机的经验表明，只要国内经济良性运转，政府对外部危机的影响应对及时、得力，经济安全就有保障。国土、社会、文化、科技、生态、资源、核领域安全，主要威胁源也是在国内，外部威胁源是次要的。这些安全领域虽然存在许多不利因素，但总体上是可控的。维基解密和斯诺登事件表明，信息安全威胁比较现实、突出，而且主要威胁源来自外部，来自美国及其盟友，但信息安全威胁的作用主要通过军事、政治、经济和科技等领域的安全问题来发挥，其自身很难对国家安全造成颠覆性威胁。

应对各种安全挑战和威胁，维护国家安全，需要内外兼修，国内与国际问题统筹把握，对内不断提升维护安全的能力，对外不断营造良好的外部环境。营造外部环境，无论是安全环境还是发展环境，都需要搞好外交工作，处理好同各国的关系。在中国外交的大棋局中，最具挑战性也是人们最为关注的是中美关系、中日关系以及中国同一些周边国家关系。

首先是中美关系。从外部环境来说，美国是当今世界唯一有能力阻断中国和平发展进程、干扰中国和平崛起的国家。关键的问题是要对美国阻断中国和平崛起的意愿和决心以及在此基础上的战略有一个准确的判断、评估。就目前来看，美国从自身利益出发，不愿意同中国直接对抗，而是寻求竞争中合作，当然不排除在不损害自身重大利益的前提下利用一切机会和手段牵制中国崛起。美国对华战略可以用"塑造"来概括，即通过合作、融合将中国塑造成伙伴，避免崛起后的中国变成美国的敌人。① 然而，随着中国崛起，美国牵制、遏制中国的动力在上升。② 特别是伴随着美国战略重心东移，中美在亚太地区的战略摩擦明显增加。能否处理好对美关系，对中国安全环境至关重要。

其次是中日关系。日本并非一般的东亚国家和中国周边国家，虽然中日关系已经从全球层面大国关系中淡出，但是在东亚区域和中国周边层面，中日关系仍然十分重要。近年来，中日关系明显恶化。这与日本政治右倾化有很大关系。安倍政权在钓鱼岛问题和历史问题上坚持错误立场，不顾中韩等国的强烈反对解禁集体自卫权，凸显出日本右翼势力之猖獗。影响中日关系的一个更重要的因素是日美同盟。美国从其全球战略利益出发，不会接受日中关系好于日美关系这样的三边关系状况。鸠山由纪夫民主党政府试图调整日本外交政策，拉近对华关系，构建日美中等边三角关系。但是，鸠山首相没多久就被迫下野，美国是背后推手已成为公开的秘密。中日关系处于僵持状态，其结果是两败俱伤，而美国是最大受益者。未来中日关系面临两个风险：一是日本右翼政客在既有道路上越走越远，为了自己的政治利益而打中国牌，通过对中国示强而获取民意支持；二是如果美国决心要全力遏制中国，日本会甘愿充当美国的急先锋。安倍政权在建立"亚洲民主国家联盟"上比美国还积极，就反映了这种倾向。但是，这种倾向在目前的日本政治生态下很难扭转。中日如果走向军事对抗，极有可能刺激美国介

---

① 美国"塑造"中国的战略思想在2006年的《四年防务评估报告》中阐述得最为清晰。参见刘建飞《塑造中国：美国对华战略新动向》，《中国党政干部论坛》2006年第3期，第33~35页。

② 比如，美国2014年《四年防务评估报告》就称，亚太地区的安全形势在恶化，而中国快速实现军事现代化并缺少军事透明度是导致这种恶化的重要原因。参见 U. S. Department of Defense, *Quadrennial Defense Review Report*, March 2014, p. 4, http：//www. defense. gov/pubs/2014_ Quadrennial_ Defense_ Review. pdf.

入并站到日本一方，导致中国同美日同时对抗。如此，中国军事安全环境乃至其他许多领域安全环境会严重恶化。

最后是中国同部分周边国家关系。中国周边国家众多，而且同不少国家有领土及海洋权益纠纷。中印领土争端一直是影响两国关系的重要因素。近年来，中国同一些东南亚国家在南海问题上的纷争加剧，一个重要动因是美国调整亚太战略，试图借助南海问题牵制中国，恢复其在东南亚地区的影响力，而相关争端国家则试图借助美国的力量来谋取利益。在处理南海问题上，中国政府处于两难的境地：如果在维护领土主权上无所作为，会激起国内民众的强烈反响，损害政府和执政党的威信与形象；如果过度作为，导致同相关国家关系严重恶化，又会影响周边安全环境的稳定，更会影响国际社会对中国走和平发展道路的认同，甚至会使日美从中渔利，恶化中国的战略环境。

不过，上述三方面外部因素的影响仍然是局部的，并没有从根本上逆转中国外部安全环境，包括周边安全环境。在和平与发展为主题的时代，周边多数国家都不愿意同中国搞意识形态对抗，即便是美国和日本，也没有将意识形态对抗作为其对华政策的主轴。如果从总体国家安全观的视角来考察一些媒体常炒作的"C型包围圈"，可以看出，所谓"包围圈"只存在于某个领域，而不是在总体上。在经济等层面，根本就不存在针对中国的任何包围，周边国家都跟中国有很密切的经济、文化关系，而且大部分国家都愿意进一步发展这种关系；在军事层面，至多是在东亚地区存在一个针对中国的弧形，即美日同盟等以美国为中心的同盟体系，广大北亚、中亚、南亚、东南亚国家，并未见有威胁中国军事安全的意愿和行为；在政治层面，确实有"包围圈"，因为中国周边绝大多数国家都实行与中国相异的社会制度，针对美国实施的"促进民主"战略和推广"普世价值"战略，这些国家或积极呼应，或虽不积极参与但却乐见其成，或认为与己无关。这样的周边环境无疑给中国维护政治安全带来严峻挑战。

四 基于外部安全环境挑战的新安全机制构建

从外部安全环境挑战来看，中国要继续营造良好的外部安全环境，一方面要在和平发展合作共赢的旗帜下继续推进全方位外交，特别是发展同美国以及日本等周边国家的关系，另一方面需要加强安全机制构建。鉴于亚洲地区不像欧洲那样拥有较成熟的共同安全机制，中国需要从实际出发，首先着眼于应对现实挑战，同时兼顾长远利益和外部安全环境建设，构建多层次的安全机制。

1. 加强双边安全机制构建

从目前的外部安全环境挑战来看，主要问题是以双边或以双边为基础的，比如中美关系、中日关系以及中国同美日同盟的关系，所以解决这些问题首先应当加强同相关国家的安全合作，并在此基础上加强安全机制构建。在双边安全合作中，最为重要的是中美合作。如果中美之间能够在战略互信的基础上建立起有效的安全合作机制，不仅会使中国外部安全环境的最大挑战因素得以控制，而且还会对其他国家形成示范效应。

构建中美安全机制，除了坚持并完善每年一度的战略与经济对话框架下的战略对话外，还应当加强中美两军的交流与合作，形成固定的交流、合作机制，确保两军不会形成战略误判，进而实现不冲突、不对抗。

鉴于中国政治安全外部环境最具挑战性，而美国又是最大的外部挑战力量，应当加强中美之间在人权、民主、法治等方面的交流与合作，促进美方对中国的道路、制度等问题的理解和尊重。除了完善已有的人权对话机制外，还应当建立民主、法治等领域的对话机制。这些对话机制也适用于发展与中欧（及各欧盟成员）、中澳、中加等双边关系。

2. 次区域多边安全机制构建

目前在中国周边已经形成几个次区域多边安全合作机制，比如上海合作组织、东亚峰会及一度很活跃的朝核六方会谈。这些安全机制的宗旨和功能有所不同，有的是针对某一个具体问题，如朝核六方会谈，有的侧重于非传统安全，如上海合作组织。但是不管怎样，这些机制为加强相关国家的交流与合作提供了一个平台。中国应当积极推动这些机制的发展、完善，拓展其功能，有些还可以扩充成员。比如，可以将朝核六方会谈改造成东北亚安全合作机制。蒙古也可以被吸纳进来。即使朝鲜暂时不愿意参加，也可以定期举行其他六方的会谈，协调各方在朝核及东北亚安全问题上的立场和政策。如果东北亚安全机制能够建立起来，有利于化解美日同盟、美韩同盟给中国安全环境带来的消极影响。

3. 中国全周边安全机制构建

目前亚洲没有涵盖全区域的安全机制，也没有涵盖中国全周边的安全机制。从外部环境安全建设的长远发展考虑，中国应当积极推动构建涵盖全亚洲至少是涵盖全周边的安全机制构建。在这方面，可以双管齐下：一是不断扩容上海合作组织；二是改造"亚信"。

"上合"在促进成员国的安全合作上相当成功，而且中俄两国在其中发挥了主导作用。扩容"上合"有利于保证中国在其中的地位与作用。但困难也出在这里。正是由于中国的作用突出，可能会使日本等与中国有安全利益矛盾的国家缺乏加入的动力，从而使之难以成为全周边或全区域的机制。

"亚信"具备发展成为亚洲全区域安全机制的潜质。首先该组织的名字"亚洲相互协作与信任措施会议"就表明其宗旨是促进成员国之间安全协作与互信；其次是亚信成员国遍布亚洲各次区域，代表性强；再次是目前加入亚信的绝大多数发展中国家和新兴大国（中俄印）安全观相近，容易沟通合作；最后是亚信还容纳了利益冲突国家，比如以色列与伊朗、巴勒斯坦，印度与巴基斯坦。

当然，亚信还是一个非常初级的安全机制，对之进行改造将是一项长期而艰巨的任务。对中国来说，改造亚信首先需要明确思路。

第一，慎重扩容。一是明确地域范围，尽可能只吸收亚洲国家。埃及只能作为唯一的例外，俄罗斯可算亚洲国家。现有观察员中的美国、澳大利亚、乌克兰等不是亚洲国家，只能作为观察员，不能成为正式成员。二是争取早日将印尼这样在次区域影响力较大的国家吸收进来，以带动本次区域其他国家加入。

第二，深化合作内容。除了在非传统安全上加强合作外，重点是传统安全合作。在传统安全合作上，相关国家之间面临的最大问题是缺失互信。亚信应当在促进安全互信上大做文章，这也正是该组织的初始宗旨。在安全合作的基础上，也可以利用这个平台加强成员国间的经济、文化等方面的合作。亚信的近期目标是以欧洲安全与合作组织为样板，长期目标应当是建立像欧洲联盟那样的亚洲联盟。

第三，加强观念（思想）建设。亚信要想有持久的生命力，必须构建符合各国共同利益，能为各国接受的理念、价值观，如和平、合作、互信、相互尊重。没有理念，只有利益的合作机制，不会有生命力。可考虑在中国提出的新安全观基础上构建一套价值观。在这方面，中国可以发挥特殊的，甚至是主导性的作用。

第四，推进制度建设。加快亚信常设机构的建立和议事规则的制定。除了定期峰会、外长级会议、副外长级会议外，还应当设立若干协调小组，比如巴以、印巴、阿富汗。利用这些协调小组来推动相关国家之间的安全协作及互信措施建立。在这方面，应当让哈萨克斯坦这样的国家多发挥作用，中国给予支持。

五　结语

站在总体国家安全观高度来审视中国安全外部环境，需要以中国特色社会主义外部环境为视角。在此视角下，政治安全是根本，中国政治安全外部环境最具挑战性。

以总体国家安全观为指导来评估中国安全形势与外部环境，可以看出：虽然某些领域的安全形势相对复杂、严峻，但中国的总体国家安全形势和外部环境基本面是好的。虽然中美关系、中日关系、中国同一些周边国家关系近年来摩擦较多，面临的挑战与风险较为突出，但外部因素的影响是可控的，只要经营得好，就不会对中国外部环境带来颠覆性的影响。总而言之，在安全与发展之间，安全尚未超越发展而成为首要任务，中国的发展仍然面临重要战略机遇期，发展依然是党和国家的中心工作和第一要务。

结合中国安全外部环境目前所面临的挑战和长远建设的需要，中国除了继续加强全方位外交外，还需要加强安全机制构建。从现有基础和条件出发，构建安全机制应当从双边、次区域和全区域三个层次同时推进。

论国际安全关系

李少军*

在国际政治中，讲安全总要涉及各种各样的互动关系。倘若行为体之间不存在任何互动，则根本无所谓安全或不安全。因此，安全总是一定关系的产物。这种关系，就是安全关系。安全关系作为一个范畴，概括的是国际行为体在安全事务中的相互作用和相互影响。这种相互作用和相互影响，会使参与互动的行为体构成体系，而体系反过来则成为行为体身处其中的安全环境。由于行为体面对的所有安全问题都是在这样的体系互动中发生和解决的，因此要理解和应对安全问题，就必须了解这个体系的属性、特点与运作机制。

基于对事实的观察和理论演绎，本文阐释了国家在国际安全事务上互动的主要表现，解释了这种相互依赖关系的体系结构和基本属性，并且分析了国家在安全体系中的行为模式及互动的后果。本文所要论证的核心观点就是，国家间的安全关系具有自助与共存两种基本属性。在互动中，国家基于自利会发生冲突，但为了共存又会受到国际规范的约束。由于国家通过互动谋求安全必须使自己对现状的改变得到相关方的同意，因此共同安全乃是实现安全的必然路径。任何国家要实现自己的安全利益，都要有实力和能力改变现状，但同时又要让安全互动有可以谈判的空间以利于得到他方的同意。在互动中，只有让一定的结局实现合法化，国家所面对的安全问题才能得到最终解决。

---

* 李少军，上海社会科学院国际关系研究所特约研究员。本文原载于《世界经济与政治》2014 年第 10 期，收录本集刊时做了修改。

一 国家在安全上的相互依赖

在国际关系中，每个国家所面对的威胁、危险，以及所采取的维护安全的措施，都与其他国家相关。这种相互依赖的属性使得国家在安全上的相互作用与相互影响无处不在。对国家来说，任何一个国际安全问题都是一个互动问题。国家有不同的安全利益诉求，就会参与不同类型的互动，并且会形成不同的安全关系的结构。[①]

1. 主权与外交关系

在安全互动中，国家首先是作为主权者相互作用和相互影响。国家能以这种身份互动，前提条件是相互承认主权。[②] 在当今的国际关系中，成为联合国成员国通常被认为是得到主权承认的标志。不过，成为联合国成员国未必就能得到联合国所有成员国的承认。有一些联合国成员国就至少不被一个成员国承认。例如，以色列得到了158个联合国成员国承认，与33个联合国成员国未建交。就未得主权承认的政治实体而言，虽然有宣称"建国"的政治实体不被任何联合国成员国或非成员国承认，如2014年出现的"伊斯兰国"，但有的政治实体也有较高的主权承认度，如科索沃就得到了108个联合国成员国的承认。

国家被承认为主权者，就可以加入国际组织和国际条约，得到国际法保护，并且可以与其他主权国家建立正式的外交关系。国家间建立正式外交关系，就有

---

① 本文研究的出发点是国家间的互动。迄今学界虽有对特定国家间安全关系的研究，但没有对"安全关系"的概念研究与理论演绎。流行的研究模式是阐释安全的主体（如从国家安全到人的安全）和安全的问题（如从传统安全到非传统安全）。虽然有学者把现实主义对权力结构和自由制度主义对规范结构的论述纳入安全研究，但这些学派的研究主要侧重的是结构对行为体的影响。它们都没有说明国家间的"无政府"与"有规范"实际上都是国家间安全互动的产物，而且是共存的属性。建构主义在20世纪90年代对安全问题的关注，例如对行为体的身份与利益的建构的阐释，也未见对安全关系的说明。按照我的观点，只有基于安全关系的概念，才能说明国家间在安全上的相互依赖以及国家谋求安全与他者的相关性，并进而推论出解决安全问题谋求同意的重要性，以及实现共同安全的必然性。

② 按照建构主义理论，主权是一种社会事实。约翰·鲁杰指出，"这类事实的存在是由于人们同意它们的存在，它们的存在是人所建立的制度加以支撑和维系"。彼得·卡赞斯坦、罗伯特·基欧汉和斯蒂芬·克拉斯纳编《世界政治理论的探索与争鸣》，秦亚青等译，上海人民出版社，2006，第256页。

了以外交手段解决安全问题的空间，在一些时候就可以避免冲突，谋求各方都同意的安全结局。由于主权国家受承认的程度不同，因此所享有的主权互动空间也不同。例如，有部分国家就拒绝有以色列签证或出入境章的护照持有者入境，而以色列政府也禁止国民前往叙利亚、伊拉克、黎巴嫩、沙特阿拉伯、伊朗等"敌对国家"。通常，主权受承认的程度越高，国家和国民的国际安全环境就越好，面对的因主权纠纷而产生的安全问题就越少。国家如果互不承认，那对双方来说都意味着面对一种不安全的互动局面。

2. 政治与价值认同关系

国家作为主权者互动，都有对于他者的认同。认同决定一个国家在世界政治中的位置，决定它的朋友和敌人。除了政治认同之外，国家基于宗教、民族和意识形态等因素也会形成认同关系。现代社会的交通与通信条件，导致了不同国家人民之间更频繁、更强烈、更对称、更全面的相互作用，其结果就是认同对国家间关系的作用更加显著。[①] 基于认同，国家在安全上可能相互支持甚至结成同盟，在战略上可能以伙伴身份开展合作，也可能进行政治对抗、经济制裁甚至军事冲突。

认同决定相互依赖的属性与模式，并且会导致其他连带问题。例如，日本政府对历史问题的错误态度，作为一种价值认同，就导致了中日、韩日关系的全面恶化。冷战结束后北约的东扩和美国在俄罗斯家门口部署反导系统，反映出西方国家对俄罗斯的敌对认同并没有发生真正改变。乌克兰危机发生后，双方采取的对抗措施，表明双方的敌对认同在进一步强化。

3. 地缘关系

主权国家都是地缘实体，都与其他国家有一定的地理关系。无论是内陆国家还是海洋国家，都需要划定与其他国家的边界，而这种边界的划分都是经由国家间的互动实现的，需要得到相关国家的同意。如果边界存在争议，国家就需要进行谈判。如果谈判不能解决问题，当事方可以搁置争议。如果不能搁置争议，争议升级，问题就有可能演变成冲突甚至战争。

地缘关系作为一种相互依赖结构，具有相当高的敏感性。在一些情况下，国

---

① 参阅塞缪尔·亨廷顿《文明的冲突与世界秩序的重建》，周琪等译，新华出版社，1998，第134 页。

家在地理上对邻近国家有可能产生不信任感，甚至会构成威胁。例如，孟加拉国把印度列为威胁，印度将巴基斯坦列为威胁，韩国将朝鲜列为威胁，泰国将柬埔寨列为威胁，都是地缘关系所导致的结果。一般来讲，国家的邻国越多，所面对的地缘安全问题就越多。

在当代的国际关系中，除领土问题这个国际安全热点之外，伴随着海洋资源的开发，海上运输线重要性的提升，以及各国海上军事力量的发展，国家在海洋上的竞争也构成了地缘相互依赖关系的重要方面。

4. 军事关系

主权国家作为权力行为体，都是以军事力量作为国家安全的支柱。在国家的互动中，发生武装冲突乃至战争是最严峻的安全互动。在不发生战争的情况下，国家间的军事关系，主要表现为军事外交、军备竞赛、军控与裁军、军事威慑等。在国家有正常外交关系的多数情况下，国家间的军事关系主要体现为军备的竞相发展。在这种互动中，每个国家的军备发展都会参照相关国家的军备水平，并且会紧跟世界军备发展的潮流。它们的行为常常会呈现出"行动—反行动"的特点，即一方的军力发展会导致相关的其他国家采取相应的行动。尤其是在相互不信任的国家之间，军备建设会表现出密切的相关性。"安全困境"就是这样的互动的结果。

军备竞赛所导致的安全困境，对国家来说是一种消极前景。为消解这样的困境，国家也可以有另外的选择即进行军控与裁军。在冷战时期，美苏进行了裁军谈判，也签署了多项条约。冷战结束后，美俄继续了这样的过程，尽管有反复与曲折。从互动逻辑来看，尽管削减军备可能减少相关国家的敌意，从而营造出更安全的环境，但如果有国家受到欺骗，导致力量失衡，那就可能形成更危险的局面。由于敌对的国家间很难建立起真正的信任关系，因此国家往往宁可冒陷入安全困境的危险，也不愿轻易下决心进行军备裁减，除非这种削减一点也不影响国家维持安全的底线（例如核裁军）。

国家以军事手段进行互动，最基本的目的就是改变对手的行为，使之做原本不会做的事。以军事力量为后盾施加影响，国家可以选择威慑，如显示武力，也可以通过加强军事同盟关系对他方施压。国家在军事互动中诉诸战争手段是比较少见的，因为这样做代价大且有可能导致难以控制的后果。美国在21世纪初发动阿富汗战争与伊拉克战争，在取得军事胜利后都遇到了没有意料到的结果：美国力图通过消灭恐怖主义并建立民主制度的方式谋求安全，但结果是美国既没能消灭恐怖主义，也没能建立起稳定的民主制度。

在当代，尽管国际规范对战争的制约作用在增强，但战争仍然是国际关系中的常见形态。在一些地区，国际冲突长期存在，例如以色列与巴勒斯坦之间就一直存在冲突。

5. 经济关系

国家间在经济上的相互依赖，使得经济安全相互关联。一个国家所面对的问题，很可能具有"传染效应"。例如，1982年发生的墨西哥债务危机，导致了历时10年的拉美债务危机。1997年开始于泰国的亚洲金融危机，很快蔓延到马来西亚、印尼、菲律宾、韩国等国家，造成灾难性影响。2008年发生的美国次贷危机，很快就从美国本土向全球蔓延，从金融领域向实体经济扩散，最后将许多国家拉下水。2010年发生的欧债危机，最初开始于希腊，其后蔓延到爱尔兰、葡萄牙、西班牙、意大利等国，并影响到整个欧盟经济。

由于国家在经济上相互依赖，因此当国家实施经济制裁以损害目标国利益时，也会对自身的经济安全造成损害。同理，对于陷入危机的相互依赖同伴，如果不加以救助，就有可能危及自身。在欧债危机中，德国就不得不出手救助陷入困境的欧元区国家。

6. 围绕全球问题的互动关系①

全球问题的凸显使得国家间的安全互动还会形成更广泛的相互依赖关系。例如，解决气候变化、核扩散、反恐、传染病、粮食危机等问题，国家都需要围绕共同利益进行互动，从而形成具有全球性的安全关系。面对这些问题，世界各国需要采取集体行动。集体行动也是一种相互依赖关系。由于进行合作需要付出代价，因此国家间是存在利益的讨价还价的。不过，这种合作中的责任分担与国家间根本的利害冲突是有本质不同的。

从总体上来看，国家间在安全问题上的互动，会导致它们形成密切的相互依赖关系。这种相互依赖关系涉及复杂的问题和领域：有一些具有零和属性，一方

---

① 本文的演绎出发点是主权国家间的关系，因此偏重传统安全。对于国家必须参与的全球性问题的治理，由于互动问题是复杂的全球性联系的产物，并不是单纯的主权国家互动的结果，因此在这里是把它作为国家间安全关系的特殊表现。

所得就是另一方所失（例如领土问题），也有一些具有非零和属性，各方通过合作可以促进共同利益（例如反恐），有一些属于高政治问题，比较敏感（例如武装冲突），也有一些属于低政治问题，易于开展合作（例如贸易谈判）。这些不同的相互依赖关系交织在一起，构成了国家谋求安全的体系背景。这种结构，正如约瑟夫·奈所言，无所谓好，也无所谓坏。① 它包含国家间的不信任、冲突和对抗，也包含国家间的合作和遵约，包含国家间改变现状的行为，也包括国家间维持现状的行为。如果说国家间相互承认主权，接受互不干涉规范是一种相互依赖，那么恃强凌弱，"无法无天"，也是一种相互依赖。没有国家在国际安全问题上能够脱离这种相互依赖。所有应对国际安全挑战和谋求安全利益的国家都是共存于这个大环境之中。

国家身处这种结构之中，就会受到结构的无处不在的影响。体系结构对国家的影响，比较突出的有两个方面：一是每个国家的安全政策都不可能独立地制定与实施，而是会受到其他国家乃至整个体系的影响。② 例如，在领土安全问题上，中国与周边国家的政策就相互影响。二是国家在体系中可以采取单边行动，但不能控制互动的结果。这就如同战争的发生一样：一个国家就可以发动战争，但想结束战争、实现和平就不是单方面可以决定的事情了。③ 正是阿富汗战争和伊拉克战争的教训，使得奥巴马在 2014 年 8 月决定对"伊斯兰国"实施空袭时很纠结，因为他深知，一旦动手其结果就可能无法控制了。

事实表明，要理解和解释国家谋求安全的行为及其结果，就必须理解和解释国家在安全上的相互依赖，以及由此而形成的安全关系结构。在对相关的互动现象进行观察和归纳的基础上，我们还需要进一步讨论其结构的一般属性与特点。

---

① Joseph S. Nye Jr. , *Understanding International Conflicts*, New York：Longman, 1997, p. 162.
② 这一点体现了体系的特点。正如布尔（Hedley Bull）所讲："如果两个或两个以上国家之间有足够的交往，而且一个国家可以对其他国家的决策产生足够的影响，从而促成某种行为，那么国家体系或国际体系就出现了。"参阅赫德利·布尔《无政府社会：世界政治秩序研究》（第二版），张小明译，世界知识出版社，2003，第 7 页。
③ 弗罗姆金（David Fromkin）指出，虽然保持和平需要两个或更多国家，但只要一个国家就可以发动战争。即使在今天，甚至在其他大国想要维持和平的情况下，一个侵略者也可以发动一场较大战争，除非其他国家强大到足以遏制它。见 David Fromkin, *Europe's Last Summer：Who Started the Great War in 1914?*, New York：Vintage Books, 2004, pp. 293 - 294.

二 国际安全结构的属性与特点

国家进行安全互动所形成的体系结构,本质上是一种主权国家结构,因为国家谋求和维护安全都是以主权者为身份。以这样的身份参与互动,国家间的安全关系会体现出主权国家体系所具有的两个根本属性:一个是独立与"无政府状态"所导致的冲突属性,另一个是平等与不干涉规范所导致的共存属性。这两种属性,在以往的国际关系研究中多有论及,但没有研究从理论上论证这两者乃是同一互动的结果。实际上,只有从共存的视角理解这两种属性,才能够对国家维护安全的行为机制有适宜的理解。

从历史上讲,主权国家体系的这两个属性是同时产生的。正是最早发生于欧洲的从前主权国家向主权国家的转变,奠定了这种安全结构的属性与运作特点。

在主权国家产生之前,欧洲的政治实体包括大大小小的王国、公国、公爵领地及其他准自治单位,存在着重叠交错的忠诚和政治义务。到 15 世纪末,欧洲有约 500 个独立的政治单位。[①] 婚姻、血缘关系和战争是改变国家间关系的主要方式。臣民除了要效忠本地的封建主之外,还可能要对一些遥远的贵族、主教及罗马教皇负有义务。这种政治结构的顶点是两个人物:神圣罗马帝国皇帝是世俗权威,教皇是精神权威。在原则上,没有一个统治者可以垄断任何领土的政治权力。1648 年签订的《威斯特伐里亚和约》改变了这一政治结构。[②] 领土国家和代表世俗最高权力的主权者的形成,标志着在每一块领土上不再有多种效忠和权威,只有对国王或君王权威的效忠。领土和领土之上的人民属于统治者,而统治者不必听命于一个外部权威。没有外部的更高权威,各个国家遂成为独立与平等的政治实体。[③]

外部更高权威的消失,意味着国家间的互动成为一种"无政府状态"。在这

---

① 约瑟夫·A. 凯米莱里、吉米·福尔克:《主权的终结?——日趋"缩小"和"碎片化"的世界政治》,李东燕译,浙江人民出版社,2001,第 15 页。

② A. Watson, *The Evolution of International Society*, London: Routledge, 1992, p. 186. 转引自罗伯特·杰克逊、乔格·索伦森《国际关系学理论与方法》,吴勇、宋德星译,天津人民出版社,2008,第 20 页。

③ 卡伦·明斯特:《国际关系精要》,潘忠岐译,上海人民出版社,2007,第 25~26 页;布鲁斯·拉西特、哈维·斯塔尔:《世界政治》,王玉珍等译,华夏出版社,2001,第 48~50 页。

种状态下，国家都得自己照料自己的利益。国家以主权者的身份"自助"，必然会以不容他者干涉的方式谋求自身的最大利益。由于国家都发展成了拥有军队的权力行为体，都是以权力作为谋求利益的最终保证，因此主权国家体系一诞生，通行的就是丛林法则：强者为所欲为，弱者尽受其苦。

"无政府状态"作为对国际体系的一种概括，解决了"无"的问题，但没有解决"有"的问题。实际上，国际体系虽然无政府，但却有规范，因为"自助"的国家在体系中都不得不接受彼此都拥有主权的平等与共存状态。由于每个主权国家的合法性都取决于其他主权国家的承认，因此国家在形成主权关系的同时，亦会形成一种互不干涉内政的关系。① 这种主权规范赋予了各主权国家一层自我保护的坚硬外壳。显然，国家要享有主权地位，就必须接受主权规范。如果哪个国家不承认其他国家的主权地位，那么它自身主权的合法性就不复存在了。②

主权国家体系先天所具有的这两种属性，显然是相互矛盾的。无政府状态下的独立与自助，导致了国家间的不相容性，其表现就是权力政治。当国家间的利益发生矛盾的时候，国家就可能运用权力改变国家间关系的现状。国际冲突就是这种机制发生作用的体现。不过，国家以主权者的身份进行权力互动，其行为又不能免于主权规范的制约。由于主权国家是平等的，都有不受干涉的权利，因此有国家破坏这种关系时，就会受到相关国家的反对。在这种互动中，虽然维护主权国家体系的规范没有一个强制性机构来实施，但被认为犯下"侵略"和"反和平"罪行的国家在一定程度上是会遭到体系的惩罚的，其中包括舆论的谴责，也包括其他主权国家在维护和平旗号下可能实施的联合经济制裁与军事打击。

观察主权国家体系产生以来的国际关系史，可以看到，在上述两种机制的影响下，主权国家间的互动，一方面存在着持续不断的权力冲突，既定的主权秩序

---

① 学界对于 17 世纪国家体系的"相互承认"的特点是有论述的，但对"无政府状态"与相互承认的关系却缺乏解释。可参阅罗伯特·杰克逊、乔格·索伦森《国际关系学理论与方法》，吴勇、宋德星译，天津人民出版社，2008，第 19~20 页。

② 摩根索在阐释主权问题时，论及了约束主权国家的国际法规则。他指出，如果各国不能做到相互尊重属地管辖权，如果没有对这种尊重施以法律保障，那么建筑在国际法之上的国家体系就无法存在。不过，摩根索并没有特别强调国家间的相互承认，而是认为无论各国同意与否，这一类规则对所有国家都有约束力。他称之为"多元国家体系赖以存在的逻辑前提"。见汉斯·摩根索《国家间政治》，徐昕等译，中国人民公安大学出版社，1990，第 387 页。

常常遭到破坏，但另一方面也始终存在着对权力因素的规范性制约。由于在这个过程中对主权秩序的破坏来自于权力因素，而规范的制约最终也需要依靠转化为权力的影响，因此权力的互动构成了主权体系演进的一个最突出的要素。

对于主权体系中的众多国家（特别是中小国家）来说，进行权力互动，最理想的模式当然是权力的平衡，即每一方都有一定的自卫能力但不能压倒甚至进攻他国。这样，各国就能比较稳定地共存，能够遵守互不干涉内政的规范，而体系则能保持和平的状态。相反，如果权力显著失衡，各方共存的和平状态就可能被改变，不干涉规范就会失去约束作用，主权管辖边界会被打破，国家间的利益也会重新分配。通常，权力失衡越严重，主权体系被改变的可能性和程度就越大，而引发的平衡力量也越大。在欧洲的历史上，称霸与反霸就体现了这样的互动特点。

罗伯特·杰克逊和乔格·索伦森对欧洲的权力互动历史有这样的阐释：哈布斯堡帝国（奥地利）在三十年战争（1618～1648年）中企图称霸，但被法国和瑞典联军阻止。法国国王路易十四（1661～1714）企图称霸，但被英荷联军阻止。拿破仑（1795～1815）企图称霸，但被英国、俄国、普鲁士和奥地利四国阻止。后拿破仑时期大国间的均势（欧洲协调），在1815～1914年的大部分时间里得到了维持。希特勒（1939～1945）统治下的德国企图称霸，被美国、苏联和英国阻止。在过去的350年里，欧洲国际体系一直努力抗拒着世界政治历史的主要发展趋势，即强国总是企图迫使弱国臣服于它们的政治意图以便建立帝国。①

历史事实表明，强权国家争霸，力图以帝国替代主权秩序，都不能成功。主权体系作为国家共存的结构保持了延续性。尽管在长期的历史演进中国家版图发生了很多变化，但主权原则作为维持国家间关系的基础保持了下来。正是这些原则的规范作用，构成了国家间和平的合法性基础。

观察今天的主权国家体系，可以看到，尽管与历史对比已有很大不同，但体系的两个本质属性却依然在起作用。在17世纪即主权国家刚诞生的时候，正如霍布斯所认为的那样，由于所有国家都同等地、经常性地为这样一种恐惧所驱使，即其自身的生存这一各国所拥有的最值得珍视的东西可能受到威胁，因此多

---

① 罗伯特·杰克逊、乔格·索伦森：《国际关系学理论与方法》，吴勇、宋德星译，天津人民出版社，2008，第20～21页。

国体系呈现出的是一场为安全而展开的全面斗争。① 在今天，情况肯定要好得多，比如在欧盟国家之间就不再有这样的恐惧，但从国际安全互动的整体来看，国家间的不信任甚至对抗关系还是相当普遍的存在的。由于国际体系中不存在争端的最终裁决者，因此国家依然面对着米尔斯海默所称的"911"问题，即受到威胁时不可能向一个中央权威拨打"911"寻求帮助。②

从另一方面来讲，主权体系中制约国际政治冲突，特别是制约侵略战争的规范因素，肯定也比历史上的情况要好得多。特别是 20 世纪先后出现的《国际联盟盟约》（1919 年）、《非战公约》（1928 年）和《联合国宪章》（1945 年）等重大规章所塑造的规范观念，确立了尊重并保持各国领土完整、政治独立的原则，并且对于国家使用武力施加了明确而严格的限制。这些确保主权国家共存与和平的规范，虽然不能从根本上消除战争，其约束作用与人们的期望还相去甚远，但它们所起到的反对侵略、维护和平的道义作用是不可否认的。正是因为存在这些规范，国家在直接动用权力手段谋求安全的时候，都不得不对照国际法原则，思考如何谋求行为的合法性。

国际安全关系所具有的这两个属性，作为影响国家行为的结构性机制，对国家谋求安全的行为是有决定性影响的。作为体系中的单元，国家既会受到权力政治机制的压力，同时也会受到国际规范机制的压力。应对权力政治压力，国家需要发展和保有相应的实力，需要时刻警惕可能发生的危险。用德国"铁血宰相"俾斯麦的话来形容，国家很像是同在一个车厢里的陌生人之间的关系，每一个人都不间断地注视着其他人，当一个人把手放入口袋的时候，他旁边的人也准备好自己的左轮枪，以便能够首先开火。③ 应对国际规范的压力，国家则需要考虑如何遵约。事实上，在今天的多数情况下，乘车者是可以在车厢中保持共存关系的，因为所有乘车者都需要接受乘车规范。尽管在乘车者之间始终存在不信任关系，仍然有可能发生冲突，但无视规范就不能与他者共存，就会被赶出车厢，从

---

① 阿诺德·沃尔弗斯《纷争与协作——国际政治论集》，于铁军译，世界知识出版社，2006，第8 页。

② John J. Mearsheimer, *The Tragedy of Great Power Politics*, New York: W. W. Norton & Company, 2001, pp. 32 – 33.

③ Peter Mangold, *National Security and International Relations*, London and New York: Routledge, 1990, p. 2.

而损害自身的安全利益。

国际安全体系的上述两个属性，对国家谋求安全的过程与结果都是有直接影响的。它们在很大程度上规定了国家间互动的大体趋势，对于人们思考国家的安全战略选择与行为结果是有重要启示意义的。

三　合法性与共同安全

对于主权体系的两种属性和影响机制，长期以来人们看重的一直是权力因素，认为权力才是维护安全的唯一决定要素。在这一点上，进攻现实主义讲得最彻底：国际体系是一个险恶而残忍的角斗场，要想在其中生存，国家别无选择，只得为权力而相互竞争。国家永远无法确信其他国家对它们不怀敌意。大国必须尽可能多地获取权力以保护自身。理想的结果是做体系中的霸权国。软弱只能招致麻烦。[1]

现实主义对权力机制的演绎，与国际体系的无政府和冲突属性是切合的。事实上，许多国家特别是大国在实践中就是这样做的。直至今天，流行的看法仍然把加强权力与维护安全紧密相连。然而，由于国际体系有两个基本机制，国际安全互动并不是单纯的权力竞争，主权国家的安全互动还有共存和受规范约束的特点，因此只讲权力的逻辑是不能对安全关系的演进作出完全和适当的解释的。在这个问题上，我们需要具体地分析国家间安全互动的模式及其结果。

在国际体系中，国家谋求安全的行为，都是想要对某种现状进行某种程度的改变。国家的诉求，在体系中会导致相关国家进行互动，可能是讨价还价，也可能是激烈对抗。这样的互动，在一些情况下可以达成一致，但也可能长期不能达成一致。达成一致，就意味着问题得到了（相对）解决，各方能够接受现状，确立行为规范，并形成稳定的秩序。如果达不成一致，则意味着问题得不到解决，矛盾乃至对抗状态会持续下去。这两种不同的互动结果，前一种得到了互动方的同意，而后一种则没有得到同意。在这里，"同意"构成了决定安全互动结果的要素。

---

[1]　约翰·米尔斯海默：《大国政治的悲剧》，王义桅、唐小松译，上海人民出版社，2003，第38页。

　　在政治学的概念中，"同意"是与"合法性"相联系的，即政府或政治共同体的合法性是建立在被统治者的同意的基础上的。① 借鉴这两个概念，我们可以把国际安全关系的"合法性"理解为互动各方的"同意"。在这个问题上，我们需要区分国际社会基于正式规范所表达的同意，以及相关的当事方对互动问题的同意。这两种同意的意义有关联，但并不是一回事。

　　在国际安全互动中，人们通常认为符合国际法的行为，例如符合《联合国宪章》才是合法的，反之则是不合法。例如，美国 2003 年发动伊拉克战争之前并没有得到联合国授权，战争打起来之后才设法让联合国通过了相关决议，目的就是要使自己的行为具有合法性。② 这一事例表明，即使是超级大国，在安全互动中也不能无视国际规范所决定的合法性。在当今的国际关系中，正式的国际规范，例如联合国大会、安理会等机构通过的决议，都是经由一定的投票机制形成的。这种"同意"体现了国际社会的态度。值得注意的是，这种经由正式机制表达的同意或不同意，尽管对互动方的行为有影响，但充其量只有相关作用而很少能起因果作用。在很多情况下，当事方是不会老老实实地按照对自己不利的国际规范行事的。

　　就特定的互动问题来说，真正对结局起决定作用的乃是当事方的态度。安全问题能否得到最终解决，事后能否形成稳定的秩序，关键要看各当事方是否同意。得到同意，互动结局就具有合法性，各方就能按照一定的规范行事；得不到同意，即使现状被改变，争议问题也还是争议问题。从这个意义来讲，国家要实现安全诉求，不论中间经过怎样的过程，最终的目标都是要使自己谋求的现状得到同意或者说使之合法化。在这个过程中，如果说国家能改变现状是谋求安全的必要条件，那么能实现现状的合法化则是谋求安全的充分条件。

　　观察现实的安全互动，可以看到，凡是存在问题（争议）的关系，都是未能得到同意的关系。例如，以色列与巴勒斯坦的关系就具有这样的特点。就这样的关系来讲，只要存在不同的安全诉求，那么互动现状就只是过程而不是结果。对于没有结果的安全互动，各方会始终以谋求同意作为目标。出于不同的诉求，

---

① 杰拉尔德：《政治哲学》，李少军、尚新建译，（台湾）桂冠图书公司，1993，第 171~193 页。
② 联合国安理会 1483（2003）号决议，2003 年 5 月 22 日，http：//www. un. org/chinese/aboutun/prinorgs/sc/sres/03/s1483. htm。

每一方在互动中都会力争使对自己有利的结果得到同意。

以谋求合法性为安全互动的最终目标，国家就必须进行利益的讨价还价。由于国家作为主权者是共存于安全体系之中，因此要实现同意就必须使各方都有安全利益可以谈判。没有可以谈判的利益，就不会有谈判，而没有谈判，就不会有同意和合法性。尽管在互动中强势的国家可以强行建立某种秩序，例如改变对争议领土的控制，但得不到同意的现状是始终存在安全隐患的，因为存在对立的安全诉求就意味着存在不安全。因此，国家要实现真正的安全，就必须使一定的现状合法化，而要达到这个目标，就必须要有一个谈判程序。实际上，即使是通过战争打败另一方，国家在战争结束后也需要一个过程使新秩序得到同意。例如，日本在二战后接受新宪法，就是对新的国际安全秩序的同意。

从国家谋求安全的行为机制来看，其过程大体上包括两个阶段，一是提出诉求和改变现状，二是谋求同意以建立新秩序。这两个阶段对应于不同的机制，需要国家有不同的能力与反应。

作为谋求安全的第一步，国家要改变现状通常是需要有相应的实力的。例如，领土受到侵犯，军事上受到威胁，经济上受到制裁，国家都需要有适宜的权力手段来应对。在很多时候，国家提出安全诉求没有一定的实力基础就不能对现状进行改变。改变不了现状，就不可能实现任何安全目标。在国际安全互动中，大国之所以比小国地位更有利，就是因为大国有更强的实力。当然，就非传统安全领域的互动而言，情况则有根本的不同。例如，进行气候谈判就不能靠实力。

国家在安全互动中提出诉求并且改变现状后，就需要进入谈判阶段以谋求现状的合法化。由于国家提出的诉求有复杂的情形，因此进行谈判是面对着不同的难度与前景的。对于"非零和"问题，实现合法化相对容易，因为这样的问题容易找到谈判空间，通过讨价还价有可能达成各方都能接受的目标。例如，气候谈判、贸易谈判、军控谈判等都属于这种情况。但是，如果各方面对的是"零和"问题，要实现各方都同意的目标就非常困难了。例如，领土问题就是最典型的"零和"问题，一方得到一块领土，另一方就会失去这块领土。如果双方都承认问题具有争议性而同意进行谈判，那还有希望从技术上（进行与领土相关的其他利益交换）找到各方都能接受的缓解矛盾的途径（包括搁置争议、共同开发资源等），但如果有一方不承认问题具有争议性，根本不承认问题有谈判空间，那就唯有对抗一种前景了。在当今的国际关系中，一些领土争议长期存在就是因为问题很难讨价还价，每一方的诉求都不能为另一方所同意。

　　国家在安全互动中谋求同意，其实谋求的是一种"共同安全"，因为同意表明互动各方都从中得到了安全。作为一个概念，"共同安全"（Common Security）是裁军与安全问题独立委员会（Independent Commission on Disarmament and Security Issues）在1982年最早提出的。针对冷战时期核对峙的严峻事实，该委员会认为，核战争根本没有胜利的希望，战争的双方只能同归于尽，因此，对抗的双方必须谋求共同的生存。只有全体国家能够共享安全的时候，持久的安全才能实现，而这一点的实现只能通过建立在平等、正义和互惠原则之上的合作。[1]按照共同安全的假定，一个国家捍卫其主权的防卫权利，必须考虑其对手的具有同等合法性的安全利益。这样的理念体现了人们对于安全关系的相互依赖性的认可。面对核战争的最大威胁，人们迫切地感到需要转变观念与对外政策行为，即从通过竞争性对抗求安全向地区合作转变，从以威胁为基础的威慑向建立互信转变。在当时，欧安会和美苏核裁军进程都是在这样的背景下出现的。[2]

　　"共同安全"概念出现后，在20世纪80~90年代国关学界曾有许多讨论。[3]今天我们使用这一概念，无论是从理论上还是从实践上都应该有更进一步的认识。主权国家间安全竞争对抗升级的无解，以及主权国家必须基于主权原则共存的现实，决定国家实现安全必须有谋求同意与合法性的目标，而且必须有寻求共同安全的操作。国家谋求安全之所以要承认共存，除了有核对峙没有胜利者这个军事上的原因之外，还应该从理论上理解其更一般的意义，即任何安全都应该有建立在同意基础上的合法性。得不到同意的安全，不具有合法性的安全，实际上是包含威胁或潜在威胁的现状，并不是真正的安全。只有让各方都获得安全，即

---

[1] Our Global Neighbourhood, *The Report of the Commision on Global Governance*, Oxford: Oxford University Press, 1995, pp. 79 – 80.

[2] Paul Wehr and Klaus Pfoser, "Toward Common Security in Central America," Working Paper 90 – 8, July, 1990, Department of Sociology University of Colorado at Boulder, http://www. colorado. edu/conflict/full_ text_ search/AllCRCDocs/90 – 8. htm.

[3] 例如，Andrew J. Pierre, "Common Security: A Blueprint for Survival," *Foreign Affairs* 61, 1982, p. 221; Michael Howard, "Common Security: A Programme for Disarmament," *International Affairs* 59, 1983, pp. 264 – 265; Hanna Newcombe, "Collective Security, Common Security and Alternative Security: A Conceptual Comparison," *Peace Research* 18, 1986, pp. 1 – 8, 95 – 99; Barry Buzan, "Common Security, Non-Provocative Defence, and the Future of Western Europe," *Review of International Studies* 13, 1987, pp. 265 – 279。

实现共同安全，才能够真正消除不安全的现状和心态。

从实践上讲，国家在互动中要实现"共同安全"，是有一个大前提的，即与他者的共存是处于主权得到尊重的正常状态。如果情况相反，即有国家无视主权原则，侵犯别国主权，包括侵犯其领土，分裂其国家，颠覆其政府，从根本上危害其人民福祉，那相关国家间的关系就属于不正常状态了。例如，美国与伊朗、美国与朝鲜之间就不存在正常关系，因此它们之间的安全问题也没有谈判的基础，即使有国家费力组织会谈，也不可能有真正的结果。从国家的反应来讲，如果面对的是主权原则遭到破坏的不正常情况，那么就只能先谋求关系的正常化，然后才谈得上谋求同意和"共同安全"。在这里，是否存在正常的国家关系状态构成了能否推动共同安全进程的判断标准。观察当今的国际关系，可以看到，国家间破坏主权原则的事态是很常见的，因此国家在很多时候需要为建立正常的国家关系而斗争。

由于主权规范是确保国家共存的前提，也是解决安全问题合法性的必要条件，因此国家在关系正常状态下互动就有一条红线，即要避免损害他方的主权利益。损害这种利益，就可能导致矛盾升级到不可收拾的地步。因此，国家在安全互动中谋求改变现状，特别是在使用强制性力量时，例如进行经济与军事制裁，必须以不使两国关系破裂为限度。更具体地说，就是要始终留有谈判空间，不越过对方不能容忍的底线。在这里，制裁的目的应是以施压促谈判，而不是推动对方走向全面对抗。

从国家的理性选择来讲，只要不是想称霸世界、征服别国，那就应该保持与相关国家的正常关系，把所有的安全问题都保持在可以谈判的限度之内。在这里，"可以谈判"应当是保持国家间正常关系的标准。能谈判，就意味着有谋求共同安全的前提。对于难以谈判解决的问题，国家可以采取管控矛盾的做法，即把可以搁置的问题先搁置，甚至长期搁置，目的是不使问题激化，同时始终保持谈判的压力与进程。在这类问题上，使争议免于升级为战争就是一种可以谈判的共同利益。当然，搁置问题是有条件的。如果国家间关系发生危机，那就不能搁置而需要进行危机管理了。国家进行危机管理也是需要谈判的，目的也是避免冲突升级。

实际上，对任何国家来说，全面战争都是应当极力避免的，因为战争代价太大，而且后果难以预料。德国在一战中战败，战争赔款直到 2010 年才付清，这样的历史教训是有警示意义的。为了更理性地处理国家间的安全关系，外交手段在国家互动中应当发挥更多的作用。现在有一种国家互动惯例值得反思，即关系一旦恶化就不再进行外交接触，至少不再进行首脑外交，把取消外交互动作为一种施压的方式，这是令人奇怪的。如果国家认识到谋求安全的过程最终还是要经由谈判，那么早谈就可以少走弯路，也许能够少付代价。谈判其实不等于软弱，而发动战争也不等于强硬。无论何时，国家都应以理性的方式维护自己的利益。

在操作上，国家进行谈判大概需要掌握有理、有利、有节的原则。有理就是提出安全诉求要有充分依据，特别是要符合国际法，师出有名。有利就是要有影响对方的手段和策略，该出手时就出手，要占据有利的谈判地位。这中间权力的影响是不可少的。运用权力手段，国家必须始终以实现政治目标为方向，即确保改变后的现状能够得到同意。对于不能谈判的问题，要运用各种手段（包括强制手段），使问题进入可以谈判的范围。有节就是提出与他者相关的诉求时，不越过他方的安全底线，使他方可以谈判。基于这样的原则进行安全互动，各方的诉求应当有一个交叠的区域，即谈判区域。国家可以尽可能使最终结果接近自己的理想点，但又能为对方所接受。通常谋求共同安全是需要有妥协的。如果有参与方在互动中不做任何妥协，那就不可能形成得到各方同意的结果。

在谈判中，找到甚至创造出讨价还价的空间是十分重要的。找不到这样的空间，就不可能有同意和安全的合法性。由于国际关系有广泛领域，因此只要有意愿，谈判空间就可以找到。习近平针对中美关系多次讲过这样的话，"宽广的太平洋两岸有足够空间容纳中美两个大国"。① 美国总统奥巴马也说过，美国不会遏制中国，目前仍有空间可以容纳中国经济和军事影响力的增长。② 从近年多轮中美战略对话的议题中可以看到，双方可以谈的领域非常广泛。事实表明，国家间能不能进行谈判在很大程度上是取决于主观意愿。当今世界一些久拖不决的安全问题，也许坐下来谈就能找到解决办法，但因为存在敌对认同，相互不承认，

① 习近平第一次正式讲这句话是 2012 年 2 月接受美国《华盛顿邮报》书面采访，见新华网北京 2012 年 2 月 13 日电。
② Sharon Chen, "Chinese military exercises a 'natural evolution', US commander says," *Bloomberg News*，转引自 http：//www. stripes. com。

不能建立起正常的国家关系，因此问题与冲突始终存在。这样的现象能否在国际安全的互动大势中逐步减少，我们大概需要寄希望于国际社会的进步。

四 结语

本文从国家互动的事实和国际体系的属性出发所做的演绎表明，国家间的相互依赖，决定了国际安全问题都是互动问题，都是产生于和解决于体系结构中的问题。主权国家体系的无政府属性和具有规范约束的属性决定了国家间安全关系的特点，即国家会进行权力竞争，但也会在整体上维持共存的局面和主权秩序。由于安全问题的最终解决需要各方的同意，因此谋求合法性和共同安全乃是国家实现安全的最终目标和必然路径。国家为了获取同意，进行安全互动需要有相应的实力，但也需要有相应的外交谈判能力。国家如果能认识到安全关系发展的大体趋势，并且基于理性原则进行选择，那么"共同安全"的实现就具有可能性。

从现实操作来讲，要实现共同安全，关键是要推动相关国家建立起新型的安全体系。如果说在传统的安全体系中国家行为主要依据的是权力政治逻辑，那么建立新型的国际安全体系则需要基于对共存的认知而强调权力克制、对话沟通和遵约机制。由于在共存的体系中每个国家都是独立自主的行为体，因此一方提出不能为他方接受的利益诉求并且以权力手段来谋求这样的利益诉求乃是常态。主权国家要在这样的体系中互动，就必须正视并承认这样的现实，在坚持自己的利益诉求的同时，能够管控矛盾与争端。在这样的体系中，每个国家都需要处理好坚持自身利益与实现共同安全的关系，以实现共同安全的方式谋求自身的利益。

在谋求共同安全的体系中，存在争端的国家只有承认争议的存在，才有可能以外交谈判手段取代传统的权力手段处理问题，通过管控争端实现安全问题解决的合法化。在这个过程中，由于国家作为权力体的互动是始终存在的，因此各方都需要以克制的态度把问题管控在可以谈判的程度之内，不使矛盾升级为危机甚至战争。为了能够管控争议，国家对权力手段的运用必须是有限度的，即应当接受一定的行为规范，否则共同安全的体系就不可能存在。

从总体来看，共同安全体系要能够有效运转，必须要有这样几项机制：第一，要有限制权力行为的准则；第二，要有承认争端并坚持对话的机制；第三，在问题谈不成的情况下要有搁置争议的机制；第四，在体系内要有广泛的合作机制，能够在多方面的相互依赖关系的基础上形成更大范围的利益交换，使争议问题有讨价还价的空间；第五，体系内要有适宜的公众外交机制，能够逐步消除相关国家间的消极舆论，促进对共同安全的共识和互信；第六，要能够适时地推进地区一体化进程。

　　当然，联系现实也应该看到，国际安全问题并不是纯理论问题，即使理论演绎的对策建议能做到自洽，实际操作也非常困难。在很多时候，国家安全不安全不单取决于自己怎样做，而且特别取决于他方作出怎样的回应。有时，国家是很难理性行事的。在民族情感、宗教认同、意识形态等价值因素的作用下，许多可以谈的问题就是谈不了，互动方都不得不付出沉重代价。对于国际安全关系中难以解释的社会观念的作用以及国家的非理性决策的影响，国际安全研究显然还有很多问题需要做进一步探讨。

在国际体系变迁中实现国家安全

唐永胜　李冬伟*

当前国际体系正在发生深刻变化,这不仅体现在力量格局的改变,更为重要的是国际秩序也已经显示出许多新特点。国际政治从来没有像今天这样复杂,系统效应日益突出,因果关系错综交织。中国崛起既是影响国际体系变迁的重要变量,也是体系变迁的重要结果之一,中国发展与变革本身就构成国际变局不可或缺的重要组成部分。国际体系变迁可为中国的和平崛起提供新的有利条件,同时也可能构成巨大挑战,中国与国际体系互动存在更为显著的不确定性。

纵观历次国际体系转型,每一次转型都意味着权势在体系内部各行为体之间的重新分配、国际机制的重大调整,以及体系内行为体数量和性质的改变。作为国际体系的重要组成部分,中国的行为既受国际体系内力量格局和既有机制的规范和制约,同时也参与塑造既有的格局和机制。近年来,随着中国迅速发展和国际体系的深刻演变,中国与国际体系的这种互动日趋深化。在国际体系转型过程中,如何处理好与外部世界的关系,在原有格局和机制框架内发展自己拓展利益空间,并借助实力的增长提升自身塑造外部世界的能力,是当前中国战略筹划的重大课题。而要实现民族复兴并为世界的和平和进步作出应有贡献,在根本上避免急功近利,则是要审时度势扎实积累,顺应国际政治的发展变化,在历史演进大势之下谋求国家的长治久安。

---

* 唐永胜,国防大学战略研究所常务副所长,教授;李冬伟,国防大学战略学博士研究生。原文出自《国际体系变迁与中国国家安全战略筹划》(《世界经济与政治》2014年第12期),在收录本集刊时做了部分修改。

一　深刻变化的国际体系

认识国际体系转型需要在较大的历史尺度中展开。纵观 17 世纪以来国际体系的变迁史，可以发现三个比较明显的趋势。一是国际体系的行为体类型日益多元化。在威斯特伐里亚体系形成之后的相当长一段时期内，国际体系的行为体类型一直被限定为民族国家。二战结束之后，随着国际组织的迅猛发展，这一局面才开始逐步改变。① 目前，国际政治研究人员普遍认为国际体系的行为体不仅包括民族国家，还包括非国家行为体，例如国际组织。二是国际体系覆盖的范围和领域不断拓展。作为首个具有现代意义的国际体系，威斯特伐里亚体系的覆盖范围只局限于欧洲，涉及领域基本限定于国家之间的政治问题，以及受到政治统驭的军事和安全问题。到凡尔赛—华盛顿体系时，国际体系的覆盖范围开始走向世界，并最终在二战后覆盖全球。与此同时，其关涉领域也不断增加，超出了政治和安全的范畴，将经济、文化、环境等领域纳入其中。三是国际体系的整体联系越来越密切。在国际体系变迁过程中，国际交往越来越密切，跨越国界的资本、商品、人员和信息流动越来越频繁。② 日益密切的整体联系使得国际体系内各行为体在很大程度上不再是一个完全独立的个体，彼此之间的相互依赖关系表现得越来越突出。

在上述趋势基础之上，国际体系进入第四次转型期。东欧剧变和苏联解体标志着第四次转型的开始，迄今这一过程仍在继续，在 2008 年的金融危机之后近年来呈现加速趋势。然而，转型后的国际体系将会呈现什么形态，目前仍

---

① 据统计，1914 年以前国际社会共有 49 个政府间国际组织和 170 多个非政府间国际组织，而到 20 世纪 80 年代后期，全球已有 400 余个政府间国际组织和超过 4600 个非政府间国际组织。截至 2002 年，各种国际组织的数目已经接近 6 万个，其中 90% 是非政府组织。See Barry B. Hughes, *Continuity and Change in World Politics: The Clash of Perspectives*, New Jersey: Prentice Hall, August 23, 1999, p. 218; Union of International Associations, *Year Book of International Organizations 2002 – 2003: Guide to Global and Civil Society Network*, 39th edition, p. 1835.
② 二战结束后，国际交往更是急剧增加。1975 年，就有学者指出："最近几十年的基本发展趋势表明，各种形式的跨国联系每 10 年翻一番。"See Alex Inkeles, "The Emerging Social Structure of the World," *World Politics* 27, 1975, p. 479.

未可知。① 但在上述三大趋势相互交织、相互作用的基础上，转型中的国际体系越来越趋向复杂却是一个不争的事实：世界到处充满动荡、冲突和矛盾，但又保持着总体上的动态平衡；竞争无处不在，但合作也越来越广泛且不可或缺。在国际体系转型过程中，复杂本身已经成为一个越来越明显的特点，主要表现在以下几个方面。

一是传统的权力政治逻辑受到越来越多的限制。长期以来，权力政治一直是国际体系行为体确定自身行动和对外博弈的内在不变的逻辑。从修昔底德在《伯罗奔尼撒战争史》中揭示国家间政治即权力政治至今，权力政治逻辑已经大行其道两千四百余年。当然，直到今天权力政治仍然是大多数国家在对外交往中秉持的内在逻辑，但权力政治的核心正在发生变化，权力本身开始受到越来越多的限制。尤其是在处理人类社会共同面临的全球性问题时，权力不再是解决问题的最佳手段。例如，在面临全球性气候变化问题时，即使是掌握着有史以来世界上最强大的军事力量，美国也不比其他国家拥有更多的发言权。据此而言，虽然大国还是大国，拥有更多的权力，但大国的特殊性日渐削弱。② 在 21 世纪，没有哪个国家能够像 19 世纪的英国和 20 世纪的美国那样强调自己的特殊性，在很大程度上，权力政治逻辑不再是唯一的选择，国家需要从不同的维度重新审视当前这个复杂的世界，作出更加符合现实情况的战略选择。

二是全球性权力结构扁平化趋势越来越明显。在科学技术快速发展和世界联系日益紧密的情况下，资本、商品、劳力、技术乃至思想，正在以越来越高的效率和越来越低的成本在世界范围内自由流动。在各种资源自由流通的情况下，权力单向度大规模聚集的难度越来越大，少数国家占据绝对优势地位的情况将变得越来越稀有，未来一国独掌霸权的可能性更是微乎其微。巴里·布赞甚至认为，世界也从以西方为中心的全球化演变到一个权力更为分散的"无中心的全球化"。③ 这种全球性权力结构的扁平化趋势最先表现在经济领域。由于新兴市场

---

① 对于冷战结束以来国际体系转型的未来，学界争论颇多，仁者见仁，智者见智，可谓百家争鸣。其中，影响较大的有"文明的冲突""历史的终结""一超多强""中美共治""美国世纪""后美国世界""无极时代"等。

② 唐永胜：《在变动的世界中谋求中国国家安全》，《现代国际关系》2010 年庆典特刊，第 43 页。

③ 巴里·布赞：《划时代变迁中的大国关系》，《国际政治研究》2014 年第 1 期，第 20 页。

发展迅速，在世界经济中占据的比重不断提升，由西方发达国家组成的七国集团（G7）在处理世界经济发展问题时显得越来越力不从心，最终不得不扩大成员数量，将新兴市场主体纳入其中，二十国集团（G20）就此走上了世界经济的前台。在政治领域，全球性权力结构扁平化的趋势突出表现为美国权势的相对衰落和以中国为代表的金砖国家的群体性崛起。① 相较以往，权力结构的分散使得国际体系变迁受到更多因素的影响，从而在客观上加剧了国际体系的复杂化。

三是国际体系的整体规制能力越来越强。冷战后国际体系的转型不仅表现为权力布局在民族国家之间的重新分配，还突出表现在国际机制的深化发展。一方面，面对新的形势和挑战，国际机制在传统领域的完善发展。例如，为促进世界贸易的发展，1994 年关贸总协定乌拉圭回合部长会议决定成立世界贸易组织，以取代成立于 1947 年的关贸总协定；另一方面，在国际体系拓展的新领域，国际机制从无到有的创建性发展。例如，在北极航道、全球气候、网络空间、外层空间等"全球公域"，国际机制正在经历从无到有的创建过程。② 与以往相比，国际机制的发展和完善使得国际体系对其内部行为体的整体规制能力不断增强，在某些领域开始出现"全球治理"的趋势。

当今世界正面临着一个全新的安全环境，人类社会诸多领域面临的全球性威胁日益紧迫，没有一个国家能够独自应对。作为国际体系的一员，理解和适应国际体系的转型，就要充分认清国际体系转型的趋势及其产生的影响，在传统与未来之间寻求现实的立足点；只有更充分认识国际体系对行为体的规范和制约，民族国家才有可能在现有体系框架及其未来演变中，作出符合自身利益需求和历史发展的战略选择。

二 中国与国际体系的深度互动

国际体系是历史发展的产物。直到现代史开始之前，世界上并不存在一个单

① 有关国际体系权力结构扁平化趋势还可参考上海社会科学院黄仁伟研究员的论述。详见黄仁伟《当代国际体系转型的特点和趋势》，《现代国际关系》2014 年第 7 期，第 11 页。

② 例如，在全球气候治理方面，1992 年联合国环境与发展大会通过了《联合国气候变化框架公约》，奠定了全球气候治理的法律基础，形成了以主权国家为主体、以多边国际谈判为主导的全球气候治理的基本模式。参见许琳、陈迎《全球气候治理与中国的战略选择》，《世界经济与政治》2013 年第 1 期，第 117 页。

一的国际体系，而是同时存在好几个国际体系，且相互之间很少接触。① 随着地区间联系的日益紧密，源起欧洲的国际体系逐渐向外拓展，在经历过一个相当漫长的过程后，逐渐演变成为一个覆盖全球的现代国际体系。国际体系不断拓展的过程就是体系外行为体加入体系的过程。非西方国家加入国际体系的过程大致都要经历三个阶段，即被迫参与、被动参与和主动参与。

19 世纪以前，中国在大部分时间里处于东亚封贡体系的核心，主导着整个封贡体系的建立、维护和运行。据此而言，与其说封贡体系是东亚地区的国际体系，毋宁说它是中国实力和文化向外辐射过程中自然延伸的产物。东亚封贡体系因此具有浓重中国色彩，长期以来一直保持着一种特有的内敛气质，并在中国政府"闭关锁国"政策的影响下变得越来越保守。19 世纪，当源起欧洲的国际体系扩展至东亚时，保守的封贡体系瞬间消弭于无形，就连体系的核心——中国也在武力威逼之下被迫加入西方主导的国际体系。从鸦片战争爆发至新中国的成立，中国政府被迫签订的一系列不平等条约即是中国被迫纳入现代国际体系的最好注脚。与西方的国际体系相比，封贡体系是一个以中国为核心、呈伞状结构分布的封闭性国际体系，中国的强盛与衰落直接决定着整个体系的繁荣与消亡。伴随着封贡体系的消亡，欧洲国际体系迈出了成为世界性国际体系至关重要的一步，中国则被迫沦为这个现代体系中角落里的边缘国家。在其后大约一百年的时间里，作为国际体系中的边缘国家，中国基本上处于被动适应的处境，并未对国际体系的发展演变作出多少创见性的贡献。

新中国成立后，中国与现代国际体系的关系经历了曲折的转变。由于受到意识形态因素的影响，在以美国为主导的西方国家的长期封锁和孤立中，中国一度囿于以苏联为首的社会主义阵营内部，与西方主导的国际体系呈对立态势。直到20 世纪 60 年代中后期，苏中关系恶化后，中美关系逐渐改善，中国重新回到西方主导的国际体系内部，其标志是 1971 年 10 月 25 日中国恢复在联合国的合法席位。中国回归现代国际体系，不仅是外部世界变化的结果，也是中国自身认识转变的结果。中国开始真正认识到其作为世界的一员，长期游离于国际体系之外无异于明清以来的闭关锁国；即便现代国际体系源起西方并由西方主导，且曾对

---

① 罗伯特·吉尔平：《世界政治中的战争与变革》，武军、杜建平、松宁等译，中国人民大学出版社，1994，第 26 页。

自己造成巨大伤害，既有国际机制不尽合理，权力政治逻辑大行其道，但在世界联系越来越紧密的情况下，中国不可能独立于整个体系之外。由此，中国在参与国际体系的道路上不断前行，虽然偶有波折，但总体方向未曾改变。

改革开放以后，中国参与国际体系的决心更加坚定，但在参与的方式上仍有不同的看法。一种方式是以体系改革者的身份参与国际体系，大力倡导革新既有国际机制。中国回归国际体系初期主要采取了这一方式，其表现是中国多次提出建立国际经济新秩序和国际政治新秩序的主张。例如，1988年9月邓小平在会见斯里兰卡总理普雷马达萨时指出："现在需要建立国际经济新秩序，也需要建立国际政治新秩序。"① 同年12月，邓小平在会见印度客人时再次指出："世界上现在有两件事情要同时做：一个是建立国际政治新秩序，一个是建立国际经济新秩序。"② 冷战结束后，中国开始以一种更加积极的姿态参与国际体系，主要采取了以融入为主的方式加入既有国际机制，其突出表现是中国加入世界贸易组织（WTO）的决心和努力。经过15年的努力，中国最终于2001年加入世界贸易组织，这表明中国正在以一种更加积极、更加开放的方式全面融入国际体系。与国际组织的密切联系足以说明中国融入国际体系的程度。统计显示，相比1966年中国仅与1个政府间国际组织、58个非政府组织保有联系，2000年中国已与至少50个政府间国际组织和1275个非政府组织建立了密切关系。③

坚持改革开放，全面融入国际体系，不仅对中国而且对世界都产生了并且仍在产生深远的影响。一方面，全面融入国际体系不仅使中国迎来了长达35年（仍在持续）的高速发展期，还间接促使中国社会结构发生深层次变革，从而为稳步推进改革注入了动力；另一方面，随着实力的不断攀升，中国不仅逐步摆脱了边缘国家身份，成为国际体系的重要成员，还具备了通过自身的制度、模式和观念创新，引导、推动和塑造国际体系转型的能力。中国不再只是国际体系的"参与者"，而且正在成为国际体系的"建设者"。1998年，尽管中国在应对亚洲金融危机过程中发挥了关键作用，但由于实力有限，中国仍然只是"参与者"，

---

① 《1988年9月21日邓小平提议建立国际政治新秩序》，人民网，http://www.people.com.cn/GB/historic/0921/3106.html.

② 《邓小平文选》（第三卷），人民出版社，1993，第282~283页。

③ Ann Kent, "China's International Socialization: The Role of International Organizations," *Global Governance* 8, 2002, p. 345.

并未因此建立起国际贸易和金融秩序的话语权。2008 年全球金融危机爆发，中国开始在经济领域由国际体系"参与者"向"建设者"转变，稳步提升自身在世界经济多边机制中的重要性和话语权。① 此外，中国还积极构建周边地区安全机制，在上海合作组织、东盟地区论坛、朝核问题六方会谈及亚洲合作对话机制中发挥不可替代的作用，以实际行动维护地区安全与稳定，带动周边国家共同发展。

中国崛起既是国际体系转型的动力，也是国际体系转型的结果。崛起中的中国面对迅速变化的世界。伴随着持续而强劲的发展，中国的国家利益也在逐步扩展，其中需要在国际联系中实现的利益明显增多，从而使中国与外部世界的关系发生了重大而深刻变化，中国也随之变得更加令世人瞩目。国际关系发展的历史曾反复证明，一个原本落后但具有巨大潜力的大国，一旦其实力处于迅速上升时期，几乎无一例外都曾遇到过紧张、冲突甚至战争，最后甚至会使崛起进程中断。这就是所谓的"崛起困境"。这种困境不仅来自特定国家的防范和遏制，也体现为国际体系的整体性约束，表现为一种历史的惯性。

中国与国际体系已经进入深度互动的关键阶段。未来中国如果能够突破这种历史惯性束缚，最终实现民族复兴，必然成为当代世界发展史上的一个伟大创举，但至少到目前没有任何理由低估崛起过程中面临的风险与挑战。尤其在国际体系加速变迁过程中，中国实力迅速提升更容易引起反弹，处理不当有可能成为矛盾聚集的焦点。从这个角度，中国在对外关系中仍将长期处于战略守势，忽略这一点，战略思考就容易犯冒进的错误。中国与外部世界适应和调整彼此的关系，还需要很长的时间才能完成。

尽管国际体系变迁将为中国崛起提供更为广阔的空间，因为变化就是机遇，然而中国面临的战略风险也绝不可低估。突破崛起困境不能凭运气，而是需要战略上的创新。综合分析，在与国际体系深度互动中，中国国家安全面临的威胁已表现出新的趋势。一是传统威胁与非传统威胁交织。在对国家利益的各项威胁中，既有传统安全威胁，也有非传统安全威胁，两者同时并存、相互交织。对于

---

① 中国国际体系话语权提升的表现是多方面的，例如，2010 年 4 月，世界银行通过投票权改革方案，决定把中国的投票权由 2.77% 提升至 4.42%，成为该组织第三大成员；同年 10 月，G20 财长会议达成共识，将发展中国家和转轨经济体在国际货币基金组织（IMF）的投票权增加 5%，中国所持份额由不足 4% 提升至 6.19%，超越德国、法国和英国，名列该组织第三。

我国，传统安全威胁虽然仍是主要威胁，但非传统威胁上升迅速，且应对经验相对缺乏，可能对国家安全构成严峻挑战。两类威胁相互交织、相互转化将极大地增加维护国家利益的难度。国力发展将使我国应对传统威胁的能力得到有效提高，同时，当中国融入国际体系的进程发展到一定程度，其他国家对中国的防范与戒备也将有所缓解，从而减弱传统威胁对中国的影响。相比之下，来自一些非国家行为体、自然环境变化等方面的非传统威胁将有所突出。二是内部威胁与外部威胁互动增强。中短期内，中国面临的内部威胁与外部威胁均比较突出。而且，由于全球化和信息技术的发展，内部威胁与外部威胁之间的相互渗透、相互影响、相互作用将显著强化，内外界限趋向模糊。随着社会发展水平进一步提升，市场经济体制、政治体制和社会文化建设都将趋于完善，我国应对各种危机和风险的能力将大为增强。从长远来看，中国将与多数中等发达国家相似，内部威胁在国家安全中仅仅占有较为次要的地位。三是由发展问题带来的安全威胁逐渐突出。中国崛起构成了几乎所有威胁的重要背景。在未来相当长一段时间内，中国都将处于一个实力、地位不断发展与上升的过程，来自一些国家的戒备、防范甚至打压都有可能成为一种"常态"，而大国崛起进程中特有的安全压力与内部诸多矛盾将成为我国所面临威胁的重要特点。四是新型威胁不断出现。长远来看，中国面临由技术进步引发的新型威胁必然不断增加，特别是一些技术领域出现突破性进展时，短期内很难从战略角度对其后果与影响进行准确评估。在某种情况下，技术的突破可能造成威胁的突然变化，具有极大的不确定性。

总体上看，未来一段时期中国外部压力会随着自身实力的上升而增加，发展带来的内部问题与矛盾也将积聚，同时应对能力与手段又相对不足，从而使国家安全处于比较脆弱的"瓶颈期"，威胁有可能趋于增多且相互叠加，维护国家利益的任务十分繁重。然而从较长历史尺度看，中国只要成功渡过这一安全上的"瓶颈期"，整体安全环境将发生显著改观，崛起带来的负面效应将逐渐消解，同时我国自身应对安全威胁的能力也大为增强，国家安全将进入相对"平稳期"。

中美关系仍将是影响中国与国际体系调整彼此关系基本走向的最重要因素。尽管中国坚持和平发展道路，在国际政治安全事务中努力追求"共赢"，但美国的权力政治逻辑难以改变，对中国的战略顾虑将随着中国综合国力的持续提高而可能不断加深，将我国确定为最大"挑战者"和"现实对手"的可能性始终存在。处于相对实力下降趋势的国家比处于相对实力上升通道的国家对于实力变化更加敏感。如果这种逻辑成立，美国对中国实力的上升将会更加敏感，对中国的疑惧也将进一步增加。而且，美国作为国际体系中的霸权国家，在亚太地区安全和国际安全事务中具有主导性影响，其对华政策和立场必然会在不同程度上扩散到其整个同盟体系，进一步加重部分国家对中国防范、压制的倾向。从这种意义上看，中美"崛起"和"霸权"之间的结构性矛盾将成为未来影响中美关系，甚至国际关系全局的长期性因素。应该明确，中国致力于民族复兴，并不是向美国提出挑战。中国不会走上传统的权力对抗之路，中国对安全与发展的追求不会采取简单的直接路线，而是要开发更广泛的战略资源和更广阔的回旋空间，经过曲折的道路和较长时期的努力才可以达到。中国要成功崛起，也不应仅仅在国际竞争和互动的一般技巧上下功夫，更重要的是及时认清世界政治的特征演变和发展大势，从而激发出更大的战略智慧，敏锐洞察未来世界可能的走向，及时消除自身存在的不适合未来发展的种种弊端，谋求社会的全面发展和参与世界的有效途径。

三　寻求复杂的动态平衡，有效维护国家安全

国际体系进入最新一次转型期，其广度和深度前所未有。国际政治从未像今天这样复杂，系统效应日益突出，因果关系错综复杂。① 国际社会的无政府状态正在被一定程度上的有序所替代；国际格局转变和国际机制调整不再只是权力政治作用的结果，武力在越来越多的情况下已不是解决问题的最佳手段；世界的整体联系日趋紧密，相互依赖已经成为国家关系不可忽视的内在约束。为更好地维护国家利益，只关注国家实力、结构变化和外部威胁及应对等传统因素的战略筹划很可能失之片面，而是需要在更为复杂的利益关系中综合衡量各种因素，在战略选择过程中寻求一种复杂的动态平衡。

一是在竞争与合作中寻求平衡。在相互依赖的国际体系中，非此即彼、非敌即友的世界已经渐渐离我们远去，国家之间更多时候是以一种竞争与合作并存的关系进行交往。关于中美关系，两国之间既存在激烈的竞争，也存在共同的需求

---

① 关于国际政治中因果关系的复杂性，参见罗伯特·杰维斯《系统效应：政治与社会生活中的复杂性》，李少军等译，上海世纪出版集团，2008。

和密切的合作，二者既对立又统一地包含在中美两国交往的过程之中。面对国际体系的转型，作为守成大国，美国必然会采取各种措施维护和巩固其霸权地位，遏制或削弱后发国家带来的挑战。亚太再平衡战略就是出于此种考虑。一方面通过调整兵力部署、巩固盟友关系和增强经济活力，维护和加强美国在亚太地区的影响力。另一方面，通过挑动中国与周边国家的潜在利益分歧，以激化亚太安全矛盾来对冲中国力量增长对其可能构成的挑战。对此，中国在进行战略筹划时必须在竞争与合作中寻求平衡，既要维护国家安全与发展的利益需求，不回避与美竞争，还要看到中美相互合作的一面，以共同利益为牵引，构建中美相互牵制、相互借重、相互协调、相对稳定的竞合关系。"与美国一样，中国本身也面临全球化带来的问题，在这方面中美两国有着巨大的利益。"①

二是在适应与塑造中寻求平衡。冷战结束以来，国际体系正处于深度的转型过程之中，中国也在经历重大的社会变革。中国崛起既是国际体系转型的重要变量，也是国际体系转型的重要结果。中国要完成民族复兴的使命并为世界和平和进步作出应有贡献，就必须避免急功近利，必须扎实积累、顺应国际潮流，在历史演进大势之下谋求国家的长治久安。当前的国际体系转型既对中国和平发展提供了有利条件，同时也构成了巨大挑战。一方面，在国际体系转型过程中，传统的权力政治逻辑进一步松动，这会减少其对后发国家的惯性制约，使后发国家获得发展的机会和空间。另一方面，在体系转型过程中，中国综合实力的不断上升也会引起体系内霸权国家及其他主导国家的警觉和反制。如果处理失当，中国就有可能成为体系转型中的矛盾焦点。未来十年是中国与外部世界深度互动和磨合的关键时期，中国必须在积极适应国际体系转型的过程中，勇于担负更大的国际责任，在自身能力的限度内，推动国际体系朝着更加公平、公正的方向发展演变。

三是在传承与创新中寻求平衡。变化是世界永恒的主题。世界在迅速变化，中国在发生伟大变革。历史经验表明，没有任何一个国家能够复制以往大国的成功经验，崛起成为国际体系内新的主导性大国。中国要实现民族复兴，必须不断革新，及时消除自身不适合未来发展的惰性和弊端，谋求社会的全面协调发展。在此过程中，尤其应当重视创新，并尽力使创新具有观念上的普遍吸引力。如

---

① 郑永年：《中美关系和国际秩序的未来》，《国际政治研究》2014 年第 1 期，第 36 页。

此，中国就能在不断提升"硬实力"的同时，顺其自然地提升"软实力"，增强自身通过吸引力而不是强制力达成战略目标的能力。当然，创新必须立足于自身的基本国情，否则创新就只能沦为空谈。2008 年全球金融危机爆发以来，中国国际影响力急速攀升，有些人据此认为中国已经占据国际舞台的中心，对中国的未来过于乐观，而忽略了中国依然是一个发展中国家的严峻事实。认识上过分乐观必然导致行动上的冒失激进。历史上，因冒进而致使战略选择失误的教训不可谓不深刻。中国的战略选择必须在传承与创新之间寻求平衡，必须立足于现实筹划未来。

四是在自主与融合之间寻求平衡。在国际体系变迁的过程中，一个突出的特点是体系的整体作用不断增强，体系内行为体受到的影响和约束越来越大。在国家间经济、政治及文化联系不断深化的条件下，一个国家要独执牛耳、独领风骚已经越来越不可能，即使是霸权国家也需要在体系之中确立自己的位置。这也是为何美国对外关系委员会主席理查德·哈斯（Richard Haass）会得出如下结论，"美国的单极时代已经终结，21 世纪的国际关系属于'无极'时代，国际权力不是集中了，而是分散了，民族国家的影响力在衰落，非国家行为体的影响力在上升"。① 作为当今时代背景下的民族国家，如果一味固守自主，拒绝与他国协调立场，国家战略势必寸步难行。中国的战略选择应当在自主与融合之间寻求平衡，在坚持独立自主、国家主权神圣不可侵犯的同时，也要学会在平等互惠的基础上与其他国家分享部分权利，以便经营更加广泛的安全网络，化解由于实力上升带来的外部压力，营造和平稳定的地区安全态势。

自鸦片战争以来，经历了一百七十余年的漫长时光之后，中国终于看到了重新回到世界舞台中心的可能。在实力不断强大的过程中，作为国际体系转型的重要塑造者，中国作出何种战略选择，不仅决定着中国的命运，也深深影响着世界的未来。

① Richard N. Haass, "The Age of Nonpolarity," *Foreign Affairs* 87, 2008.

可持续安全真谛与战略构想

刘江永*

在纪念第一次世界大战 100 周年和中日甲午战争 120 周年之际，习近平主席作为中国国家领导人在世界上首次提出可持续安全（Sustainable Security）的国家安全理念和基本原则。这为国际安全局势趋于恶化的世界带来希望之光。

2014 年 5 月，在上海举行的亚信峰会上，中国国家主席习近平首次代表中国政府全面论述了共同安全、综合安全、合作安全与可持续安全等问题。习近平表示："应该积极倡导共同、综合、合作、可持续的亚洲安全观，创新安全理念，搭建地区安全和合作新架构，努力走出一条共建、共享、共赢的亚洲安全之路。"他指出，"可持续，就是要发展和安全并重，以实现持久安全……对亚洲大多数国家来说，发展就是最大安全，也是解决地区安全问题的总钥匙"。①

继而，亚信峰会发表的《上海宣言》也吸纳了"可持续安全"的提法："我们认为，在全球化大背景下，安全的含义已演变为一个综合概念，安全的跨国性、综合性和联动性日益突出。本地区各国不仅利益与共，而且安危与共。任何一国在安全问题面前都难以独善其身。各国应在迄今已达成共识基础上，谋求共同、综合、合作、可持续安全。"②

从国际战略视角看，中国提出可持续安全战略思想并得到国际社会的认同，

---

* 刘江永，清华大学国际关系研究院副院长，教授。本文曾发表在《国际观察》2014 年第 6 期上，收录本集刊时做了修改。

① 习近平主席在亚信第四次峰会上的讲话，《人民日报》2014 年 5 月 22 日。

② 习近平主席在亚信第四次峰会上的讲话，《人民日报》2014 年 5 月 22 日。

具有十分重要的现实意义和深远的历史意义。因为它抓住了当今时代的主题——安全与发展；顺应了世界各国谋安全、求发展的普遍利益诉求；符合维护国家安全与国际安全的客观需要；指出了人类社会在安全领域文明与进步的前进方向。

一 21世纪的时代主题：安全与发展

所谓时代主题，来源于特定时代客观存在的世界面临的大问题。邓小平曾于1984～1985年指出："国际上有两个大问题非常突出，一个是和平问题，一个是南北问题。还有其他许多问题，但都不像这两个问题关系全局，带有全球性、战略性的意义。"[1] "现在世界上真正的大问题，一个是和平问题，一个是经济问题或者说发展问题。和平是东西问题，发展是南北问题。概括起来，就是东西南北四个字。南北问题是核心问题。"[2]

当时世界上就有人疑惑中国强大了要干什么？根据上述论断，邓小平进一步指出："中国现在是维护世界和平与稳定的力量，不是破坏力量"，因而"中国的发展对世界、对亚太地区的和平和稳定都是有利的"。[3] 邓小平还提出了中国20世纪80年代的三大任务：集中精力发展经济；争取实现祖国统一；反对霸权主义，维护世界和平。1989年以后邓小平又强调："国家的主权和安全要始终放在第一位。"[4] 他认为，"和平与发展两大问题。和平问题没有解决，发展问题更加严重"。[5] 从1987年中国共产党十三大报告开始，和平与发展被称为时代主题。2012年党的十八大报告仍指出："当今世界正在发生深刻复杂变化，和平与发展仍然是时代主题。"[6]

如今，邓小平理论的基本指导思想依然有效。党的十八大报告的判断也是正确的。但是，我们不能机械地、静止地看待时代主题。与30多年前相比，世界

---

[1] 《邓小平文选》（第三卷），人民出版社，1993，第96页。
[2] 《邓小平文选》（第三卷），人民出版社，1993，第105页。
[3] 《邓小平文选》（第三卷），人民出版社，1993，第105页。
[4] 《邓小平文选》（第三卷），人民出版社，1993，第348页。
[5] 《邓小平文选》（第三卷），人民出版社，1993，第353页。
[6] 胡锦涛在中国共产党第十八次全国代表大会上的报告：《坚定不移沿着中国特色社会主义道路前进 为全面建成小康社会而奋斗》，2012年11月8日，http://www.xj.xinhuanet.com/2012-11/19/c_113722546_11.htm。

上带有全局性的战略问题的内涵和外延发生了深刻变化。如今，与其说"和平与发展"是世界面临的两大问题，不如用"安全与发展"概括更全面、深刻，并具有政策的指导力。这是因为，"安全"既包括维护世界和平，也包括应对和平状态下非传统安全的威胁，即谋求可持续安全。"发展"也不只是南北问题，而是包括发达国家和发展中国家共同谋求可持续发展、人类与自然和谐的经济增长，以及应对气候变化等更为复杂的挑战。与30年前相比，当今世界发生以下重要变化。第一，伴随苏联解体、冷战结束，原来意义上的东西方关系不复存在，取而代之的是以欧洲为战略重点的美俄地缘战略争夺与战略武器相互威慑。第二，世界总体和平尚可维系，但局部战争从未停止，其规模、烈度和范围有扩大之势。第三，除了战争与和平的传统安全问题以外，国际恐怖主义、海盗猖獗、走私贩毒、能源安全、经济安全、金融安全、网络安全、科技安全、生态安全、埃博拉病毒跨境传染病等非传统安全的因素明显上升。第四，暴力的多边主义作为霸权主义、强权政治的变种，与网络化的国际恐怖主义尖锐对抗，形成非传统意义上的国际格局，并从不同角度构成对国际和平与安全的威胁。第五，中国成为世界第二大经济体，中美两国在探索一种相互尊重、不对抗、不冲突的新兴大国关系，但不会一帆风顺。第六，伴随中国经济、贸易、投资在全球范围的延展，包括海上通道安全、人员在海外生命财产安全等海外涉华安全利益较前突出。第七，日本福岛核电站事故造成严重核污染对海洋生态环境安全将造成长远影响，核安全问题的重要性超过核能发展的迫切性。正是在上述背景下，中央国家安全委员会应运而生。

强调"安全问题"，丝毫也不意味着减少对战争与和平问题的关注。和平问题依然是安全问题的核心。从这个意义上讲，时代主题的核心内容没有改变，而发展问题仍然是安全问题的关键。目前，在乌克兰、叙利亚、伊拉克尤其如此。这些国家的战乱说到底是经济发展失衡、民族宗教矛盾激化、权力之争与地缘战略角逐相互交织，以及外部势力介入所导致的不良后果。

如今，中国的经济总量已跃居世界第二。世界上有一些人又在问：中国强大了究竟会干什么？中国表示要和平发展，一些国家又问那为何要增强军事力量，准备打赢战争？有人居心叵测地宣扬中国强大后会对1840年以来历史上的屈辱"复仇"；也有人误判形势认为，可以利用中国"和平发展"的政策宣示而在领土领海问题上挑战中国，迫使中国陷入悖论与困境。

要回答这些问题，首先取决于中国自身能否作出正确的形势判断，是否拥有为正确指导政策而制定的战略理论。欧洲、中东的战火硝烟使我们没有根据把当今时代描绘为"和平与发展"的时代。从社会发展史角度看，当今时代的主要特征是两种社会制度并存、多种国家模式竞争。在这一"并存与竞争"的时代，世界面临的两大课题是可持续安全与可持续发展问题。

从理论上讲，中国道路的实质主要是指有中国特色社会主义的社会形态。这是中国国情与历史演进决定的，别国难以复制。中国模式则主要是指中国谋求可持续安全与可持续发展的国家形态，其中既有中国自身的特殊性，也有可以与世界各国分享、取长补短的普适性。中国未来的改革，就是要借鉴世界各国之长，通过建立和完善科学的发展观与安全观，不断创新和完善国家发展模式与安全模式。中国不仅要在实践方面妥善处理好面临的各种安全挑战，而且要在理论观念方面为世界作出具有引领性的贡献。这样，世界就会看到，进一步强大的中国是维护世界可持续安全、促进人类可持续发展的和平进步力量。

面对国际上的某些疑问，我们需要明确回答三个"绝不"：第一，中国走和平发展道路绝不意味着当国家安全和统一面临威胁时而放弃使用武力捍卫主权与安全。第二，中国增强国防力量绝不是要针对历史上对中国造成国耻的国家复仇，而是要防止历史悲剧重演，谋求实现可持续安全。第三，中国的可持续安全绝不靠任何人恩赐或盟友保护，而只能依靠与本国发展水平和实际需要相匹配的国防力量，以及包括国际合作在内的相关对策。作为主权国家，这些难道不是天经地义的吗？

对于中国来说，在外部和平局面得以维持的情况下，维护国内安全更应受到重视。中国国内的安全问题与潜在的不安全因素，正是一些别有用心的势力最期待利用的。例如，民族分裂势力、宗教极端势力和国际恐怖势力等境内外敌对势力相互勾结，制造事端，伺机破坏。香港发生以所谓争民主为招牌的少数人聚众"占中"闹事，严重扰乱了香港市民正常的生活、破坏交通与工作秩序和损害国际形象。唯利是图、为富不仁谋发展，导致有法不依和监管不力的食品安全、矿难事故、环境污染、生态安全等问题触目惊心。中国对外可继续宣示和平发展，对内则必须强调安全发展。

历史的经验教训值得吸取，现实的威胁挑战值得警惕。在信息化社会，上述国内外不安全因素不断积累，久而久之就可能在一定条件下相互影响，彼此叠加，对中国国家安全构成复合型威胁。纵观中国历史，无内忧则外患至，外患至则内忧更甚。国家安全面临的最大挑战之一是内忧外患并发，海陆两面受敌；最成功的经验之一是富而以民为本，强而与邻为善，安而有备无患；最大教训之一是闭关自守，盲目自大，弱而官僚腐败，乱而压内媚外，战而有患无备；最值得注意的规律之一是大乱后必有大治，大治后易出大乱。鉴于此，可持续安全问题必然被经常性地提上国家总体安全的议事日程。

可持续安全与可持续发展两者相辅相成而不可偏废。没有可持续安全，可持续发展就没有保障；而没有可持续发展，可持续安全也会缺乏必要的物质基础。目前，中国人均 GDP 仍排在世界第 100 位左右，作为发展中国家还须继续集中精力一心一意谋发展。同时必须认清，如果连人的生命安全都不能保障，发展就会失去意义。如没有科学的安全观，科技、经济发展也可能导致更大规模的战争与杀戮，制造大量的战争创伤。因此，安全与发展两个"可持续"同样重要，缺一不可。

二　非传统国际格局出现使国际安全形势更加复杂化

自 2001 年"9·11"事件以来，国际格局发生了一个前所未有的重大变化：在传统国际关系格局之外又出现了一个"非传统国际格局"。① 传统国际关系格局的特点是国家与国家、国际集团与国际集团的较量与力量对比的变化，而非传统国际格局的特点则是国家与非国家、非政府行为体之间的较量与非对称战争。这种非传统国际格局，已出现以美国为首的一极和以国际恐怖组织网络化所形成的"隐形一极"之间的长期热战状态。日本解禁集体自卫权将意味着日本未来可能作为美国的帮凶被卷入这种非传统国际格局的热战之中，成为国际恐怖组织未来的打击目标。

"9·11"事件以来，社会信息化与恐怖活动全球化、网络化，已经形成"隐形一极"，其与传统超级大国及其盟国之间的热战没有因为伊拉克战争结束和本·拉登被击毙而终结。恰恰相反，美国的军事打击虽然捅掉一个马蜂窝，而

---

① 刘江永：《可持续安全要靠王道而非霸道——再论可持续安全战略的建构》，《世界经济与政治》2011 年第 8 期。

"基地"组织等新的马蜂筑巢行动又从南亚蔓延到西亚北非地区。2014 年产生于叙利亚、猖獗于伊拉克的"伊斯兰国"即是最新佐证。其已迅速成为具有正规军作战能力的非政府、非国家武装集团，采取恐怖杀戮与军事行动相结合的手段，对美国及其盟国宣战。蒙面的隐形杀手未来有可能公开化。对于伊拉克政府来说，这种非传统安全意义上的国际恐怖组织已经发生质变，转化为传统安全领域的现实威胁。

非传统安全威胁与传统安全威胁交织，以及非传统国际格局的出现，必将在一定程度上改变传统超级大国的国家安全战略。美国曾深感：2001 年 9 月 11 日"发生在美国领土上的最致命的袭击，揭示了我们所面临的最直接的威胁，要求我们采取强有力和持续有效的措施来保卫国家"。21 世纪伊始，美国的布什政府便宣布：美国进入反恐战争。其后的奥巴马政府也认为："冷战结束以来 20 年的最大特征是变化所带来的希望与危险并存。和平民主阵营有所扩大；核战争的危险已经消除；主要大国和平共处；全球经济实现增长；商业往来把各国命运联系在一起；越来越多的人能够主宰自身命运。与这些进步并存的是挥之不去的难题。意识形态战争已让位于由宗教、种族和族群认同所引发的战争；核危险在扩散；不平等与经济不稳定有所加剧；环境和食品安全遭到破坏、公共卫生遭受威胁的现象越来越普遍；新技术既可用于建设，也可用于破坏。"①

奥巴马政府曾坚信大国间和平共处成为可能。同时认为，全球化也加剧了美国所面临的危险，包括国际恐怖主义、致命技术的扩散、经济动荡和气候变化等。美国虽然没有使用"非传统格局"这个词语，但明确表示，"在过去近 10年时间里，我们的国家与遍布各地的暴力和仇恨网络处于战争状态。伊拉克战争虽已结束，我们的军队又奉命再次以阿富汗为重点，完成瓦解、摧毁和击败'基地'组织及其追随者的承诺。……面对由国家、非国家行为体和失败国家等构成的多样化威胁，我们将保持军事优势"。②

美国既要维系在传统国际格局中的主宰地位和地缘战略优势，又不能不从本国安全利益出发，应对非传统国际格局的严峻挑战。因为一旦国际恐怖组织获得

---

① 美国总统奥巴马 2010 年 5 月 27 日向美国国会递交其上任以来首份《国家安全战略报告》，新华社伍益祖根据白宫网站翻译。

② 美国总统奥巴马 2010 年 5 月 27 日向美国国会递交其上任以来首份《国家安全战略报告》，新华社伍益祖根据白宫网站翻译。

针对美国的核武器、核材料，美国的核威慑理论将失灵。在这一背景下，截至2010年，奥巴马政府对华政策基调是："将继续寻求与中国建立积极合作的关系。我们欢迎中国与美国以及国际社会一道，在推进经济复苏、应对气候变化与不扩散等优先议题中，担当起负责任的领导角色。我们将关注中国的军事现代化，并做好准备，以确保美国及其地区和全球性盟友的利益不会受到负面影响。进一步说，随着中国影响力的不断提高，我们将鼓励其作出有利于和平、安全及繁荣的选择。我们正利用中美新建立的战略与经济对话机制，解决更广泛领域的问题，增进双方军事联系以减少猜疑。我们仍将鼓励中华人民共和国与台湾之间继续缓和紧张关系。美中两国不会在每个问题上都能达成共识。我们在人权及其他领域立场明确。但意见不同不应该妨碍美中双方在共同利益领域进行合作。务实而有效的双边关系，对于应对21世纪的主要挑战不可或缺。"①

然而，在美国国家安全决策中，追求权力政治的现实主义、谋求霸权的地缘战略思维，甚至新保守主义的影响依然强大。这些陈旧的安全与战略思维方式已落后于时代和维护可持续安全的需要。但是，只要符合美国军产复合体生存发展方式的需要和美国维持世界领导地位的欲望，这些思维方式便可以续存，甚至在决策中取得支配地位。

伴随2010年中国取代日本成为世界第二经济大国，中日韩合作不断深化，美国为确保霸主地位，提出并实施所谓重返亚太战略。时任美国国务卿希拉里·克林顿2011年10月在美国《外交政策》发表《美国的太平洋世纪》，强调美国是世界独一无二的领导。2012年6月，美国国防部长帕内塔正式提出亚太"再平衡"战略。奥巴马总统再度当选后，似乎要把重点重新转移到传统国际格局的大国博弈与地缘战略争夺方面，并通过与日本、菲律宾等国的"2+2"会谈和东盟相关论坛释放出美国的这种战略意向。这导致日本的安倍晋三内阁有恃无恐地利用美国发动了一场围堵、制衡中国的"地球仪外交"。

2014年3月美国国防部《四年防务评估报告》提出保卫本土、营造全球安全、远程投送与决战制胜等三大军事战略支柱。尽管美国意识到"恐怖主义依然是一个持续的、演进的、不断蜕变中的威胁"，开始强调全球战略的"再平

① 美国总统奥巴马2010年5月27日向美国国会递交其上任以来首份《国家安全战略报告》，新华社伍益祖根据白宫网站翻译。

衡",但维持中东地区安全被置于亚太地区之后。① 美国将在 2020 年之前把 60%
的战舰部署在亚太地区。美国认定,未来 10 年,中国是唯一能够挑战美国超级
大国地位的国家,中国的崛起会对美国经济和安全产生重要影响。2014 年 4 月
奥巴马总统访问日本、菲律宾,在钓鱼岛及南海问题上对中国施压,不久便引发
东亚局势紧张。安倍内阁借机解禁集体自卫权,美日加紧修订防卫合作方针。其
目的一是针对中国增强威慑力;二是动员日本在全球范围支援美军行动。这些将
增大日本卷入暴力多边主义,脱离和平发展道路的危险性,并可能对未来的中
美、中日关系蒙上阴影。

事实证明,奥巴马总统及其决策团队发生了严重的战略误判。第一,正当美
国忙于"重返亚洲"之际,欧洲乌克兰分裂、内战引发美欧同俄罗斯之间的尖
锐对立则是美国所始料不及的。第二,美国推行的"颜色革命"导致中东局势
剧烈动荡,叙利亚内战令美国束手无策,按下葫芦浮起瓢,无意中放纵了"伊
斯兰国"等极端势力的形成。第三,美国在非传统国际格局中面临的挑战才是
现实的安全威胁,而美国却在亚太地区利用矛盾,把中国作为军事上的对手和威
胁。时至今日,美国不能不为误判付出沉痛的代价。国际安全形势的急剧变化和
复杂化似乎使美国高官的话语越来越情绪化,内心在失去定力和章法。可持续安
全的要领之一在于"化敌为友",而美国的做法却往往是"助友为敌",最终陷
入安全异化的怪圈而难以自拔。在历史上日本偷袭珍珠港事件、阿富汗的"塔
利班"兴起、"基地"组织策划的"9·11"事件、反叙利亚政府的"伊斯兰
国"等都是典型案例,美国老毛病迄今没改。

目前,美国并未改变重返亚洲的所谓"再平衡"战略,仍然试图利用所谓
"朝鲜威胁""中国威胁",维系在韩国和冲绳的美军基地,重返菲律宾和越南的
军事基地,并向韩、日、越、菲推销美国军火,转嫁本国每年削减的约 500 亿美
元的军费财政负担,并继续主宰亚太安全。然而,一旦亚洲各国政府和人民识破
这种唯利是图的战略逻辑,谋求自主外交,美国便将不得不调整战略或策略。从
这个意义上讲,仁川亚运会带来朝鲜与韩国关系的解冻具有积极意义。中国推动
"亲诚惠容"的睦邻外交也是明智之举。未来亚洲各国人民谋求可持续安全与可

---

① Department of Defense, United States of America, "Quadrennial Defense Review Report," March
2014, p. 21.

持续发展，将形成不可抗拒的时代潮流。任何逆时代潮流而动的政府终将被本国人民所唾弃。

2014～2015年，美国的国家安全战略有可能被迫面临调整，否则将直接影响美国民主党在2016年大选中的执政地位。首先，在国际安全局势中，明确敌友是关键，而美国的困境在于至今仍未能摆脱"助友为敌"的怪圈。2013年，美国把推翻叙利亚阿萨德政权作为中东战略的重点。同年9月，美国官员曾表示，总统奥巴马已将叙利亚视为最高级别的国家安全威胁。自叙利亚爆发毒气袭击事件之后，白宫就宣布叙利亚是最大的安全威胁，为美国对叙利亚空袭制造舆论。然而，美国为避免直接出兵而陷入第二个伊拉克战争泥潭，曾默许一些盟国对反叙利亚政府的武装提供武器。结果导致"基地"组织等各种极端势力在叙利亚得势，并与伊拉克境内反政府武装合流，迅速形成令美国生畏的所谓"伊斯兰国"。

其次，乌克兰战乱将打乱美国所谓重返亚洲的"再平衡"战略及政策优先顺序。围绕乌克兰战乱的美俄战略矛盾是苏联解体以来传统欧洲战略格局中地缘战略矛盾的延伸。普京已被北约东扩挤压到无路可退的地步，原苏联加盟共和国的乌克兰一直存在着亲俄与亲西方的权力之争已达到不可调和的地步。俄罗斯借机重新占领克里米亚令美国难以容忍。

这表现在奥巴马总统2014年9月24日在联合国大会的一番演讲中。奥巴马称："埃博拉病毒在击溃西非公共卫生系统的同时正快速向周边蔓延；俄罗斯在欧洲咄咄逼人的态势令人回忆起某些大国为实现其领土雄心而践踏小国的历史；而在叙利亚和伊拉克肆虐的恐怖组织'伊斯兰国'又把我们逼到黑暗的最深处。"他强调："对于这种邪恶势力不可能有说理的余地，不可能有谈判的余地。这样的杀人犯能够理解的唯一语言是'武力'。"[1] 这里，美国总统把埃博拉病毒、俄罗斯和"伊斯兰国"并列为三大威胁，而2014年版《四年防务评估报告》中提及的严重威胁地区安全和稳定的伊朗和朝鲜则不在其列。奥巴马发誓要摧毁"伊斯兰国"的"死亡网络"，同时公开号召制裁俄罗斯。这反映出美国在传统和非传统安全国际格局中，正伸出双拳应对，但又陷入捉襟见肘的被动局面。这一切矛盾、冲突的种子，实际上早在冷战后和伊拉克战争时便由美国亲手

---

[1] 《环球时报》2014年9月27日。

埋下了。

面对这样的国际安全形势，美国未将中国作为"重点威胁"，并表示可以同中国在打击海盗、国际维和、人道救援、灾难搜救等方面加强合作，维持地区安全与稳定。中国作为负责任大国并没有针对美国扛起反霸大旗，而是实事求是地作出形势判断，倡导可持续安全观。中国不仅在加强同美国军方的沟通，而且欢迎奥巴马总统出席 2014 年 11 月在北京举行的亚太经合组织领导人非正式会议，为建立和巩固中美两国的新型大国关系而继续努力。中国对"伊斯兰国"等极端势力造成的损害坚决反对。与此同时，中国并不赞成美国及其盟国未经联合国授权和别国政府许可便在该国大打出手，进行军事干预，不认为军事打击可以解决根本问题。中国要维系可持续安全，就要在传统国际格局中处理好同美国的关系；在非传统国际格局中避免卷入对抗性矛盾的漩涡，防止"祸水东引"。

三 从战略全局看可持续安全战略特征与内涵

可持续安全战略基本含义是：一个国家、地区乃至全球，通过和平与合作方式，以较低成本实现较长时期和平与安全的客观状态。可持续安全堪称一种新型的国家安全模式。其与传统的国家安全理念及范畴不同，更加适应当前和长远维护国家安全与国际安全的需要。

（一） 从安全观发展的角度看可持续安全战略的特点和必要性

第一，持久和平不等于可持续安全。和平是指没有战争，而安全是指不受威胁，这是两个相互联系又彼此不同的交叉概念。一般而言，持久和平是可持续安全的前提，但和平不等于安全。即便在长期和平条件下，国家与公民仍会受到来自传统安全或非传统安全方面的威胁，而可持续安全概念恰恰涵盖这两大领域。在特殊情况下，只要能做到战则必胜、胜且能保，非和平状态未必绝对不安全，强大的国防力量堪称可持续安全的终极守护神。

第二，迄今的安全观并未包含国内安全和公民个体安全。2002 年 7 月，中国提出互信、互利、平等、协作的新安全观，主张以互利合作寻求共同安全。中国坚持在安全上相互信任、加强合作，坚持用和平方式而不是战争手段解决国际争端，共同维护世界和平与稳定。新安全观是综合安全观、发展安全观、合作安全观、共同安全观，是建立在世界多样性和共同利益基础上的安全观念和安全模式。然而，在没有外敌入侵的情况下，国内安全显得更重要；本国公民、法人在境外的生命财产安全问题相对突出。可持续安全战略肩负国内长治久安与不受外部战争威胁的双重维安任务，同时必须重视中国公民在境内外的个体安全，因而堪称新时期综合国内新安全观与国际新安全观的总体安全战略。

第三，迄今的综合安全观不太强调安全的可持续性。综合安全保障战略最早是日本大平正芳内阁提出的，旨在通过政治、外交、经济、军事等综合手段防止和应对战争冲突、能源危机、自然灾害等多种安全威胁。冷战后，联合国倡导"全面包容型安全"理念。1992年联合国环发大会接受了1972年"罗马俱乐部"报告提出的可持续发展概念，强调经济发展必须有利于资源的永续利用，有利于生态系统的良性循环，而绝不能以浪费资源和破坏生态环境为代价。1994年联合国开发计划署的《人类发展报告》从经济、粮食、健康、环境、人身、社区和政治安全等七大领域，全面阐述了"人类安全"的概念。然而，迄今联合国尚未提出可持续安全理念。中国应当在这个事关世界和平与发展的议题上有所贡献。事实证明，依靠战争谋求单方面绝对安全必然会发生安全异化，造成生态环境破坏、战争碳排放增加、民族宗教仇恨交织，综合安全丧失可持续性。

第四，迄今的安全观难以弥合主权与人权之争的对立。发展中国家的安全观往往倾向于维护主权，但国内矛盾激化难免损及部分人权；发达国家的安全观则强调所谓人权，对发展中国家的人道主义干预可能被滥用。可持续安全理念不仅重视国家安全、政权安全，而且重视公民安全。可持续安全从以人为本的角度，强调安全环境与生态环境的统一性、国内稳定与国际和平的统一性、国家主权与公民人权的统一性。可持续安全要求一国政府对内重视改善民生、防止腐败、尊重人权、健全法制；对外营造和平、合作、开放的国际环境，维护国家的领土和主权完整，反对干涉别国内政，尤其反对侵犯他国主权的战争行为。

第五，迄今某些大国或强国的安全观不大重视经济和社会成本。伴随经济增长、财政宽裕而适度加大国防投入是必要的，但过度军备竞赛加速苏联解体的教训是深刻的。近年来，美国安全成本升高与安全程度下降的矛盾也日益突出。2001年诺贝尔经济学奖得主、美国著名经济学家约瑟夫·斯蒂格利茨，曾从安全成本角度反思伊拉克战争。他指出，这种成本有三：一是作为"志愿国联合"一员的盟国参与战争的直接成本；二是波及世界经济和特定国家的原油价格上涨成本；三是引起"文明冲突"的成本。结果，美国付出巨大的安全成本反而增大了本国的安全风险，而不计成本的安全是难以持续的。故此，人类需要从经济、政治、社会、环境、生态等综合成本角度，思考安全的可持续性与科学性问题，而可持续安全追求的正是一种科学的安全观。

第六，可持续安全是中国的核心利益而非难以实现的理想。可持续安全是相对的，需要从宏观和微观两个层面把握，以宏观全局为重，但也不能忽视局部对全局的影响。中国改革开放 30 多年来经济迅速发展，关键因素之一是得益于自 1979 年以来没有卷入对外战争；自 1989 年以来没有发生重大国内动乱，总体上保持了可持续安全状态。未来 30 年，只要中国能继续保持可持续安全，中国的综合国力就必然出现新的更大跃升。正因如此，一些敌对势力必然会千方百计制造和利用中国国内外的各种矛盾，破坏和干扰中国的可持续安全。从这个意义上讲，可持续安全是中国必须维护的核心利益，而不是单纯的观念。

（二）可持续安全战略的基本内涵

可持续安全战略是政府长期维护国家安全的一种能力与艺术，旨在确保国家和平与安全状态不被迫中断。可持续安全战略作为国家安全战略大系统，包括传统安全和非传统安全两大子系统、国内和国际两个安全大局，以及在这个总纲下的若干细目。

可持续安全战略的目标是争取实现低成本、高安全的可持续性。通过本国努力与国际合作，在传统安全领域长期确保世界和平与本国不受侵犯；在非传统安全领域有效维护本国自身安全与各国共同安全。所谓低成本，并不意味单纯节约安全开支，而是从综合意义上而言的安全代价、战略代价。可持续安全战略首先要确保安全状态不被破坏，其次是一旦安全状态受到难以避免的损害或被迫中断后，国家安全可持续性的自我再造与续建。

可持续安全战略的特点是国内安全与国际安全的协调性。为此，在增强国防力量的同时，要大力开展独立自主的和平外交，巧用公共外交。要努力实现中华民族的大团结与世界人民的大团结，实现国内安全利益与国际安全利益的总体平衡。为实现祖国的完全统一，要继续促进海峡两岸的和平发展、和平合作与和平融合，进一步促进港澳的繁荣发展。为谋求人类的可持续安全，应支持联合国发挥更大作用。

可持续安全战略的本质是和平与非暴力性。可持续安全的实现要靠实力与王道，而非霸道。在国际上，要提倡和平的多边主义，通过政治磋商、外交对话、国际协调等和平方式，缓和与化解国家之间的矛盾与冲突；反对暴力的多边主义和单边主义通过使用武力或武力威胁解决国际争端，反对以破坏别国安全利益和生态环境为代价，换取某一国家或国家集团片面的安全利益。东盟地区论坛、上海合作组织、六方会谈等亚洲多边安全对话与合作机制，都是和平的多边主义实践；而暴力的多边主义已经并将继续构成未来发展中国家的主要外部军事威胁。

可持续安全战略的实施具有预防性、综合性与合作性。当今世界，国家面临的安全威胁日趋多元化。传统安全因素与非传统安全因素相互交织，任何一个国家都难以单独应付所有威胁的挑战，需要各国之间在政治、经济、社会、文化、宗教等多方面加强合作，综合治理，以利消除安全威胁的根源。可持续安全战略的原则是：重视综合安全，提倡合作安全，谋求共同安全，争取持久安全。

可持续安全战略尊重各国安全利益的多样性与共同性。它强调世界各种文明、不同社会制度和发展道路彼此尊重、和谐共存。在世界经济全球化深入发展、科技进步日新月异、信息网络覆盖全球的情况下，世界多种力量在竞争中合作并存，你中有我、我中有你，各国特殊的安全利益与共同的安全利益相互渗透，存在着国际社会就共同安全关切加强合作的必要性与可能性。任何地区安全合作都应尊重有关各国的安全利益与意愿，并在此基础上谋求实现共同安全。

可持续安全战略强调维护国家、地区及全球安全的整体性。建设和谐社会与和谐世界就体现了这一理念。国家的发展与繁荣、民主与法制、公平与正义，是维护国内稳定和国际安全的基础。《联合国宪章》与和平共处五项原则，是确保各国可持续安全的基本国际准则。任何国家的安全政策都不应违反这些准则而对其他国家的安全构成威胁或损害。可持续安全战略需要中国在加强国内道德、民主、法制建设的同时，积极参与国际法、国际规则制定与完善的进程。

可持续安全战略有赖于各国发展与安全的相对同步性。可持续安全与可持续发展是国家战略大系统中相互关联、相辅相成的两大子系统。在国际上，发达国家应尊重发展中国家的主权、生存权与发展权，通过经济合作促进当地经济发展，消除当地贫困，以利发展中国家确立可持续安全的经济基础。国际制裁会加剧社会动乱，不仅无助于解决发展问题，反而可能制造"越穷越打、越打越穷"的恶性循环，到头来必定会损害发达国家的安全与发展利益。

可持续安全战略目标的实现要靠国际合作的可持续性。有关国家可以在反恐、反走私贩毒、反海盗、防治跨国传染病、维护生态环境等跨国安全问题上，加强长期合作。这有利于各国增强政治互信，降低安全成本，提高安全质量，确保可持续的共同安全。要确保国际安全合作的可持续性，就需要有关各国共同建立危机管理合作机制，完善地区安全对话与合作机制，加强联合国在维护可持续安全方面的功能与机制建设。

可持续安全战略包括地缘战略概念的创新。迄今，无论是"海权论""欧亚大陆中心论"还是"欧亚大陆边缘地带论"，都是为西方实现世界霸权服务的。实际上，这些地缘战略学说并不具有普适性价值。因为如果其他国家仿效，只会引起新的地缘争夺甚至冲突与战争。可持续安全战略提倡"海陆和合论"，即海洋国家与大陆国家和平合作，以和平方式管理和利用好彼此之间的地缘政治关系。要超越地缘政治制衡，利用地缘经济优势加强区域合作，就需要海陆国家之间建立长期的和平合作伙伴关系，建设性、创造性地妥善处理好领土与海权争议。2013 年以来，中国政府提出了"一带一路"，即"丝绸之路经济带"和"21 世纪海上丝绸之路"合作构想，并得到相关国家积极响应，这正是新地缘战略思维"海陆和合论"的具体实践。未来东海、南海权益问题的解决，也需要以"海陆和合论"和可持续安全理念为指导，努力寻求各方都能接受的方案。

四 弘扬"可持续安全四项原则"意义重大

习近平主席提出的"共同、综合、合作、可持续的亚洲安全观"，可以概括为"可持续安全四项原则"。这堪称对和平共处五项原则的新发展。未来的中国外交与安全实践将证明，可持续安全理念符合时代潮流与世界各国的现实需要，必将具有强大的生命力并获得世界各国认同。它不是权宜之计或策略选择，而是具有全局性、战略性、持久性的根本指导方针与原则。它不是只为中国量身定制的，而且对世界各国具有普适性，对人类社会的安全利益具有普惠性。

（一）习近平提出"可持续安全四项原则"

从习近平在 2014 年 5 月上海亚信峰会的讲话中可以看到中国可持续安全观的政策基调，其主要内容可以概括为"可持续安全四项原则"。

（1）共同安全原则，包括安全的普遍性、平等性与包容性。共同安全就是要尊重和保障每一个国家安全。安全应该是普遍的，不能一个国家安全而其他国家不安全，一部分国家安全而另一部分国家不安全，更不能牺牲别国安全谋求自身所谓"绝对安全"。安全应该是平等的。各国都有平等参与地区安全事务的权利，也都有维护地区安全的责任。任何国家都不应该谋求垄断地区安全事务，侵害其他国家正当权益。安全应该是包容的。应该把亚洲多样性和各国的差异性转化为促进地区安全合作的活力和动力，恪守尊重主权独立、领土完整、互不干涉内政等国际关系基本准则，尊重各国自主选择的社会制度和发展道路，尊重并照顾各国合理安全关切。强化针对第三方的军事同盟，不利于维护地区共同安全。

（2）综合安全原则，就是要统筹维护传统领域和非传统领域安全。综合安全就是总体安全。通盘考虑安全问题的历史积累和现实状况，多管齐下、综合施策，协调推进地区安全治理。既要着力解决当前突出的安全问题，又要统筹谋划应对潜在的安全威胁。对恐怖主义、分裂主义、极端主义这三股势力，必须采取零容忍的态度，加强国家和地区合作，加大打击力度，使本地区人民都能在安宁祥和的土地上幸福生活。

（3）合作安全原则，就是要通过对话合作，促进各国和本地区安全。要通过坦诚深入的对话沟通，增进战略互信、减少相互猜疑，求同化异、和睦相处。要着眼各国共同安全利益，从低敏感领域入手，积极培育合作应对安全挑战的意识，不断扩大合作领域、创新合作方式，以合作谋和平、以合作促安全。要坚持以和平方式解决争端，反对动辄使用武力或以武力相威胁，反对以一己之私挑起事端、激化矛盾，反对以邻为壑、损人利己。

（4）可持续安全原则，就是要安全和发展并重，以实现持久安全。发展是安全的基础，安全是发展的条件。发展就是最大的安全，也是解决地区安全问题的总钥匙。要建造经得起风雨考验的亚洲安全大厦，就应该聚焦发展主题，积极改善民生、缩小贫富差距，不断夯实安全的根基。要推动共同发展和区域一体化进程，努力形成区域经济合作和安全合作良性互动、齐头并进的大好局面，以可持续发展促进可持续安全。

可持续安全目前已成为中国军方积极倡导的一个关键词。2014年6月，中国人民解放军副总参谋长王冠中在新加坡举行的第13届香格里拉对话会上称，可持续安全既是对历史经验的深刻总结，也是对未来发展的美好期待。中国将以可持续发展促进可持续安全，与各国共同创造地区持久繁荣和安宁的局面。① 同年9月，中国海军司令员吴胜利在美国海军战争学院发表演讲，首次阐述了以"共同安全、综合安全、合作安全、可持续安全"为核心的新型海上安全观。② 他指出，共同安全就是各国海军都要维护安全、享受安全；综合安全就是统筹兼顾各领域安全问题；合作安全就是通过务实合作谋求安全；可持续安全就是坚持安全与发展并重。这四个方面既各有侧重、又相辅相成，反映了和平发展的时代潮流，代表了世界各国的共同利益，应作为各国海军共同的思想理念和责任担当。③

可持续安全已得到上海合作组织的集体认同。2014年9月上海合作组织发表的《上海合作组织成员国元首杜尚别宣言》宣布："各成员国呼吁在考虑所有国家合法利益的基础上，建设一个没有战争、没有冲突、没有暴力和压迫的世界，发展全面平等互利的国际合作，实现共同、综合、合作和可持续安全。"④

（二）"可持续安全四项原则"是和平共处五项原则的新发展

1953年12月31日，中国总理周恩来会见印度政府代表团时首次提出和平共处五项原则，即"互相尊重主权和领土完整，互不侵犯，互不干涉内政，平等互利，和平共处的原则"。⑤ 同年4月29日，签订的《中印关于中国西藏地方与印度之间的通商和交通协定》，以及同年6月发表的中印两国总理联合声明、中缅两国总理联合声明，都确认并倡导将和平共处五项原则作为指导国家关系的原则。1955年4月在印尼万隆举行第一次亚非会议通过的十项原则包括了和平共

---

① 陶杰：《王冠中：树立亚洲安全观 共创亚太美好未来》，中国经济网，http://intl. ce. cn/specials/zxgjzh/201406/01/t20140601_ 2907167. shtml。
② 张军社：《新型海上安全观符合各国利益》，《人民日报》（海外版）2014年9月23日。
③ 汪国征、莫小亮：《吴胜利：应秉持新型海上安全观 以合作取代对抗》，2014年9月22日，http://news. xinhuanet. com/mil/2014 – 09/23/c_ 127018805. htm。
④ 《上海合作组织成员国元首杜尚别宣言》，《人民日报》2014年9月13日。
⑤ 《周恩来选集》（下卷），人民出版社，1984，第118页。

处五项原则。和平共处五项原则符合《联合国宪章》精神，其内容在 1970 年 10 月被第 25 届联大载入《关于各国依联合国宪章建立友好关系及合作之国际法原则之宣言》，成为世界各国普遍认同的国际关系准则。

邓小平曾经指出，总结国际关系的实践，最具有强大生命力的就是和平共处五项原则。如今，和平共处五项原则仍然是指导中国独立自主和平外交的基本方针。与此同时，世界和平与发展面临诸多新的挑战。

伴随社会发展、科技进步、时代变迁，和平共处五项原则难以涵盖国际安全与国家安全两个安全大局、传统安全与非传统安全两大安全领域所面临的挑战。明者因时而变，知者随事而制。21 世纪的中国外交与安全战略也将在和平共处五项原则基础上有新发展，这就是可持续安全四项原则。可以相信，可持续安全理念必将像可持续发展理念一样得到世界各国的普遍认同。可持续安全四项原则也一定会像和平共处五项原则那样具有持久的生命力，为未来的国际政治新秩序奠定基础。

（三）如何为普及可持续安全理念继续发出中国的好声音

迄今，或许一些人还不太理解或者没有意识到可持续安全的重要性，把它简单地等同于持久和平或长治久安。这就需要做好以下几点。

第一，注重关键词的集中概括使用和传播。和平共处五项原则之所以深入人心，好记易懂，便于传播，主要是其内容得人心，同时是由于概括得好，把一个多项概念并列的句子集中概括为一个关键词"和平共处五项原则"。如果把这个关键词分散地说成互相尊重主权与领土完整原则、互不侵犯原则、互不干涉内政原则、平等互利原则、和平共处原则，虽然意思准确，但显得松散而不易记忆和传播。同样，在习近平亚信峰会讲话中倡导的共同、综合、合作、可持续的安全观，也可以集中概括为"可持续安全四项原则"，即上述共同安全原则、综合安全原则、合作安全原则与可持续安全原则。其中既有继承也有发展创新，而非凭空想象。作为科学的安全观，可持续安全四项原则是个纲，提纲挈领。共同安全是保障，综合安全是手段，合作安全是路径，可持续安全是目标与指针。换言之，可持续安全的基本特点就是共同安全、综合安全、合作安全。

第二，中国人自身要认真领会和大力倡导"可持续安全四项原则"。加强对上海亚信峰会成果的巩固和后续行动十分必要。中国相关部门应认真学习和贯彻习近平主席在亚信峰会上重要讲话的内容和精神实质，从国际关系、国际法、外交学、战略学等学科角度深化对理论研究与探讨，结合外交与安全工作实践制定相关领域的战略规划与政策措施，把可持续安全的理念和原则化为可持续安全的政策与实践。今后，每10年可就上海亚信峰会通过的《上海宣言》进行回顾总结，结合纪念和平共处五项原则发表等活动，进一步阐述和弘扬可持续安全理念。

第三，可持续安全的新安全观要冲出亚洲，走向世界。中国在维护国家安全与国际安全方面要有更大作为，可以考虑在与世界各国建立战略伙伴关系的过程中，在双边及多边外交与安全事务的协调合作中，积极倡导可持续安全四项原则。2015年是第二次世界大战结束，即反法西斯战争和抗日战争胜利70周年，也是联合国成立70周年，中国作为联合国常任理事国可以单独或联合亚信峰会成员国在联合国大会和安理会提出"可持续安全四项原则"，引领国际安全事务走上正确轨道，为世界和平与发展作出智力贡献。可持续安全的理念和战略不只是为中国国家安全提出的，它不仅是亚洲的安全观，同样适用于世界各国，应该成为联合国的新安全观。

第四，呼吁在联合国安理会或联合国大会下设"联合国可持续安全委员会"。它可作为联合国安全事务的智库、统筹协调与政策理念传播机构，发挥类似联合国可持续发展委员会的功能与作用。1992年联合国经社理事会成立了可持续发展委员会。在国际安全局势急剧变化的情况下，一些新现象可能反映出未来的某种长期趋势。因而联合国安理会改革的当务之急与其说是扩大联合国安理会成员国，不如说是更新安全观念。如果联合国改革能推动成立"可持续安全委员会"，便有可能为联合国在全球可持续安全事业中发挥智库作用和协调合作功能，并为世界各国就可持续安全交流经验、交换信息提供平台。

第五，培养人才，弘扬中国战略文化至关重要。可持续安全是一个全新的安全理念，未必能马上得到某些国际政治学者及政策制定者理解或认同。要使世界更加安全，着眼未来30年，需要重视培养新一代具有可持续安全观的国家安全人才和外交人才。只有具备可持续安全的理念，未来安全政策的制定才能更具合理性、合作性、建设性和可持续性。可持续安全观的传播意义或许不亚于孔子学院的效果，因为其中蕴含着中国孔子、管子等先秦时期国家间政治的王道思想精髓。天下兴亡，匹夫有责。可持续安全观的传播，首先是中国国际关系学界和传媒界的崇高使命与历史责任。在涉及国家安全和国际安全的原创性理论研究方面，当代中国人也可以高唱国际歌："不要说我们一无所有，我们要做天下的主人！"

五　未来30年中国的国家战略

未来30年的中国将是文明的中国、环保的中国、科技的中国、开放的中国、平安的中国、繁荣的中国、诚信的中国、和谐的中国。这些也堪称"中国模式"未来发展的大方向。

鉴于上述时代判断和中国的国情，未来30年中国的国家战略将是"和平发展战略"。它有两大支柱体系：一是和平与安全战略系统（即国家安全战略系统），二是发展与繁荣战略系统。前者是后者的前提保障，后者是前者的物质基础。前者的目标是在科学安全观指导下确保"可持续安全"，后者的目标是在科学发展观指导下确保"可持续发展"。两者相辅相成。

（一）未来30年中国的和平与安全战略

中央国家安全委员会将承担未来30年中国的和平与安全战略（"可持续安全战略"）的制定和监督执行。

中国国家安全战略可以设定三大主体目标：一是长期确保中国和平的国际环境和良好的周边环境；二是长期确保中国稳定的国内政治环境和团结和谐的社会环境；三是长期确保在传统安全领域相对平衡的战略环境和非传统安全领域谋求共赢的国际合作环境。未来30年，只要这三大主体目标能够实现，中国就有可能在经济科技实力方面进一步超过一些发达国家，成为与美国并驾齐驱的具有世界影响的大国。"可持续安全战略"作为一大系统可分为几个彼此相关的子系统。

1. 国防安全战略

未来30年，国防安全战略有可能被国家安全战略所取代。确保"可持续安全"对中国来说将具有更加重要的意义。"可持续安全"与"持久和平"是交叉概念，但不是同一概念。其主要特点是，更加重视在和平条件下如何应对非传统安全方面的威胁，确保公共和公民安全；通过本国努力和国际合作，以较低的安全成本换取各领域较高程度的持久安全。

2. 外交战略

以政府官方总体外交为主体，它至少包括五个子系统：公共外交（包括民间、文化、艺术、体育等）、政党外交、议会外交、军队外交、科技外交。未来30年，中国将继续贯彻独立自主的和平外交，尽量减少和缓解本国发展中遇到的外部误解、摩擦与阻力。中国外交在维护本国利益的同时，应更加注重维护和增进与世界各国的共同利益并加强合作。中国作为海陆兼备的大国，有必要、有可能实现与海洋国家和大陆国家的和平合作，通过提倡和实践"海陆和合论"，为世界的和平、发展与和谐作出自己的贡献。

3. 国内稳定战略

这涉及国内、国际两个方面，以及两者之间的灰色领域。中国将健全公检法机能，加强针对非传统安全因素的危机管理。中国是多民族组成的国家，维护各民族之间的大团结、反对分裂祖国是各族同胞的共同任务。它也可以分为四个子系统：民族宗教政策、民族区域自治、各民族团结合作、反分裂斗争与统战工作。

对于中国来说，粮食、能源、就业、物价、金融市场稳定等问题，都关系到国计民生，需要长期关注，防患于未然。国内政治社会稳定，确保公平与正义是关键。市场经济的本质是法治经济。防止经济犯罪，确保公平正义，只能通过法律保障才能得以实现。中国今后除了要继续抓德治、法治，还要开展税制改革，建立遗产继承税和相应的赠与税税制，可采取"低门槛"早介入的方式尽快建立相关税制，防止尾大不掉，最终将付出极大的社会成本。这是防止腐败、防止贫富差距扩大的必经之路。

4. 国家统一战略

未来30年，台湾回到祖国怀抱的梦想还要靠海峡两岸共同努力才能实现。

未来30年，中国海峡两岸的经济将更加融合。在"两种制度并存 多种模式竞争"的时代背景下，中国将继续实行"一国两制"，而且与香港、澳门不同的是，如果台湾与大陆统一，中央政府将允许台湾拥有岛内的军队。届时，台湾将作为中华民族大家庭的成员共同分享中国作为联合国安理会常任理事国的崇高地位和巨大的国际活动空间。

（二）未来30年中国的发展与繁荣战略

在新的历史起点上，中国不能盲目乐观，需要制定一项全面可行的发展与繁荣战略、一项全面的"可持续发展战略"。这项战略不仅是指经济发展，而是广义上的发展，起码应包括以下几个相互关联的分支系统。

1. 经济发展战略

它又可以分为九个子系统：经济体制和市场秩序、财政金融、生产流通和运输、粮食与能源、信息现代化、对外经贸和旅游业、产业结构调整与城乡建设、环境生态保护和可持续发展、专利保护与科技创新。在这些方面保持健康平稳、协调有序、平衡快速的发展是十分重要的。

在国内方面，贫困地区将发生翻天覆地的变化。中国内需的扩大不仅有待城市消费水平的提高，更重要的是农村购买力水平的提高。科学种田、科技务农，是未来中国农业发展的关键之一。生物技术、环保技术、气象技术对绿色农业、牧业、渔业将起到重要推动作用。中国北方农村的水资源短缺问题是需要长期努力解决的大问题。科学的人工增雨雪，将为中国北方干旱地区农业、牧业作出巨大贡献。中国农村的雨水下水道系统与田间灌溉系统需要统筹设计、建设和有效利用。农村生产生活供电系统建设要尽量利用太阳能、风能及其他新能源。农村污水、污物、垃圾处理系统应向现代化处理方向发展。城乡之间交通网络的建设不仅有利于农民致富，也有利于中国汽车业市场的扩大。未来农村基础设施和卫生条件的改善，将使中国部分农村成为观光、旅游、度假的好去处。

在国际方面，中国在国际贸易、投资和金融领域地位将显著提高。今后中国要继续确保出口产业发展和企业生存，只有不断提高产品质量、安全标准和售后服务水平，及时促使产品升级换代。中国应高度重视能源、稀有金属的开采、加工和出口管理与战略储备。

伴随中国制成品水平的提高和国际原材料进口成本的提高，人民币适度升值是必然趋势。中国外汇储备增多和人民币升值的结果，会导致中国加强海外并购与投资。

未来30年，中国的第三产业将有更大的发展。金融服务业、信息产业、旅游业、环保业等在国民经济中所占比重会有较大提升。在股市、汇市、期货市场上，机遇与风险同在，国内与国际联动，需加强金融监管，适时采取调控措施，防范金融危机。

2. 科技、教育、文化发展战略

它至少可以分为六个子系统：基础科学（包括自然科学、人文社会科学和跨学科边缘科学）的理论创新、应用科学技术的创新发展、科研体制和科研队伍建设、产学研结合与成果转化、素质教育与人才培养、文化与精神文明发展。对中国今后的发展来说，人才是最重要的。

中国重视儿童素质的提高，但发展不平衡。伴随社会进步和观念更新，教育首先要从娃娃的教养抓起，从家庭到社会从小养成良好的行为规范、优良品质、健康体魄、良好视力等。

贫富差距与知识差距、受教育程度差距有一定关联。因此，未来30年，中国教育要重视普遍选拔与提高并重，在努力创办世界一流大学的同时，要努力普及中学、高中和大学教育，努力发展各种专业技术教育。教育与教学改革要适应人才成长规律进行，适应社会发展与就业市场的需要。在国内教育普及化、规范化的同时，针对外国的国际教育可以搞产业化、多样化。

文化与精神文明发展战略涉及四个子系统：以德治国与文化事业的发展、文学艺术及大众传媒的繁荣、体育的普及与提高、文物保护与文化遗产。其核心是发扬中华民族的优良传统，建立中华民族21世纪先进的核心价值与文明体系，提高国人的政治素质、道德素质和文化素质。

中国作为有5000多年悠久历史文化的大国，对国学的研究需要深入，而不能囿于某些阻碍人们吸收诸子百家思想精髓的固定之说。中国不仅要鼓励科学技术创新，而且要鼓励人文社会科学创新，以及交叉学科的创新，尤其要重视对原创性、原理性创新，使其在社会进步和政府决策中发挥重要作用。在这一过程中，中国文化产业也会得到较大发展，中国文化对世界将充满新的魅力。

3. 国家政治发展战略

它可以包括四个子系统：民主与法制、党政关系、中央与地方的关系、干部制度和公务员制度。未来30年，中国越是强大，市场机制越发达，中国共产党人就越要保持谦虚谨慎、艰苦奋斗、廉洁奉公、联系群众等优良传统和作风。党的思想建设、基层组织建设、法律法规建设应得到进一步加强。在市场经济条件下，保持国家各级领导干部廉洁勤政，是一项长期的战略任务。需要注意研究新情况，拿出新办法，解决新问题。

未来30年，中国政治体制改革，应利用信息化社会物质基础的增强，进行上层建筑决策机制的改革。首先，要努力构建不同层级的横向协调机制。其次，要努力建立公民个人随时可以民主参与国家或地方政治、社会及公共事务决策的机制。最后，中国民主政治应建立在公众爱国热情与民主渠道畅通的基础之上；应建立全民终身学习型社会与公众研究能力培养的基础之上。学校和社会要大力培养人的研究能力与习惯，造就一批学有专长的公共知识分子。这样，更多的人就可凭借自己的专业知识和经验，跨单位、跨学科、跨专业地参与社会发展，从而使社会整体充满生机与活力。

4. 社会保障和人口发展战略

它涉及四个子系统：医疗卫生体制、计划生育与人口控制、老龄化社会对策、与就业相关的社会保障。这些都是中国基本国情所决定的，在思考中国国家战略时不能忽略。

如果以百年为单位从未来长远考虑人口控制战略，比较受社会认可的方式是"可选择的1.5胎化"模式。即在坚持计划生育、优生优育的基础上，对双方均为独生子女的夫妻，允许选择出生两个孩子；对两位或其中一位不是独生子女的夫妻，原则上仍维持"1胎化"的生育政策。这样长期下去，社会将在个人自愿选择与政策规定之间找到一种新的平衡，客观上将形成总体"1.5胎化"的动态自组织结构，最大限度地趋利避害。为从根本上改善中国幼儿抚养、幼儿教养、家庭和谐、人口素质、社会效率等，应建立第一胎母亲享受法定三年产假、育儿假制度，并适当推迟女性退休的年龄。

5. 环境、生态、气候改良战略

包括中国在内，目前世界面临五大全球治理方面的难题：一是沙尘暴，被有关单位称为"无法根本解决的问题"；二是荒漠化，被称为"地球的癌症"；三是水资源短缺或遭污染，引起农业歉收、粮荒、冲突与战争；四是气候变暖，海平面升高，冰川消失，疾病传播，令世界各国忧心忡忡，苦无良策；五是粮食危机，引发粮价上涨，一些国家发生骚乱。这五大难题彼此相关，有出现恶性循环之虞。

然而，人工增雨雪有利于防治和解决上述五大难题。传统思维认为，治理沙尘暴的关键是通过种植防风林、灌木、草场等阻挡风沙和扬尘前行，重点要采取退耕还林和退耕还草等措施。这是一种传统的"平面横向"思维的治理模式。今后30年，要有效防治中国的荒漠化和沙尘危害，最佳选择是采取"纵横交错"的治理模式，即"纵向立体"的人工增雨雪与"横向平面"的植树种草相结合。

2007年以来，中国北方地区切实加强了人工增雨雪，成功地抑制了近年来猖獗的沙尘暴与扬尘天气的出现，北京的蓝天增多了。奥运会开闭幕式期间北京实施了人工降雨作业，实际上是通过在北京周边地区的人工增雨，使可能降到北京的雨提前下在北京周边地区。此举减少了飘往北京的可吸入颗粒物，使奥运期间的空气质量得到世界各国的好评。2009年中国北方抗大旱成败，人工增雪雨是关键。

6. 城市雨水排水系统与"绿色工地"革命

人工增雨雪可以解决大范围的高空扬尘，但未必能保城市空气质量，有时反而还会加剧局部扬尘，因此在城市建设管理方面还需进行改进，以跟上社会发展与环境改善的要求。中国需要重新认识和加强城市雨水排水系统的功能。

中国城市建设应修改原有下水道设计，缩小入水口的间距，全面加强城市排水防洪防尘功能。在这方面，日本城市的设计、理念、材料、功能等值得借鉴。小小的雨水下水道入水口，不仅可以防止中国夏季城市道路积水、冬季南方雪灾造成路面冰冻，而且可以在平时起到城市"地下吸尘器"的作用，是城市文明和发达程度的重要标志之一。城市空气清新，全民的体育健身活动才能普遍展开，对增强人民体质具有重要意义。另外，在城市修建完善而到位的雨水下水道系统，还可以使地下建筑得到充分发展，提高国土利用面积。在未来的中国城乡建设规划中应认真考虑这个问题。与此同时，重视治理土地和河流、湖泊的污染也极其重要。

7. 利用人工增雨雪缓解气候变暖

在解决气候变暖问题上，应采取多种思路和方法。例如，人工增雨雪就有可能成为解决气候变暖难题最有效且可验证的手段。夏季人工增雨可以起到直接降低地表温度的作用，使城市降温5~10℃，避免出现城市"热岛"现象。冬季在新疆、内蒙古、东北等地进行有效的人工增雪，可以使4月份之前大地被白雪覆盖，冷空气伴随北风南下便可防止"暖冬"出现。雨雪的增加还有利于再生林的生长和森林防火，有利于二氧化碳的间接减排。

今后30年，在技术条件相对比较成熟的情况下，中国可把人工增雨雪作为缓解全球气候变暖的可验证方案推广到全球。重点加强非洲干旱地区的人工增雨，以及蒙古、俄罗斯、加拿大等地的人工增雪。如有可能，还可在北极、南极展开人工增雪的国际合作。这样做，有可能从根本上解决人类面临的经济发展与气候变化之间的矛盾及困境，为可持续发展探索出一条新路。

基于共享安全的非传统安全合作

余潇枫*

当今人类正在走向深度全球化,"全球生存共同体""全球知识共同体""全球传播共同体""全球命运共同体"的现实体验催发人们的全球"共存"与"共享"意识,"普遍性威胁"与"生存性焦虑"的现实境遇也使得与"低政治"密切相关的"非传统安全"成了一个备受各国重视的概念。21世纪初以来人们眼睁睁地看着"9·11"恐怖袭击、严重急性呼吸综合征(SARS)危机、全球金融危机、日本核灾难、西亚北非的持续骚乱、乌克兰危机,以及美国的波士顿恐怖爆炸案、斯诺登事件、美国海军司令部枪击案、巴基斯坦重大恐怖袭击案、埃博拉病毒疯狂肆虐等种种"非传统安全危机"不断造成世界新恐慌,因而人们不得不对非传统安全威胁进行密切关注与深入思考。为了明晰当前世界的非传统安全研究现状与中国安全范式的选择,我们需要对非传统安全研究的源起和演化进行回溯,对西方非传统安全理论流派及其对中国的启示进行评述,对中国非传统安全研究的价值取向与理论范式进行分析,以阐明"共享安全"是非传统安全的价值实质,探求"共享安全"作为体现中国价值又符合世界语境的安全话语的必要性、可能性与可行性。

---

* 余潇枫,浙江大学公共管理学院教授、博士生导师,浙江大学非传统安全与和平发展研究中心主任。本文原文为《共享安全:非传统安全研究的中国视域》(《国际安全研究》2004年第1期,第4~34页),在收录本集刊时做了修改。

一　"共享安全"："全球命运共同体"的新安全话语

人类社会的生存方式与人类安全共同体的发生发展方式紧密相连。为了确保作为生存发展最基本条件的安全，人们以各种各样的方式把"自者"与"他者"结合起来形成特定的共同体以应对更大范围内的"威胁"。基于第一次世界大战与第二次世界大战的惨痛教训，"和平"成了人类社会最高的价值取向。在取代冷热兵器的核武器时代，大国间开始用"威慑"取代"入侵威胁"来扩军备战以形成"冷战"，在增加"确保相互摧毁"战争危险的同时也筑高了防止战争爆发的堤坝。然而，随着工业化和全球化的推进，"发展"成了人类社会的主导价值取向，于是贫困问题、人口问题、环境问题、能源问题不断凸显成为人类的普遍性威胁，面对冷战以来全球性非传统安全危机的接踵而至，人们发现没有战争的"和平"已经不能与"安全"直接画上等号，由非传统安全威胁构成的"不安全时代"① 正在到来，人类必须反思和寻求新的生存方式以摆脱现实的困境。

（一）"共同威胁"引发各国对非传统安全的普遍关注

"非传统安全"概念的提出及其相应理论的产生，并非是理论家们出于理论研究兴趣的"虚构"，也并非是政治家们出于政治需要的"图谋"，而是全球化背景下人类对新的普遍性威胁与生存性焦虑进行研究的一种"理论化"努力，也是人类面对非常态危机所迫切需要寻求新安全方案的一种"前景化"② 探索。最早把非传统安全概念引入中国的学者张蕴岭教授指出："非传统安全问题并不是新现象，它们早就存在，如今之所以被纳入综合安全的范畴，自然有它的内在缘由。在我看来，主要是，一则它们成为具有'集合性特征'的安全种类，也就是说形成了它们的'共同特征'；二则它们的表现形式和影响很大，成为必须

---

① 拉里·埃里奥特、丹·阿特金森：《不安全的时代》，曹大鹏译，商务印书馆，2001，第1页。
② 前景化的英文是 foregrounding，巴里·布赞专门讨论过"前景化安全"（Foregrounding Security），指安全以"指涉对象"或"领域"为轴不断扩展与深化的过程。参见巴里·布赞、琳娜·汉森《国际安全研究的演化》，余潇枫译，浙江大学出版社，2011，第146～149页。

给予极大重视的问题。"①

"共同威胁"必然引发人类对非传统安全的关注和对"共享安全"的诉求。人类对非传统安全威胁的重视源起于对"非军事问题"的关注，20 世纪中叶起首先是生态环境恶化、人口发展失当、贫困严重、发展难题等进入安全研究的视界，进入 21 世纪后更大范围内的恐怖主义问题、气候问题、能源危机、粮食危机、金融危机、信息安全问题等成为安全研究的重要议题。尤其是当"非国家行为体"的安全参与以及"非对称"的安全挑战开始被置于次国家、国家、跨国家以及全球的多重安全时空交叠之中，成为安全威胁的重要来源时，人类面对的安全威胁突破了传统的主权边界，安全维护方式突破了传统军事武力方式，军事安全与政治安全以外的经济安全、社会安全、环境安全、文化安全成了安全研究的重要领域，于是世界各国对非传统安全议题给予了越来越多的考虑。

非传统安全问题带来的"共同威胁"及传统的安全理论与观念严重不适应等，正是促使我们思考与提出"共享安全"战略性话语的现实语境。共享安全的价值前提是以"全球命运共同体"为考量，寻求"共存""共依""共有""共和""共建""共创"的方式。"共享安全"的基本内涵有：以人的生命为价值基点、以人类共和为价值原则、以互信合作为实现路径、以共赢共享为价值目标。"共享安全"的价值理念，凸显了当今"人类只有一个地球""地球是人类的太空救生艇""各国共处一个世界""世界各国共享和平安宁"② 的全球生存紧密关联的认知。"非传统安全不是由某个国家制造，不是被某一个国家认知，也不能由一个国家应对。非传统安全不是国家之间的相互安全威胁，而是国家群体乃至整个人类共同面对的威胁。这已经不是一个国家思考如何应对另外一个国家的安全威胁问题了，而是国家群体思考如何合力应对共同的安全威胁问题，是大家如何共同维护和改善全球公地的问题。"③ 非传统安全威胁使国际安全国内

---

① 张蕴岭：《中国非传统安全研究报告（2011~2012）》，中国社会科学文献出版社，2012，序一第 1 页。张蕴岭教授曾两次与本文作者谈起，他在 20 世纪 80 年代末与 90 年代初，就在国内的某些重要会议上转引了"非传统安全"这一概念——笔者注

② 《习近平在"世界和平论坛"开幕式上的致辞》，http://news.xinhuanet.com/2012-07/07/c_112383009.htm。

③ 秦亚青：《全球治理失灵与秩序理念的重建》，《世界经济与政治》2013 年第 4 期，第 6~7 页。

化，国内安全国际化，要求各国从人类的整体上来反思与建构新时期的安全方略。设问：如果在公共卫生安全上不实行"共建共享"，人类如何共同应对艾滋病、SARS、禽流感等病症？如果在国际公共安全上不实行"共建共享"，人类如何共同应对像海盗、走私、贩毒等跨国犯罪？如果在全球环境治理上不实行"共建共享"，人类如何能够走出气候变暖、生态危机的困境？如果不对安全进行"共建共享"，世界性的恐怖主义威胁、金融危机、人口危机、粮食危机、水资源危机等如何才能有效治理？我们就会清楚地认识到，由非传统安全所引发的种种频繁出现的全球性危机、地区性危机乃至国家内的危机，不仅需要我们在安全理念上进行反思与提升，而且不同国家在自身发展中应对非传统安全危机所形成的行之有效的理念、经验、知识与做法，也应当是人类社会的共同财富，也应让国际社会来共享。

至今，非传统安全威胁的现实正改变着各国的安全理念与各国的安全环境，安全的探讨和努力已经在相当大的程度上超越了传统的国际关系研究范畴，也超越了传统安全的研究边界，从而使得越来越多的国家开始把非传统安全置于国家安全方略的重要位置，把对国家间合作应对非传统安全威胁的行动视为国家安全方略的重要方面。

（二）"共患意识"促成非传统安全研究的持续升温

"非传统安全"一词最早见于冷战后西方国际安全与国际关系研究界。普林斯顿大学著名国际关系教授理查德·乌尔曼（Richard H. Ullman）于1983年发表在《国际安全》期刊上的《重新定义安全》[1] 一文把人类的贫困、疾病、自然灾害、环境退化等均纳入安全的范畴中，因而他被西方学术界认为是最早提出非传统安全概念的人。[2] 此后，一些新兴的国际关系理论流派，特别是国际政治经济学和环境政治学的学者对扩展非传统安全研究的领域、建构非传统安全的理论框架作出了许多贡献，并成为西方非传统安全研究的重要学术渊源。目前，国外非传统安全研究的制度化程度不断提升，大学里非传统安全的课程与专题开设越

---

[1]　Richard H. Ullman, "Redefining Security," *International Security*8, 1983, pp. 129 – 153.

[2]　戴维·鲍德温（David A. Baldwin）：在《安全的概念》（The Concept of Security）一文提到理查德·乌尔曼是第一人，而沙鲁巴·乔杜里（Saurabh Chaudhuri）在《非传统安全威胁的定义》一文中也指出理查德·乌尔曼是提出非传统安全定义的第一人。

来越普遍，① 非传统安全方面有影响的研究机构不断产生，其他还有关注非传统安全的各研究社群包括由各研究机构或自由主体所形成的群体网络（Community Network）；传播非传统安全研究的知识公共化的各种途径，如出版物（主要包括期刊与专著）、论文、网站、讲座、媒体报道等。需要指出的是，在西方学者的"非传统安全"研究中，更多使用具体的安全研究领域如环境安全、经济安全、能源安全、粮食安全等来指称非传统安全，此外，由于各国各地区所面临的非传统安全威胁各不相同，它们所关注的非传统安全研究领域也各有侧重。

20世纪末至21世纪初，中国学者在非传统安全的内涵、性质、特征、类型、领域划分、理论分殊等方面都有了颇具特色的深入研究，并且对非传统安全与传统安全的相互交织，对国内安全问题与国际安全问题的相互转化，对非传统安全危机的国际治理、对中国非传统安全的方略设定，对人类安全维护的模式思考均作出了积极的探索。但从学理的角度看，"非传统安全"作为一种全新的安全理念在理解与解读上仍存在着诸多分歧。总体上，中国学者认为非传统安全的提出，是一次对以主权安全、领土安全为核心的传统安全观的深化，是一场从国家安全到跨越国家的共同安全、全球安全、人类安全的一场拓展，也是一次从军事、政治、外交的"高政治安全"向"人的安全"与"社会安全"的"低政治安全"的深刻转型。军事部门的学者指出，要"通过反恐、维稳、制乱、抢险救灾、维和、打击跨国犯罪等非战争军事行动，实现对人民安居乐业和社会环境稳定的保护，实现对经济发展和国家利益扩展的支撑以及对世界和平与共同发展的维护和促进"。② 学界分别从"综合安全""广义安全""全球安全""人的安全""社会安全""交织安全""类安全"等视角来探讨非传统安全的独特性与重要性，从理论驱动、政策驱动、问题驱动等方面来针对非传统安全问题提出治理良方，从中国作为复兴大国的视角来探讨中国如何包容世界以及如何让世界包

---

① 牛津大学在硕士生的国际关系理论研究课程中有"非传统安全"专题，哈佛大学在"国际关系与外交"课程中有"非传统安全与外交"专题；与非传统安全专题相关的课程还有哈佛大学开设的"国家与国际安全研究"、耶鲁大学开设的"环境政治与法律"、麻省理工学院开设的"信息安全"和"核反应堆安全"、美国塔克商学院开设的"气候变化与商机"、伦敦大学首创的"能源与气候"硕士课程等。

② 寿晓松、徐经年主编《军队应对非传统安全威胁研究》，军事科学出版社，2009，第4页。

容中国，等等。学界所达成的基本共识是：非传统安全正在成为人类寻求共赢的一种"共同话语"，要合理应对非传统安全问题的挑战，就要对安全作新的理论反思与建构。

（三）"共享安全"：超越"安全困境"的话语转型

安全是人类生存的最基本需要，无论是个体、群体、社会、国家还是其他国际行为体都生存于某种特定的"安全场域"① 中。以往由国家间关系构建起来的安全场域是以边境划线、主权划界式的地缘性场域，随着经济全球化的推进，以利益划线、人权划界式的跨国利益性场域突现了；随着全球性非传统安全挑战的形成，以文明圈划线、生存权划界式的资源性场域被建构起来，其他还有以信仰划线、民族或宗教划界的种种社会心理场域等。多重的安全场域相互叠加，使人类深处一种"本体不安全"② 之中。复杂的安全现实造成了现实主义安全观所无法破解的"安全困境"，在现实主义的"安全困境"中，"一国为保障安全而采取的措施，意味着降低了其他国家的安全感。在无政府状态下，一方聊以自慰的源泉就成了另一方为之忧虑的根源。因此，一个国家即使是为了防御的目的而积聚战争工具，也会被其他国家视为需要作出反应的威胁所在"。③ 进而导致无法摆脱的"前提困境""立场困境""战争观困境"。④ 再从"话语安全"的视角看，现实主义所看到的"安全困境"在某种程度上恰恰是一种不安全的"话语建构"，它会使我们去寻求"消极安全"，深陷于寻找和放大"敌人"的情境中，让设想的敌人或对手成为去不掉的影子，进而使对抗与复仇成为无休止的延续。

非传统安全的提出和发展意味着安全思想的一次历史性提升，其标志是国际安全研究的四大"转换"。一是问题域的转换，安全成了一个开放性及与低政治

① "安全场域"一般指能够影响乃至决定安全态势的特定情境，如地缘场域、利益场域和社会心理场域。参见余潇枫、李佳《非传统安全：中国的认知与应对（1978～2008）》，《世界经济与政治》2008 年第 11 期，第 90 页。
② 景晓强：《本体安全中的身份、情感与对外政策》，《中国社会科学文摘》2012 年第 1 期，第 112～113 页。
③ 肯尼思·华尔兹：《国际政治理论》，胡少华、王红缨译，中国人民公安大学出版社，1992，第 3～4 页。
④ 余潇枫等著《非传统安全概论》，浙江人民出版社，2006，第 356～358 页。

直接相关联的领域，安全指涉对象从国家转向了"个体""性别""人类""全球"，安全领域扩展到了军事、政治以外的社会、经济、环境、健康、发展等。二是认识论的转换，传统安全基本上是运用实证主义认识论来建构其理论的，其中包括物质主义、科学主义、经验主义等立场与方法，非传统安全研究则突破了实证主义认识论的局限，更多地运用后实证主义认识论来建构其理解，其中包括理念主义、历史主义、先验主义等立场与方法。这两种认识路径争论的实质在于："社会科学应当在多大程度上接受纯自然科学的研究方法，并力求建构解释（国家）行为的因果理论。"① 三是变量及其结构的转换，国际安全的驱动力变量不仅影响国际安全事态，而且还影响国际安全研究本身，国际安全研究如何从描述性和解释性状态转向分析性与规范性状态的关键是对安全核心变量的寻找及对其内在函数关系的确定。四是基本范畴与实现途径的转换，"主体间冲突"被置于"客观上威胁"与"主观上恐惧"之先，"话语安全"被置于"客观安全"与"主观安全"之先。一般"客观安全"强调一国威胁他国基于其物质能力的可能性，"主观安全"强调心理和知觉以及恐惧形成过程中的人际关系（朋友、竞争者、敌人）的重要性，"话语安全"则强调"安全是一种自我指涉的实践，因为任何一种威胁者是相对于特定行为体的，行为体对威胁的认知与接受，直接决定着威胁是否是'威胁'"。② "话语安全"的实现途径较之"客观安全"与"主观安全"更注重对共同认知的建构性，因为"国家之间通过一定的言语行动建构起相互理解和信任，并在应付外部安全威胁方面达成共识"，从而愿意共同采取紧急措施去对付其安全威胁。③

"共享安全"话语对非传统安全研究有着重大的指导意义。话语不仅会影响人们行为的过程和结果，而且任何话语的继承、改造和独创均会在不同程度上改变社会结构、国家形象与国家安全。④ 倘若我们超越现实主义"安全困境"的话语建构，从"共享安全"的"共存""共处""共建""共优""共赢"的角度来观

---

① 巴里·布赞、琳娜·汉森：《国际安全研究的演化》，余潇枫译，浙江大学出版社，2011，第37页。

② 余潇枫：《国际安全研究是一门"学科"吗?》，《国际政治研究》2012年第1期，第9页。

③ Barry Buzan and Ole Waever, *Regions and Powers*, Cambridge: Cambridge University Press, 2003, p. 491.

④ 孙吉胜：《跨学科视域下的国际政治语言学：方向和议程》，《外交评论》2013年第1期，第12~29页。

察世界，安全就成了"行为体"间的"优态共存"（Superior Co-existence），① 尤其是当人类面临的困境已不仅仅是关乎"领土主权持存"的军事与政治的安全保障，而且是关乎"生存权利持存"与"生命质量持存"的经济、社会、文化及生态环境的安全保障时，"共享安全"式的"积极安全"② 才是我们要寻求的目标。"新形势下，安全问题的内涵既远远超越了冷战时期对峙平衡的安全，也超越了传统意义上的军事安全，同时也超越了一国一域的安全。各国必须坚持以合作的胸怀、创新的精神、负责任的态度，同舟共济、合作共赢，共同应对各种问题和挑战，携手营造和谐稳定的国际和地区安全环境。"③ 可见，"共享安全"不仅是帮助我们衡量国内社会安全的重要价值尺度，也是帮助我们参与国际社会并共同解决非传统安全问题的新价值立场，也应是以"全球命运共同体"共持"类价值"与共创"类安全"的必然共识。

中国新安全观的不断建构与演进正是"共享安全"话语在中国语境下的特定呈现。中国新安全观的建构与演进主要表现在几个重要的历史性节点上。

第一，在1958年的万隆会议上，中国提出了处理国家关系的"和平共处五项基本原则"：互相尊重主权和领土完整，互不侵犯，互不干涉内政，平等互利，和平共处。这五项原则是对《联合国宪章》基本原则的最好体现，更是对国际法的最基本、最主要、最核心的精神的高度概括，更是对处理国家关系的"共享安全"价值追求的最初表达。因为"与强权政治和霸权主义寻求统一的干涉不同，和平共处五项原则要求承认世界各国的发展道路和发展模式是多样的；与强权政治和霸权主义推行强势国家的价值观念与社会制度不同，和平共处五项原则要求尊重社会制度、价值观念和发展程度不同以及历史传统、宗教信仰和文化背景各异的客观现实；与强权政治和霸权主义以人道主义干预为名进行不同形式的军事介入不同，和平共处五项原则尊重民族自决、努力促进和平稳定的公正合理的国际新秩序的建立"。④

---

① 余潇枫：《从危态对抗到优态共存——广义安全观与非传统安全战略的价值定位》，《世界经济与政治》2004年第2期，第8~13页。

② 余潇枫：《安全治理：从"消极安全"到"积极安全"》，《探索与争鸣》2013年第6期，第44~47页。

③ 习近平：《就维护世界和平安全提出五项理念和原则》（世界和平论坛开幕式上发言），http://www.chinanews.com/gn/2012/07-07/4015510.shtml。

④ 余潇枫等著《非传统安全概论》，浙江人民出版社，2006，第362~363页。

第二，2002 年 7 月，在东盟地区论坛外长会议期间，中国代表团向大会提交了中方关于"新安全观"的立场文件，指出："以对话与合作为主要特征的新安全观逐渐成为当今时代的潮流之一。""新安全观实质是超越单方面安全范畴，以互利合作寻求共同安全。新安全观建立在共同利益基础之上，符合人类社会进步要求。"① 新安全观是"和平共处五项原则"在新形势下的发展，其核心内容是"互利、互信、平等、协作"，其中互信，是指超越意识形态和社会制度异同，摒弃冷战思维和强权政治心态，互不猜疑，互不敌视，各国应经常就各自安全防务政策以及重大行动展开对话与相互通报；互利，是指顺应全球化时代发展的客观要求，互相尊重对方的安全利益，在实现自身安全的同时，为对方安全创造条件，实现共同安全；平等，是指国家无论大小强弱，都是国际社会一员，应相互尊重，平等相待，不干涉别国内政，推动国际关系的民主化；协作，是指以和平谈判的方式解决争端，并就共同关心的安全问题进行广泛深入的合作，消除隐患，防止战争和冲突的发生。

第三，2012 年中共十八大报告中提出了"命运共同体"意识与"合作共赢"思想，再次凸显了"在追求本国利益时兼顾他国合理关切，在谋求本国发展中促进各国共同发展"② 的共享安全式的愿景。随之党的十八届三中全会决定成立国家安全委员会，并于 2014 年 4 月召开的国家安全委员会第一次会议上提出了"总体国家安全观"，强调"必须既重视外部安全，又重视内部安全，对内求发展、求变革、求稳定、建设平安中国，对外求和平、求合作、求共赢、建设和谐世界；既重视国土安全，又重视国民安全，坚持以民为本、以人为本，坚持国家安全一切为了人民、一切依靠人民，真正夯实国家安全的群众基础；既重视传统安全，又重视非传统安全，构建集政治安全、国土安全、军事安全、经济安全、文化安全、社会安全、科技安全、信息安全、生态安全、资源安全、核安全等于一体的国家安全体系；既重视发展问题，又重视安全问题，发展是安全的基础，安全是发展的条件，富国才能强兵，强兵才能卫国；既重视自身安全，又重视共

---

① 《光明日报》2002 年 8 月 2 日，第 4 版。
② 袁鹏：《新时期中国的大战略——对十八大报告的战略解读》，《现代国际关系》2013 年第 5期，第 1～9 页。

同安全，打造命运共同体，推动各方朝着互利互惠、共同安全的目标相向而行"。① 总体国家安全观跨越了国际安全与国内安全的分隔，针对传统安全威胁与非传统安全威胁相互交织的严峻现实提出了寻求"共享安全"之道新视角。

第四，在 2014 年 5 月亚信峰会上，中国又首先提出"亚洲新安全观"。进入 21 世纪，"亚洲安全问题极为复杂，既有热点敏感问题，又有民族宗教矛盾，恐怖主义、跨国犯罪、环境安全、网络安全、能源资源安全、重大自然灾害等带来的挑战明显上升，传统安全威胁和非传统安全威胁相互交织，安全问题的内涵和外延都在进一步拓展"。② 为此中国国家主席习近平在亚信峰会上发表了题为《积极树立亚洲安全观 共创安全合作新局面》的主旨讲话，强调中国将同各方一道，积极倡导"共同、综合、合作、可持续"的亚洲安全观，搭建地区安全和合作新架构。其中，"共同"是指要尊重和保障每一个国家的安全，各国既有平等参与地区安全事务的权利，又有维护地区安全的责任，因而安全应该是普遍、平等、共享的，不能一个国家安全而其他国家不安全，一部分国家安全而另一部分国家不安全，更不能牺牲别国安全谋求自身所谓绝对安全。"综合"是指要统筹维护传统领域和非传统领域安全，通盘考虑亚洲安全问题的历史经纬和现实状况，多管齐下、综合施策，协调推进地区安全治理，既要着力解决当前突出的地区安全问题，又要统筹谋划如何应对各类潜在的安全威胁。"合作"是指要通过对话合作促进各国和本地区安全，特别是要通过坦诚深入的对话沟通，增进战略互信，减少相互猜疑，求同化异、和睦相处；并着眼各国共同安全利益，从低敏感领域入手，积极培育应对安全挑战的合作意识，不断扩大合作领域、创新合作方式，以合作谋和平、以合作促安全。"可持续"则是指要发展和安全并重，以实现持久安全。对亚洲大多数国家来说，发展就是最大安全，也是解决地区安全问题的"总钥匙"，为此要聚焦发展主题，积极改善民生，缩小贫富差距，不断夯实安全根基，进而推动共同发展和区域一体化进程，以可持续发展促进可持续安全。③ 亚洲新安全观的提出是中

---

① 习近平：《坚持总体国家安全观 走中国特色国家安全道路》，http：//www. gov. cn/xinwen/2014 – 04/15/content_ 2659641. htm。

② 习近平：《积极树立亚洲安全观 共创安全合作新局面》，http：//news. xinhuanet. com/world/ 2014 – 05/21/c_ 126528981. htm。

③ 习近平：《积极树立亚洲安全观 共创安全合作新局面》，http：//news. xinhuanet. com/world/ 2014 – 05/21/c_ 126528981. htm。

国式"共享安全"追求的又一创举，也是中国新安全观在"中国和平发展始于亚洲、依托亚洲、造福亚洲"语境中的又一历史性深化。

二 构建"安全"：西方非传统安全研究的启示

西方非传统安全研究由传统安全研究与和平研究延伸、深化、扩展、转化而来。英国学者巴里·布赞（Barry Buzan）则认为安全研究演化的发展脉络是：到后冷战时期国际安全研究的转型出现了"两大阵营"，[①] 一方是战略研究与和平研究重新整合成的"后冷战传统主义"，另一方是源于20世纪70、80年代和平研究的"扩展—深化"派（主要包括建构主义、后殖民主义、人的安全、批判安全研究、女性主义、哥本哈根学派、后结构主义），后者成为非传统安全研究的主要理论来源。那么西方非传统安全理论中的价值取向如何？研究路径有何异同？对中国有何启示？存在的问题有哪些？

（一）西方非传统安全理论的构建及其价值取向

冷战结束之后，为了回应非传统安全威胁的挑战，安全研究必然要超越军事安全研究的范畴，冷战时期的战略研究、和平研究以及军备控制研究随着"和平"向"安全"转移，均因其"军事国家中心主义"立场，被归入"后冷战传统主义"。[②] 而对传统主义安全理论的初步扩展与深化，形成了建构主义安全研究（Constructivist Security Studies）、哥本哈根学派（The Copenhagen School）、后结构主义安全研究（Poststructuralist Security Studies）。

建构主义安全研究提出的"安全互构说"为西方国际安全研究的扩展提供了重要的理论路径。建构主义安全研究很大程度上是在20世纪90年代理性主义和反思主义论争的基础上发展起来的，且被分为常规建构主义和批判建构主义两个分支。"常规"是指安全指涉对象仍是国家，它的研究重心与战略研究相似，即重视对国家行为的研究。"批判"是指更多地立足于后实证主义的认识论立场

---

① 巴里·布赞、琳娜·汉森：《国际安全研究的演化》，余潇枫译，浙江大学出版社，2011，第201页。
② 巴里·布赞、琳娜·汉森：《国际安全研究的演化》，余潇枫译，浙江大学出版社，2011，第166~167页。

去关注国家以外的集体行为体。建构主义安全研究的理论取向是超越传统安全研究的"物质支配主义",用"观念因素"取代"物质因素"来对安全进行分析,强调"集体自尊"作为国家安全利益的重要方面,① 由于观念因素如认同、规范等是由主体间的互动建构起来的,所以建构主义认为任何安全的终极状态不是由所谓的客观物质因素"先定"和"支配"的,而是由观念因素"施动"和"建构"的;威胁或者安全都是一种"施动者"和"社会结构"的"互构",而社会结构又是主体间互动的结构,"共有知识"与"行为体的身份和利益"模塑社会结构本身。

哥本哈根学派则成功地把建构主义理论运用于安全研究中,提出了基于"主体间性"的"安全化"(Securitization)理论,从而"深化"了国际安全研究。哥本哈根学派的安全研究主要源起于20世纪80年代后期与90年代初哥本哈根和平研究中心,安全化概念最早由奥利·维夫(Ole Wæver)提出,随后巴里·布赞进行了全面的阐述。"安全化"是这样一个过程:某个公共问题只要尚未成为公共争论与公共决策问题以及国家并未涉及它,这一问题就还不是安全问题。当这个问题被政府部门作为"存在性威胁"而提出,并需要多方面采取紧急措施,甚至这些措施超出了政治程序的正常限度而仍然被证明不失为正当时,这个问题就成为安全问题了。为此,"安全化"不仅使"宣布或认定为危险"成为一个合理的施动过程,而且还能很好地解释为何不同的国家会有不同的安全重点,不同的历史阶段会有不同的安全重心。巴里·布赞认为,哥本哈根学派主要是聚焦于安全化研究,一方面要求扩大威胁的来源及其指涉对象(特别是社会/认同)的范围,另一方面呼吁要更多地关注地区层次的安全分析,并针对传统安全研究中物质主义的威胁分析,提供了一种建构主义的回应,在这种回应中,"社会"也成了社会安全的指涉对象,从而将安全扩展到了个人和全球层面,开辟了"认同安全"(Identity Security)研究。② 事实上,哥本哈根学派引入建构主义的安全分析元素,聚集于安全化概念的研究,使得"言语行为"(Speech Act)成了安全建构中的重要途径,同时使得"认同安全"和"话语安全"成为安全

---

① Alexander Wendt, *Social Theory of International Politics*, Cambridge : Cambridge University Press, 1999, pp. 236 – 237.

② 巴里·布赞、琳娜·汉森:《国际安全研究的演化》,余潇枫译,浙江大学出版社,2011,第154页。

的重要论题。"至少在欧洲,'安全化'是一个非常成功的概念。"①

后结构主义安全研究在建构主义和哥本哈根学派的安全研究基础上又向前推进了一大步,提出了具有独特理论视角的"话语安全说"。后结构主义安全研究源于80年代中期的北美,但90年代初期在欧洲更加流行,其主要特征是凸显"话语""认同"等范畴在安全中的特定作用。后结构主义认为由于安全化的权威主体往往是国家,所以会出现种种"沉默的安全"② 问题,但身处不安全中的行为体往往无权把现实苦难安全化为安全问题。由于"'认同'是由话语构成的,国家(或者国家的代表机构)可以通过指引和动员认同来实现其外交政策的合法化",③ 因而决定"安全化"成立与否的是其背后的"话语环境"与"话语结构"。在后结构主义者看来,安全是一种话语,甚至威胁本身也是一种话语,其基本的依据是任何物质都无法离开话语的表征而独立存在,比如将何种对象建构为威胁,其实就是创造一种关于"危险和安全的话语",并将威胁自我的那个他者置于一种特殊重要的地位。事实上,当今世界大量的媒介信息与话语正在不断模塑和创造出一个个关于"我们—他们""牺牲者—拯救者""发达—不发达""文明—野蛮"的认同标识与安全图景。因而,无论何时当我们表述"无政府世界""冷战结束""权力的性别关系""全球化""人道主义干预""金融资本"这些概念时,我们就开始进入抽象、呈现和解释的过程之中,即使是所谓最"客观"的"镜像"理论,也不可避免其解释的必然性与不可或缺性,从而政治领导、社会活动家、学者和学生都被卷入对"世界"和"安全"的解释之中,"知识"也就成了一种合法性的"权力"。④

西方国际安全研究的传统主义理论经过建构主义安全研究的"安全互构说",哥本哈根学派的"安全化"理论,后结构主义安全研究的"话语安全说"这三个流派的扩展与深化,为非传统安全问题进入安全研究领域敞开了大门,在

---

① 巴里·布赞、琳娜·汉森:《国际安全研究的演化》,余潇枫译,浙江大学出版社,2011,第227页。
② 巴里·布赞、琳娜·汉森:《国际安全研究的演化》,余潇枫译,浙江大学出版社,2011,第229页。
③ 巴里·布赞、琳娜·汉森:《国际安全研究的演化》,余潇枫译,浙江大学出版社,2011,第210页。
④ Tim Dunne, Milja Kurki, Steve Smith, *International Relations Theories: Discipline and Diversity*, Oxford: Oxford Press, 2007, p. 204.

接纳军事安全、政治安全外的经济安全、社会安全、环境安全等为安全重要领域的同时，国际安全与国内安全、军事手段与非军事手段等传统安全的二元对立性也被逐渐解构，特别是这些研究为后来的女性主义安全研究（Feminist Security Studies）、批判安全研究（Critical Security Studies）、人的安全研究（Human Security Studies）和后殖民主义安全研究（Post-colonialist Security Studies）的构建提供了理论的先导。女性主义安全研究批判了传统安全研究中的"男性中心主义"，其贡献在于不断指出传统安全研究中的"性别盲区"（Gender-blind），[①]提出了具有鲜明特色的"性别安全说"。形成于20世纪80年代中期的女性主义安全研究从美国和英国传播至全球，其研究工具包括从和平研究到后结构主义等多种研究方法，其研究路径普遍采取了自下而上的方式来分析战争在微观层面的影响。"女性主义构成了一个多元共同体，其成员有激进的怀疑者、宽容的反对者、有主体生活体验的知识探索者、社会安全认同体制的抵制者，他们破除原有边界的行为使得享有特权的安全防御难以为继。"[②]"女性主义将自己定义为一种政治学范式，不单纯是一种性别政治学，而是一种体验政治学、一种日常生活的政治。"[③]因而女性主义安全研究特别关注来自性别领域的特殊安全问题，关注身份建构和性别，其研究更多的是采用"知识论视角"，[④]其研究的领域与体现"低政治"的非传统安全领域有更多的交集，越来越多的日常生活中的"常态危机"进入女性主义安全研究的视野，种族歧视、性骚扰、强奸、人工流产、家庭暴力、儿童问题、营养不良、机会不均、经济剥夺、秩序混乱、环境危险、流行疾病、生活焦虑等都曾是长期"沉默的安全"而成为女性主义安全研究的重要议题，进而在研究中提倡"互相依赖的国际安全"和"星球意义上的全球安全"。[⑤]

　　批判安全研究的贡献是以人的安全为基点提出了"解放安全说"（Security

---

① Brooke A. Ackerly, Maria Stern and Jacqui True, *Feminist Methodologies for International Relations*, Cambridge: Cambridge University Press, 2006, p. 1.

② 克瑞斯汀·丝维斯特：《女性主义与后现代国际关系》，余潇枫、潘一禾、郭夏娟译，浙江人民出版社，2003，第225页。

③ 克瑞斯汀·丝维斯特：《女性主义与后现代国际关系》，余潇枫、潘一禾、郭夏娟译，浙江人民出版社，2003，第42页。

④ Brooke A. Ackerly, Maria Stern and Jacqui True, *Feminist Methodologies for International Relations*, Cambridge: Cambridge University Press, 2006, p. 21.

⑤ 克瑞斯汀·丝维斯特：《女性主义与后现代国际关系》，余潇枫、潘一禾、郭夏娟译，浙江人民出版社，2003，第225页。

as Emancipation)。[1] 批判安全研究是国际关系批判理论的一个分支，出现于 20世纪 90 年代初期，冷战后，在英国特别兴盛并形成有批判安全研究的"威尔士学派"。批判安全研究在方法论路径上源自于马克思主义或者更确切地说是源自于被称为"法兰克福学派"的新马克思主义。国际关系中的批判理论使用的主要是后实证主义方法，它否定实证主义的三个基本假定——外部世界的客观性、主体与客体的二分性、社会科学价值的中立性，强调所有知识均反映了研究者的利益、价值、群体、党派、阶级、民族等，因而所有的国际关系理论都存有其偏见。[2] 批判安全研究在此基础上对安全的指涉对象进行扩展，重视安全的"主体间"维度的分析，将个人安全置于国家安全之上，认为国家并非安全的可靠提供者，"作为个体的人"才是安全的最终指涉对象。批判"传统安全研究本体论上的国家主义，认识论上的客观主义和方法论上的实证主义"，[3] 特别强调个体安全甚于国家安全，以"解放"（Emancipation）作为核心概念，提出"人的解放"的目标是要消除"生存性焦虑"与保障"本体性安全"，[4] 安全的终极状态应是"真正的安全全球化"。[5]

人的安全概念由联合国开发计划署（UNDP）于 1993 年在《人类发展报告》中提出，并于 1994 年的《人类发展报告》中进行了全面阐述。这一概念后来被一些国家所采用，特别是受到加拿大、挪威和日本等国的重视。"人的安全"概念包括了人类整体与人类的个体。[6] 人的安全研究的贡献之一是把"安全"与"发展"合并研究，使国际安全研究的议题扩展至包括贫困、不发达、饥饿和其他威胁人类整体的问题。这一转向极大地囊括了威胁的类型和扩

---

[1] Soumita Basu and Joao Nunes, "Security as Emancipation," in Laura J. Shepherd, ed., *Critical Approaches to Security*, London, New York：Routledge, 2013, pp. 63 – 76.

[2] Robert H. Jackson, Georg S. Rensen, *Introduction to International Relations：Theories and Approaches*, Oxford：Oxford University Press, 2010, p. 248.

[3] 郑先武：《人的解放与"安全共同体"》，《现代国际关系》2004 年第 6 期，第 55 页。

[4] Ken Booth, "Security and Emancipation," *Review of International Studies* 17 , 1991, pp. 313 – 326.

[5] Amitav Acharya, "The Priphery as the Core：The Third World and Security Studies," in Keith Krause and Michael C. Williams, eds., *Critical Security Studies：Concepts and Cases*, London：University College of London Press, 1997, pp. 317 – 319.

[6] Human Security 有几种翻译：人类安全、人的安全、人民安全、人本安全、人间安全等，参见阿米塔夫·阿查亚《人的安全：概念及应用》，李佳译，浙江大学出版社，译丛主编序，第 2 页。

大了安全适用的领域，粮食、健康、环境、人口增长、经济机会的差距、移民、毒品运输和恐怖主义等均在其中，进而安全被视为一种根除"贫困"和"不发达"的全球性努力。"人的安全说"突破了传统安全研究的国家中心主义局限，是非传统安全领域内最具"非传统"的理论。"人的安全"研究直接把"人"（类及个体）确定为安全的指涉对象，超越了"国家对其公民可能造成不安全时"的传统安全理论的困境。"人"这一指涉对象的确立标示着安全研究的历史转型，标示其与以保障国家主权和政权安全为核心的传统安全的基本分界。

后殖民主义安全研究与反传统安全研究的"西方中心主义"强调"非西方本体"的安全研究，提出了"'非西方'安全说"。20世纪70年代起，在西方中心主义受到挑战的同时，第三世界的"非殖民化"和"安全"问题日益受到关注，到了90年代，产生了国际安全研究中的后殖民主义视角，形成了"非西方主体"对安全问题的不同理解和对国际安全研究中的西方中心主义的批判。因此，后殖民主义是一种将批判矛头指向帝国主义、西方资本主义、欧洲中心主义、西方霸权主义的话语称谓，其主要是研究殖民时期之"后"，宗主国与殖民地之间的文化话语权力关系以及有关种族主义、文化帝国主义、国家民族文化、文化权力身份等新问题。① 后殖民主义安全研究认为，非西方国家具有不同的发展轨迹，应该把非西方世界的殖民史、第三世界国家的形成等纳入安全理论，从而开创了一种关于"非西方主体"的不同理解，建构了一套"安全"研究的"非西方"词汇。

（二）西方非传统安全理论的启示与问题

西方非传统安全理论，构建起了有别于传统的安全指涉对象如"性别""个体""人类""非西方国家"等，不同程度地对安全研究的国家中心主义进行了批判，除了关注人类安全与个体安全，更加关注包括发展问题、贫困问题、饥饿问题等更多涉及低政治领域中的安全问题。后殖民主义则对西方中心主义安全话语进行了深刻反思与批判。这些非传统安全理论在安全的指涉对象、安全的实现途径、安全研究的方法视角等方面作出了新的理论创新，特别是批判安全理论、

---

① 王岳川：《后殖民主义与新历史主义文论》，山东教育出版社，1999，第1~28页。

人的安全研究、女性主义安全研究、后结构主义安全研究等对超越传统国家安全的本位与追求"人的安全"的取向十分明显与强烈，使得西方非传统安全理论具有了其自身新的视角、范畴、内容与特色。

西方的非传统安全理论对中国的启示主要有：一是安全指涉对象的重新寻找，二是安全研究领域的多向扩展，三是安全实现路径的创新式探索，四是人的安全话语的构建，五是全球安全话语的不断凸显。首先，以安全化理论为例，"安全化理论的贡献在于可以把诸多原属于低政治领域的非传统安全问题纳入既有的安全框架内进行考虑，或者非传统安全问题可能通过安全化的路径成为重要的新安全议题，从而把国家安全与社会安全、人的安全、全球安全整合在一个思考的框架内。"① 然而从亚洲的语境看，安全化理论能否在以下的追问中得以扩展：当安全化的行为体不作为时，安全化如何达成？"安全化"的实现路径除了"政治化"，是否还可以有"国际化"和"社会化"？安全化行为体的建构是否可以扩展为"启动行为体""催化行为体""实施行为体"？当安全治理的主体变得多元时，或者即使安全化对安全问题的解决有效果，是否以去安全化（Desecuritization）的路径作为长期的政治目标更为合理？

其次，以批判安全理论为例，批判安全研究指出国家可以是不安全的一部分，强调开放的全球政治与全球安全，认定个体是安全的最后指涉对象，并探寻以"人的解放"来实现"人的安全"与"真正的安全全球化"的思路，为非传统安全研究提供了独特的视角，但从其个体安全与国家安全"二元对立"与不可调和的反面来认识，"中国的安全应该是复合的和双向的，即人的安全得到充分保障的国家安全，国家安全得到有效维护下的人的安全；以关注和参与地区安全和全球安全为世界关怀的国家安全理念，以确保国家安全为底线的地区安全和全球安全理念"。②

再次，以后结构主义安全研究为例，"话语安全"的独特视角与理论创新非常有意思，这是一种完全不同于过去的方法论路径，改变了人们对认同与政治、

---

① 梅利·卡拉贝若－安东尼、拉尔夫·埃莫斯、阿米塔夫·阿查亚：《安全化困境：亚洲的视角》，李佳译，浙江大学出版社，2010，译丛主编序第 3 页。

② 刘中民：《西方国际关系理论视野中的非传统安全研究》，赵远良、主父笑飞主编《非传统安全与中国外交新战略》，中国社会科学出版社，2011，第 77 页。

知识与权力、国家与安全之间关系的认知，强调了安全是一种（指涉对象）被建构的实践活动。中国的国际关系理论与国际安全研究从"理论进口""问题进口"到"议题进口"走过了很长的弯路，迫切需要在"客观安全"与"主观安全"之上对"话语安全"进行深入的研究。其启示意义是：共同体对自身安全的评估不再从对共同体面临威胁的客观分析中获得，而是从共同体对特殊认同进行建构的过程中获得，同样，"共享安全"也可以在对全球认同和类认同进行建构和再建构中得以实现。

虽然西方非传统安全理论大大超越了传统安全理论的局限，丰富了国际安全研究的内容，并且在安全指涉对象、安全威胁来源、安全维护方式等方面作出了可喜的研究创新，但西方的非传统安全理论也存有严重的本体论与方法论缺陷，主要问题有三：一是以"原子主义"为特征的本体论局限，二是以"二元对立"为特征的方法论局限，三是以"西方中心"为特征的价值立场局限。后两者在某种程度上又是前者的延伸。基于"原子主义"本体论思维的安全研究，非常重视行为体的"单位"界定与不同行为体"单位"建构起来的"体系"性质，至于单位之间的"关系"则是从属的、第二位的。这种研究思维方式的好处是权力的边界比较清晰，体系中的"层次"比较明确，安全变量的设定有比较"客观"的依据。但这种思维方式的问题是对"行为体"间冲突的消解，对体系中的"异质"性"单位"的处置，难以超越传统安全研究的"国家本位"立场，或者难以超越行为体冲突消解过程中的"两元对立"模式，致使西方非传统安全理论在不同程度超越传统安全困境的同时又陷入新的安全困境。

比如建构主义安全研究在安全实现路径上作出了重大扩展后，在安全指涉对象上却没有超越国家自身，"国家"仍然是其最重要的安全"单位"，因而不仅没有使安全研究跨越军事和政治的领域，也没有使自身成为独立于传统安全的"非传统安全理论"。再如，后结构主义颇具理论深刻性地解构了僵化的国家安全概念，"允许那些与国家不相关的主体进入人们的视线，并确定一种区分模式以避免陷入单纯的敌友划分或全球无冲突的理想化陷阱"。[①] 但是后结构主义在

---

① 巴里·布赞、琳娜·汉森：《国际安全研究的演化》，余潇枫译，浙江大学出版社，2011，第155页。

根本上把国家与其他安全行为体对立起来，国家不但是安全威胁的来源，而且实现安全还要以消除国家为前提，这种非此即彼的"二元对立"的方法论导致其理论研究的新安全困境。再如，"人的安全"研究作为非传统安全研究的重要方面"已经成功地为那些支持发展以及支持人道主义外交的政治行为体提供了一个理论支点"。① 人类安全委员会（GHS）认为人的安全并不能替代国家安全，其对国家安全的补充有：关注个体、共同体和社会，关注那些常常被认为是没有危及国家安全的威胁，关注国家以外的更多的行为体，提供给人们的不只是保护还有授权（Empowering）。② 但不能否认，不少西方学者没有看到国家安全对人的安全维护的独特作用；没有看到人的安全与国家安全之间互补的可能性与可行性；更多关注个体安全而忽视类安全，甚至一味用个体安全来代替一切。在中国，"人的安全"研究被视为是与"国家安全"研究相互补充的，也被认为是促进发展研究与安全研究联系的重要方面，甚至"人的安全"研究还能够帮助政府切实有效地提升非传统安全危机的治理能力，以致使长期研究中国人的安全专家承认"中国在改善人的权利的努力中会发现（不同于西方）的中间道路，即能整合与调适其面临的特殊性与普遍性"。③ 再如，后殖民主义理论展现了与西方立场不同的新视角，它们都反对"大国"的强权安全政治而重视"小国"和"弱国"的安全困境，都支持超越国家安全和政治安全以承认第三世界的特殊性与获得和平的正义性。④ 后殖民主义还与后结构主义相呼应，更强调对认同的话语建构，其"安全研究还对西方政界和学术界构造'南方'、'东方'、'不发达'和'失败'的他者意象进行批判"，并把一些非西方国家的"失败"或"不发达"看作是"西方殖民主义打压的后遗症"。⑤ 但后殖民主义安全研究把

---

① 李开盛：《人、国家与安全治理》，中国社会科学出版社，2012，第112页。

② Georg Frerks and Berma Klein Goldewijk, "Human Security: Mapping the Challenges," in Georg Frerks and Berma Klein Goldewijk, eds., *Human Security and International Insecurity*, Wageningen: Wageningen Academic Publishers, 2007, p. 30. 转引自李开盛《人、国家与安全治理》，中国社会科学出版社，2012，第97页。

③ Mikyoung Kim, *Securitization of Human Rights: North Korean Refugees in East Asia*, New York: Praeger, 2012, p. 52.

④ Shampa Biswas, "Post-colonial Security Studies," in Laura J. Shepherd, ed., *Critical Approaches to Security*, London, New York: Routledge, 2013, pp. 89 – 117.

⑤ 巴里·布赞、琳娜·汉森：《国际安全研究的演化》，余潇枫译，浙江大学出版社，2011，第212页。

"南北""东西"问题对立起来，认为现存的资本主义体系过去是、现在是、将来也是发展中国家的压迫者，没有看到在全球化过程中两者之间的相融之处以及可以相互促进之处。后殖民主义安全研究试图用"非西方"来取代西方，同样陷入了另一种安全研究的方法论困境。

三　共建"安全"：中国非传统安全研究与维护的探索

与西方的"原子主义"本体论思维方式和"二元对立"的方法论立场不同，中国的"关系主义"与"整体主义"形成了中国人独特的安全思维方式与安全实现路径。基辛格以中国的围棋与西方的国际象棋作对比，认为国际象棋"全胜全败"的安全思维在战略层次上远不如中国围棋的"共存共活"来得高远与博大。① 事实上，中国在历史、理论与现实三个维度上对"共享安全"可行性的探索与实践上均有着丰富的资源。中国历史上丰富的安全思想为"共享安全"的理性建构提供了价值坐标，中国学界的安全理论建构为"共享安全"的可能性认证提供了依据，中国外交上保持特色的安全实践为"共享安全"的可行性提供了独特的范例。

（一）"保合太和"："共享安全"的思想渊源

"共享安全"的思想渊源可以追溯到中国古代的"共存论"与"和合论"思想，其代表性著作便是《周易》。《周易》明确提出了"保合太和"②的安全价值目标、"万国咸宁"③ 的共享安全理想、"协和万邦"④ 的安全实现路径。"保合太和"作为社会安全的理想之境，生发于"易"的"和易"之义。⑤

---

① 基辛格：《论中国》，胡利平、林华、杨韵琴译，中信出版社，2012，第18~26页。
② 朱熹：《原本周易本义》卷三（《周易·象·上传》），齐鲁书社编《易学精华》（中册），齐鲁书社，1991，第1055页。
③ 朱熹：《原本周易本义》卷三（《周易·象·上传》），齐鲁书社编《易学精华》（中册），齐鲁书社，1991，第1055页。
④ 汉孔安国传、唐孔颖达等正义《尚书·尧典》，《十三经注疏》（上），浙江古籍出版社，1998，第119页。
⑤ 余潇枫：《中国社会安全理想的三重解读》，《新疆师范大学学报》2013年第5期，第13页。

《易经》中"易"包含有体现着价值本体一致性的五种不同含义，即变易、简易、不易、交易、和易。易的"和易性"是易之为易的终极价值的体现，具有本体之意义，"如果不能认识到不易之易的终极目的是天地的和谐生态，如果不能认识到人的存在之意义也在实现一己存在的和谐充实以及更进一步彰显天地万物的和谐繁荣，如果不能认识到人的生命的可贵及所包含的无穷无尽的价值内涵，易的变化就只是过眼烟云，镜花水月，徒增人的空虚失落、迷惑沮丧而已。故真正知易者，不能不正视易的和谐化的价值"。① 如果说"和"是易之"本体"，"太和"是"和易"的至高目标，那么，"保合太和"则是要和而不同地保持合作或融合，共存共赢地高度和谐与永久和顺。"保合太和"作为安全理想的一个极其重要的价值词，充分体现了社会安全所应趋向的"至和境界"。

"保合太和"的安全哲学意蕴表征着"自强不息"精神与"厚德载物"德性的完美统一，反映着中国文化传统的"和合"待人情怀与"中庸"处事原则的完美结合。② 在历史的合合分分的悠久变迁中，"保合太和"生发出了中国人"和而不同""天下大同"的人道理想。"和而不同"与"天下大同"是中国传统社会构筑的"共享安全"的最基本结构性元素，它们既有地缘上的"安定"内涵，又有文化上的"安宁"意蕴；既有层次上的"安全"区分，又有超越民族关系上的"安好"倾向。西方学者威廉·卡拉汉（William A. Callaham）将"和而不同"视为通过利用差异模糊性而达到"大同"境界的一种有内在逻辑的灵活的方法论，③ 这是对"和而不同"的较正确的解读。赵汀阳认为"给定世界的差异状态、差异可能形成冲突，于是至少有两种解决方案：一是'同'，就是消灭差异成一统，这个方案不可取，因为'同则不继'；另一种是'和'，就是在差异中寻找并且建立互相利益最大化的协作关系"。④ 所以，以"不同"之

---

① 成中英：《易学本体论》，北京大学出版社，2006，第 11 页。

② 余潇枫：《中国社会安全理想的三重解读》，《新疆师范大学学报》2013 年第 5 期，第 12 ~ 17 页。

③ William A. Callaham, "Remembering the Future: Utopia, Empire, and Harmony in 21st - Century International Theory," *European Journal of International Relations* 10, 2004, pp. 569 - 601. 转引自张锋《"中国例外论"刍议》，《世界经济与政治》2012 年第 3 期，第 89 页。

④ 赵汀阳：《冲突、合作与和谐的博弈哲学》，《世界经济与政治》2007 年第 6 期，第 15 ~ 16 页。

"和"达成"大同"之"天下",是中国"共存先于存在"① 的"生存论"思想的根本内容,也是中国"不同融于大同"的"和合论"思想的价值追求。"保合太和"式的以天下为怀的"安全观",既有着"天下太平"的统称意味,也有着"天下一家"的指称意义。在国家间的维度上,"保合太和"的价值取向是"协和万邦"基础上的"万国咸宁"。《易经》强调"乾道变化,各正性命;保合太和,乃利贞,首出庶物,万国咸宁"。② "万国咸宁"是被明确提出的"天下"安全的最终理想,这一理想追求也贯穿于中国悠长的历史演进中。与此相应,中国典籍"《尚书》中的'天命—人事'王道秩序观,《诗经》中的'华夷对峙—交融'民族文化观,《周礼》中的'天下—五方'地缘政治观和《春秋》中的'尊王—黜霸—大一统'历史哲学观"③ 等,都从不同程度上传承与突现了"共存论""和合论""王道论"的治世理念。正是中国传统文化中"和合中庸、礼让为国"的传统特点,形成了中国特色的"和而不同""兼容共存"的外交伦理原则,铸就了"协和万邦""万国咸宁"的外交目标与文化自觉。

应该说"保合太和"的社会安全理想是中国人对世界安全的独特贡献,也是中国作为一个"文明国家"(a Civilization-State)④ 对人类文明的贡献。中国是人类历史上最重视和最有能力以"和"为本位来维护安全的国家之一。"共享安全"在西方现实主义以对抗思维为主导的安全观看来是难以想象的,但"中国文化中影响最大的儒家、道家和佛家思想里都不存在紧张对抗的激进的观念,中国文化里没有上帝与魔鬼、信徒与异教徒之类的紧张对抗结构以及'末日审判'之类的想象。西方以西方之心去猜测中国之心就难免出现错误判断,单方面想象了一种只有自己单独上场的最后决战"。⑤ 事实上,"从传统思想文化与历史演进

---

① 赵汀阳认为:"中国式的存在论是对的:共存先于存在而且是任一存在的条件,而以某种独立存在为根据的眼界是看不到世界的。因此,笔者相信基于关系眼界的中国价值观是对的,它是克服冲突的一个良好思路。"参见赵汀阳《天下体系的一个简要表述》,《世界经济与政治》2008 年第 10 期,第 65 页。

② 朱熹:《原本周易本义》卷三 (《周易·象·上传》),齐鲁书社编《易学精华》(中册),齐鲁书社,1991,第 1055 页。

③ 杨倩如:《双重视野下的古代东亚国际体系研究》,《当代亚太》2013 年第 2 期,第 37 页。

④ Martin Jacques, *When China Rules the World*, London：Penguin Group, 2012, p. 244.

⑤ 赵汀阳:《天下体系的一个简要表述》,《世界经济与政治》2008 年第 10 期,第 65 页。

来看，中国文化中'重和'的方面是主流和整体的，'尚争'的方面是暂时的和局部的；中华文明中内敛的、防御的和合作的一面，多于扩张的、进攻的和竞争的一面。鸦片战争以后，西力东渐，中国经历了'落后就要挨打'的惨痛经历，复兴成为有识之士的共同愿景。这种复兴愿景建立在对落后苦难的同情理解之上，受'己所不欲，勿施于人'的礼制律令影响，中国复兴的立足点是解除世界上相同处境的苦难，而非对施暴者的子孙进行报复"。① 中国的特殊性还表现在"从传统上看，中国即使在自身实力处于优势的情况下，往往也只追求相对有限的对外目标"。② "中国数千年的历史进程表明，在中央王朝与周边民族的互动中，古代中国的政治家是倾向于和；在不得不战的时候，采取的是以战促和，实现了'和'以后，则特别强调'恩'与'德'的教育和影响作用。这样的模式所体现的'和合文化'传统，在当代仍然有重要影响。"③ 可见，中华文明的五千年传承，证明了中国人爱和平、重防御、讲团结、求统一的安全思维与防御性国策，也正是中国自古以来的"安全梦"所呈现出来的文化伦理精神，促成了中国人爱公平、重共存、讲中庸、求和合的安全态度与共享安全的价值追求。

也正是中国的"关系主义"与"整体主义"的本体论思维方式，伴随着历史上的"共存论""和合论""王道论"思想的传承与几千年的"外交实践"的积累，促成了中国非传统安全研究的"和合主义"④ 范式的生成。"和合主义"的核心价值"类生存""类伦理""类安全"，安全内涵是行为体间的"优态共存"，理性原则是"社会共有、权利共享、和平共处、价值共创"，安全共同体的实现途径是行为体间的"和合共建"。在"全球命运共同体"不断生成的当下，"共享安全"是"和合主义"范式的极好注释，也是非传统安全维护方略的根本价值导向。

---

① 马维江：《中国的"金砖梦"与"非洲梦"》，中国社会科学院世界经济与政治研究所电子版交流材料《IPER 政经观察》第 1308 号，2013 年 4 月 25 日。

② 周方银：《中美新型大国关系的动力、路径与前景》，《当代亚太》2013 年第 2 期，第 13 页。

③ 李少军：《论中国双重身份的困境与应对》，《世界经济与政治》2012 年第 4 期，第 19 页。

④ 余潇枫：《中国非传统安全能力建设：理论、范式与思路》，中国社会科学出版社，2013，第 98 ~ 105 页；余潇枫：《"和合主义"：中国外交的伦理价值取向》，《国际政治研究》2007 年第 3 期，第 21 ~ 24 页。

（二）"和合主义"："共享安全"的可能性探索

"共享安全"是否可能，除了对历史的思想资源的挖掘，还需要针对当前的世界安全环境进行理论的考量。在中国走入现代，走向世界的当下，中国学者从不同角度着力探索全球化背景下人类安全理想与非传统安全治理方式，出现了一大批与"和合主义"范式相关联、相辉映的极有价值的安全思想成果，并从不同的视角探索"共享安全"在当代的可能性。

1. 以"全球安全观"来探索"共享安全"的可能

王逸舟较早从"全球政治"的视角探讨"全球化时代的安全观"，并用"王道霸道说"解读中国外交思想，用"创造性介入"理念探索中国如何融入世界。他认为安全的保障与预期取决于多大程度上能容纳传统的国家安全问题与新出现的社会安全问题，容纳国家和国家以外的多种行为体，容纳"全球性共同利益"和"人类的类安全"。他强调"新安全"必定是既包括民族国家的安全，也包括其他非民族国家单元在内的多种行为主体的"共同安全或均衡安全"，因而全球化时代的新安全观将是一种"多种行为主体的共同安全"。[1] 王逸舟深入探讨了"中国之全球角色的生成"以及中国外交如何顺应这一变化并有所作为，[2] 还针对外交现实的场景提出了其创造性介入方案，如解决台湾问题的"两岸中程架构"，突破中日结构性困境的"中美日对话"，解决南海争端的"两区分、两联动"思路，联合中非两个巨大国际行为体的"中非新合作"构想等。[3] 这些思考成为"共享安全"可能建立的新的价值取向，不仅具有理论的独特性，而且具有外交的导引性。郑先武倡导"多元安全共同体"的实践与探索，通过对东南亚安全区域主义的研究，揭示了东南亚安全的历史演进规律：从"集体内部安全"到"防务共同体"的形成，继而向"综合安全"与"合作安全"的"强安全机制"转变，再向"东盟安全共同体"这一"安全连续统一体"提升。郑先武深入考察"多元安全共同体"的可能性，发现全球化与区域化是安全区域主义发展的根本动因，而安全区域主义的施动力量又是由多元行为主体和复合关键

---

[1]　王逸舟：《全球政治和中国外交》，世界知识出版社，2003，第1～14页。
[2]　王逸舟：《创造性介入——中国全球角色的生成》，北京大学出版社，2013，第67～150页。
[3]　王逸舟：《创造性介入——中国全球角色的生成》，北京大学出版社，2013，第151～172页。

变量（如权力、利益、相互依存、规范、认同、信任和制度等）构成，因而他认为全球化和区域化所达成的体现某种共享性的"多元安全共同体"，将为"把现实主义传统进一步改进为超越冷战框架的国际研究中的更普遍的理论提供了一种可能性"。①

2. 以"中国思想的世界性转换"来探索"共享安全"的可能

阎学通在区别王道与霸道的基础上，强调要"以'仁'促进国际公平规范，以'义'促进国际正义原则，以'礼'促进新型大国关系，以'道义'提升政治软实力"，② 并指出："中国古代的'仁、义、礼'近似于近代'公平、正义和文明'，这三者分别是高于'平等、民主、自由'的价值观，作为一个全球化时代崛起大国，中国应借鉴中国传统政治思想的精华，在国际社会倡导'公平、正义和文明'的价值观，并以此指导建设新型国际规范。"③ 赵汀阳在对中国"和策略"以及对"非合作博弈发展出合作的博弈"的充分讨论的基础上，提出一种比帕累托改进更有利于形成合作的"孔子改进"。④ 赵汀阳十分重视"天下主义"的世界性转换，他"从世界思考世界"的角度考察"天下体系"，认为它意味着一种中国式的兼容普遍主义，是比温特所谓的西方政治家的"三种文化"更有潜力解决冲突问题的"第四种文化"。⑤ 在赵汀阳看来，可以"共享"幸福的世界观，在于它的包容性，不仅不排斥任何"他者"，而且试图把"他者"都化为"自己人"，"这是一个没有敌人的世界观，想象着一个'天下为公'的社会"。⑥ 另一学者任晓在对"中华世界秩序说""华夷秩序说""天朝礼治体系说""东亚共生体系""进贡体系说"进行分析阐述的基础上，提出了"东亚'共生体系'原理"。⑦ 任晓认为，共生体系"软结构"下的"东亚内生秩序的特征是大小国家各安其位，小国尊大，大国容小，政治和经

① 郑先武：《安全、合作与共同体》，南京大学出版社，2009，第252～357页。
② 阎学通：《公平正义的价值观与合作共赢的外交原则》，《国际问题研究》2013年第1期，第7～14页。
③ 阎学通：《公平正义的价值观与合作共赢的外交原则》，《国际问题研究》2013年第1期，第6页。
④ 赵汀阳：《冲突、合作与和谐的博弈哲学》，《世界经济与政治》2007年第6期，第6～16页。
⑤ 赵汀阳：《天下体系的一个简要表述》，《世界经济与政治》2008年第10期，第57页。
⑥ 赵汀阳：《天下体系的一个简要表述》，《世界经济与政治》2008年第10期，第63页。
⑦ 任晓：《论东亚"共生体系"原理》，《世界经济与政治》2013年第7期，第4～22页。

济上相互往来，基本保持了和平的地区秩序"。① 其共生体系的内在要素有：互认式的多样往来，互惠式的朝贡贸易，自愿式的资源交换，共生式的身份与规范建构。②

3. 以"全球安全治理"的路径来探索"共享安全"的可能

秦亚青强调，要用"多元治理""关系治理""整体治理"（关系治理与规则治理的综合）"全球治理""有效治理"等模式代替传统的"利益治理""垄断治理""霸权治理""低效治理"等。③ 庞中英则提出要推进"全球政府"的实践，甚至设想转化目前的"国际法"为"全球法"，联合国大会转化成为"世界会议"，以强化对"全球治理的治理"等。④ 李东燕则针对冷战后凸显的"全球安全威胁"提出了"全球安全治理"概念，其主要含义有：全球安全面临着威胁与挑战，需要有全球性制度安排以促进共同的战略、决策和行动，多种行为体（政府、国际组织、多边集团、非政府组织、商业企业部门及大众媒体等）都是相关者与参与者。⑤ 同时李东燕提出了相应的"大安全治理"与"核心安全治理"，非传统安全领域如经济、金融、环境、能源、粮食等安全问题被归入大安全治理范围。⑥ 并且"通过全球安全治理，有望达到促进中国与相关国家和国际组织之间的积极的安全合作关系，进一步在地区和全球范围缓解安全困境，建立起基于合作、和解、和谐的新型安全关系"。⑦ 汤伟提出了"地球系统治理"设想，⑧ 李淑云提出了"可持续安全治理"方案，⑨ 张胜军提出了"全球深度治理"对策。⑩

---

① 任晓：《论东亚"共生体系"原理》，《世界经济与政治》2013 年第 7 期，第 14 页。

② 任晓：《论东亚"共生体系"原理》，《世界经济与政治》2013 年第 7 期，第 14 ~ 21 页。

③ 秦亚青：《全球治理失灵与秩序理念的重建》，《世界经济与政治》2013 年第 4 期，第 13 ~ 14 页。

④ 庞中英：《"全球政府"：一种根本而有效的全球治理手段?》，《国际观察》2011 年第 6 期，第 16 ~ 22 页。

⑤ 李东燕：《全球安全治理与中国的选择》，《世界经济与政治》2013 年第 4 期，第 42 页。

⑥ 李东燕：《全球安全治理与中国的选择》，《世界经济与政治》2013 年第 4 期，第 43 页。

⑦ 李东燕：《全球安全治理与中国的选择》，《世界经济与政治》2013 年第 4 期，第 54 页。

⑧ 汤伟：《世界城市与全球治理的逻辑构建及其意义》，《世界经济与政治》2013 年第 6 期，第 97 ~ 116 页。

⑨ 李淑云：《环境变化与可持续安全的构建》，《世界经济与政治》2011 年第 9 期，第 112 ~ 135 页。

⑩ 张胜军：《全球深度治理的目标与前景》，《世界经济与政治》2013 年第 4 期，第 55 ~ 75 页。

4. 以"大国责任与全球安全关系"的视角来探索"共享安全"的可能

朱明权是一位从大国与国际安全关系的视角来探讨"人类共享安全需要"的学者,他把"人类免受各种非传统安全问题的威胁"视为国际安全内在目标之一,强调"在我们这个时代,要想超越由主权国家组成的国际体系乃是不现实的,但是我们可以指望超越狭隘的传统的安全观,将本国的安全与国际社会的安全结合起来,即本国的生存与发展应当有助于世界的和谐,世界的和谐又会促进本国的生存与发展"。① 因此,朱明权认为大国应以"责任优先"观来取代以往的"国家优先"观或"国家至上"观,因为真正的国际安全需要有新的理念进行奠基,所有国家乃至整个人类的最高目标应该是国际社会的共同安全、持久和平、共同繁荣所建构起来的和谐世界,而国家的根本和长远利益只有在这样一个和谐世界中才能得到保证。② 朱明权在批评美国奉行美国第一原则③对国际安全起到反面作用的基础上,强调任何大国必须认识到国家安全与国际安全在本质上具有的一致性,"实现了国际安全,大国也就最终获得了自己的国家安全;没有国际安全,大国的国家安全也就成了空中楼阁"。④ 刘江永提出了大国关系转变基础上的未来国际格局的理想模式:从目前"一极多元"的格局发展到"多元共存"格局,再和平过渡到以联合国为主体的"多元一体"格局,从而建立一个"后霸权"的国际体系。⑤

5. 以"中国的理念定位与方略选择"来探索"共享安全"的可能

杨洁勉在研究"中国走向全球强国的外交理论准备"的基础上指出:中国全球强国外交理论最终任务是要实现从"和平共生"到"和谐共生"的提升,在国际关系向全球关系过渡的十字路口上,"如果人类社会能够把握历史机遇,或许就能在人类文明史上第一次通过和平方式实现全球强国共生共赢的伟大理

---

① 朱明权:《国际安全与军备控制》,上海人民出版社,2011,第280页。
② 朱明权:《国际安全与军备控制》,上海人民出版社,2011,第278页。
③ 朱明权指出:"比较愿意接受多边合作的美国总统克林顿也说:'当我们(美国)直接的国家利益面临最大危险时,愿意采取单方面行动;当我们的利益与别人共有时,建构联盟和伙伴关系;当我们的利益更加普遍,问题得到国际社会最大关注时,采取多边行动'","这实际上是将国际安全问题国家安全化,是为美国推行单边主义寻找借口,逃脱多边的国际合作。这一点其他大国同样应当引以为戒"。参见朱明权《国际安全与军备控制》,上海人民出版社,2011,第288~289页。
④ 朱明权:《国际安全与军备控制》,上海人民出版社,2011,第287页。
⑤ 刘江永:《国际格局演变与中国周边安全》,《世界经济与政治》2013年第6期,第4~24页。

想。反之，人类社会就会丧失机遇，仍将长期摸索"。① 王义桅则从超越"和平崛起"的角度提出了"包容性崛起"战略。② 王义桅认为，在安全与发展并重的背景下，中国的"和平崛起"及其与世界的关系出现了诸多不适应性，因而中国需要确立现代世界观与国家安全观，改变线性进化思维与历史经验论，建立重视"利他关切、全球关切、未来关切"的"包容性崛起"（利益共赢、权力共生、责任共担、价值共享）理念。③ 可见，"包容性崛起"战略的实质是要淡化中国模式，建设共同安全机制，让世界从中国崛起中普遍受益，实现权力共享和责任共担，让世界包容中国的发展，也让中国包容世界的发展。石斌提出了"共同安全与合作安全"为价值导向的"国际安全战略"，并对"共同安全"的诸多现实"困境"进行了深入的理论解读。④ 石斌认为国际安全的实现必定基于一定的权力结构与物质条件，也有赖于一定的价值基础与思想前提，但相对于国家安全，国际安全的实质是共同安全与合作安全，国际安全的实现需要国际社会在安全问题上共同价值、规范与原则的确立与调节，然而"在当代条件下，共同安全与合作安全是一种最佳的选择"。⑤

当然还有其他许多颇有思想创新与理论开拓的学者对"共享安全"进行有价值探索，因篇幅限制而未在这里被一一指出。综上所述，无论是"多种行为主体的共同安全""人类共同安全""包容性崛起""共同安全与合作安全""多元安全共同体""和谐共生""可持续安全建构"的探索，还是"新天下主义""东亚共生体系""全球安全治理""全球深度治理""地球系统治理"的解读等，都反映了中国学者对非传统安全维护方略与求解人类生存危机的探索，反映了中国"保合太和"的安全哲学思想与"和合主义"安全范式在历史与文化上

---

① 杨洁勉：《中国走向全球强国的外交理论准备》，《世界经济与政治》2012 年第 5 期，第 10 页。
② 王义桅：《超越和平崛起——中国实施包容性崛起战略的必要性与可能性》，《世界经济与政治》2011 年第 8 期，第 140～154 页。
③ 王义桅认为"利益共赢"重在为发展中国家让利，周边国家互利，新兴国家共利，发达国家赢利；"权力共生"重在为发展中国家争权，给周边国家放权，新兴国家让权，发达国家共权；"责任共担"重在为发展中国家承担责任，周边国家共谋责任，新兴国家分担责任，发达国家共担责任；"价值共享"重在反映发展中国家意志，挖掘与周边国家共同历史传统，凝聚新兴国家共识，与西方国家寻求价值共享面。参见王义桅《超越和平崛起——中国实施包容性崛起战略的必要性与可能性》，《世界经济与政治》2011 年第 8 期，第 140～154 页。
④ 石斌：《共同安全的困境》，《国际安全研究》2013 年第 1 期，第 20 页。
⑤ 石斌：《共同安全的困境》，《国际安全研究》2013 年第 1 期，第 20 页。

的连续统一的内在特质，反映了"共享安全"作为一种全球化时代的安全理念与战略性话语，既是中华民族独特思维方式的凝聚，又是人类普世精神共在特性的表达。

（三）"共建共赢"："共享安全"的可行性探索

非传统安全的"普遍性""复合性""多维性""广义性"，以及与传统安全之间的"交织性"的诸多特点，使得非传统安全问题更多地与风险、危机、紧急状态、日常生存性威胁相关联；也使得国家安全与人的安全、社会安全、全球安全连成一体而相互缠绕与转换。正因为如此，非传统安全成了全球性紧缺的公共产品，这一公共产品的生产需要"共建"，而这一公共产品的使用则是"共享"的，这其中共建和共享是相辅相成的。然而，"共享安全"的可能性若在历史的维度和理论的维度存在，那么它在现实的维度中是否可行？特别是国家之间尚存有利益冲突、资源争夺、边界争议、危机外嫁以及国内社会动荡、难民外涌、群发事件猛增等的现实，"共享安全"又在多大程度上可行？这是诸多学者特别是外国学者对中国非传统安全研究的普遍质疑与拷问之一。

初看起来，非传统安全威胁的确也会产生现实主义安全观所认同与持有的不同程度的"安全困境"，一国为保障安全而采取的资源开发措施，会被其他国家视为相对减少其资源利用可能性的举动，因"公地悲剧"而引发的不安全感是非传统安全困境的重要内容。这就需要我们重新考虑在全球公共产品提供与享用过程中重新探索"国家与主权"关系的新本质。可以说，"条件主权"（Conditional Sovereignty）与"责任主权"（Responsible Sovereignty）[1] 的提倡与落实，或者以适当让渡主权为前提参与全球治理，应该是国家间共同超越"非传统安全困境"的关键。英国前外交大臣戴维·米利邦德（David Miliband）指出，"当国家不仅要留意本国公民的本土需要，还要关心其他国家公民的国际义务时，国家主权就变成了责任主权"。[2] 中国学者张胜军认为这种"责任主权"应当

---

① 条件主权与责任主权概念阐述，可参见 Luke Glanville, "The Myth of 'Traditional' Sovereignty," *International Studies Quarterly* 57, 2013, pp. 79 - 90。

② 转引自张胜军《全球深度治理的目标与前景》，《世界经济与政治》2013 年第 4 期，第 62 页。

是"相互的"才合理，否则先发展国家与后发展国家之间就会失衡，要实现"全球深度治理"就需要提倡"相互责任主权"（Mutual Responsible Sovereignty），而以相互依存与"相互性责任主权"为基础的"全球深度治理"才是各国应对共同危机的有效良策。①

"共享安全"必须要超越当前国际社会在安全共识不足、安全观念冲突、安全战略矛盾、安全策略竞争以及应对影响人类生存环境和生存状态的全球性非传统安全挑战的体制滞后等现实困境，这就必然需要通过"共建"以达成"共享"，而安全的"共建共享"的最困难之处，便是如何对待现存的不同层次的"异质性"因素：既包括"文明""文化""宗教""民族""社会"等种种"异质"的历时性遗在，也包括因历史、地缘、利益、资源、制度、方式甚至误解引起的冲突与对抗而转化成的"异质"的现时性此在，也包括因对未来走向持有不同图景与追求的"异质"的可能性彼在。然而，纵观人类社会的历史走向与现实发展，我们无疑会发现，正是在共同威胁不断地扩大范围并对人类生存造成普遍挑战的情景下，人类社会不断经历着从努力实现小型共同体的"同质性"共建共享逐步甚至是艰难地走向能包容"异质性"的更大共同体乃至全球性的共建共享的过程。

现实主义安全研究提出过诸多的国际安全观，如"威慑与核威慑论""地缘政治论""权力均势论""安全博弈论""安全困境论""霸权稳定论"等。这些安全观点尽管是以自身的利益与权力为本位，但也强调"同质"国家利益圈内的"共建"与"共享"。自由主义安全研究则顺应世界交往扩大与国家之间经济贸易日趋融合的趋势，提出"相互依存论""制度共建论""民主和平论"等安全观，试图来创造一种建基于国际制度的国际安全新局面。建构主义的安全研究则强调：由"社会关系"来规定国家角色，由"社会认同"来构建国家的利益与安全，由"社会文化"来影响国家的安全战略，由"社会规范"来创造安全的行为模式。建构主义代表人物之一温特甚至认为"自助和权力政治都是制度，它们不是无政府状态的必然特征。无政府状态是国家造就的"。② 这使得"社会

---

① 张胜军：《全球深度治理的目标与前景》，《世界经济与政治》2013 年第 4 期，第 55 ~ 75 页。
② Alexander Wendt, "Anarchy is What States Make of It: The Social Construction of Power Politics," *International Organization* 46, 1992, pp. 391 – 395.

认同"与"共有观念"成了安全的根本变量，即使国家趋向追求利益本身，"这些利益的真正意义也在于它们驱使国家认知它们，解读它们的含义，并依次决定应该定义主观安全利益"。① 不管现实主义、自由主义还是建构主义的安全观如何，不能回避的问题是如何对待"共建共享"过程中的"异质性"因素，非传统安全理论中的哥本哈根学派、后结构主义、女性主义、人的安全研究、批判安全理论以及后殖民主义等较之以往的安全理论虽更具有共建安全的向度，但也回避不了共建中的"异质性"难题。应该说，消解人类社会诸多现存的"异质性"状态的途径有很多，如通过强调人类面对的共同威胁，来提升对安全维护的共同认知；通过以生命保护为国际社会伦理底线的坚守，来扩展国际维和行动与人道主义干预；通过国家间相互依存的内容与方式的扩展，来形成更大的共同体生存方式；通过建构"全球命运共同体"的理念，来寻求全新的共建共享体制的确立等。然而，由于历史文化、民族国家主权、利益冲突与资源紧张等原因，不同层次的"异质性"是国际社会一个长时期存在的固有特征，如果不能消解与容纳这一"异质性"，"共享安全"可行性就会打折扣。对"异质性"问题的政策回应，基本上形成了美国、欧盟和中国的三大类型。

美国惯用自己的善恶去判定美国与别国之间的"异质"冲突，用自己的制度尺度去衡量美国与别国之间的"内在"紧张，因而美国主流安全理论的"误区"从本质上反映了美国主流国际安全理论价值立场的某种缺失，即对"异质"世界的独断与强制。美国国家安全战略的核心是"霸权护持"与"霸权安全"，因而"霸权稳定论"的实质是要维护美国的"权力霸权"与"制度霸权"，这在美国的外交实践中表现得非常鲜明。第一次世界大战后的"国际联盟"的共建，最后因美国国会的否决而导致流产；"9·11"恐怖袭击后的伊拉克战争，美国完全以自己的单边行动置联合国于"虚设"；源之于美国次贷危机而导致世界性金融风暴，美国不断转嫁危机致使形成"美国生病，各国吃药"的怪状，等等。可见，所谓的"霸权稳定论"说到底是"霸权自利论"，这种对"异质"世界的独断、强制、排斥、打压等，在当今国际安全的"共建

---

① Alexander Wendt, *Social Theory of International Politics*, Cambridge: Cambridge University Press, 1999, p. 237.

共享"中日趋不可行。

　　欧洲的国际安全观与安全政策有其自身的较为包容与共享的特色。英国国际关系理论学派创建的"国际社会"理论，正不断地扩大着影响而被其他欧洲国家所接受；巴里·布赞及哥本哈根学派在此基础上提出的"世界社会"理念和区域复合安全理论，为欧洲更大与更为紧密的安全共同体建设提供了理论导向。在历史上欧洲国家之间战争频繁，第二次世界大战又使许多国家再度成为"宿敌"。但欧洲从"煤钢共同体"到"欧洲共同体"再到"欧洲联盟"的历史性拓展，欧洲统一大市场的建立和欧元的问世，欧洲共同外交与安全政策的构成及欧洲共同努力应对欧债危机等，均是通过让渡主权基础上共建共享的"一体化"实践，从而表明了"共建共享"安全在欧洲的现实可行性。欧洲国家的"契约式安全""机制化安全""法理性安全"是对国际社会"共建共享"安全的可行性创造，但欧洲如何走出"欧洲中心主义"而更多地关注与参与全球安全治理，尚有很长的路程。

　　中国在安全的"共建共享"上更有着其独特的努力与贡献。中国在生成全球角色的"全球性行动"中十分重视与各国之间的共享安全机制的建设。在新安全观的指导下，中国更多的是注重"结伴"而非"结盟"关系的确立，自1993 年中国与巴西建立首对战略合作伙伴关系以来，中国至今已与 50 多个国家和地区组织建立了合作伙伴关系，这与美国强化"结盟"的做法形成了鲜明对照。中国不但以自己的全球性行动来证明自己的"善治"，还不断以"创造性介入"①的态度与方式来化解各种疑虑与猜测，通过共享安全机制的共同创建来认真而有效地应对全球治理中的诸多挑战。成立于2001 年 6 月的上海合作组织（SCO），采用"伙伴关系"取代"敌友关系"的共存共享安全机制建构的新方式，旨在加强各成员国之间的相互信任与睦邻友好，共同致力于维护和保障地区的和平、安全与稳定，推动建立民主、公正、合理的国际政治经济新秩序。当然，中国为"共享安全"的努力还表现在诸多方面。如中国以共存共享的精神为世界和平谋划奔走，在支持联合国维和行动上，中国不仅是已派出人员最多的安理会常任理事国，而且也是负担和摊款最多的发展中国家。如《中国与

---

　　①　王逸舟：《创造性介入：中国外交新取向》，北京大学出版社，2011；《创造性介入：中国之全球角色的生成》，北京大学出版社，2013。

东盟关于非传统安全领域合作联合宣言》的发布，开启了旨在提高各方应对非传统安全问题的能力，促进各方的稳定与发展，维护地区和平与安全的亚洲安全新进程；中国还举办博鳌亚洲论坛等努力开拓多种跨国家与跨地区的安全合作。如为支持非洲和平与安全，中国首次向马里派出成建制的安全维和部队；中国发起"中非和平安全合作伙伴倡议"，培育非盟安全机制，援助非洲整体维和能力，增设安全援助项目的努力。再如中国同样秉持开放、包容、合作、共赢精神为"金砖国家"合作的历史演进作出努力，发展出了日趋紧密、全面、牢固的伙伴关系。以"共享安全"为价值范式的合作机制探索可以是多向度的。2013 年 9 月，中国国家主席习近平对哈萨克斯坦进行国事访问期间，在题为《弘扬人民友谊 共创美好未来》的演讲中提出要共同建设"丝绸之路经济带"。在随后的 10 月，习近平主席应邀在印度尼西亚国会发表《携手建设中国—东盟命运共同体》重要演讲时提出双方合力建设"21 世纪海上丝绸之路"的倡议，此两大设想合称为中国参与全球建设的"一带一路"战略。该战略以"五通"（贸易畅通、道路联通、货币流通、政策沟通、民心相通）为目标，其基于"共享安全"的非传统安全多元合作机制的创建可以有很多路径。如以自贸区为基础的双边与多边协定，以次区域为基础的跨国跨界深度合作共同体，以互联互通为基础的合作模式，以产业园区为载体的综合合作平台，以海洋为基础的多重合作机制（以港口为载体的物流机制、海洋资源的共同开发机制、海洋的环境保护机制、海洋争端解决机制、海洋运输的安全机制等），还有各种促进经济一体化的区域金融合作机制，促进区域内国家经济周期同步性提高的经济发展政策合作机制，促进"民心相通、认同相融"的社会与人文合作机制等等。①

　　"共享安全机制"是基于共享安全的非传统安全合作的重要"载体"，在理论上看这一"载体"有其独特的普适性：它作为一个安全规范的"互联系统"，是组织成员之间的地位平等与权利共享的国际交往的"理性交流平台"，并且作为一个"对话共同体"和"价值整合体"，它又是一种有效且正义地解决国际纷争、有效地解决资源冲突、最大可能形成国际安全合作的国

---

① 李向阳：《论海上丝绸之路的多元化合作机制》，《世界经济与政治》2014 年第 11 期，第 5～7 页。

际机制或制度安排。因此，"共享安全机制"以及相应的国际安全治理组织作为一种特定的国际社会的制度安排，具有"道德优先性、制度正义性、文化共存性、价值共创性"的伦理特性与价值导向，体现着"政治权力制约""国际法重要渊源""人类危机防火墙"等重要功能，在全球安全治理中有着十分进步的意义。事实上，在基于共享安全的非传统安全合作的机制创建与探索中，中国的努力有目共睹，中国的发展空间十分广阔，特别是中国方案、中国智慧、中国气派、中国要素越来越成为全球安全公共产品生产与消费的不可或缺的动力源。

其实，自 20 世纪以来国际社会的"集体安全""综合安全""协商安全""共同安全""合作安全"等安全理论、安全政策、安全外交与安全治理都在不同层次、不同范围与不同程度上寻求与践行着安全的某种"共建"与"共享"，特别是"合作安全"在很大程度上也是针对非传统安全问题，倡导安全的"分享"（Shared Security），客观上为"共享安全"的可行性提供了某种现实的佐证，但这些安全实践均没有最终摆脱国家行为体的局限。而"共享安全"则以人类共同体作为安全的中心立场，以人的生命保护作为安全的价值基点，以社会的安宁繁荣作为安全的优先目标，以和谐共建与合作共赢作为国家间安全互动的至上原则。或者说，"共享安全"的共享并非是共同而无差别的平等性享有，而是共同但有区别的责任性享有；并非只是基于民主的合法性享有，而且还是基于民主合法性的正义性享有；并非是基于自由权利的无约束性享有，而是基于自由权利与文明规范的约束性享有。①

总之，"共享安全"是国家间"伙伴关系"的提升、"合作关系"的推进，也是"共赢关系"的开创。在全球日趋一体化的"生存关联"与"命运关联"的图景中，"共享安全"不能不说是这样一个重要理念与话语：既是理想的，又是现实的，还是建构的。"共享"的价值前提是安全行为体对生存资源的"共有"、生存条件的"共依"、生存方式的"共存"、生存发展的"共向"的认同共建。以共建共赢为前提的"共享安全"现实可行性体现在：共建主体的多元性、共建内容的开放性、共建目标的共赢性、共建领域的广泛性、共建形式的多

---

① 关于"公平、正义和文明"价值观高于"平等、民主和自由"价值观的论证，参见阎学通《公平正义的价值观与合作共赢的外交原则》，《国际问题研究》2013 年第 1 期，第 6～14 页。

样性、共建行动的建设性、共建战略的非对抗性。① 因而，"共享安全"的国家行为，将是一种超越单边立场的"不可分离"的多边性行为，是超越"危态对抗"的"非竞争性"的协合性行为，也是超越一己利益推进全球责任的"安全感递增"的共赢性行为。"共享安全"不仅是和谐世界的重要内容，也是中国梦的重要内容，"中国希望同世界各国合作共赢、共同发展。中国人民希望通过实现中国梦，同各国人民一道，携手共圆世界梦"。②

① 徐秀军：《制度性非中性与金砖国家合作》，《世界经济与政治》2013 年第 6 期，第 92～94 页。

② 杨洁篪：《新形势下中国外交理论和实践创新》，http：//news. xinhuanet. com/world/2013 – 08/16/c_ 125179915_ 3. htm。

发展型安全：中国的一项大战略

钟飞腾[*]

近一段时期，随着构建"新型大国关系"理念的强调，国际舆论普遍认为一个新兴强国和一个守成国之间的关系主要是两种：一种是历史上已经发生过的冲突性关系；另外一种是仍然有待于探索和建立的新型关系。回顾新中国60多年来与世界的关系，前30年被普遍认为是革命型国家，而后30年则被界定为现有国际秩序的参与者，最近一些年关于中国是否仍然是"现状维持国"的争论持续上升。[①] 从国际政治角度看，中国转向改革开放与1971年中美关系改善关系密切，此后务实而非理想主义的对外政策在中国国际战略中逐渐占据主导地位。美国前总统尼克松在1994年完成的《超越和平》一书中承认："在冷战期间，促使美国与中国相互靠拢并将两国联系在一起的力量是恐惧。在超越和平以后的时期，我们需要用新的经济动机把我们联系在一起。"[②] 尼克松认为中美之间需要建立以经济合作为内涵的新型关系，"新型关系仅凭恐惧是不可能持久的……如果我们的关系是建立在经济合作的基础之上，我们的命运就掌握在我们自己的手中"。[③] 尼克松指出的以经济构建新型关系对理解当代中国大战略具有重要意义。

---

[*] 钟飞腾，中国社会科学院亚太与全球战略研究院副研究员。本文原载于《外交评论》2013年第6期，收入本书时作者新增加了一节关于发展型安全与亚洲新安全观关系的论述。
① 较早提出这一命题并做系统阐述的文献可参考 Alstair Iain Johnson, "Is China a Status Quo Power?" *International Security*, Vol. 27, No. 4, Spring, 2003, pp. 5 – 56; Feng Huiyun, "Is China a Revisionist Power?" *Chinese Journal of International Politics*, Vol. 2, No. 3, 2009, pp. 313 – 334。
② 尼克松：《超越和平》，范建民译，世界知识出版社，1999，第147页。
③ 尼克松：《真正的和平》，钟伟云译，世界知识出版社，1999，第88页。

为什么经济合作能够产生新型关系？关键在于国际经济的深入发展不仅需要开放与和平的外部环境，也要大国建立相互包容的关系。发展中国家通过比较优势有意识地升级产业、提升国际分工地位，而发达国家须克服保护主义势力，拓展一个开放的世界经济。此外，以经济发展水平来理解国际关系，那么一个显著的特征是，发展中国家在发展的时间维度上远远落后于发达国家，在实力地位、制度建设等方面差距也甚大。发展中国家仍需百年以上时间追赶发达国家，这种时间维度的差异对国家间关系的影响十分重大。中国作为最大的发展中国家，美国作为最大的发达国家，两者的发展差距甚大，两国的安全观念也有很大不同。而发达国家之间也有差异，比如北欧国家的安全比较突出社会化，而美国则延续了欧洲传统大国的均势安全观。

从国际政治理论来看，已有不少学者对发展程度与安全观念及其应对安全的策略存在的紧密联系进行过论述。美国学者斯蒂芬·沃尔特（Stephen Walt）在总结西方国际关系理论的发展时提出"一个世界、多种理论"的判断，认为没有哪一个单一的理论可以解释所有的世界政治现实，理论的主要目的在于抓住影响事件的基本力量。① 朱锋曾提出"三个世界、五种安全"的论断，认为发展中国家与发达国家在安全挑战和应对方式上存在显著不同。② 国防大学金钿教授2002 年主编的《国家安全论》中探讨了发展中国家、社会主义国家、西方大国这三种类型国家安全战略谋划的特殊规律，认为发展中国家与发达国家对安全利益的需求并不一致，而社会主义国家则要比一般的发展中国家更强调制度安全，进而认为由于中国国情涵盖了当今世界三大类型国家的基本特点，在国家安全战略上呈现出混合特色。③ 而唐世平则从国际社会进化的视角出发，认为17 世纪中叶以前主要是进攻性现实主义的世界，此后的西方世界则是防御性现实主义占据主导地位的世界，自第二次世界大战以来，世界逐渐演变出新自由主义特征，即更加注重规则和制度。④ 唐世平解决了大理论的时代性问题，而朱锋与金钿的

---

① Stephen M. Walt, "International Relations: One World, Many Theories," *Foreign Policy*, No. 110, Spring 1998, pp. 29 – 32, 34 – 46.
② 朱锋：《国际关系理论与东亚安全》，中国人民大学出版社，2007，第20 ~ 28 页。
③ 金钿主编《国家安全论》，中国友谊出版公司，2002。
④ 唐世平：《国际政治的社会进化：从米尔斯海默到杰维斯》，《当代亚太》2009 年第4 期，第5 ~ 31 页。

论述则表明基于发展水平去理解国家安全战略是极为重要的。

自 20 世纪后半叶起，以改革开放为路线的中国主动快速地融入国际体系，形成了一种基于发展的新型安全观念。这种发展型安全在邓小平时期得到明显的塑造，在后几任领导人那里也不断呈现，因此这种大战略不只是某一个时期的政策，而是比较持久的一种力量。发展型安全以发展而不是获取世界霸权界定国家安全，与美国以霸权均势统领的安全理念形成鲜明对比，由于发展是一个逐步演进的过程，因此以推进发展作为国家战略目标的大战略不同于寻找外部敌人的均势战略，发展型安全坚持国防和发展两者的统一，认为和平比战争更能让国家和人民获益，致力于推进一个和平、稳定、开放的外部环境。未来 30 年中国仍将以提高国内民众的生活水平为主要目标，鉴于 2012 年中国人均GDP 只有美国的 12%，我们需要从一个更加长期的视角去理解中美新型大国关系的建设。

一　发展阶段与国家安全观的多样性

西方国际关系理论所立足的历史是欧美发达国家，这些国家的基本特征是人均收入水平和 GDP 都比较高，而像中国、印度等发展中大国，则人均收入较低，但在世界经济中其总量排名较高。因此，经济大国又同时是人均收入小国这样的情况，是西方世界在建设国际关系大理论时没有碰到的问题。当人均收入和GDP 总量分离时，对国家政策会产生怎样不同的影响呢？一个人均收入较高的社会，政府财政吸纳能力较强、国内消费市场活跃，因而社会的动员能力强。中印两国经济总量尽管在 19 世纪分属全球第一、第二位，但农业社会在社会动员和组织能力上落后于工业社会，在很长一段时期内中印都是国际政治中的被打压者、受欺辱者。

当代世界近 200 个国家按收入水平分类为发达国家、中等收入国家、低收入国家，这是一个相对脱离意识形态色彩、比较中性的描述，收入水平不同的国家尽管仍然共存于一个西方世界主导的全球化体系中，但不同发展程度的国家对安全的认识和判断存在极大差异。与此同时，随着收入差距的改善和趋同，安全理念也将逐步趋同，进一步推动安全合作。因此，就理论建设而言，安全观念或者说安全战略是否与发展存在着紧密的联系，发展能否作为区分安全战略以及规划大战略的一个先行指标?

从经济增长角度看,1820年左右全世界进入了一个新阶段,标志是西方世界开始进入一个经济稳定增长、人口持续扩大的阶段,而中国在这一阶段由盛转衰,农业社会在面对工业化强国入侵时,无法有效动员、组织国内力量对抗武力。根据英国学者安格斯·麦迪森(Angus Maddison)的论述,1500~1820年,全世界的人均收入年均增长率在0.05%左右,而1820~2001年的人均收入年均增长达到了1.23%。① 加州大学戴维斯分校经济学教授格里高利·克拉克(Gregory Clark)也提出,1800年前后世界人均收入开始了飞跃性发展。② 克拉克认为,在人均收入停滞不前的漫长世纪中,普通人的生活和他们生活在旧石器时期的祖先并无二致。当代社会注重的原则,比如和平、稳定、秩序、公共健康等在1800年前是社会的公敌,而被现代社会唾弃的一些人类行为,比如战争与暴力,则是那个社会的生存法则。③ 罗伯特·吉尔平在其1981年出版的《世界政治中的战争与变革》中,把研究的时间段定位在1800年以来的世界经济、国家力量以及国家间战争关系,并将不平衡发展和收益递减规律作为理解国际体系变革的根本动力。④

在国际关系史上,19世纪最主要的国际政治理念是以欧洲协调(Concert of Europe)为核心的均势,英国人在对外政策中娴熟运用均势原理,成就了19世纪"英国治下的和平"。19世纪中叶中国战败于鸦片战争,标志着英国全球霸主地位的确立。尽管全球第一大经济体被迫纳入国际政治体系,但对于国际政治而言,非欧洲世界仍然是边缘地带,主导欧洲大国的根本性国际政治理念仍然根植于欧洲的大国争霸历史,而不是欧洲对边缘地带的征服,由此导致欧洲大国的安全观以均势为核心。按照麦迪森的数据,1820年,西欧的人均GDP是除美国之外其他国家水平的三倍,1851年英国成为全球人均GDP最高的国家(2451国际元),直至1903年才被美国超越。从1880年美国人均GDP首度超过3000美元开始直到1941年首度超过8000美元期间,英国与美国的人均GDP差距不大,

---

① Angus Maddison, "Contours of the World Economy and the Art of Macro-measurement 1500 – 2001 ," Ruggles Lecture, IARIW 28th General Conference, Cork, Ireland August 2004, p. 11.

② 〔美〕格里高利·克拉克:《应该读点经济史》,李淑萍译,中信出版社,2009,第2页。

③ 〔美〕格里高利·克拉克:《应该读点经济史》,李淑萍译,中信出版社,2009,第4~7页。

④ 罗伯特·吉尔平:《世界政治中的战争与变革》,武军译,中国人民大学出版社,1994。

但二战结束后美国成为全球人均 GDP 最高的国家。① 这一数据或许能进一步促进我们对英美霸权和平转移的探究，人均收入水平与国家安全大战略有很大关系，位居人均 GDP 世界第一的大国与排列其后的其他大国在安全战略上具有类似性，英美两国在长达 60 年的人均 GDP 趋同进程中改变了对双方关系的认识，而人均收入差距快速缩小的大国之间则容易产生摩擦，20 世纪后期的美日是一个例子，19 世纪后期的英德关系也如此。②

美国从一个欧洲移民国家发展为当代霸权国家，其安全观和大战略发生了数次较大的变迁和扩展，但不变的是美国阐述其大战略的基本原则，即基于美国全球最发达国家的身份以及维护霸权地位的需要。国家安全作为突出问题起源于大萧条时期，大萧条迫使美国注意到"社会安全"对国家安全的重大影响，而在二战期间罗斯福总统则将安全的认识上升到国家战略层面。③ 据有关学者考证，美国专栏作家李普曼（Walter Lippmann）于 1943 年首先使用了"国家安全"一词，用以替换战争时期的"国家防务"。为了赢得二战，美国社会科学界创建了一系列新的制度和概念，以了解和配置能够用于作战的总资源数量，比如被誉为 20 世纪最重要发明的国内生产总值（GDP）概念就是这一时期的产物，美国之所以将防务拓展为安全，正是基于对影响国家前途和命运的综合力量的认识。20 世纪 50～60 年代，在所谓战略研究的"黄金时代"，美国安全观的核心是遏制苏联，其重要组成部分是以核武器与威慑作为遏制手段的大战略。冷战时代，美苏双方在军事、意识形态、政治制度等方面存在着激烈的对抗，形成了被后来称为冷战思维的旧国际安全观。沃尔特曾将冷战时期美国的国家安全战略概括为

① 1820 年各国人均 GDP 水平（按国际元度量）如下：荷兰 1838，英国 1706，法国 1135，德国 1077，美国 1257，拉丁美洲的平均水平是 712，中国 600，印度 533，日本 669。1913 年，世界主要大国人均 GDP 如下：英国 4921，法国 3485，德国 3648，美国 5301，苏联 1488，中国 552，印度 673，日本 1387。参见〔英〕安格斯·麦迪森《世界经济千年统计》，伍晓鹰、施发启译，北京大学出版社，2009。

② 卡尔·波拉尼曾指出"欧洲协调在俾斯麦时代（1861～1890 年）达到顶峰。在德国崛起取得霸权之地位以后的 20 年间，它是和平利益的主要受益者"，见卡尔·波兰尼《巨变——当代政治与经济的起源》，黄树民译，社会科学文献出版社，2013，第 73 页。而根据麦迪森的数据，1890～1914 年间，德国的人均 GDP 从占英国的 60% 迅速增加至 74%，人均收入快速接近显著增强了竞争性和对抗性，不过这一判断还需进一步考察。

③ Mark Neocleous, "From Social to National Security: On the Fabrication of Economic Order," *Security Dialogue*, 2006, Vol. 37, No. 3, pp. 363 – 384.

"军事威慑、军事力量的使用以及军事力量的控制"。①

20 世纪 70 年代以后，美国霸权进入一个相对衰落期，安全观念也随即进行调整。在安全理念上对美国造成重大冲击的是两大事件，首先，发展中世界在两个领域挑战美国的霸权，即石油输出国组织带来的石油危机冲击和以联合国海洋法谈判为标志的海洋权益斗争，逼迫美国逐渐开始讨论非传统安全。此后，随着发达国家向发展中国家大量转移高污染产业，环境安全也逐步得到重视。② 再次，迫使美国改变安全观念的重大挑战也来自西方社会内部，一个是欧洲，另一个是日本，这两个美国的盟友同样通过经济力量改变了美国对国家安全的认识。由于美国霸权相对衰落，国际关系理论界开始讨论"霸权之后"的国际秩序是否还能稳定，而这个国际秩序首先是开放的自由经济秩序。③

自 20 世纪 80 年代初开始，欧洲国家和日本逐步强调非军事威胁的重要性，产生了如"地区安全复合体""综合安全保障"等新概念。④ 对于非军事因素的强调显然直接源于石油危机对西方社会稳定的冲击，在以定期选举为核心的民主制国家，日益关注经济损益的选民有能力迫使国家决策者改变国家安全战略。而对于广大的发展中国家，由于国内经济与国际经济关联甚少，尽管也强调非军事威胁，但主要是国内层面的社会稳定和经济发展。正如一位日本学者总结的，"对于这些国家来说，安全威胁并非来自国外，而是就存在于国内。因此，这些国家的安全保障概念与日本相比更加内向，更重视国内经济社会发展、政治稳定的实现、国家认同的培育等"。⑤ 如图 1 所示，就人均 GDP 而言，1980 年北欧国

---

① Stephen M. Walt, "The Renaissance of Security Studies," *International Studies Quarterly*, Vol. 35, No. 2, Jun. 1991, p. 212.

② Joseph S. Nye, Jr. and Sean M. Lynn-Jones, "International Security Studies: A Report of a Conference on the State of the Field," *International Security*, Vol. 12, No. 4, Spring 1988, pp. 5 – 27; Cwyn Prins, "The Four-Stroke Cycle in Security Studies," *International Affairs*, Vol. 74, No. 4, 1998, pp. 781 – 808.

③ 罗伯特·基欧汉:《霸权之后——世界政治经济中的合作与纷争》，世纪出版集团、上海人民出版社，2001。

④ 巴里·布赞:《人、国家与恐惧——后冷战时代的国际安全研究议程》，闫键、李剑译，中央编译出版社，2009; Richard H. Ullman, "Redefining Security," *International Security*, Vol. 8, No. 1, Summer 1983, pp. 129 – 153; 神谷万丈:《安全保障的概念》，〔日〕防卫大学安全保障学研究会编著《日本安全保障学概论》，刘华译，世界知识出版社，2013，第 12～13 页。

⑤ 神谷万丈:《安全保障的概念》，〔日〕防卫大学安全保障学研究会编著《日本安全保障学概论》，刘华译，世界知识出版社，2013，第 13 页。

家略高于美国，如果不考虑石油输出国组织的人均收入水平，那么大量发展中国家集中在左下角区域，人均 GDP 很低，且无发展中国家进入全球前十大经济体序列。

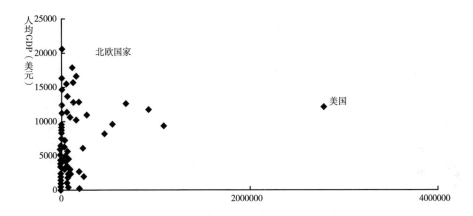

图1　1980 年按 GDP 总量和人均 GDP 的全球国家分布

冷战结束后，欧美安全观的分歧进一步显现。相比于美国继续以捍卫霸权地位来界定其全球战略，欧洲人对权力的兴趣降低很多，更关注欧洲能否建成一个地区安全共同体。欧洲之所以不再关注军事威胁，的确与苏联的瓦解有关，但苏联瓦解这样一个单一因素无法解释冷战结束后 20 多年欧美之间围绕国家安全的争论。美国保守派代表人物罗伯特·卡根认为，造成美欧国际安全和世界秩序分歧的根本原因是"彼此的实力差距"，相对弱小的欧洲更愿意构建一个经济力量和软实力为基础的世界，而不是一个军事力量和硬实力构建的国际秩序。① 实际上，就发展程度而言，欧洲比美国更前进了一步，以注重社会福利为主要特色。而美国相比较而言，仍然处于扩大福利社会的发展阶段。② 因此，卡根最后将欧美权力失衡归结为意识形态差异，"在与美国的对抗中，欧洲人相信合法性是他们拥有的丰富资源，他们把合法性看做是自己的比较优势——已经失衡的美欧关

---

① 罗伯特·卡根：《天堂和权力：世界新秩序中的美国与欧洲》，刘坤译，社会科学文献出版社，2013，第 40 页。

② 例如，以世界卫生组织公布的卫生保健支出数据为例，按照该项目政府支出占总支出比例衡量，2006 年欧洲国家普遍在 70% 以上，而美国不到 46% 。数据来自联合国网上数据库：http：//data. un. org/Data. aspx? d = WHO&f = MEASURE_ CODE%3aWHS7_ 149。

系中的平衡器"。①

　　欧洲与美国的差异是量而非质的差异，抛开权力因素，欧美面临的根本性挑战都是在社会高度发达之后如何维持平衡社会和国家的关系。欧洲强调安全的社会化，表现在理论总结上则是建构主义几乎主导欧洲的安全话语。② 而绝大多数美国学者认为主导安全观的仍然是那些事关权力变革的重大问题。③ 因此，尽管美国在 20 世纪 70 年代以来迫于形势压力，不断扩大国家安全的范围，将一些非传统安全问题也纳入讨论，但美国仍然主要以清除外部威胁维护其首要地位。"9·11"事件进一步确立这种逻辑的合理性，摧毁"邪恶国家"成为美国 21 世纪前 10 年的主导性战略。④ 鉴于未来中国在经济和安全上都对美国构成巨大挑战，那么美国政府所谓欢迎一个繁荣的中国的表述，是其基本国际政治理念的自然体现还是一种策略性安排？

二　以外部威胁界定安全的美式国家安全战略

　　理解美国大战略中的基本逻辑是看待当前中国崛起的广泛影响的必要条件。正如苏长和最近指出的，英美特色国际关系理论中的各类理论可以归结为均势学说和民主和平论两大派，前者深受欧洲的均势逻辑支配，而后者则是将英美的国内政治经验带入国际政治。⑤ 在以欧洲经验为基础的国际关系理论看来，均势至关重要。美国建国之后所认知的世界基本上是英国霸权治下的殖民地世界，在发展模式和思维模式上深受英国的影响，国际政治理念也带有欧洲

① 罗伯特·卡根：《天堂和权力：世界新秩序中的美国与欧洲》，刘坤译，社会科学文献出版社，2013，第 168 页。

② 朱宁：《安全与非安全化——哥本哈根学派安全研究》，《世界经济与政治》2003 年第 10 期，第 21～26 页；高峻：《哥本哈根学派复合安全理论的修正与演进》，《教学与研究》2005 年第 10 期，第 95 页；巴里·布赞、琳娜·汉森：《国际安全研究的演化》，余潇枫译，浙江大学出版社，2011。

③ Steven E. Miller, "The Hegemonic Illusion? Traditional Strategic Studies in Context," *Security Dialogue*, Vol. 41, No. 6, 2010, pp. 639 – 648.

④ Alexandra Homolar, "Rebels without a Conscience: The Evolution of the Rogue States Narrative in US Security Policy," *European Journal of International Relations*, Vol. 17, No. 4, 2010, pp. 705 – 727.

⑤ 苏长和：《共生型国际体系的可能——在一个多极世界中如何构建新型大国关系》，《世界经济与政治》2013 年第 9 期，第 4～22 页。对英美特色国际关系理论的详细论述见该文献第 6～8 页。

争霸史的烙印，有学者因此指出，"美利坚的崛起是英国帝国史上的一个新篇章，也是其后果和延伸"。[①] 在欧洲历史上，均势曾被当作是19世纪西方文明的四大支柱之一。卡尔·波拉尼断言，1815～1914年间的百年和平归功于均势的运用。不过，均势的基础是以金本位制为核心的国际金融体系，如果持续扩大的国际经济不能协调国内社会福利，那么包括其上层结构均势将瓦解。[②] 波拉尼的著作完成于二战后期的美国，其对均势和平、开放国际经济与国内社会契约三者关系的论述与二战后美国的大战略十分契合。在没有发生冷战之前，美国决策者已经开始设计一个保障国际经济开放的布雷顿森林体系确保经济安全，20世纪40年代中期的苏联还没有成为美国的最大威胁。[③] 此后，布雷顿森林体系在西方国家之间已经被证明行之有效，而且在与苏联竞争时更是发挥了重要作用，进一步促使美国下定决心捍卫这一制度、击败挑战这一制度的外部威胁。

美国组建西方联盟抗衡苏联是均势逻辑的自然反应，这一逻辑在苏联军事力量强大之后进一步贯穿在美国的大战略中。[④] 20世纪60年代后期美国国内民众反对越南战争，尼克松不得不从亚洲削减美国力量，为了重新平衡苏联的影响，美国转而拉拢中国。美国国务卿基辛格是联华制苏战略的设计者和推手，他的国际政治理念从根本上讲是均势。在1994年出版的《大外交》中，基辛格认为"就地缘政治而言，美国是欧亚大陆海岸外的一座岛屿而已；欧亚大陆的资源与人口都远远超过美国。不论冷战存在与否，单一一个大国主宰欧亚大陆两大范围之一（欧洲或亚洲），都会对美国构成战略意义上的危险"。[⑤] 与基辛格一样有着欧洲背景的另一位地缘政治大师布热津斯基同样推崇均势理念。在1997年出版

① 韩德：《美利坚如何独步天下：美国是如何获得和动用它的世界优势的》，马荣久等译，上海人民出版社，2011，第4页。
② 卡尔·波兰尼：《巨变——当代政治与经济的起源》，黄树民译，社会科学文献出版社，2013。
③ 对美国建立布雷顿森林体系的目的是防范苏联还是应对再一次的大萧条的分析，可参考 Robert A. Pollard, *Economic Security and the Origins of the Cold War*, 1945–1950, New York: Columbia University Press, 1985。
④ 最近有学者推翻了历来对冷战格局起源形成于美苏意识形态竞争的判断，认为美国政策的变化与欧洲大陆均势的变化基本吻合，而意识形态的作用是第二位的。参考 Paul C. Avey, "Confronting Soviet Power: U. S. Policy during the Early Cold War," *International Security*, Vol. 36, No. 4, Spring 2012, pp. 151–188。
⑤ 亨利·基辛格：《大外交》，顾淑馨、林添贵译，海南出版社，1998，第753页。

的《大棋局》中，布热津斯基明确指出，美国只有阻止别国主导欧亚大陆才能确保美国在全球的首要地位。①

冷战结束后，美国学界在美国国家安全战略的选择上众说纷纭。一派观点是美国单极优势不可持续，一定会有国家崛起平衡美国的优势地位。这一判断主要源自结构现实主义的理论推理，沃尔兹认为结构现实主义的逻辑之一是权力终将恢复平衡，"未来会成为大国并由此恢复均势的候选者有欧盟，或领导一个联盟的德国，中国，日本，在更遥远的未来还有俄罗斯"。② 尽管"均势"非常普遍，沃尔兹的理论也倾向于认为会出现一个制衡者，但冷战结束后的 20 年内，美国确实是"一超多强"中卓越的"一超"。鉴于美国势力超群的优势地位异常稳固，多数学者相信美国能够维持全球（地区）霸主地位，但在策略上有不同方案。一种观点是美国应该扮演离岸平衡者的角色，米尔斯海默认为只有在欧洲和东亚出现唯有美国才能遏制的潜在霸权国，美国才有必要驻军和干预。③ 同样坚持离岸平衡的克里斯托弗·莱恩则认为，国际体系因素只是构成美国扩张的客观条件，经济和政治上的"门户开放"最终促使美国追求超地区的霸权；④ 另一种观点是选择性干预，罗伯特·阿特认为该战略不仅可以帮助美国实现现实主义的安全和繁荣目标，还能超越这两个目标去进一步追求价值观等自由主义目标，尽管选择性干预要比离岸平衡战略多耗费 20% 的预算，但鉴于其金额不超过美国国内生产总值的 1%，该战略并不会对美国经济构成多大障碍。⑤ 冷战以来美国政府在欧洲和东亚都维持了强大的军事力量，其安全战略显然是最后一种观点。对于美国追求霸权或均势看似矛盾的解读，实际上是视角不同而已，用两位中国学者的话说，冷战后美国的战略选择是"霸权均势"，包括新现实主义指导下的新均势战略和在新自由主义指导下的制度霸权战略。而在整个 20 世纪，美国的

---

① 兹比格纽·布热津斯基：《大棋局：美国的首要地位及其地缘战略》，中国国际问题研究所译，上海人民出版社，2007。
② 肯尼斯·沃尔兹：《现实主义与国际政治》，张睿壮、刘丰译，北京大学出版社，2012，第 198 页。
③ 关于离岸平衡者的大战略分析可以参考约翰·米尔斯海默《大国政治的悲剧》，王义桅、信强译，上海人民出版社，2008。
④ 克里斯托弗·莱恩：《和平的幻想：1940 年以来的美国大战略》，孙建中译，上海人民出版社，2009。
⑤ 罗伯特·阿特：《美国大战略》，郭树勇译，北京大学出版社，2005。数据引自该书第 207 页。

霸权战略是"以均势（大国均势、地区均势）为基础的"。①

如果持有均势这一基本的安全信念，那么其主要的推论之一是安全的威胁来自外部世界，即是否会出现一个外部的挑战者，足以改变力量的分配。以外部威胁界定安全这一特性也符合二战结束后美国安全观念的变革，美国历届政府的目标就是要消除外部威胁，塑造一个让美国体系生存并繁荣的外部环境。在这样一种安全观念的支配下，自 20 世纪 90 年代以来，美国在战略上对中国的关注始终表现为两个基本问题：中国的经济增长和军费开支增长是否可持续？以及美国该采取遏制还是参与战略？进入 21 世纪之后，中国经济体量迅速壮大，接连赶超美国的数个盟友。2008 年金融危机爆发加速了美国特别是其盟友在国际体系中的衰落，有的学者强调"单极时刻"已经终结。② 目前西方的增长势头下降很快，2000～2007 年，发展中世界的年均经济增长率达到 6.6%，而发达世界只有 2.6%。依照国际货币基金组织（IMF）的推测，2013～2018 年间，发达世界经济年均增速只有 2.4%，而发展中世界年均增速为 6%。③ 以面向未来的战略眼光审视，西方社会过去 200 年来的持续经济增长时代很可能缓慢结束。按照西方人的逻辑，经济力量的衰落最终将导致战略力量的衰落，特别是两个世纪以来西方卓越的军事能力。如此一来，西方国际体系最终将瓦解。美国是西方世界权力变革进程中的代表者、集大成者，如果美国及其盟友不改变现有政策，那么历史的轨迹将如预期的那样发展下去。

正是出于管控崛起国和维护美国首要地位的考虑，奥巴马政府最终确立了"再平衡"（Rebalancing）战略。在军事方面，向亚太地区盟国承诺美国将继续保持在亚洲的优势军事地位，特别是在西太平洋的海上主导地位，美国的政策表态至少是当前亚太地区海上争端爆发的一种原因；在经济上，通过"泛太平洋经济合作伙伴关系"（TPP）推进以美国为主导的地区一体化，此举显然存在着将亚洲贸易中心中国排除在外的目的，也将弱化东盟在东亚地区一体化进程中的

---

① 倪世雄、王义桅：《霸权均势：冷战后美国的战略选择》，《美国研究》2000 年第 1 期，第 17 页。

② Christopher Layne, "This Time It's Real: The End of Unipolarity and the Pax Americana," *International Studies Quarterly*, Vol. 56, 2012, pp. 203 - 213.

③ International Monetary Fund, *World Economic Outlook: Hopes, Realities, Risks*, April 2013, Washington, DC: International Monetary Fund, 2013.

领导地位，阻碍亚洲地区的贸易繁荣。美国的新亚洲政策对地区局势产生深远影响，但经济实力相对下滑的美国是否还有足够的耐心和战略远见继续保持开放？是否还有足够的领导力在地区内确保盟主地位、维护地区稳定和安全？对此各方意见并不一致。在美国面临财政赤字的巨大压力时，不少观察家认为美国重返亚洲的战略是一时的。不过，美欧的根本性国际安全理念却表明，当奥巴马政府使用"转向"（Pivot）、"再平衡"来命名大战略时，具有浓厚的地缘政治色彩和丰富的历史经验，这是一项全球性的大战略，而不只是地区层面战略，不会因一时的国际形势变化和国内人事调整随意变更。

从历史长时段审视，冷战没能从根本上动摇欧美社会的国际政治理念，其突出标志是冷战结束被宣扬为欧美基本价值观的胜利。美国政治精英深信以自由民主为特色的国内政治在对抗苏联的过程中发挥了主导作用，在国际政治领域则是西方联盟战胜了苏联集团。美国取得冷战胜利，反而让观察家注意到一个在冷战时代不那么突出的问题，即"没有了冷战，做一个美国人的意义何在呢？"[1] 诚如政治学家亨廷顿在暮年之际指出的，敌人的存在对于凝固美国信念至关重要，美国 20 世纪 90 年代对外政策辩论中的主要问题就是找到新敌人，其中两个最主要的敌人是"伊斯兰好斗分子和完全非意识形态的中国民族主义"。[2] 寻找敌人这样一个美国国家特性，进一步证实美国是以外部是否存在着挑战者作为界定本国安全的首要条件。在当前西方世界逐步衰落态势下，中国的和平发展将颠覆西方世界保持两百年的国际政治根本理念，即一个不是均势的、非西方主导的世界对西方是否安全？

三　作为大战略的发展型安全

1968 年，日本成为资本主义世界的第二大经济体，此后东亚四小虎也逐步步入经济起飞阶段，引起国际社会包括中国领导人的注意。70 年代后，以日本为领头雁的东亚发展模式引起国际关注的标志性事件，是 1979 年美国哈佛大学

---

① John Updike, *Rabbit at Rest*, New York：Knopf, 1990, pp. 442 – 443, 转引自塞缪尔·亨廷顿《谁是美国人？美国国民特性面临的挑战》，程克雄译，新华出版社，2010，第 190 页。

② 塞缪尔·亨廷顿：《谁是美国人？美国国民特性面临的挑战》，程克雄译，新华出版社，2010，第 249 页。

教授傅高义发表《日本名列第一》。① 按照麦迪森的数据，1952 年日本恢复主权时人均 GDP 只有美国的 22%，1980 年日本人均 GDP 达到美国的 72%，当时在全世界实现这一增速的国家只有日本。1982 年美国学者查默斯·约翰逊（Chalmers Johnson）在系统总结日本经济奇迹时提出"发展型国家"（Developmental State）概念，指出日本政府在经济发展中发挥了导向、扶持的功能，此后以发展为导向的市场经济模式受到肯定。② 尽管 1997 年东亚金融危机后美国对东亚模式的批评不断，但以国家深度介入经济发展为特色的东亚经济发展经验，被渐次扩展至东南亚甚至世界其他地区，在 2008 年全球金融危机中这一模式大体上也经受住了考验。③

　　日本的例子之所以重要，不仅是因为中国的改革开放在初始阶段从日本得到很多启发，也因为日本与美国的关系是东亚社会中最紧密的。从安全战略上看，东亚发展型国家在安全上多数是美国的盟友（日本、韩国等）。由于将安全拱手交给美国，无论是日本、还是韩国等，都不足以构成新的安全研究范式，它们只是美国体系中安全的组成部分。尽管有学者将中国界定为东亚发展型国家的一员，④ 但中国的巨大幅员、人口规模和"超常增长"，使得发展型国家还不足以概括中国特色的发展道路。⑤ 自 2004 年起，所谓"北京共识"逐渐在国际上流行开来，被认为是不同于"华盛顿共识"的一种发展模式。创造"华盛顿共识"一词的约翰·威廉姆森（John Williamson）建议，美国应在其对发展中国家政策中考虑东亚模式中的教育、储蓄和出口导向政策。⑥ 这似乎是 1979 年哈佛教授傅高义借用日本警示美国的重现，在金融危机后美国主流学者逐步肯定中国模式中若干要素的优势。从安全上看，中国是独立自主的战略行为体，而作为发展型国家代表的日本并非战略独立的大国，只是中等权力（Middle-Power），其安全

---

① Ezra F. Vogel, *Japan as Number 1: Lessons for America*, New York: Harper & Row, Publishers, 1979.

② 查默斯·约翰逊：《通产省与日本奇迹》，戴汉笠等译，中共中央党校出版社，1992。

③ Shigeko Hayashi, "The Developmental State in the Era of Globalization: Beyond the Northeast Asian Model of Political Economy," *The Pacific Review*, Vol. 23, No. 1, March 2010, pp. 45 - 69.

④ Shaun Breslin, "The 'China Model' and the Global Crisis: From Friedrich List to A Chinese Mode of Governance?" *International Affairs*, Vol. 87, No. 6, 2011, pp. 1323 - 1343.

⑤ 关于中国的超常增长参考史正富《超常增长：1979～2049 年的中国经济》，上海人民出版社，2013。

⑥ John Williamson, "Is the 'Beijing Consensus' Now Dominant?" *Asia Policy*, No. 13, January 2013, pp. 1 - 16.

战略难以作出替代美日联盟的选择。① 按照前文所述，不同国家类型在安全观和安全战略上有着明显的差异。当美国学者开始渐次肯定中国发展的积极意义时，我们需要进一步追问，一个以外部威胁界定国家安全战略的美国如何看待中国崛起，中国崛起在何种程度上挑战了美国主导的国际秩序？对中国而言，是否会形成东亚发展型国家早期的安全依附关系或者拉美早期的安全脱钩呢？如果是依附，那么最终中国将不构成足够的战略影响力，不足以对美国体系形成巨大的挑战。显然，从美国的反应来看，中国追求的大战略与东亚其他发展型国家都有所不同。

中国所设定的安全战略总体上是一种发展型安全（Developmental Security）。发展型安全不同于发展安全，后者认为发展安全是与军事安全、政治安全并列的一种安全，而发展型安全则强调大战略层面的意义，它规定了其他安全的序列和资源配置。② 发展型安全强调发展是国家安全的先决条件，军事现代化服从于经济发展战略和安全战略。在审视外部威胁时，发展型安全所立足的背景是相互依赖，认为发展是在开放、和平的外部环境中取得的，一个高度军事化的外部环境不利于发展。③ 在权衡内外威胁的重要性时，发展型安全更为突出内部因素，并不认为向外扩张有利于提升国家安全。正如唐世平强调的，中国当前执行的安全战略不是毛泽东时代的进攻性现实主义，而是一种防御性现实主义，并且制度主义的成分越来越厚重。④ 由于发展是安全的决定性因素，发展型安全强调根据本国的国情，特别是发展阶段所面临的主要任务和优先目标设定安全战略，在这一

① Yoshihide Soeya, "US and East Asian Security under the Obama Residency: A Japanese Perspective," *Asian Economic Policy Review*, Vol. 4, 2009, pp. 292 – 307.

② 有学者将第二代领导集体的国家安全观概括为"以发展求安全"，将第三代领导集体的国家安全观概括为"以合作求安全"。尽管本文也同样赞同 20 世纪 80 年代起发展问题的突出地位，中国的确是以发展求安全，但并不认为这只是第二代领导集体这一个特定时期的安全观。参考束必铨《从三代领导集体看中国国家安全观之演变》，上海社会科学界第七届学术年会会议集（2009 年度）世界经济·国际政治·国际关系卷，第 38～50 页。

③ 比如阿尔及利亚资深外交官 Kherbi 指出，发展中国家解决冲突的能力日益与经济复苏和融入全球框架相联系，以军事威胁界定安全的传统方式行不通，要将安全放置于更大、更宽广的背景下来理解。参考 Amine Kherbi, "Development's Security: A New Perspective on International Security," *Harvard International Review*, Fall 2007, pp. 14 – 18。

④ 唐世平：《从进攻性现实主义到防御性现实主义：对中国安全战略的社会进化论诠释》，朱锋、罗伯特·罗斯主编《中国崛起：理论与政策的视角》，上海人民出版社，2008，第 109～133 页。

点上不同于结构现实主义关于所有国家在功能上都一致的论断，而更接近于新古典现实主义对国家内部因素的审视。[①]

中国发展型安全大战略起源于邓小平时期，一直贯穿在改革开放的历史进程中。从内容来看主要是三个方面，包括（1）以人均 GDP 确立发展战略的阶段性目标，而不是追求缩小与霸权国的实力地位；（2）坚持安全利益与发展利益的统一。国防建设服从于经济建设大局、保障发展的国防支出，不是为了在全世界争夺霸权和维护首要地位；（3）致力于塑造一种有利于发展的和平环境。经济建设可以降低意识形态斗争的地位，并随时根据经济发展的需要改变敌友关系，从而创造一种无敌国外交。

1. 以人均 GDP 确立阶段性战略目标

在邓小平确定中国大战略的过程中，反复强调的一个事实是中国不仅要成为位居世界前列的大国，也要经过大约 70 年的时间在人均 GDP 意义上成为中等发达国家。20 世纪 70 年代后期起，中国重新将实现四个现代化作为国家的根本战略目标后，人均国内生产总值概念成为界定中国战略目标的一个重要抓手。在反复与日本客人会见中，邓小平明确提出"小康"目标，要在 20 世纪末实现中国式的现代化，其特定指标是人均 GDP 达到 1000 美元。为了向国际社会说明中国的发展意图，邓小平提出"翻两番、小康社会、中国式现代化"等新概念。[②] 邓小平并不是以国家总体力量作为战略目标，而是把综合国力作为人均发展之后的结果，首先强调提高人均收入，凝聚政治共识。

在确定新时期中国发展的阶段性战略目标时，邓小平花费了 10 年左右的时间。首先是调整战略目标，将 1000 美元下调至 800 美元。1975 年，周恩来宣布中国将在 2000 年实现四个现代化，邓小平在向外宾解释这个目标时比较乐观，认为 2000 年时中国的发展能接近 20 世纪 70 年代美国、西欧、日本的水平。但随后几年大项目引进失败，中国政府代表团出访西欧带回的直观认识，特别是邓

---

① 在对外政策领域存在着国内政治、防御性现实主义、进攻性现实主义和新古典现实主义等四种现实主义流派，所有流派都认可决定一国对外政策的首要因素是：国家在国际体系中的位置及其相对物质能力，但在影响时间、资源动员过程以及功能性问题上有显著差异。参考 Gideon Rose, "Review: Neoclassical Realism and Theories of Foreign Policy," *World Politics*, Vol. 51, No. 1, Oct. 1998, pp. 144 – 172。

② 中共中央文献研究室：《邓小平思想年谱（1975~1997）》，中央文献出版社，1998，第 139、281 页。

小平本人出访日本、新加坡、泰国及美国的经历，使邓小平对目标的界定更为审慎。1981 年 4 月，在会见日中友好议员联盟访华团时，邓小平提出中国 2000 年的战略目标是人均 GDP 实现 800 美元。① 其次，根据这个战略目标要求再将任务分解成两个阶段，并根据阶段性战略目标的实现情况进一步延展目标，因此动态性是很强的。1982 年 8 月，邓小平初步提出翻两番实现之后的目标，即进入 21 世纪之后再花 30 年时间达到接近发达国家水平。1984 年 10 月，在中顾委第三次全会上讲话时，邓小平又进一步将追赶发达国家的时间延长到 2050 年。1987 年 4 月 30 日，邓小平首次完整提出了三步走的战略：

> 我们原定的目标是，第一步在八十年代翻一番。以一九八○年为基数，当时国民生产总值人均只有二百五十美元，翻一番，达到五百美元。第二步是到本世纪末，再翻一番，人均达到一千美元。实现这个目标意味着我们进入小康社会，把贫困的中国变成小康的中国。那时国民生产总值超过一万亿美元，虽然人均数还很低，但是国家的力量有很大增加。我们制定的目标更重要的还是第三步，在下世纪用 30～50 年再翻两番，大体上达到人均四千美元。做到这一步，中国就达到中等发达的水平。这是我们的雄心壮志。②

"三步走" 战略很快成为指导中国发展的国家战略。1987 年 10 月底举行的十三大确立社会主义初级阶段基本路线，并将邓小平提出的 "三步走" 界定为明确的阶段性战略目标。以世界银行公布的人均 GDP 数据为例（按现价美元计算），1980 年中国人均 GDP 195 美元，1993 年达到 374 美元，大体上可以认为实现了 "第一步走" 阶段性目标，1998 年达到 821 美元，实现 "第二步走" 目标。从时间点看，第二步要比第一步快得多，实现第一步战略目标的十多年内中国的人均 GDP 平均为美日两国的 1/70，到 1998 年实现第二步走的战略目标时，这一比重下降到 1/40（如图 2 所示）。进入 20 世纪 90 年代，中国与美日的人均 GDP 差距逐步缩小，与美日差距缩小的转折点分别是 1990 年和 1993 年。

---

① 中共中央文献研究室：《邓小平思想年谱（1975～1997）》，中央文献出版社，1998，第 187～88 页。
② 中共中央文献研究室：《邓小平思想年谱（1975～1997）》，中央文献出版社，1998，第 385 页。

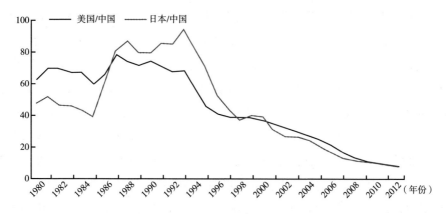

图2　中美日人均 GDP 之比，1980～2012 年

2012 年中国人均 GDP 分别是美日的 12% 和 13%，按照邓小平生前设定的"再翻两番"战略目标，即从 1998 年的 821 美元达到 3300 美元，那么 2008 年已经达标。随着中国 2010 年超过日本成为世界第二大经济体，国际上对中国力量的疑虑日渐上升，国内也有不少声音主张要摆脱邓小平设定的战略框架。不过，在邓小平设定的阶段性战略目标中，"更重要的第三步"总体目标是接近中等发达国家水平。

如果说"翻两番"是一个静态目标，那么缩小与中等发达国家的差距这一目标则是动态的。在 1990 年版《世界发展报告》中，按照人均国民总收入水平（GNI），世界银行将 1978 年的三种国家分类——发展中、工业化、资本剩余石油输出国——调整为低收入国家、低中收入国家、高中收入国家和高收入国家等四类，并以 1987 年为基数年。[①] 1998 年中国人均 GNI 达到 790 美元，按照世行 1998 年对低中收入国家门槛设定的 760 美元标准，中国正好跨入这一行列，但在世界银行提供的全球 213 个国家和地区中排名第 123 位，落后于马来西亚、泰国、菲律宾等东亚国家。2010 年中国人均 GNI 达到 4230 美元，一举跨入中等收入国家行列，但在全球排名中也仅列第 94 位，仍然落后于马来西亚和泰国，但已领先于菲律宾。尽管中国人均 GDP 在过去十年有了显著增长，但以相对值衡量仍很低。

---

① 参考世界银行对这一规划的介绍，http://data.worldbank.org/about/country-classifications/country-and-lending-groups。

自邓小平之后，中国历届领导人不断强调中国人均低水平的国情，也不断向世界解释为什么中国仍旧是一个发展中国家。2002 年 1 月，江泽民明确提出全面建设小康社会的目标，认为中国的小康"还是低水平的、不全面的、发展很不平衡的小康"。① 2004 年 1 月，胡锦涛强调中国"人均国内生产总值仍居于世界后列，人口多、底子薄、发展不平衡的状况将长期存在"。② 胡锦涛在执政期间屡屡向全党强调要准确、深刻地"认识我国发展的阶段性特征"。在未来相当长一段时期内中国难以接近美国人均收入水平，美国国家情报委员会指出，2020 年中国人均 GDP 将达到 1.7 万美元，巴西、俄罗斯分别超过 2.3 万和 2.7 万美元，而 7 国集团的平均水平是 6.4 万美元。③ 经合组织（OECD）的一份报告则认为，按照 2010 年的发展水平，中国需要 30 年才能在人均收入上与高收入国家齐平。④ 显然，中国的总体发展水平依然还处在邓小平设定的 70 年框架内，未来 40 年仍要落实"更重要的第三步"。

对中国这样一个发展中大国而言，人均收入具有极为重要的国内政治和国际政治含义。正如《2011 年世界发展报告》指出的，大规模政治冲突、高频度凶杀犯罪与较低的人均 GDP 有紧密联系，而摆脱长期政治和刑事暴力困扰的国家成为在落实千年发展目标方面进步最快的国家。⑤ 当外部世界存在着显著高于国内的生活水平时，一国政权的稳定越来越取决于本国政府能否持续提高经济发展水平。也正是在这个意义上，评估一国政权合法性以及它是否将对外扩张的标准，不在于它是不是美式民主，而在于能否以落实阶段性目标找到合适的发展道路。

2. 坚持安全利益与发展利益的统一

邓小平在形成发展型安全大战略时，一项突出的特征是不断评估战争发生的可能性，这类研判从 1975 年开始一直延续到 80 年代后期，其表述从"希望 22

---

① 《江泽民文选》（第二卷），人民出版社，2006，第 416 页。
② 胡锦涛：《在全党大力弘扬求真务实精神，大兴求真务实之风》（2004 年 1 月 12 日），中共中央文献研究室：《十六大以来重要文献选编》（上），中央文献出版社，2011，第 730 页。
③ The National Intelligence Council, *Global Trends 2030：Alternative Worlds*, p. 47.
④ 经济合作与发展组织：《2012 年全球发展展望：变迁世界中的社会和谐》，张菁译，国家行政学院出版社，2012，第 25 页。
⑤ The World Bank, *World Development Report 2011：Conflict, Security, and Development*, Washington, D. C.：The World Bank, 2011.

年不打仗""希望至少有 50～70 年的和平时间"发展到"至少 10 年打不起来"。① 从 1975 年开始直至 80 年代初，邓小平预计战争爆发的时间都是 5 年以后，但是到了 1983 年初则进一步延长至 10 年以后。

正是基于对战争短期内不会爆发的判断，邓小平要求减少军费开支，降低军队在中国政治生活中的地位。从 1980 年 10 月起，邓小平就要求"备战经费，可以挪出一部分来搞经济建设"，"既然看准了这一点，就犯不着花更多的钱用于国防开支"。② 1985 年 6 月，在中央军委扩大会议上，邓小平正式阐明了对国际形势的新判断和对外政策的两个重要转变。第一个转变是对战争与和平问题的认识，在较长时间内不会有大规模的世界战争；第二个转变，改变过去"一条线"的战略，奉行独立自主的外交路线，并要求军队忍几年，先把经济搞上去。

此后一个阶段，中国军费增长持续下降。在 1998 年首次公布的国防白皮书中，中国就已向国际社会指出，自 20 世纪 80 年代以来中国国防费占国内生产总值的比例就一直在下降。2002 年版的国防白皮书则强调"在国家经济不断增长的基础上，中国的国防费有所增加"。③ 即便按照瑞典斯德哥尔摩和平研究所所夸大的估算数据，中国军费占 GDP 的比重是大国中除日本外最低的。有研究指出，1978 年以来，总体上财政支出的增速超过军费支出，中国官方认为军事现代化服从于经济发展这一目标是可信的。而且，在有关军事开支透明度水平方面，如果与亚洲邻国以及发展水平接近的国家相比，中国并不算是例外。④

21 世纪起，在加入世界贸易组织之后，国防白皮书对发展利益、海外利益的重视逐渐深化。2002 年的白皮书首次提到要"维护海洋权益"。2004 年国防白皮书首次提出要"坚持发展与安全的统一，努力提高国家战略能力"，"维护国家发展利益，促进经济社会全面、协调、可持续发展"。⑤ 2006 年的白皮书则

---

① 中共中央文献研究室：《邓小平思想年谱（1975～1997）》，中央文献出版社，1998，第 76、230、249～250 页。

② 中共中央文献研究室：《邓小平思想年谱（1975～1997）》，中央文献出版社，1998，第 174、302 页。

③ 国务院新闻办公室：《2002 年中国的国防》，《人民日报》2002 年 12 月 10 日。

④ Adam P. Liff and Andrew S. Erickson, "Demystifying China's Defence Spending: Less Mysterious in the Aggregate," *The China Quarterly*, July 2013, pp. 1–26.

⑤ 中华人民共和国国务院新闻办公室：《2004 年中国的国防》，《国务院公报》2005 年第 9 期，第 27 页。

表述为"维护国家安全统一，保障国家发展利益"。① 2008 年的白皮书的相关表述是"中国把捍卫国家主权、安全、领土完整，保障国家发展利益和保护人民利益放在高于一切的位置"。② 2010 年的国防白皮书则将"维护国家主权、安全、发展利益"作为主要目标和任务，此前的白皮书在表述时并未将发展利益与主权、安全利益并置。③ 党的十七大报告首次提出"维护国家主权、安全、发展利益"，将国家利益的基本构成从主权和安全拓展为"主权、安全、发展"，而国防白皮书的类似表述要滞后 3 年半时间。军队的安全战略稍稍滞后于党的政策调整，一方面说明中国国防带有明显的内向性特征；另一方面也表明，国防意义上的安全规划也要服从于中国的战略安排，其相关表述最终要紧紧跟随国家的总体战略部署。另一个例子是关于"海外利益"的表述，2008 年 3 月 5 日，温家宝总理在十一届全国人大一次会议上做政府工作报告时，首次提出"维护我国公民和法人在海外的合法权益"，2008 年 12 月中国海军首次在国际海域护航。国防白皮书直到 2013 年 4 月才首次进行相关论述，《中国武装力量的多样化运用》指出："随着中国经济逐步融入世界经济体系，海外利益已经成为中国国家利益的重要组成部分，海外能源资源、海上战略通道以及海外公民、法人的安全问题日益凸显。"④ 这一表述体现国防建设最终将回应社会经济发展的需求，是经济利益国际化后的自然反应。

3. 塑造一种有利于发展的和平环境

在毛泽东时代，不管我们用进攻性现实主义来描述政策，还是用理想主义的革命型国家来分析，总体上外交政策具有浓厚的意识形态色彩，决策者认为社会制度相同的国家能够建立新型关系。但是从邓小平时期开始，意识形态对国家间关系的影响大幅度下降。1989 年 2 月，在会见苏联外长谢瓦尔德纳泽时，邓小平表示：只有创造一个较长时期的国际和平环境，我们才能发展自己，摆脱落后。为此，我们必须改变同一些重要国家的关系。⑤ 在改革开放后很长一段时期

---

① 中华人民共和国国务院新闻办公室：《2006 年中国的国防》，《人民日报》2006 年 12 月 30 日。
② 中华人民共和国国务院新闻办公室：《2008 年中国的国防》，《人民日报》2009 年 1 月 20 日。
③ 中华人民共和国国务院新闻办公室：《2010 年中国的国防》，《人民日报》2011 年 4 月 1 日。
④ 中华人民共和国国务院新闻办公室：《中国武装力量的多样化运用》，《人民日报》2013 年 4 月 17 日。
⑤ 中共中央文献研究室《邓小平思想年谱（1975～1997）》，中央文献出版社，1998，第 419 页。

内，中国仍然把苏联当作是敌人，其客观原因是20世纪70年代后期苏联帮助越南建立地区霸权主义以及入侵阿富汗，但鉴于与苏联接壤的地缘事实，不改善与苏联的关系就无法集中力量建设经济。

在邓小平的大战略构想中，改善地区环境首先是从与美国关系较好的东亚国家入手，有了一个战略依托之后才着手解决与苏联的关系。改善周边关系有利于中国向世界开放，邓小平曾强调中国的开放不只是向发达国家开放，也面向苏联东欧国家和第三世界国家，全方位开放的思想促进了和平环境的建设。对于当时比较弱小的中国而言，改变自己，不把外部环境看成是威胁，是一种理性的选择。用建构主义的话说，中国重新界定了自己的身份，从而缔造了新的国家间关系。

自邓小平以后，中国领导人及中国学术界对和平环境的强调与研究从未间断。① 在中国的政策话语中，和平的环境一般被分成周边和国际环境两块。随着中国经济建设的进步，中国领导人对周边环境的期望一直在上升，并进一步显现塑造周边环境的能力和意愿。在认知国际环境方面，近些年中国也有显著变化。21世纪初美国进入了一个长达10年的反恐战争，减轻了中国面临的战略压力，十六大政治报告提出未来20年"重要战略机遇期"的概念，同时也提到"世界大战在可预见的时期内打不起来"。② 但是此后党代会的政治报告在国际形势部分已经不再写入"世界大战"，转而深入阐释中国的"和平发展道路"和"促进人类和平与发展的崇高事业"。

和平发展道路不仅是中国大战略的最新表述，同时也反映出中国对国际形势的新研判。在中国的战略文化中，比较突出的一个特点是对"势"的把握，就当前和平与发展的形势而言，主要是两个突出点，一是国家之间爆发战争的频度与战争的暴力程度降至历史最低；③ 二是全球经济增长的福利分配总体上越来越多地进入非军事领域。据瑞典斯德哥尔摩和平研究所公布的军费开支数据，全球

---

① 钟飞腾：《中国周边安全环境：分析框架、指标体系与评估》，《国际安全研究》2013年第4期，第64~82页。
② 江泽民：《全面建设小康社会 开创中国特色社会主义事业新局面》（2002年11月8日），人民出版社，2002，第47页。
③ Azar Gat, "Is War Declining——and Why?" *Journal of Peace Research*, Vol. 50, No. 2, 2013, pp. 149 – 157; Mark Harrison and Nikolaus Wolf, "The Frequency of Wars," *Economic History Review*, Vol. 65, No. 3, 2012, pp. 1055 – 1076.

军费开支占全球 GDP 的比重呈现缓慢下降态势。1988 年这一比重达到 0.89%，但此后逐步下降，至 2012 年已下降为 0.24%。① 从这个意义上说，和平与发展是世界主题这一说法是成立的，冷战结束与全球化的确已经改变世界大势。

四 美式安全观与发展型安全能融合吗？

中国的发展主要是通过经济增长而不是对外武力扩张实现的，总体上与外部的关系比较和平。当前在美国权势相对衰落态势下，中国人均收入持续提升之后已成为世界第二大经济体、第二大军费开支国，那么与外部世界的稳定关系能否持续？特别是随着中国海外权益的延伸，中国的国防政策提出为"维护海外利益提供可靠的保障"，党的十八大报告提出要建设"海洋强国"。那么中国是否会变成一个被激进民族主义主导的修正主义国家？国际社会对此有各种不同的预测，在理论方面最有影响力的可能是权力转移论。

与均势安全观强调联盟和制衡不同，权力转移论更加重视国内因素和等级制国际体系，它认为国家间的不平衡发展和崛起国的不满导致大国战争，鉴于中国的人口规模和经济增长前景，中国经济总量最终必定超过美国，如果中国对现有的国际秩序不满，那么中美之间很容易爆发战争。杰克·利维认为，就理论归属而言，权力转移理论混合了霸权稳定论、新古典现实主义以及自由主义的部分观点，但该理论的重大不足是其权力概念过于集中在人口和经济规模上，没有注意到技术创新、国家所应用的战略以及经济增长方式的差异。从历史经验看，该理论也低估了核武器的威慑作用和预防性战争的重要性。对中国尤具启发的是，权力转移论不善于处理地区体系和全球体系的互动，而中国与历史上的大国崛起很不同的一点是，中国的地区环境更加严峻。②

均势论、权力转移论都是从美国视角出发对外部威胁的一个理论推理，只是权力转移论承认国内因素有可能比国际的权势分配更重要。发展型安全与权力转移论都关注国内因素，并不认为无政府状态一定导致国家之间对抗，单元

---

① 参考该研究所网上数据库和世界银行网上数据库。
② 杰克·S. 利维：《权力转移理论和中国崛起》，朱锋、罗伯特·罗斯主编《中国崛起：理论与政策的视角》，上海人民出版社，2008，第 3~35 页。

层面的政治能力和战略选择对战争是否爆发具有重大影响。但与权力转移明显不同的是，发展型安全同时也强调外部和平环境的重要性，特别是周边环境的首要地位。美国学者约翰·伊肯伯里（John Ikenberry）借用巴里·波森（Barry Posen）关于大战略是"一个国家关于它如何能够最好地为自己带来安全的理论"的定义，区分了两种类型的大战略，一种是追求霸权地位的大战略，另一种是以环境为导向的大战略，前者的代表性例子包括纳粹德国、帝国主义的日本、苏联集团及未来有可能的大中华（Greater China）。伊肯伯里认为，执行后一项大战略的大国"不会将某个特定国家设定为靶子，但会寻求以有利于其长期安全的方式构建其总体国际环境"。① 对比伊肯伯里此前对国际秩序变革的认识，他提出以构建总体国际环境为目标的大战略，意在通过更广阔的、共存性国际秩序建设维护美国利益，但这种论述对于理解中国大战略也不无裨益。

只要美国还是诸国当中的首要强国，那么始终会将外部威胁视作其安全战略的根本性决定因素。如果美国不再是首要强国，那么内部威胁的重要性也将上升。而后者正是亨廷顿等人试图解决的一个问题，如何保持美国信念也正是当前美国社会正在遭遇的巨大困境。美国作为霸主的历史不完全一无是处，在追求其霸权均势的过程中，美国客观上也为一个开放的国际经济秩序提供了保障，而中国过去曾受益于这种和平环境。如果美国退回到孤立主义状态，中国未来面临的更大挑战是如何促使美国发挥恰如其分的国际作用。

中国近年来的崛起综合了发达国家和发展中国家的特性。一方面在总量上完全是一个大国，因此国际舆论认为中国将成为美国式的国家，特别是东亚地区对中国崛起是忧虑与期望并存。对于周边国家和国际社会希望中国做更多贡献的期待，中国要报以善意的回应，强调国际责任将随中国社会经济发展而逐步扩大。事实上，中国也开始意识到要维护海外合法权益，增强军队在海外的存在、增强远程投射能力，帮助其他国家建设创造安全环境。与此同时，中国也要充分照顾到周边的忧虑，在运用权力时更加审慎，更多强调共同发展和让周边获益更多。

---

① 约翰·伊肯伯里：《自由主义利维坦——美利坚世界秩序的起源、危机和转型》，赵明昊译，上海人民出版社，2013，第 305～306 页。

另一方面，以人均水平衡量，中国仍然是一个发展中国家，至少目前还仍然处于邓小平20世纪80年代界定的70年规划之内，中国仍须坚持不称霸目标，努力提升人民的生活水准，使得国家强大越来越成为民富的一个结果。如果我们能继续秉持发展型安全，让中国军事力量的提升随着国家利益的扩展而自然生长，那么有理由相信，与霸权国美国的竞争性共存是可能的。哈佛大学教授约瑟夫·奈曾指出，"中国目前仍然远远落后于美国，所制定的政策往往也只是着眼于其所在的区域，并与其经济发展水平相适应"，在中国发展水平接近于美国之前，双方"可以致力于构建一种新型的大国关系"。[①]

在英美霸权和平转移过程中，1880～1940年间英美人均GDP有过长达60年的交替演进，这可能有助于我们增强对中美关系复杂性和长期性的理解。在达到中等发达国家水平后，中国可能需要另一个70年来追赶美国的发展水平。在追赶过程中，随着中国战略文化的变革，特别是海洋利益对战略文化的持续影响，中国大战略也将十分注重因海外利益扩增而带来的国际利益，积极维护带有公共物品性质的开放性世界经济。而美国很可能也像英国那样，在超过半个多世纪与中国竞争性共处中，容纳一个新型权力，届时中美看待彼此的方式也将发生根本变化，走向一个合作性的新型大国关系也并非不可能。

五　发展型安全与亚洲新安全观

2014年4月，习近平总书记提出总体国家安全观，强调重视内外安全、国土和人的安全、传统和非传统安全、发展和安全以及共同安全问题。总体国家安全观的提出，是中国综合国力达到一个新阶段之后，在对国内和国际新形势进行研判之后提出的重大理念创新，带有全局性和战略性影响。2014年5月，在上海举行的亚信第四次峰会上，中国领导人习近平提出了共同、综合、合作和可持续的亚洲安全观，建议将亚信作为覆盖全亚洲的安全对话合作平台，并以亚信为平台构建地区安全合作新架构。与20世纪90年代中期提出的新安全观相比，亚信峰会倡导的"亚洲安全观"增加了发展与安全的论述，并强调"对亚洲大多数国家来说，发展就是最大安全，也是解决地区安全问题的'总

---

① 约瑟夫·奈：《一种新型的大国关系》，《第一财经日报》2013年3月11日，第A7版。

钥匙'"。① 在 2014 年 11 月底举行的中央外事工作会议上，首次提出了"统筹发展安全两件大事"。②

提出亚洲新安全观，最终是要落实到如何建立一个适应亚洲地区情况的安全机制，不仅能积极应对本地区内的安全挑战，也能应对外部势力的干预。立足亚洲发展来推进地区安全机制的建设，不仅具有地缘政治意义，也是对安全理念的一次革命。自 19 世纪末地缘政治概念提出以来，国际社会出现过两种有代表性的地缘政治学说体系，一是德国式的以获取合法性为特征的崛起地缘战略，另一种则是以英国和二战后美国为代表的、以维护霸权地位为核心目标的地缘政治学说。两种学说在目的和手段上有所区分，但两者最核心的部分都是识别本国力量变革的地理因素。中国提出亚洲新安全观，既是对 20 世纪 90 年代提出新安全观的继承，也是日益认识到中国崛起是亚洲崛起的继续和保障，是对当代最紧要的地缘政治现象的把握，没有亚洲的持续崛起，中国崛起无法确保稳定的周边环境，而中国崛起最终将推动亚洲发展中国家在国际社会获得更大的发展权利，是真正的合作共赢之路。将发展作为地区问题的核心，既是中国国内经验的地区扩张，也是对世界发展进程的一种贡献。中国加入 WTO 以后，国内版的"发展是硬道理"被扩大至"努力使经济全球化朝着有利于实现共同繁荣的方向发展"（十六大报告语），全球化与发展的紧密性被前所未有地加以强调。当前，中国仍然把发展列为头等大事，以国内为重的战略将不会对国际社会构成威胁，特别是在军费开支占 GDP 比重低于全球主要大国、人均收入显著低于发达国家的情况下。当前，以中印为代表的新兴市场崛起，美欧为代表的西方世界相对衰落，构成了近年国际力量对比方面最富戏剧性的变革。在一个全球经济紧密相连的时代，新兴市场对全球市场的依赖要比欧美来得更深入，也将更加注重创造一个和平的外部环境来促进国内发展。发展中世界 60 亿人口的规模效应，正在改写长期以来被占据全球 1/6 人口的发达世界所控制的局面。从这个意义上说，全球化正在朝着以发展为核心的方向演进，这就是历史性的潮流。

从亚洲安全观所包含的四点内容，即共同安全、综合安全、合作安全及可持

① 习近平：《积极树立亚洲安全观，共创安全合作新局面》，《习近平谈治国理政》，外文出版社，2014，第 356 页。
② 《习近平出席中央外事工作会议并发表重要讲话》，新华网，2014 年 11 月 29 日，http：//news.xinhuanet.com/politics/2014－11/29/c_ 1113457723.htm。

续安全看，最富有新意的是可持续安全。如果仅从名词上看，美国早在1951年就制定过一部"共同安全法"，向"友好国家"提供军事、经济和技术援助，"增强自由世界的共同安全"，这一法案标志着美国对外援助从欧洲扩展到全球。[①] 美国对欧洲的援助提升了欧洲抗衡苏联的实力地位，但欧洲在综合实力地位得到提升之后其利益也经历了多元化变迁，经济社会发展迈向后工业化阶段之后，其安全观念发生了较大变革，具有代表性的是欧洲安全与合作会议推动的赫尔辛基进程。有学者认为，欧安会在塑造欧洲地区"综合安全""共同安全""合作安全"和区域安全共同体建设方面发挥了重要作用。[②] 与共同安全、合作安全相比，综合安全也是一个已经被国际社会基本接受的理念，例如20世纪80年代日本就提出"综合安全保障战略"概念，将经济安全等纳入到国家战略议程中。对多数亚洲国家而言，接受综合安全也非难事，毕竟东亚国家经历过1997年东亚金融危机，所有国家都感受到"9·11"恐怖事件的冲击。对于非传统安全的突发性和破坏性，如果没有一套应急机制，恐怕难以在事件爆发时有效应对。因此，在推进综合安全方面的挑战其实不是理念方面的，而是真正有效的应急机制的建设和管理。在这方面，大国并不一定在所有领域富有经验，真正有话语权的应该是那些已经发生过类似事件，并且在事件处理中积累了较好经验值的国家，甚至某些非政府组织。

合作安全的核心是承诺以和平手段、通过谈判的方式解决国家间争端。[③] 中国主张国家无论大小，一律平等，也就是说在承担政治和法律义务方面，大国和小国是平等的，大国不能威胁小国，小国也不能要挟大国。但难题在于，小国总是天然地担心大国的欺辱，因为力量不对称本身就构成了足够的心理暗示，对大国的风吹草动作出敏感性解释。为此，大国在制定具体的安全政策时，要充分考

① 姚椿岭：《美国"1951年共同安全法"的制定》，《复旦学报（哲学科学版）》1990年第2期，第91~95页。

② 朱立群、林民旺：《赫尔辛基进程30年：塑造共同安全》，《世界经济与政治》2005年第12期，第16~20页。

③ 20世纪90年代，国内学者对合作安全的定义多有分歧，有的学者认为"合作安全"概念最早由加拿大于1990年提出，不同于均势安全和集体安全的一种安全模式，参见尹桂云《合作安全：亚太地区可行的安全模式选择》，《当代亚太》1999年第10期，第31~34页；也有的学者认为，"后冷战时代的合作又称共同安全、集体安全，它通过多边安全机制，包括对话机制、信任机制、安全机制和军控机制等，谋求增加相互信任"，参见吴心伯《东亚合作安全的现状与前景》，《和平与发展》1995年第2期，第8页。

虑到小国的心理特征，增强安全政策透明度，通过双边和多边场合宣传政策，达到增信释疑的作用。

最难的其实是共同安全理念。中国领导人强调，"不能一个国家安全而其他国家不安全，一部分国家安全而另一部分国家不安全，更不能牺牲别国安全谋求自身所谓绝对安全"。[①] 传统的权力政治规定了安全利益的大小与国家实力成正比，大国的安全利益要大于小国的安全利益。而大国之间则更加突出强调绝对安全，因为大国安全利益的损失所带来的后果比小国要严重得多。另外，很长时间里，共同安全的存在是因为有重大外部威胁。因此，在共同安全理念的扩散和接受度上，急切需要转变的是权力政治观念，增加衡量实力的因素和内容，特别是不仅仅以军事、经济作为衡量国家力量的基石，而是显著增强软实力在国家间力量对比和利益格局重塑上的权重。为此，就需要增强地区内安全机制的建设，扩大中小国家的话语权，特别是增强地区内发展中小国通过一体化发展本国利益的能力和意愿。与此同时，随着参与安全对话和共同安全塑造中行为体的增多，在谈判和信息沟通中所耗费的成本将急剧上升。如何有效降低信息传递的成本，增强信息传递的质量，将是一个重大挑战。大国在这方面可以承担更多的义务，因为安全的收益在大国与小国之间的分配也并不均衡，大国总体上更得益于地区安全。另外，如何对热点问题进行"降温去火"也是一个大的挑战，如果让热点问题变成了"沸点"问题，引发直接的大规模冲突，亚洲安全机制建设难以形成。

从可持续安全看，由于其侧重点在于国内经济社会发展以及发展中带来的对外部世界的依赖，单纯强调国家之间的彼此依赖本身并不会增强可持续安全，重要的是管控历史上反复出现的经济依赖带来的政治独立性降低，以及出现某些特殊情况时如何确保小国的社会稳定。对于亚洲地区国家，首先应该看到各自经济的互补性，同样是发展中国家，各国在具体的产业分工和产品出口方面千差万别，运作好可以发挥大市场的作用。各国要推动互联互通，以油气、能源、电力合作拓展经济一体化新模式，继续提升亚洲国家在全球事务中的话语权，发出亚洲国家在发展经济、维护社会稳定方面的独特声音。

[①] 习近平：《积极树立亚洲安全观，共创安全合作新局面》，《习近平谈治国理政》，外文出版社，2014，第354页。

对中国而言，发展亚洲安全机制主要有两种方式，一种是中国成为亚洲的主导市场，通过深度依赖加强利益协调和共生。中国势必要成为亚洲国家的主要出口目的地，或者相对差一些，成为多数亚洲国家生产链条中的最重要组成部分。中国提出"一带一路"建设是促成地区一体化的重要举措。但是这种模式的挑战在于，随着地区内国家经济分工的调整，往往大国并不占据生产链条中利润最高的部分，这个时候如何衡量利益的分配就成了挑战；另一种方式是提供更多的安全公共品，与亚洲国家协同维护地区的稳定和开放。

同时，中国也可以通过与美国合作获得在亚洲的地位。美国在亚洲享受到的超然地位，并非完全得自美国自身，如今很大程度上依赖于地区内同盟以及伙伴关系国的支持。中国不希望建立同盟关系，但特别重视朋友和伙伴关系，在2014年11月底举行的中央外事工作会议上，习近平强调："要在坚持不结盟原则的前提下广交朋友，形成遍布全球的伙伴关系网络。"① 就今天的亚洲事务而言，已经没有单独哪一个大国可以主导地区事务。2008年全球金融危机以来，美国力量相对衰退，但美国力量的衰退是把双刃剑。一个返回本土、孤立主义的美国，有可能给地区经济融合造成重大打击。为此，积极处理好与美国的关系是建设新安全机制的重要内容，要把处理同美国的关系与创立新亚洲安全机制联系在一起，积极利用美国在该地区的历史遗产，进行创新性发展和创造性转化。

从根本上讲，中国构建亚洲安全机制的主要挑战和机遇仍然来自于自身的变革。中国已经是亚洲第一大经济体，在未来数年经济总量也势必超过美国。但是，中国仍然处于社会主义初级阶段，还只是一个发展中大国，人均收入低于全球平均水平。特别需要注意的是，经济力量的增长与安全影响力并非同步发生，国家总体实力在具体的各个问题领域的影响力也并非均衡分布。如何在一个强势中国时代继续保持对世界大势的清醒认识，仍然面临不小的挑战。

---

① 《习近平出席中央外事工作会议并发表重要讲话》，新华网，2014年11月29日，http://news. xinhuanet. com/politics/2014 - 11/29/c_ 1113457723. htm。

下篇
安全机制与中国外交

安全预期、经济收益与东亚安全秩序

刘　丰*

冷战结束初期，东亚地区就受到国际关系学界的广泛关注，^① 许多学者对冷战遗产最为突出、传统安全问题错综复杂的东亚地区的安全形势作出了明确而悲观的预测，认为东亚很可能进入一个充满紧张和冲突的时期。^② 但在 20 世纪 90 年代中期以后，这些悲观预测并没有成为现实，东亚不仅维持了长时间的和平状态，而且推进"东亚共同体"建设被地区内许多国家纳入议程。不过，随着中国在 21 世纪初期实力的快速增长，以及美国加强在亚太地区的力量存在和介入，东亚地区国家间关系出现了明显的调整。正如一些学者所分析的那样，东亚安全形势表现为两种方向相反的发展趋势：一方面，随着东亚内部投资和贸易关系的扩大、新通信技术的传播以及旅游业的发展，东亚国家之间的相互依赖性不断增强；另一方面，东亚也存在传统的领土冲突、核对抗及持续增长的军备竞赛。^③

---

* 刘丰，南开大学周恩来政府管理学院副教授。本文原载于《当代亚太》2011 年第 3 期，在收录本集刊时做了修改。

① "东亚"概念随着历史的变迁具有不同的内涵，本文讨论的"东亚"指的是东北亚 5 国以及东南亚的东盟 10 国加东帝汶。

② 有关分析参见 Gerald Segal, "East Asia and the Containment of China," *International Security* 20, 1996, pp. 107 – 135; Aaron Friedberg, "Ripe for Rivalry: Prospects for Peace in a Multipolar Asia," *International Security*, 18, 1993/1994, pp. 5 – 33; Richard Betts, "Wealth, Power, and Instability: East Asia and the United States after the Cold War," *International Security* 18, 1993/1994, pp. 34 – 77.

③ 喻常森等编著《当代亚太国际关系与地区合作》，中山大学出版社，2008，第 66 页。

在这种自相矛盾的发展趋势下，东亚地区在安全方面维持了比较稳定的状态，主要行为体之间没有发生激烈的武装冲突，一些危机和潜在安全问题也并未激化为不可控的局面。目前的东亚安全秩序维系的基础是什么？哪些行为者在东亚安全秩序的构建中起到核心作用？哪些问题又会冲击到既有安全秩序的稳定？中国在面对东亚地区安全秩序的调整和变动时应该如何应对？在重点分析当前东亚安全秩序维系的基础这一核心问题的同时，本文试图对上述问题进行探讨。本文将首先回顾关于东亚安全秩序的既有解释，然后从功能论的视角阐明东亚安全秩序维系的基础，并分析影响目前东亚安全秩序稳定性的因素，最后简要论述东亚安全秩序的前景和中国的政策应对。

一 结构与进程：两种既有路径

"秩序"（Order）不仅包含物质力量的排序，还包括社会性的安排。在国际关系学界，持不同理论观点的学者对这一核心概念存在不同的界定，并没有达成一致意见。[①] 在此，为了便于讨论，我们在综合现有讨论的基础上，对"安全秩序"作出如下界定：在一定历史时期和特定地理范围内，各主要行为体基于权力对比和利益分配在特定行为规范指导下相互作用，在安全领域形成具有可预测性且相对稳定的状态和安排。在安全互动的各个主体之间，是否存在比较清晰的权力结构、明确的行为规范和行为的可预测性是秩序存在与否及其程度差异的主要指标。学术界从不同理论视角对东亚安全秩序的基础、类型和特征做了大量论述，指出了权力结构、国际制度、相互依赖、共同规范等核心要素，形成了霸权秩序、均势秩序和共同体秩序等不同观点。[②] 从研究层次看，这些既有研究大致可以归为体系结构路径和体系进程路径两类。

[①] 相关论述可参见约翰·伊肯伯里《大战胜利之后——制度、战略约束与战后秩序重建》，门洪华译，北京大学出版社，2008，第10页；阮宗泽：《中国崛起与东亚国际秩序的转型——共有利益的塑造与拓展》，北京大学出版社，2007，第60~61页；孙学峰、黄宇兴：《中国崛起与东亚地区秩序演变》，《当代亚太》2011年第1期，第8~10页；Muthiah Alagappa, ed., *Asian Security Order: Instrumental and Normative Features*, California: Stanford University Press, 2003, p. 39; Hedley Bull, *The Anarchical Society: A Study of Order in World Politics*, New York: Palgrave, 2002, pp. 4, 16–19。

[②] 参见陈寒溪、孙学峰《东亚安全合作的现实与前景——观点的分歧及其分析》，《世界经济与政治》2008年第3期，第49~57页。

（一）来自体系结构路径的解释

1. 基于物质结构的解释

现实主义学者通常认为，由于国际政治无法改变其权力政治的本质，基于权力分配的变化而产生的竞争与冲突加剧的事实也是不可改变的。一部分学者认为，东亚地区之所以维持较长时期的和平状态，是因为冷战后美国成为世界上唯一的超级大国，构建了"美国治下的和平"。按照这种观点，美国凭借其强大实力建立了稳固的同盟关系，使得美国保持了在东亚的霸权，确保了地区的稳定。① 尽管美国霸权是东亚安全秩序中一个重要的因素，然而，东亚安全的现实并不完全符合单极稳定论的设想。美国在全球范围内的优势并不意味着其在地区政治中拥有霸权实力和地位，地区层面的结构可能与全球层面的结构并不匹配。② 巴里·布赞就认为一些学者在讨论东亚"极性"时将全球层次与地区层次混为一谈。③ 一定程度上，东亚是大国分布最密集的地区，中国和日本在经济总量上紧随美国之后，再加上传统主权意识非常浓厚的东南亚国家，美国作为区域外国家在诸多地区内事务上不可避免地需要本地区其他力量的支持和配合。例如，美国在本地区的反恐行动需要得到地区内国家的支持，为其提供情报、后勤及基地等帮助。因此，正如有学者指出的那样，"虽然美国在东亚地区仍然是一个最强大的存在，但它一直不是'绝对的权力'"，④ 而且其相对地位因为中国崛起、反恐困局和金融危机等多重因素的影响而有所下降。

与主张东亚地区是美国主导的单极结构不同，另一些学者认为东亚是中美两

---

① 很多西方学者认为正是美国的军事存在缓解了东亚的安全困境，维持了东亚的和平。参见海因里希·克雷夫特《美国——亚洲稳定的关键》，《世界经济与政治》2004 年第 12 期；Evelyn Goh，"Hierarchy and the Role of the United States in the East Asian Security Order," *International Relations of the Asia-Pacific* 8，2008，pp. 353 – 354；Thomas J. Christensen，"China, the U. S. – Japan Alliance, and the Security Dilemma in East Asia," *International Security* 23，1999，pp. 49 – 51。

② 对美国在东亚地区是否是霸权国的讨论参见倪峰《霸权稳定模式与东亚地区政治安全秩序》，《当代亚太》2002 年第 7 期，第 14 页；Robert S. Ross，"The Geography of the Peace: East Asia in the 21st Century," *International Security* 4，1999，p. 83。

③ 巴里·布赞、奥利·维夫：《地区安全复合体与国际安全结构》，潘忠岐等译，上海人民出版社，2010，第 31 页。

④ 宋伟：《试论美国对亚太区域合作的战略目标和政策限度》，《当代亚太》2010 年第 5 期，第 17 页。

极结构，东亚是一种均势秩序。在这些学者看来，冷战后东亚之所以维持了稳定与和平，正是这种两极结构带来的结果。陆伯彬（Robert Ross）就提出，中国是陆地大国，美国是海洋大国，它们分别控制东亚的大陆地区和海洋地区，这决定了它们着重发展的军事能力存在差异，也很难侵犯对方的核心利益。[①]然而，中美两极均势也许是东亚未来的可能秩序，却不符合目前的事实。如果把极的数量作为衡量权力分配状况的基础，就等于假设这些极在权力的大小方面并无本质区别，或者说，它们在结构中是平等的、对等的和对称的。但是事实上，作为"极"的国家（如冷战时的美苏）在实力上并不相等。极的数量与极的权力大小存在重要区别，这两者对国际和地区的战争、和平与稳定都有着决定性的理论意义。[②]虽然中国 GDP 总量已位居世界第二，但综合实力与美国还有很大的差距，而且其发展模式的可持续性也受到质疑。从世界银行修正后的经济数据来看，2008 年美国经济占世界经济的比重为 23.4%，2009 年为 24.5%。相比之下，2008 年和 2009 年中国经济占世界经济比重分别是 7.1% 和 8.4%。[③]这表明，在危机最严重的 2009 年，美国在全球经济中的比重不降反增，中国在经济总量和经济质量上与美国的差距仍然十分巨大。此外，战略盟友或伙伴的缺失使得中国在面对以美国为首的同盟体系时异常孤立。再者，中美在本地区既有利益冲突，也存在广泛的共同利益，它们之间表现出竞争与合作交织的关系，不同于冷战时期的两极结构下美苏双方以对抗为主、相互依赖程度非常低的状况。尽管中国实力地位迅速上升，但并没有跃升到与美国并驾齐驱的地位，东亚地区也尚未形成以中美为首的两极对抗格局。

2. 基于规范结构的解释

社会建构主义认为，观念结构塑造了行为体的身份。它也是一种结构理论，但它所指的结构是文化结构而非物质结构。[④]亚历山大·温特（Alexander Wendt）将文化定义为社会成员间互动进程中所形成的共有知识，包括共有观

---

① Robert S. Ross, "The Geography of the Peace: East Asia in the 21st Century," *International Security* 4, 1999, pp. 81 – 114.

② 詹姆斯·多尔蒂、小罗伯特·普法尔茨格拉夫：《争论中的国际关系理论》，阎学通、陈寒溪等译，世界知识出版社，2003，第 140 页。

③ 相关数据来源于世界银行"世界发展指标"在线数据库：http://web.worldbank.org/。

④ 这里主要是指以温特为代表的结构建构主义。参见亚历山大·温特《国际政治的社会理论》，秦亚青译，上海人民出版社，2000，译者前言第 1～38 页。

念、共有理解和共有期望等。在温特看来，国际政治的实质是观念而非物质权力，观念结构才是被掩盖于权力结构表层之下的深层结构，是可以使物质结构具有意义的社会性结构。这种结构的根本因素是共有知识，即行为体在一个特定的社会环境中共同具有的理解和期望。共有知识建构了行为体的身份和利益，并据此规定了它们的行为模式。[1] 阿米塔·阿查亚（Amitav Acharya）最早运用建构主义理论分析了东南亚安全共同体的形成，他认为东盟国家共有的认同和规范使其成为一个安全共同体，从而保证了东南亚地区的安全。[2] 同时，他也指出地区组织有利于形成共同的规范，从而建立东亚的安全秩序。[3] 还有学者认为，尽管存在着文化的差异性和多元性，东亚地区具有倾向和平解决地区冲突的战略文化要素，包括在处理冲突问题上比西方更长远的时间性观念、崇尚平等和共识方法、追求综合性和合作性安全的理念等等。[4] 但是，由于东亚地区政治文化的异质性，国家间权力、利益、观念分配的变动难以预料，地区内的安全机制缺乏活力，以及充斥着后殖民时代民族主义情绪的领土争端普遍存在，[5] "许多东亚国家对美国的信任都胜过它们相互间的信任"，[6] 使得东亚地区在近期难以形成共有知识，各国对自身身份和利益的建构也处于变动之中。甚至有学者指出，在某种程度上，除了对中国强劲增长的经济实力的担忧，东亚并没有多少共识。[7] 东亚国家的文化及意识形态各异，很难在短期内形成一个共同的文化及规范。以中国和日本这两个地区内大国为例，尽管中日地理相近、文化相通，但两国在政治制度、经济体制和意识形态方面相差巨大，加之两国民众间存在强烈的互不信任

---

[1]　转引自秦亚青、魏玲《结构、进程与大国的社会化——东亚共同体建设与中国崛起》，朱锋、罗伯特·罗斯主编《中国崛起：理论与政策的视角》，北京大学出版社，2007，第 234～235 页。

[2]　Amitav Acharya, *Constructing a Security Community in Southeast Asia*, New York：Routledge, 2001.

[3]　Amitav Acharya, "Regional Institutions and Asian Security Order：Norms, Power, and Prospects for Peaceful Change," in Muthiah Alagappa, ed., *Asian Security Order：Instrumental and Normative Features*, Stanford, California：Stanford University Press, 2003, pp. 210–240.

[4]　陈东晓：《浅议建构主义对东亚安全前景的再认识》，《国际观察》2000 年第 4 期，第 33 页。

[5]　Thomas J. Christensen, "China, the U. S. – Japan Alliance, and the Security Dilemma in East Asia," *International Security* 23, 1999, p. 49.

[6]　巴里·布赞、奥利·维夫：《地区安全复合体与国际安全结构》，潘忠岐等译，上海人民出版社，2010，第 165 页。

[7]　Albrecht Rothacher, "Book Review：The Rise of China and a Changing East Asian Order by Kokubun Ryosei and Wang Jisi（eds）," *Asia Europe Journal* 4, 2006, p. 301.

感，中日之间形成共同认同与规范的难度可想而知。由于东亚地区还没有形成一个清晰的地区性规范结构，或者说地区文化仍然介乎温特意义上的霍布斯文化与洛克文化之间，并不能合理解释东亚地区实际冲突较少的事实。

（二）来自体系过程路径的解释

1. 基于相互依赖和国际制度的解释

新自由制度主义认为，只要国家间存在相互依赖和共同利益，秩序和合作就会自然产生并通过国际制度的作用顺利运转。[①] 冷战后两极格局的终结使东亚国家变得更为独立自主，区域内的要素流动也更为自由。从 1992 年开始，"东南亚国家联盟"作为一个区域组织开始了重组过程，这不仅表现在其成员国扩展上，而且还表现在其功能上。就成员国的扩展而言，随着《柬埔寨和平协议》的签署，越南、老挝、缅甸等东南亚国家相继加入"东盟"；在功能方面，"东盟"从主要作为解决地区争端的地区性安全组织逐步向贸易、货币等领域扩展，经历了从建立"东盟自由贸易区""东盟地区论坛"到"东盟＋3"机制及"东盟—中国自由贸易区"的发展。此外，地区内的区域、次区域开发与合作也逐渐展开。有数据显示，东盟 10 国加中日韩 3 国相互间的贸易额在 2003 年便已达它们对外贸易总额的 53.3%；2006 年，东亚国家从本地区的进口占到了总进口的60% 以上，这意味着东亚对外部特别是美国市场的不对称相互依赖在一定程度上有所下降。[②] 在货币、金融领域，"东盟＋3"还签订了各国在紧急情况下融通外汇储备的《清迈协定》，这对于帮助地区内国家渡过类似 1997 年的亚洲金融危机具有重要意义。依托于"东盟"成员国和功能的扩展，东南亚地区内部的相互依赖性有了很大的提高，形成了广泛的共同利益。东盟地区论坛、上海合作组织、"东盟＋3"等多边机制也对维护整个东亚的安全秩序及增进地区内各国间的相互信任发挥了重要的作用。

贺凯在《亚太地区的制度制衡》一书中关注了冷战结束后亚太地区国际政治的"制度化"现象，并从经济相互依赖的角度进行了解释。他认为在地区内

---

① Helen V. Milner & Andrew Moravcsik, eds., *Power, Interdependence and Non-State Actors in World Politics: Research Frontiers*, Princeton University Press, 2009.

② 转引自宋伟《试论美国对亚太区域合作的战略目标和政策限度》，《当代亚太》2010 年第 5 期，第 11、17 页。

经济相互依赖程度加深的条件下，相关国家采取了所谓的"制度制衡"手段，即各国努力通过倡议、利用和主导多边机制等方式来寻求安全。① 虽然东亚地区存在诸多合作性机制和制度，但正如阿米塔·阿查亚所说，业已扩展到覆盖整个东亚合作的东盟模式强调"非正式性和最小限度的组织性"。② 从新自由制度主义对制度化水平和规则的约束性来看，东盟＋3机制只不过是一个松散的合作框架，无法对成员国的行为构成有效约束，很多时候它只是被看作一个信息交流的论坛，协调政策的平台，讨价还价的场所，甚至仅仅是一个"清谈馆"。事实上，东亚国家实践的是一种最小限度的制度主义，使得区域化进程中的制度化水平总是落后于实际的合作水平。③ 此外，美国自二战以来在参与东亚事务中积极推行亚太区域合作战略和政策，通过跨区域的机制和双边联盟的办法，"化解"东亚地区可能出现的一体化趋势，使得东亚呈现出跨地区合作"压倒"地区合作的独特局面。④ 对于美国而言，确保其在亚太地区主导地位的最佳方式是倡导亚太地区合作，而不是支持东亚地区主义，因为在美国看来东亚地区主义是将美国排除在外的地区主义。⑤ 最后，朝鲜、蒙古以及中国台湾地区没有或很少出现在东亚合作的东盟模式框架内，而朝鲜半岛和台海地区无疑是地区内最具不确定性或最容易引爆地区大国争端的区域。从东亚地区合作的制度化水平和进展及其覆盖的范围来判断，新自由制度主义主张通过建立相应的国际制度来克服政治市场的失灵，以减少国际社会无政府状态对东亚合作和秩序的负面影响还需要地区内各国付出更多的长期努力。

---

① Kai He, *Institutional Balancing in the Asia Pacific*: *Economic Interdependence and China's Rise*, London: Routledge, 2009.

② Amitav Acharya, *Constructing a Security Community in Southeast Asia*, New York: Routledge, 2001. p. 5. 转引自秦亚青、魏玲《结构、进程与大国的社会化——东亚共同体建设与中国崛起》，朱锋、罗伯特·罗斯主编《中国崛起：理论与政策的视角》，北京大学出版社，2007，第232页。

③ 对此的详细论述参见秦亚青、魏玲《结构、进程与大国的社会化——东亚共同体建设与中国崛起》，朱锋、罗伯特·罗斯主编《中国崛起：理论与政策的视角》，北京大学出版社，2007，第232~233页。

④ 有关美国亚太区域合作战略及其对东亚的影响的论述，参见宋伟《试论美国对亚太区域合作的战略目标和政策限度》，《当代亚太》2010年第5期，第8~21页。

⑤ David Capie, "Rival Regions? East Asian Regionalism and Its Challenge to the Asia Pacific," in Jim Rolfe ed., *The Asia-Pacific*: *A Region in Transition*, Honolulu: Asia-Pacific Centre for Security Studies, 2004, pp. 149–165.

2. 基于过程建构主义的路径

国内一些学者认为，以温特为代表的主流建构主义是一种结构导向的建构主义，当东亚还不存在明晰的文化结构时便失去了解释力。他们在批判结构路径的建构主义基础上提出了解释东亚地区冷战后长期保持合作与和平的进程主导型共同体建构模式，或称"过程型建构主义"，认为保持东亚地区多边主义的进程比取得立竿见影的结果更重要，但这一模式并不否定结果的重要性。① 按照这种观点，东南亚的中小国家希望通过进程主导模式把中日等大国纳入对话网络完成对大国的社会化而不至于使之脱离这一进程。因此，进程本身既是手段也是目的。然而，我们在此不难看出，这种"过程型建构主义"虽然能说明东盟与中日韩之间更加紧密的对话与合作，但它并没有将朝鲜、中国台湾地区等行为者纳入这一进程，这减弱了其解释力。而且所谓的进程主导模式仅仅强调了协调合作的一面，而淡化或忽视了紧张冲突的一面。面对地区大国之间的争端和矛盾，以及中小国家之间的冲突，进程主导模式显得束手无策。如果说这一进程在经济、贸易、文化等功能领域把东南亚与东北亚连在一起还发挥了一定作用的话，那么它在政治、安全领域则对东北亚面对的挑战难有作为。②

以上我们回顾了国内外学者对冷战后东亚安全秩序的既有解释，从分析层次看，这些解释实际上可以分为两类：一类是从体系结构角度进行的解释，包括强调单极或两极的物质结构路径和强调体系性文化的规范结构路径；一类是从体系进程角度的解释，主要涉及强调相互依赖与国际制度的路径和强调进程主导的建构主义。从国际关系理论的角度看，体系是由结构、进程和主要单元三部分构成的。③ 上述解释的缺陷在于，忽视了维系特定结构和进程运行的是主要单元提供

---

① 秦亚青、魏玲：《结构、进程与大国的社会化——东亚共同体建设与中国崛起》，朱锋、罗伯特·罗斯主编《中国崛起：理论与政策的视角》，北京大学出版社，2007，第238～239页。有关过程建构主义更详细的理论探讨，可参见秦亚青《关系本位与过程建构：将中国理念植入国际关系理论》，《中国社会科学》2009年第3期，第69～86页。

② 在这一点上与本文相似的论述还可参见巴里·布赞、奥利·维夫：《地区安全复合体与国际安全结构》，潘忠岐等译，上海人民出版社，2010，第150页。

③ 根据沃尔兹的定义，体系由结构和互动的单元组成，分别来自体系层次和单元层次；约瑟夫·奈将单元的互动也归于体系层次，将其称为"过程"，与"结构"相对。综合现实主义和自由主义的论述看，体系的构成要素包括结构、过程和单元三部分。沃尔兹和奈的论述分别参见 Kenneth N. Waltz, *Theory of International Politics*, New York: McGraw Hill, 1979, p. 79；小约瑟夫·奈：《理解国际冲突：理论与历史》，张小明译，上海人民出版社，2005，第45～46页。

的功能性公共产品，对主要单元作用的判断不够准确。实际上，如果不能识别主要行为单元并且明确它们的功能，我们将无法理解东亚安全秩序内部的动力和机制，以及这种秩序内在的不稳定性。

为此，本文试图从功能论的视角对既有的对东亚地区安全秩序的解释做一种补充。需要指出的是，这里的功能论并不同于解释地区一体化的功能主义，功能主义的核心强调的是各国在功能领域的合作及其可能的扩展，而本文则强调的是美国和中国在安全和经济两大领域的不自觉分工对秩序构建和维系的影响。当然，本文的解释与既有解释提到的许多因素并不矛盾，从功能论的视角可以弥补这些解释的明显不足。

二　秩序的功能论解释：安全预期和经济收益

虽然国际体系处在无政府状态，但由于主要国家能够提供关键公共产品，保障其他国家的生存和发展需求，国际体系处于一个"无政府、有秩序"的状态。在国际关系领域，常见的公共产品主要有自由贸易、经济援助、冲突调解、安全保护等。① 约瑟夫·奈（Joseph S. Nye）曾将当今世界主要的国际公共产品归纳为6种，分别是维持区域力量平衡、推动开放的国际经济体系、保持国际公地的共享性、维护国际规则和制度的效力、对经济发展提供援助以及充当冲突的调解人。② 这些公益不仅适用于全球范围，也适用于地区层面。在地区秩序的维系中，地区内主要国家对公共产品的供给水平会直接影响到该地区的稳定程度。③

---

① 有关国际公共产品及其意义的论述，可参见 Charles P. Kindleberger, "Dominance and Leadership in the International Economy: Exploitation, Public Goods, and Free Rides," *International Studies Quarterly* 25, 1981, pp. 242 – 254; Charles P. Kindleberger, "International Public Goods without International Government," *American Economic Review* 76, 1986, pp. 1 – 13; Robert Gilpin, *War and Change in World Politics*, Cambridge: Cambridge University Press, 1981, p. 34; Robert Gilpin, *The Political Economy of International Relations*, Princeton: Princeton University Press, 1987, pp. 74, 86 – 87。
② Joseph S. Nye, "Recovering American Leadership," *Survival*, 50, 2008, pp. 64 – 65.
③ 近来一些中国学者开始关注地区性公共产品，相关成果可参见樊勇明《从国际公共产品到区域性公共产品——区域合作理论的新增长点》，《世界经济与政治》2010 年第 1 期，第143 ~ 152 页。

对于东亚地区的安全秩序而言，最为重要的公共产品体现在安全和经济两个维度。[1] 尽管东亚地区并不存在一个绝对的霸权国可以承担确保地区合作与稳定所需的全部公共产品，但是我们可以发现，安全预期和经济收益这两项关键公共产品得到了比较稳定的供给和保障，而且这两项公共产品的供给主要由美国和中国分别承担。尽管东亚地区的权力结构并不是两极状态，但是美国和中国在地区秩序的维系中所发挥的作用无疑是最重要的。[2]

（一）美国对安全预期的保障

近代以来东亚各国遭受殖民侵略的历史以及当前该地区传统安全矛盾依然突出的现实使得安全需求仍然是该地区内国家的首要考虑之一。在冷战后东亚安全秩序的构建中，地区内主要行为体提出了诸多方案，并且采取了相应的措施，比如美国主导的安全网络模式、中国倡导的新安全观和安全合作、东盟国家发起和主导的东盟地区论坛及俄罗斯积极参与东北亚的政治和安全合作等。但从参与主体、覆盖范围、力量对比及实际运作来看，美国主导的安全网络模式无疑是这些方案和实践中最为重要的。[3] 20 世纪 90 年代以来，通过在东亚地区保持一定规模的前沿军事存在，以双边军事同盟和准同盟为支柱，并且以参与地区内多边安全机制为补充，美国完善了其在冷战期间构筑的"辐辏"式地区安全网络，为其介入东亚地区安全事务提供了便利。

在此需要强调的是，对于美国在东亚安全中的作用，我们有必要区分"安全保障"和"安全预期"，前者是指安全的供给方与被供给方之间存在着保护与被保护的关系，而后者并不需要安全互动中的双方存在这种关系。虽然美国只是为部分国家（即美国的盟国和安全伙伴）而不是整个地区提供安全保障，但是

---

① Francis Fukuyama, "East Asian Political Economy from a Global Perspective," paper presented to the PRI – SAIS Conference on "The Future Prospect of the East Asian Economy and Its Geopolitical Risk," 2004, http: //www. mof. go. jp/english/others/ots022a. pdf.

② 与本文观点类似的分析见孙学峰、黄宇兴《中国崛起与东亚地区秩序演变》，《当代亚太》2011 年第 1 期，第 21 页。孙学峰等人的研究认为，决定东亚地区未来走向的两个核心因素是美国东亚同盟体系的变化和中国经济实力的崛起，本文也强调美国和中国的核心作用，但是从功能性公共产品的分别供给来讨论的。

③ Francis Fukuyama, "The Security Architecture in Asia and American Foreign Policy," in Kent E. Calder and Francis Fukuyama, eds. , *East Asian Multilateralism: Prospects for Regional Stability*, Baltimore: The Johns Hopkins University Press, 2008, p. 234.

它在客观上起到了稳定地区内国家安全的作用。从逻辑和现实两个层面分析，美国主导的安全体系对于稳定东亚地区的局势至少发挥了三个方面的作用。首先，在冷战结束后相当长的时期内限制了作为世界经济大国的日本在地区内发挥领导作用，并且稳定了其他国家对日本成为政治和军事大国的安全担忧。一些学者认为，日本奉行和平主义国家战略主要是由日本的和平规范和国内制度安排等国内原因导致的。[①] 但实际上，美国这一外部因素发挥了至关重要的作用。长期以来，美国在东亚地区的军事存在得到相当一些国家（特别是中小国家）的认可，其原因主要是中小国家担心受制于日本和中国这两个地区内大国掌握的地区领导权。冷战后美国通过强化日美同盟将日本完全纳入美国的战略轨道，对谋求政治和军事大国地位、试图担当东亚领导的日本起到了一定程度的规范和制约作用。[②] 虽然美国不遗余力地鼓励和支持日本承担更大的国际责任，近来还支持日本解禁集体自卫权，但在日本发展核武器、争取在日美同盟中的自主性以及在亚洲发挥领导作用等问题上，美国发挥了较大的制约作用，使那些对日本战略意图和能力心存疑虑的亚洲国家感到安心。[③]

其次，缓解东亚其他国家对中国崛起的忧虑。面对 20 世纪 90 年代以来中国加速崛起的事实，东亚地区内的许多国家都表现出了极其复杂的心态。一方面，随着中国经济的快速发展，周边国家对中国的经济需求越来越强烈，希望从中国的发展中受益；另一方面，由于复杂的地缘政治、战略利益及历史因素，中国与一些东亚国家存在领土领海争端、历史问题和意识形态差异等诸多矛盾，这些矛盾又加重了东亚各国对于中国崛起的担忧。在对中国崛起心存疑虑的情况下，一些国家试图强化与美国的政治、军事关系，为美国加强在地区内的政治影响和军

① Richard J. Samuels, "Rich Nation, Strong Army": National Security and the Technological Transformation of Japan, Ithaca, NY: Cornell University Press, 1994; Peter J. Katzenstein and Nobuo Okawara, Japan's National Security: Structures, Norms, and Policy Responses in a Changing World Ithaca, NY: East Asia Program, Cornell University Press, 1993.
② 王缉思：《美国在东亚的作用：观点、政策及影响》，时事出版社，2008，第73页。
③ 有学者认为，美国在冷战后强化美日同盟发挥了防范中国和看管日本的双重作用，参见朱锋《国际关系理论与东亚安全》，中国人民大学出版社，2007，第118页。也可参见 Richard J. Samuels, "Wing Walking: The US - Japan Alliance," Global Asia 4, 2009, p.17; Christopher W. Hughes, Japan's Remilitarisation, New York: Routledge, 2009。

事存在提供了借口。① 在中国与邻国的主权争端中，美国明显偏袒对方，对中国的领土、领海主权和海洋权益构成挑战。与我国存在主权争端的国家则利用美国的支持，不愿与中国进行对双方均有利的谈判，而是采取强硬的措施，加强其对争议领土的控制。中国的实力发展对于维护东亚地区的稳定至关重要，也为地区内国家的经济发展提供了动力，但是由于权力政治并不以人的意志为转移，加之东亚国家间缺乏应有的相互信任以及地区外大国的挑拨离间，使东亚国家不能完全相信中国和平崛起的意愿，企图加强与美国的联系以防范中国。对于这些国家的矛盾态度，我们需要有正确认识和平常心态，特别是理解中国的经济崛起对东亚安全具有双重影响。

最后，防止地区内的危机升级和冲突扩散。东亚地区内存在着许多复杂的政治、经济、安全矛盾，其中一些在不同时期曾演变为较为激烈的危机和冲突。尽管美国完全出于自身利益考虑而采取的许多做法激化了本来就充满矛盾的东亚安全局势，比如在朝鲜半岛对峙、朝鲜核危机、台海危机中有偏袒的行为，或者直接挑起了安全方面的争议，比如部署地区导弹防御系统、频繁进行针对性军事演习、在中国沿海进行侦察等，不过出于自身战略利益考虑，美国也不愿看到东亚地区的安全局势失控，试图将一些自己并不直接介入的安全矛盾控制在美国能够承受的范围内。例如，在陈水扁任台湾当局领导人期间，曾屡次试图越过法理台独红线，挑战台海稳定的底线。面对陈水扁蓄意改变台海"现状"的行为，美国政府多次派遣特使访台，包括布什总统在内的政府高官也在许多场合公开放话予以警告和施压，甚至采取了一些具有惩罚性的措施，以防止台海紧张局势进一步恶化。② 有学者认为，美国长期以来也将"台独"势力视为美国安全的威胁，并不希望"台独"势力的挑衅破坏东亚地区在安全和战略上的稳定性。③

---

① 新加坡学者吴翠玲（Evelyn Goh）在她的研究中强调了东南亚国家对美国在该地区存在的需要，参见 Evelyn Goh, "Great Powers and Hierarchical Order in Southeast Asia: Analyzing Regional Security Strategies," *International Security* 32, 2007/2008, pp. 113 – 157; "Hierarchy and the Role of the United States in the East Asian Security Order," *International Relations of the Asia-Pacific* 8, 2008, pp. 353 – 377。

② 有关这一时期美国对陈水扁当局施压的具体方式的论述，可参见吴心伯《美国对台湾事务的影响：现状与走向》，《现代国际关系》2008 年第 6 期，第 14～16 页。

③ Robert Ross, "Taiwan's Fading Independence Movement," *Foreign Affairs* 85, 2006, pp. 141 –145.

（二）中国对经济收益的供给

相对稳定的安全环境和预期只是东亚安全秩序的支柱之一，经济发展和实力增长是东亚各国的又一重要需求。因此，尽管美国对东亚地区的介入客观上发挥了稳定安全预期的作用，但并不足以解释整个地区的态势。[1] 从安全的经济维度看，中国自身致力于经济发展以及为地区内国家贡献的经济收益对于地区安全的维护起到了不可或缺的作用。改革开放后，中国经济快速发展，对区域经济乃至世界经济的发展都产生了积极影响。由于地理上的便利和文化上的亲近，东亚国家从中国获得了大量的商机和巨大的市场，而中国为东亚国家提供的大量经济收益，为其经济发展和社会稳定起到了促进作用。

中国已经成为东亚地区经济增长的重要推动力量。20 世纪 90 年代以来，日本经济泡沫破裂，致使其陷入长期的萧条和低迷。在此期间，日本与东亚各国的贸易额，特别是对经济增长具有重要拉动作用的进口增长速度明显减慢，在东亚地区经济中的地位和作用明显下降。与日本在东亚经济发展中的领头羊地位发生动摇的局面相比，中国的经济增长率一直保持较高水平，成为世界经济增长点。近 20 年来，中国的国内生产总值一直保持在年均 10% 左右的增长，经济总量规模逐渐扩大，并于 2005、2006、2007、2010 年先后超过法国、英国、德国和日本，跃居为世界第二大经济体。在日本经济黯然衰弱的状况下，东亚仍然是世界经济增长最快的地区，中国强劲的经济增长和巨大的市场为地区经济发展发挥的积极作用显而易见。[2] 在 2009 年东盟的对外贸易中，中国在其出口、进口及总贸易中分别占 10.1%、13.3%、11.6%，均高于日本所占的 9.6%、11.4%、10.5%。[3] 随着中国经济的快速发展，日本对华贸易不断增长，对中国的依赖程度也逐渐上升。中国在 2009 年日本的进、出口总额中所占的比重分别是 22.2%、18.9%，均高于美国所占的

---

[1]　David C. Kang, "Getting Asia Wrong: The Need for New Analytical Frameworks," p. 82; Lawrence C. Reardon, "The Economic Dimension of the Asian Security Order," *Issues & Studies* 41, 2005, p. 236.

[2]　有研究表明，中国在东亚地区对外贸易总额中所占比重从 1996 年的 14.16% 上升到 2007 年的 35.30%，而日本却从 37.14% 下降到 22.94%。参见李晓、冯永琦《中日两国在东亚区域内贸易中地位的变化及其影响》，《当代亚太》2009 年第 6 期，第 28 页。

[3]　以上数据来自东盟网站：http://www.asean.org/stat/Table19.xls。

10.7%、16.1%。① 2012 年，中国同周边国家的贸易额达到 1.2 万亿美元，超过了中国与欧洲、美国的贸易额之和。② 统计数据也表明，中国成为大多数周边国家的最大贸易伙伴。

在经济发展的同时，中国也在逐渐成为东亚经济合作的倡导者、维护者和推动者。一方面，中国与东盟国家积极协商和签署自由贸易协定，并率先建成自贸区，中国的举动也促使日本、韩国不断加强与东盟的经济合作。另一方面，在东亚各经济体遭受金融危机、重大自然灾害和恶性传染性疾病等不利因素冲击之时，中国通常会对有关国家提供积极的支持。比如，在 1997 年东亚金融危机期间，在美欧等西方发达国家推卸责任、延缓救援的情况下，中国政府郑重承诺确保人民币不贬值，并且积极参与地区内金融、经济复苏建设，为防止地区内的金融动荡作出了有目共睹的贡献，也避免了可能由危机导致的地区政治和安全局势的恶化。

在东亚地区经济合作日渐深入的过程中，东亚国家在经济上对中国的依赖明显增强。据中国海关总署统计数据显示，2010 年中国外贸进出口总值 29727.6 亿美元，比上年同期增长 34.7%。与此同时，我国贸易顺差与进出口总额的比例从 2008 年的 11.6% 降至 2009 年的 8.9%，2010 年进一步降低至 6.2%。③ 伴随着中国对外贸易的整体增长，中国已成为东盟、日本等国家和地区重要的出口市场与贸易顺差来源。2010 年，中国与日本双边贸易总额为 2977.7 亿美元，增长 30.2%，对日本贸易逆差为 556.5 亿美元，扩大了68.5%，继 2009 年之后再次成为日本最大的贸易出口国。④ 2003 年以来，中国就取代美国成为韩国的最大商品出口国。此外，自 2002 年"中国—东盟自由贸易区"正式启动建设以来，中国逐渐成为东盟各国的主要贸易伙伴。2009 年，中国是越南的第一大贸易伙伴、马来西亚的第二大出口国、泰国的

---

① 以上数据来自于中华人民共和国外交部网站：http：//www.fmprc.gov.cn/chn/pds/gjhdq/gj/yz/1206_ 25/。

② 《外交部部长杨洁篪就中国外交政策和对外关系答中外记者问》，2013 年 3 月 9 日，http：//www.mfa.gov.cn/mfa_ chn/zyxw_ 602251/t1019938.shtml。

③ 以上数据引自海关总署网站，http：//www.customs.gov.cn/publish/portal0/tab1/info281211.htm。

④ 《中国 2010 年进出口总值达近 3 万亿美元 12 月外贸创新高》，以上数据引自中国对外贸易中心网站，http：//www.cftc.org.cn/cn/News/NewsShow.asp？id=4523。

第二大贸易伙伴、菲律宾的第三大贸易伙伴。2009 年以来，中国成为东盟第一大贸易伙伴。2010 年"中国—东盟自由贸易区"全面建成，中国和东盟 6 个老成员国文莱、菲律宾、印度尼西亚、马来西亚、泰国、新加坡之间，超过 90% 的产品已经实行零关税，中国对东盟平均关税从 9.8% 降到 0.1%。① 由于中国经济的快速发展及其与东亚国家的地理临近性，中国对东亚经济发展的贡献已高于陷入经济危机中的美国。在 2009 年东盟的对外贸易中，中国在其出口、进口及总贸易中分别占 10.1%、13.3%、11.6%，而美国所占的份额分别是 10.1%、9.3%、9.4%。② 尽管贸易不是经济影响力的唯一指标，但它反映了国家之间最直接的经济纽带和依存程度。如表 1 和表 2 所示，东亚地区主要经济体的进出口数据也表明，这些国家与中国的经济依赖程度加深的同时，它们对美国和日本的直接经济联系正在减弱。中国与东亚各经济体之间经贸联系的扩大和增强，不仅促进了东亚经济的发展，也加强了这些经济体之间的合作。

表 1　东亚主要经济体对中国、美国和日本出口占其总出口比重

单位：%

	年份	印度尼西亚	韩国	马来西亚	菲律宾	新加坡	泰国	越南
中国	1999	4.1	9.5	2.7	1.6	n. a.	3.2	6.5
	2005	7.8	21.7	6.6	9.9	8.6	8.3	9.9
	2011	11.3	23.8	17.9	21.2	10.4	12.0	11.5
美国	1999	14.2	20.5	21.9	29.6	n. a.	21.7	4.4
	2005	11.5	14.5	19.7	18.0	10.4	15.4	18.3
	2011	8.1	10.0	8.6	13.8	5.4	9.6	19.1
日本	1999	21.4	11	11.6	13.1	n. a.	14.1	15.4
	2005	21.1	8.4	9.3	17.5	5.5	13.6	13.4
	2011	16.6	7.0	10.6	14.0	4.5	10.5	12.0

数据来源：根据亚洲开发银行《2012 年亚太关键指标》数据计算。

---

① 中国与东盟国家的贸易数据转引自孙学峰、黄宇兴《中国崛起与东亚地区秩序演变》，《当代亚太》2011 年第 1 期，第 23 页。

② 以上数据来自东盟网站：http://www.asean.org/stat/Table19.xls。

表2 东亚主要经济体从中国、美国和日本进口占其总进口比重

单位：%

	年份	印度尼西亚	韩国	马来西亚	菲律宾	新加坡	泰国	越南
中国	1999	5.2	7.4	3.3	3.4	n. a.	5	5.7
	2005	10.1	14.8	11.6	6.3	10.1	9.4	16
	2011	14.8	16.5	13.7	14.6	10.4	13.4	25.5
美国	1999	11.8	20.8	17.4	20.7	n. a.	12.8	2.8
	2005	6.7	11.8	13	19.2	11.7	7.4	2.3
	2011	6.1	8.5	7.9	9.4	10.8	5.9	3.8
日本	1999	12.1	20.2	20.8	20	n. a.	24.3	13.8
	2005	12	18.5	14.6	17	9.6	22	11.1
	2011	11	13	10	12.3	7.2	18.4	8.4

数据来源：根据亚洲开发银行《2012年亚太关键指标》数据计算。

当然，我们强调中美两国在经济和安全领域分别供给公共产品并不意味着两国在另一领域的贡献并不存在或者可以被忽略。比如，二战后在美国霸权之下建立的全球性自由贸易体系仍然在当今世界发挥作用，其主导的国际经济制度为东亚地区内的行为体提供了自由贸易、货币流通、金融信贷和发展援助等公共产品。不过，从总体上看，冷战后美国在众多领域维持和加强公共产品供给的意愿都在大大下降，更多地表现出对自身私利的关注。另外，以中国在安全领域的贡献为例，在东亚众多现实和潜在领土、领海和海洋权益争端中，中国卷入的争端最多也最为复杂。① 过去20多年间，出于为经济发展创造一个和平稳定的地区环境的需要，在与自身核心利益直接相关的安全问题上，中国奉行的是自我克制和安抚的政策，在与周边国家的领海和海洋权益争端问题上采取了"搁置争议、共同开发"的方针。自我克制无疑为中国的经济发展和国力提升起到了非常积极的作用，不过，自我克制是一种稳定安全预期的消极措施，必须以其他国家给予积极和善意的回应为条件。如果无法得到善意回应，将使自身在这些问题上的核心利益遭受损害，并且丧失解决问题的主动性。

总体来看，冷战后存在众多潜在安全矛盾的东亚地区在政治和经济上保持了

① Jianwei Wang, "Territorial Disputes and Asian Security: Sources, Management, and Prospects," in Muthiah Alagappa ed., *Asian Security Order Instrumental and Normative Features*, California: Stanford University Press, 2003, p. 384.

稳定和发展。美国的安全保障承诺使其东亚盟国和安全伙伴能够放心大胆地与中国在一系列领域达成合作，而中国提供的经济收益也使得各国乐于分享中国快速发展带来的机遇，而且中国在此过程中保持与其他东亚国家的对话与合作，力图消除这些国家对中国崛起的焦虑。① 如前所述，东亚目前尚缺乏"共有知识"，但有一点各国似乎都有所认识，即"军事—政治稳定是经济成功发展的必要基础，而经济发展将加强政权的合法性"。② 也许在某种意义上，后者在当前的东亚更能吸引各国维持地区的和平与稳定。关于东亚安全秩序的既有研究要么单纯强调安全维度，要么单纯强调经济维度，但是这两者是紧密交织在一起的，为了准确解释东亚安全的现实并预测其趋势，我们有必要将二者综合考虑。

三　东亚安全秩序的不稳定性

过去 20 多年，东亚地区保持了相对安全和稳定的局势，这种局面的维系主要取决于稳定的安全预期和经济收益在地区内得到保障，降低了走向冲突和战争的可能性。然而，从未来趋势看，在中国实力地位不断上升、地区内权力结构发生变化的情况下，东亚地区安全秩序具有很强的不稳定性，面临很大的不确定性和调整的可能性。根据本文的观点，目前的安全秩序之所以存在不稳定性，主要是因为美国和中国在地区公共产品的供给方面存在"供给脱节"的问题，这既包括两国分别在安全保障和经济收益两方面可能或已经出现的"供给乏力"，也包括没有任何一个国家能够且愿意单独为整个地区同时提供两种基本的公共产品。在中国崛起和美国重返东亚的背景下，一旦未来中美两国之间发生激烈冲突，必将影响地区内安全预期和经济收益的同时下降。

从安全维度看，东亚地区存在诸多现实或潜在的安全问题，在地区力量对比发生变化的情况下，一些传统安全问题可能激化并引发冲突。从东亚地区安全问

---

① 有学者认为中国采取的是一种"新俾斯麦式"的大战略，简言之，中国领导人重复了俾斯麦消除欧洲领导人对统一德国的焦虑的努力。参见 Avery Goldstein, "China's Emerging Grand Strategy: A Neo-Bismarckian Turn?" in G. John Ikenberry and Michael Mastanduno, eds., *International Relations Theory and the Asia-Pacific*, New York: Columbia University Press, 2003, pp. 57 – 106。

② 巴里·布赞、奥利·维夫:《地区安全复合体与国际安全结构》，潘忠岐等译，上海人民出版社，2010，第 152 页。

题的类型以及卷入行为体的重要性和影响范围看，大致可以归为以下几类：
（1）地区领导权争夺；（2）国家和民族统一问题；（3）领土领海和海洋权益争
端；（4）非传统安全问题。在威胁既有东亚安全秩序稳定性的诸多因素中，虽
然大规模杀伤性武器扩散、恐怖主义、公共卫生安全、气候变化、自然灾害等非
传统安全问题在最近几年受到了广泛的关注，但是还没有对东亚地区安全秩序构
成重大挑战，而地区领导权争夺、国家和民族统一问题以及领土领海和海洋权益
争端等传统安全问题更有可能导致既有的安全秩序的重构。阿米塔·阿查亚在研
究东亚各国军费占 GDP 的比重、各国的军费开支、人均军费、各国的武器进口
量等数据的基础上得出结论认为，国家安全问题依然在亚洲占主导地位。[①] 尽管
在一定时期内各国为了经济发展不会贸然为此激化冲突，但这些问题难以解决总
是会困扰东亚安全。而且，某些微小事件导致的紧张局势可能会成为大规模冲突
的导火索。[②]

尽管美国通过维持其双边军事同盟和安全伙伴关系为部分国家提供了安全保
障，并且维持了整个地区的安全预期，但传统上美国对东亚地区的诸多问题并没
有积极介入，而是采取一种观望和消极介入态度。不过，近年来美国明显加强了
对东亚的力量存在，并且越来越倾向于对地区内安全事务采取积极介入的姿态，
试图扭转其在这一地区的力量衰退的趋势，以确保美国在亚太地区拥有战略核心
地位。究其原因，这种立场的转变与中国崛起可能对美国霸权构成的挑战密不可
分。以往，美国更愿意扮演一个"离岸平衡手"（Offshore Balancer）的角色，[③]
既能在有关国家争端中"指手画脚"从而坐收渔利，也能避免承担安全保障的
实质性责任，同时还能增强盟国对自身的安全依赖并进一步削弱东亚国家间本就
不稳定的互信。在一定程度上，东亚国家间的适当竞争会提升美国在东亚的重要
性，也会加强地区盟国对其的安全依赖性。然而，当美国越来越倾向于将中国的

① 阿米塔·阿查亚：《人的安全：概念及应用》，李佳译，浙江大学出版社，2010，第 46～63 页。
② 巴里·布赞认为东亚的冲突形态将不会导致大国之间的战争，但在朝鲜半岛、台湾海峡以及南中国海发生更为局部和本地的冲突，则是相当可能的。参见巴里·布赞、奥利·维夫《地区安全复合体与国际安全结构》，潘忠岐等译，上海人民出版社，2010，第 164 页。
③ Christopher Layne, "The Unipolar Illusion: Why New Great Powers Will Rise," *International Security* 17, 1993, pp. 45–51; Christopher Layne, "From Preponderance to Offshore Balancing: America's Future Grand Strategy," *International Security* 22, 1997, pp. 86–124.

崛起视为其在东亚主导地位的挑战时，美国明显强化了针对中国的战略调整。特别是在奥巴马政府时期，美国高调宣布"重返亚洲战略"，通过提升军力部署、频繁进行联合军演、与中国周边国家扩展军事与防卫合作、介入南中国海问题等手段加强在地区内的战略部署和影响。尽管中国始终强调并没有挑战美国地位的意图，承认是现存国际体系的受益者，并且采取承担国际责任的做法，但是这些举动并不能消除美国对中国的战略疑虑，使美国减弱针对中国的战略部署。

从经济维度看，中国通过自身发展并不能为东亚其他国家提供充足的经济收益，而且供给水平可能出现递减趋势。首先，尽管中国保持了长期稳定的高速经济增长，在总量上已经成为世界第二大经济体，但中国仍然是一个发展中国家，实现自身发展是中国的首要目标。这一内在需求会限制中国为东亚地区提供公共产品的能力与意愿。其次，东亚其他经济体与中国在经济上并不纯粹是互补关系，而且存在激烈竞争。以东盟国家为例，由于产业结构类似、出口对象以发达国家为主等因素，双方在经济领域存在一定的利益冲突，尤其是在吸引对外直接投资、扩大出口市场、建立生产和制造基地等方面存在竞争。中国经济增长方式难以在短期内扭转，产业结构升级效果亦不明显，与同处于工业化进程中的东南亚国家的竞争势必将逐渐增多。再次，美国不仅在政治和安全上强化对东亚的影响，也试图增加在亚太地区的经济影响力，与中国进行竞争。面对东亚地区经济一体化不断深入的局面，美国积极加入并试图主导"泛太平洋战略经济伙伴关系协定"（TPP），并且试图说服其他东盟国家加入 TPP 谈判进程，旨在建立由美国主导的亚太经济合作机制，抑制中国甚至日本在东亚地区一体化进程中的主导作用。

与此同时，由于中美在东亚安全秩序的维系中发挥了重要作用，这两个关键行为体在安全领域的互动也影响到东亚安全局势的未来发展。在中国崛起的背景下，美国的势力不仅不会从东亚地区消退，而且还可能会继续强化。这是因为，尽管地区内多数行为体在经济上需要中国，但是在安全上并没有将中国视为一个可靠的伙伴，也没有将中国视为美国的战略替代者。东亚许多国家既希望开拓中国市场、与中国进行贸易，又对中国的安全战略意图缺乏了解，在这种情况下，它们希望借助美国抵消中国带来的压力。因此，在美国安全承诺的保障下，这些国家可以放心地与中国进行经济上的往来，从与中国的接触中获益。当然，美国的亚洲盟国和安全伙伴也希望增加自身的回旋空间，从而从中美两大国的地区竞争中获益，至少避免在冲突中受到严重损害。因此，中国的崛起将强化美国在东亚地区的存在，增强地区内国家对美国的安全依赖。这种状况可能是中国决策者和学者不希望看到但必须正视的问题。随着东亚地区实力对比的持续变动，中美两国在短期内都不可能成为东亚的绝对霸权，也就没有任何一个国家能够且愿意单独为整个地区同时提供两种基本的公共产品——安全预期和经济收益。考虑到美国经济进入 21 世纪以来的缓慢增长特别是 2008 年金融危机后的低迷，它也不可能为本地区提供更多的经济收益；中国一直坚持独立自主、不结盟的和平外交政策，不大可能为地区内其他国家提供积极安全保障。这种状况导致东亚安全所需的安全保障和经济收益得不到充足的供给，可能成为引起东亚安全局势动荡的一个深层原因。

面对现有东亚安全秩序存在的不稳定性，中国也需要适当调整过分依赖经济手段稳定周边安全的战略和实践。冷战结束以后，中国奉行"与邻为善，以邻为伴"的周边外交方针，实行"睦邻、安邻、富邻"的政策，其政策重心实际上在于"富邻"，希望以互惠甚至让利的方式换取周边国家对中国的信任，获得和平稳定的周边环境。上文已经指出，尽管我们在安全领域也采取了自我克制的策略，搁置与周边国家在安全问题上的争议，但这种策略是稳定安全预期的一种消极手段，其存在的困境在于，许多周边国家在深化与中国的经济合作的同时，也在不断强化与美国之间的安全互动。在某种意义上，中国实力的发展必然导致东亚其他国家的疑虑，但是中国仍然可以为降低周边国家的忧虑感和疏离感作出调整。真正达到维护自身和地区安全、缓解东亚其他国家安全忧虑的效果，中国在进一步提供经济收益的同时，在政治和军事上也需要采取积极的安全保障措施，尽量避免或减少周边国家受美国的拉拢结成针对中国的同盟，积极发挥中国自身在塑造地区内经济和安全秩序中的主导作用。[①]

① 近来一些有关大国规避制衡的研究对中国的战略选择具有参考意义，比如，一些学者考察了崛起国如何利用国际规范证明自身行为的正当性来规避其他国家的制衡，参见 Stacie E. Goddard, "When Right Makes Might: How Prussia Overturned the European Balance of Power," *International Security* 33, 2008/2009, pp. 110 - 142；孙学峰、杨原：《崛起国合法化策略与制衡规避》，《国际政治科学》2010 年第 3 期，第 1 ~ 31 页。另外，蒂莫西·克劳福德（Timothy W. Crawford）的研究则表明，一个国家可以采取所谓的"楔子战略"（wedge strategies），破坏针对自己的潜在或实际联盟。参见 Timothy W. Crawford, "Preventing Enemy Coalitions: How Wedge Strategies Shape Power Politics," *International Security* 35, 2011, pp. 155 - 189。

当前，中国政府在周边外交中强调与周边国家建立"命运共同体"，积极发挥在区域合作中的引领作用，提出了丝绸之路经济带、21世纪海上丝绸之路、亚洲安全观、中国—东盟命运共同体、亚洲命运共同体、亚洲基础设施投资银行等一系列关于地区经济和安全合作的倡议与概念，试图推进与周边国家的切实合作。这些倡议和举措与以往单纯强调经济纽带相比更加具有综合性，是中国在经济和安全两个维度上积极推进东亚秩序构建的新探索。由于美国将维持地区主导地位作为东亚战略的首要目标，中国在实施这些倡议的过程中不会一帆风顺，在一些领域会受到美国的阻挠和制约。但是，通过积极协调与周边国家的多层次利益联系，中国与这些国家的关系会建立在更坚实、牢固的基础上，也避免受到美国的冲击。

四　结语

20世纪90年代中后期以来，东亚之所以能够维持相对和平与稳定的安全秩序，主要是因为两个关键行为者——美国和中国——为该地区提供了相应的公共产品，即美国给多数国家带来安全预期，而中国更多的是为东亚国家带来经济收益。中美分别为东亚地区安全秩序所提供的经济收益和安全保障并不意味着两国只是提供某一方面的特定公共物品，而只是意味着某一国在提供某一特定公共物品方面起着主要作用。尽管中国也通过自我克制收到了稳定安全预期的效果，但并未提供积极安全保障。需要注意的是，中美两国在东亚地区并未形成均势格局，也不属于一个霸权集团，它们在公共物品供给方面的分工并不是有意为之，而是由于实力地位和战略需要而形成的。由于本地区在可预见的将来难以形成一个绝对的霸权国，东亚的和平与稳定仍将在很大程度上取决于美国和中国之间的互动及其对地区内安全预期和经济收益两种公共产品供给的影响。

从东亚安全的现实来看，中国在经济领域的迅速发展产生的影响是双重的，甚至是矛盾的：中国的经济崛起给地区内国家带来了巨大的经济收益，起到了维持地区稳定的积极作用；与此同时，地区内国家对中国实力与意图的担心以及美国势力的介入可能引发的竞争又可能影响到未来的地区稳定。为了缓解这种困境，中国必须使这些国家"感到中国的经济增长给本地区带来的不是威胁而是机遇"。① 显然，降低地区内国家对中国经济增长的恐惧仅仅依靠经济手段是不够的，在带动地区内各国参与中国发展、分享中国发展机遇的同时，中国也需要在政治和军事上采取更加积极的措施，使地区内国家（至少是部分国家）在安全上减少对美国的需要、增加对中国的信任和依赖。

① 唐世平、张蕴岭：《中国的地区战略》，《世界经济与政治》2004 年第 6 期，第 9 页。

东北亚多边安全机制：进展与出路

王俊生*

中国学界纷纷讨论东北亚多边安全机制建设问题，其始于第二次朝核危机爆发和六方会谈举行，"朝核问题带来的直接副产品就是东北亚安全机制问题的升温"。[①] 目前来看，国内研究集中于对建立东北亚多边安全机制可行性与构建路径的分析，[②] 绝大多数研究聚焦于以六方会谈为基础构建东北亚多边安全机制。[③] 总体来看，学界对建立东北亚多边安全机制的必要性有共识，但对于构建的路径存在分歧。多数学者认为应以六方会谈为基础，但也有极少数学者认为，"作为一个问题机制而存在的六方会谈，不仅受限于朝鲜半岛局势的发展，还深深受限于中美关系的发展和中日之间的结构性矛盾，所以这种路径并不现实"。[④] 多数

* 王俊生，中国社会科学院亚太与全球战略研究院副研究员。本文原载于《世界经济与政治》2012 年第 12 期。在收录本集刊时做了修改。

① 王高峰：《东北亚安全合作的困难与前景分析》，《亚非纵横》2006 年第 1 期，第 14 页。

② 典型的如张春《演进式理性设计与东北亚安全机制的创设》，《世界经济与政治》2009 年第 7 期，第 16～23 页。

③ 有代表性的如林立民等《东北亚安全机制：现实与前景》，《现代国际关系》2004 年第 4 期，第 43～53 页；魏玲：《东北亚多边安全机制建设——以朝核问题六方会谈为例》，《外交评论》2006 年第 2 期，第 44～50 页；蔡建：《六方会谈与东北亚安全合作机制》，《东北亚论坛》2008 年第 11 期，第 9～14 页；任晓：《六方会谈与东北亚多边安全机制的可能性》，《国际问题研究》2005 年第 1 期，第 38～41 页；邵峰：《朝核问题的发展前景与东北亚安全机制建设》，《世界经济与政治》2007 年第 9 期，第 12～13 页；夏立平：《朝鲜半岛的和平统一进程与东北亚安全机制》，《国际观察》2002 年第 5 期，第 1～6 页；朱锋：《六方会谈的制度建设与东北亚多边安全机制》，《现代国际关系》2007 年第 3 期，第 1～8 页。

④ 蔡建：《六方会谈与东北亚安全合作机制》，《东北亚论坛》2008 年第 11 期，第 9 页。

学者对于构建东北亚多边安全机制的前景持乐观态度，认为目前东北亚建立多边安全机制是可行的，"朝美双方能够坐下来对话，那么离最终形成多边'机制'也就不远了"。① 已有研究对于困难与现实可行的路径缺乏深入思考，更缺乏从多边安全机制构建的规律出发，在严谨理论支撑背景下进行扎实的实证研究。本文在考察东北亚多边安全机制发展现状的基础上，以国家利益为视角，从收益与风险两个层面详细分析与论证东北亚多边安全机制构建目前所存在的结构性问题以及下一步的选择。

一　核心问题与研究路径

多边安全机制从一般的意义上讲，"可以充当限制成员冲突、恢复和平的渠道，可以树立严格的行为模式作为尺度帮助参与者确定合作方式、同时辨别其他参与者的欺诈行为；可以通过增强有关行为体行为的相互渗透来降低对欺诈的恐惧；也可以通过组织制裁来削弱参与者背信弃义的动机；还可以通过建立信任降低成本"。② 也就是说，在平常时期，多边安全机制一旦构建，就能通过建立信任措施、防御性外交等手段促进日常的国际协调，潜在冲突将被控制在最低程度。一旦冲突爆发，借助各国共同建构的原则与具体机制平台，特别是机制建构的共同体身份对当事国的施压以及当事国单独行事的巨大风险性，有利于冲突以最低成本和平解决。

正由于多边安全机制的上述意义与东北亚安全形势的现实严峻性和极大的潜在破坏性，地区内各国对于多边安全机制的讨论从来没有间断过，有关国家政府更是积极倡导并做了很大努力。韩国是最早倡导建立东北亚多边安全合作机制的国家。出于缓解半岛紧张局势、保持与周边大国接触并平衡其影响的主要目的，从 1989 年 10 月韩国总统卢泰愚在第 45 届联合国大会发言中提出建立"东北亚和平结构"起，韩国开始酝酿建立东北亚多边安全机制的构想。1998 年金大中

---

① 季志业：《东北亚安全机制：现实与前景》，《现代国际关系》2004 年第 4 期，第 43 页；戚保良：《东北亚安全机制：现实与前景》，《现代国际关系》2004 年第 4 期，第 44 页；李云龙：《关于建立东北亚安全机制的几个问题》，《新远见》2009 年第 3 期，第 80～81 页。

② 王杰主编《国际机制论》，新华出版社，2000，第 215 页；龚克瑜：《如何构建朝鲜半岛和平机制》，《现代国际关系》2006 年第 2 期，第 14 页。

总统上台伊始即提出了与"四方会谈"并行的"六方协商"构想，受到各方瞩目。卢武铉政府提出的"和平与繁荣政策"中，推动建立地区多边合作机制是重要内容；在朝核六方会谈的参与国中，韩国官方最先公开表示了将六方会谈长期机制化的意向。[1] 韩国政府积极姿态的背后也有强大的民意支持。最新的韩国民意调查显示，有高达80%以上的韩国学者与普通民众赞同建立东北亚地区多边安全机制。[2]

冷战结束后，美国在继续加强双边同盟体系的同时，逐渐认识到单凭自身力量及双边同盟已很难在东北亚安全问题尤其是朝核问题上大有作为，开始对东北亚多边安全机制给予关注。1993年7月，时任克林顿政府负责东亚和太平洋事务的助理国务卿温斯顿·洛德（Winston Lord）多次公开表示，东北亚需要类似于在东南亚建立的安全论坛。2004年年底，时任美国国家安全事务助理康多莉扎·赖斯（Condoleezza Rice）明确向中国政府提议：提升围绕解决朝核问题而开展的"六方会谈"，使其成为磋商东北亚安全保障问题的永久性框架。[3] 2005年9月，美国常务副国务卿罗伯特·佐利克（Robert B. Zoellick）也指出，美国有意将目前的"六方会谈"机制作为建立东北亚多边安全框架的出发点，该框架将组建模仿东南亚的相关组织。[4] 2008年美国大选期间作为奥巴马"智囊团"的美国布鲁金斯学会（Brookings Institution）发表的长篇报告中提出，美国应将六方会谈机制发展为同亚洲大国进行安全合作的机制。[5]

为了减轻周边国家的不信任与不安感，摆脱过分依赖美国并逐步实现与美对等的需要，冷战后日本对在东北亚地区建立多边安全机制也持积极态度。1994年，日本防卫问题恳谈会发表《日本的安全保障力量与防卫力量》报告，明确提出要

---

① 石源华：《"六方会谈"机制化：东北亚安全合作的努力方向》，《国际观察》2005年第2期，第19页。
② 李正男：《韩国对中国在东北亚安全领域角色的认知》，《现代国际关系》2011年第11期，第57页。
③ Melissa G. Curley and Nicholas Thomas, eds. , *Advancing East Asia Regionalism*, New York: Routledge Press, 2007, pp. 92 – 93.
④ Glenn Kessler, "Zoellick Details Discussions with China on Future of the Korean Peninsula," *Washington Post*, September 7, 2005.
⑤ "A Plan for Action: A New Era of International Cooperation for a Changed World: 2009, 2010, and Beyond," Report-Paper of the Brookings Institution Foreign Policy, November 21, 2008, http://www. brookings. edu/research/reports/2008/11/11 – action-plan-mgi.

在东北亚开展"以美国为中心的多边合作"。① 1996 年 7 月，在东盟地区论坛吉隆坡外长会议上，日本提出要把非官方的中、美、日、俄、韩五国"东北亚安全会议"变为政府层次的安全论坛。1997 年 4 月，日本自民党正式提出以朝鲜半岛为中心，由美国、中国、日本三国定期首脑会晤构筑东北亚多边安全机制。② 1998 年 1 月，日本提出应在东北亚建立日、美、中、俄四国安全对话框架。2002 年 9 月，日本首相小泉纯一郎访问朝鲜时提出，定期举行朝鲜、日本、中国、俄罗斯、美国和韩国参加的"六国安全会议"，以解决核武、核导弹的军事问题。

早在 1986 年，苏联领导人戈尔巴乔夫就曾提出建立东北亚多边合作安全机制的构想。冷战结束后，建立东北亚或亚太多边安全体系成为俄罗斯东亚政策的一贯方针。1992 年俄罗斯总统叶利钦访韩时，提出召开由中、美、俄、日、韩、朝六国参加的"东北亚多边磋商会议"，以作为建立东北亚集体安全机制的第一步；普京就任俄罗斯总统以来，积极参与"六方会谈"与东北亚安全事务，俄罗斯由全球战略上的安全政策向与本国直接相关的东北亚"多边安全合作"上转移。③ 俄罗斯希望以此介入东北亚安全事务，保持东北亚的和平与稳定，以恢复经济，重振在世界上的大国地位。④

中国把东北亚区域高层次国际合作设定为战略目标。⑤ 以 1996 年提出"新安全观"为基础，中国积极倡导在东北亚安全问题上通过合作实现多边安全。1997 年以后，中国先后六次参加旨在解决朝核问题的朝、韩、中、美四方会谈机制，并不断派遣代表团参加东盟地区论坛。特别是 2003 年以来，中国投入大量的外交资源促成了"三方会谈"及多轮"六方会谈"的召开。

朝鲜对于在东北亚地区建立多边安全机制曾长期持否定态度，主要担心这样的机制可能给其国内政治带来压力。但 1994 年 9 月，朝鲜开始探讨参加东盟地区论坛的可能性，特别是以 2000 年 7 月加入东盟地区论坛为标志以及对六方会

---

① 袁洁：《冷战后日本外交政策研究》，青岛大学硕士学位论文，2006，第 2 页。
② 巴殿君、满海峰：《论东北亚安全机制的建立》，《辽东学院学报（社会科学版）》2006 年第 4 期，第 103 页。
③ 巴殿君、满海峰：《论东北亚安全机制的建立》，《辽东学院学报（社会科学版）》2006 年第 4 期，第 102 页。
④ 侯红育：《建立东北亚安全机制的必要性与可行性》，《当代世界》2006 年第 4 期，第 28 页。
⑤ 金强一：《东北亚合作问题研究的新视野：重组区域政治结构》，《延边大学学报（社会科学版）》2007 年第 3 期，第 8 页。

谈的态度，表明它对地区多边安全合作的立场发生了很大变化。尽管朝鲜认为核心安全保障需要和美国双边解决，但也越来越感到通过多边框架维护自身安全的重要性。而蒙古在冷战结束后不久就极力支持东北亚地区安全保障机制的建立，并表示愿意参加进去。①

　　综上所述，尽管各国对如何建立东北亚多边安全机制的看法尚有一定差距，但在政府层面都注意到多边安全机制对本国安全的积极意义。2007 年 2 月东北亚和平与安全机制工作组的成立表明在政府层面建立地区安全机制的努力正式被提上日程。许多学者很早也呼吁，"为了减少种种不确定因素，确保地区和平，在东北亚地区建立安全合作机制具有尤为重要的意义"。②"要从根本上解决该地区的和平与安全问题，就要努力建立东北亚安全与合作机制。"③ 但时至今日，东北亚仍没有建立起合适的多边安全机制。④

　　本文要讨论的问题是，为什么普遍认识到多边安全机制对于该地区各国的利益以及地区整体利益如此重要，政府层面也已着手努力，但却毫无进展？是由于已有的多边安排——比如东盟地区论坛（ARF）、东盟 + 中日韩（"10 + 3"）等——已能充分解决东北亚存在的安全问题，还是存在构建该地区多边安全机制的结构性制约因素？构建东北亚安全机制难道是一个难以实现的"伪命题"？下一步可操作的路径在哪里？按照主流国际关系理论，"追求国家利益、实现国家利益是任何国家外交的出发点和落脚点，是外交的目的"，⑤ 也是各国在东北亚多边安全机制的取向与构建上的根本动力。"东北亚多边安全机制应该是各方利益博弈与协调的产物。"⑥ 本文试图通过国家利益的视角来回答上述问题。在具体框架上，本文首先回顾与总结有关东北亚的多边机制，其次从安全、经济、

---

① 张利军：《析冷战后日蒙关系的重新定位及其走向》，《国际政治研究》1996 年第 3 期，第 37 页。

② 李正男：《韩国对中国在东北亚安全领域角色的认知》，《现代国际关系》2011 年第 11 期，第 53 页。

③ 张东宁：《东北亚区域安全架构：从合作到制度》，《东北师范大学学报（哲社版）》，2007 年第 2 期，第 53 页。

④ 关于东北亚地区所讨论与期待建立的多边安全机制类型，本文的第三部分"东北亚多边安全机制及其形成条件"将会详细分析。

⑤ 楚树龙：《国际关系基本原理》，清华大学出版社，2002，第 34 页。

⑥ 李开盛：《东北亚安全机制建构过程中的美国因素》，《世界经济与政治》2007 年第 9 期，第 10 页。

国内政治与社会的角度分析该地区各国的利益诉求，指出现有多边安排并不能解决东北亚存在的安全问题，并指出多边安全机制构筑的两种路径：构建正式多边安全机制与聚焦于议题而非机制的专门安排。然后从多边安全机制的概念出发界定地区各国所讨论的东北亚多边安全机制类型及其形成条件。以此为基础，分析东北亚地区为什么迄今仍没有形成讨论中的多边安全机制，并详细分析上述两种路径对于东北亚地区整体安全利益以及相关国家安全利益的增进与风险。通过分析，笔者认为目前在该地区建立正式多边安全机制既不现实，对于客观增进各国利益也意义不大，应从聚焦于机制建设转向聚焦于具体议题的专门安排上。

二　东北亚地区多边机制回顾与各国的利益诉求

从涉及东北亚地区主要国家的多边机制来看，主要有亚太经济合作组织（APEC）、东亚峰会（EAS）、东盟地区论坛、"10＋3"等（参见图1）。

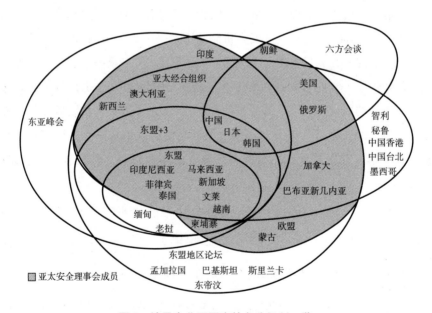

图1　涉及东北亚国家的多边机制一览

资料来源：笔者整理制作。

　　其他还有三个半官方安全机制：一是 1993 年成立的亚太安全合作理事会（CSCAP），是以亚太地区十个国家有关研究所为中心创立的，其下设的"北太平洋工作组"致力于推动东北亚安全对话机制和朝鲜半岛稳定框架的建设；二是始于 1993 年、由美国加利福尼亚大学附属的全球冲突与合作研究所发起的，中、美、日、俄、朝、韩六方官员和学者共同参加的东北亚合作对话会（NEACD），致力于建立信任措施，尤其在海事、核不扩散、危机预防、透明化等方面；三是由英国国际战略研究所（IISS）发起、在新加坡政府支持下于 2002 年开始举办的香格里拉对话（SLD），旨在适应"9·11"事件后亚太地区安全形势和安全议程的新变化以及第二轨道外交的新发展与防务外交的兴起和转型，这也是亚太地区目前唯一能将各国防务部门高官聚集在一起讨论防务问题和区域安全合作问题的机制。

　　上述机制在不同程度上都推动了该地区各国的多边合作，但是对于解决东北亚的安全问题不是"太大"就是"太小"。亚太经合组织、东亚峰会、① 东盟地区论坛、"10＋3"等官方机制不仅不能专门解决安全议题，在区域范围上也过于宽泛，几乎涉及整个亚太地区。半官方的香格里拉对话涵盖的区域也过于宽泛。导致这些机制针对东北亚安全议题的讨论多是泛泛而谈，有针对性的少；道义呼吁的多，切实落实的少。非官方的亚太安全合作理事会与东北亚合作对话会由于主要面对研究机构与个体，后发动力不足，影响渐微，甚至沦为资料交换与学术研讨的清谈馆，在层次与影响方面相对于东北亚面临的安全问题又"太小"。有学者甚至用"领导无力型、议题不专型和代表性不强型"三大类型对其进行了总结。②

　　对于广受关注的六方会谈，很多中国学者认为，如何将其与东北亚多边安全合作相联系，是一个值得东北亚各国政府和学者认真考虑的重大问题。③"六方会谈作为一个东北亚主要国家间的政府对话机制，最有可能发展成为东

---

① 郑永年指出：可以以东亚峰会为基础建立一个亚洲的安全体系，但他也仅仅是为了论述在亚洲建立集体安全体系建设中纳入中美以及其他亚洲国家的重要性，对于可能遇到的困难与建设路径都没有涉及。详见郑永年《亚洲的安全困境与亚洲集体安全体系建设》，《和平与发展》2011 年第 5 期，第 1～5 页。
② 徐进：《东亚多边安全合作机制：问题与构想》，《当代亚太》2011 年第 4 期，第 93～97 页。
③ 赵跃钦、谢剑南：《浅议朝核问题与东北亚多边安全合作机制》，《国际关系学院学报》2006 年第 6 期，第 15 页。

北亚安全机制。"① 有中国学者甚至还规划了六方会谈机制化后工作的路线图。②
但是，笔者认为，如能成功解决朝核问题，那么六方会谈在构筑东北亚安全机
制的过程中可能会发挥更大作用。③ 但在其主要目标都前途未卜甚至相当悲观
的背景下，再让其承载其他更困难的目标，显然并不现实。这正如戴维·兰普
顿（David M. Lampton）指出的那样，如果六方会谈能够成功解决朝核问题，那
么它就有望发展成一个更加正式的多边安全论坛。如果朝核问题得不到解决，
这种演变就不可能实现。④ 在六方会谈就朝核问题的和平解决取得实质性进展之
前，以此为基础建立东北亚多边安全机制是不可能的。⑤ 即使成功解决了朝核问
题，届时不仅需要对六方会谈进行制度化建设，而且也需要在安全合作的内容
上不断扩展，"这些是否是六方会谈机制所能承载的，从目前来看是值得怀疑
的"。⑥

从各国的主要利益诉求来看（参见表1），该地区各国在安全利益上普遍关
注地区稳定、朝鲜半岛无核化，各国间普遍存在领土纠纷、历史问题及信任赤
字。在经济利益层面，各国普遍关注经济增长及寻求稳定的能源供应或者能源出
口。在国内社会与政治层面，各国普遍存在一定的民族主义以及与日本存在历史
问题。民族主义与历史问题反过来进一步固化了相关国家在安全领域存在的问
题。这些共同点又可以分为两个层面，安全与国内层面普遍属于各国共同面临的
亟待解决的问题，经济层面则属于各国在目前收益的基础上有望继续获利的共同
利益层面。相应地，在构筑东北亚多边安全机制上也就有两个路径：一是从共同
面临的安全问题切入，迎难而上；二是避开共同面临的问题，从能增进各国共同
利益的经济层面入手。

从上述与东北亚地区有关的多边机制的回顾与各国的利益考量可见，既然各
国在安全层面均面临上述共同问题，普遍关注地区稳定，并在政府层面重视又积

---

① 何志工、安小平：《朝核六方会谈：从应对危机到东北亚安全机制》，《和平与发展》2008 年
第 3 期，第 38 页。

② 王联合：《朝核问题解决路径的三个层次选择》，《现代国际关系》2009 年第 1 期，第 24 页。

③ 梁云祥：《美国新政权与六方会谈前景探析》，《东北亚论坛》2009 年第 2 期，第 5~6 页。

④ David M. Lampton, "Paradigm Lost: The Demise of 'Weak China'," *The National Interest* 81,
2005, pp. 73 - 74.

⑤ 林利民：《东北亚安全机制：现实与前景》，《现代国际关系》2004 年第 4 期，第 51 页。

⑥ 刘雪莲：《朝核问题视角下的东北亚安全》，《东北亚论坛》2010 年第 4 期，第 19 页。

表 1 东北亚各国利益诉求

	安全利益	其他相关利益	
		经济利益	国内、社会与政治利益
中国	地区稳定/朝鲜无核化/解决与相关国家领土纠纷/管理美国对中国核心利益的侵蚀	经济发展(增长)/为经济增长提供稳定的资源保证/可持续的科学技术发展	对日本对待历史的不满/减轻贫困(提高人民生活水平)/百年耻辱促使民众格外期待中国崛起
美国	核不扩散/全球霸权/阻止东北亚爆发战争/海上航行自由/稳固的联盟/管理中国崛起	经济复苏/中国拥有美国债券的最大份额/向绿色经济发展转变/人民币汇率问题	国内社会压力/周期性四年大选造成政策延续性问题/对孤立还是接触朝鲜的争议/增加就业
朝鲜	先军政治/核武器提供安全保障/美国安全保证/停战协定改为和平协定/实现统一/与韩国海域纠纷	得到更多国际援助/取消制裁/能源供应稳定	政权安全/国家统一,但是避免韩国主导/社会发展和福利并不是政权合法性的动力与源泉
韩国	抵御朝鲜挑衅/朝鲜弃核/停战协定改为和平协定/实现统一/解决与邻国的领土纠纷/巩固与美国的联盟	和中、美、日、俄保持良好的经济关系/能源供应稳定/在东北亚引领科技创新	朝鲜"脱北者"/减轻贫富差距/完善社会福利制度/国内关于对朝强硬与和解的政策分歧
俄罗斯	东北亚稳定/朝鲜弃核/减弱美国在东北亚的影响力/解决与日本在北方四岛上的领土问题	维持世界天然气、原油、矿物质的主要出口国地位/成为经济大国/与上海合作组织保持良好关系,特别在经济层面	与美国关系的紧张/强大的能源领域寡头政治/相比于亚洲更多关注欧洲
日本	朝鲜无核化/巩固与美国同盟/解决与中国、韩国、俄罗斯的领土纠纷/减弱中国的崛起	维护科技领域世界领先/避免经济再次不景气/从福岛核泄漏中恢复/债务问题	人口老龄化/政治不稳定/美军冲绳基地/拒绝为二战行为道歉/朝鲜的人质绑架
蒙古	与韩国和朝鲜都保持畅通的沟通渠道/地区稳定/朝鲜无核化/推进东北亚无核区建设/与俄罗斯、中国、日本的战略伙伴关系	大量未开发的自然资源/寻求进一步与地区经济相融合/对俄罗斯的油汽依赖	政治不稳定/采矿业收益的分配问题

资料来源：笔者整理制作。

极呼吁构筑东北亚多边安全机制，而现有的多边机制都不适合，那么什么样的多边机制最适合该地区及各国的利益诉求？也就是说，东北亚各国讨论了十多年的多边安全机制属于什么类型？这种机制仍然没有构筑起来的根本原因是什么？下一步现实可操作的路径在哪里？这就要从学理上分析多边安全机制的概念并在此基础上指出东北亚地区所适合的多边安全机制及其形成条件。

三 东北亚多边安全机制及其形成条件

多边安全机制属于多边主义视角下在安全领域的一种国际机制，它既属于多边主义的子范畴，也属于安全合作的子范畴，又属于国际机制的子范畴。所谓多边主义"是一种在广义的行动原则基础上协调三个或者更多国家之间关系的制度形式。也就是说，这些原则是适合规定合适的行动的，它们并不考虑在任何特定事件下各方特殊的利益或者战略紧急情况"。[1] 它包括三个原则：（1）不可分割性原则；（2）非歧视性或普遍性的组织原则；（3）扩散性互惠原则，即国家与国家不追求眼前一时一事的对等收益，而相信随着时间的推移各成员都会获得大致相等的收益。[2] 所谓安全合作是指行为体为达到安全状态而进行的合作，根据其不同的合作方式一般分为个体安全、集体安全和合作安全，[3] 这里的集体安全与合作安全就是基于多边主义的一种安全合作形式，在此基础上形成的旨在实现安全而由各方达成的具有约束力的制度就是安全机制。对于国际机制，根据斯蒂芬·克拉斯纳（Stephen D. Krasner）的定义，"是国际行为者达成共识的一套原则、规范、规则和决策程序"。[4] 国际合作理论认为，"只有当最低限度的制度性结构支持合作的时候，合作的情景才会呈现"。[5] 综上可见，多边安全机制在外延上要包含三个以上国家行为体的制度形式，内涵上指有关行为体在遵守多边主义原则基础上，在安全领域为促进国际或地区合作而达成的一套规范和规则。

---

[1] 约翰·鲁杰主编《多边主义》，苏长和等译，浙江人民出版社，2003，第12页。

[2] 莉萨·马丁、贝思·西蒙斯主编《国际制度》，黄仁伟、蔡鹏鸿等译，上海人民出版社，2006，第37页。

[3] 陈峰君：《两种不同的安全概念与安全战略》，《世界经济与政治》1997年第11期，第25页。

[4] Stephen D. Krasner, ed., *International Regime*, New York: Cornell University Press, 1983, p. 2.

[5] Robert O. Keohane, *International Institutions and State Power*, Boulder: Westview Press, 1989, p. 159.

从类型学上看，国际安全机制一般被分为四种类型，即同盟（如北约）、合作安全（如东盟地区论坛）、集体安全（如国际联盟和联合国）、安全共同体（如欧盟）。① 从现有的地区多边安全机制看，大致可以分三类：第一类是以防范外部威胁为主、内部相互承担义务且可调动各国军事力量的条约机制，如北约和独联体集体安全条约组织；第二类是以解决内部不安全因素为主、相互只协调立场但不承担义务的松散型机制，如东盟；第三类是介于两者之间，以应对内部不安全因素为主并配有某种集体行动机制，如上海合作组织。② 从现阶段东北亚地区的安全态势及各国间的关系来看，所讨论建立的多边安全机制不可能是类似北约的条约组织，只能是这三者中集体行动机制化程度最低、类似于东盟的、松散的磋商与协调机制。

那么以东盟为参照物，这种机制从形式上讲，要有相对正式的组织形式与稳定的对话机制，比如有固定的秘书处与每年至少一次的对话会；要有相对恰当的规模，太大与太小都不合适，最恰当的就是涵盖该地区所有安全利益攸关国，就东北亚地区而言也就是地理意义上的中国、俄罗斯、日本、韩国、朝鲜、蒙古以及地缘战略意义上绕不开的美国；就功能而言，过于宽泛只会流于形式，应该专注于安全领域。正是在这个意义上，由于六方会谈没有涵盖蒙古，而且远远没有形成正式与稳定的对话机制，更不用谈固定的秘书处，也不是专注于普遍的地区安全问题，仅仅是为了解决朝核问题，所以还没有达到东北亚各国所讨论的多边安全机制标准。但无论在形式上、规模上还是功能上，六方会谈无疑是目前与讨论中的东北亚多边安全机制最为接近的"雏形"。这或许是国内外学界普遍以六方会谈为基础纷纷讨论建设东北亚多边安全机制的最主要原因。

事实上，中国作为六方会谈主席国，始终致力于尽快重启六方会谈不仅出于实现在半岛上三大战略目标——无核化、和平与稳定、对话解决——的考虑，也是想通过此举加强东北亚安全机制建设，旨在稳定东北亚安全局势。东北亚地区在中国周边次区域中安全环境最为严重，不仅亚太地区的几大热点问题——朝鲜半岛、钓鱼岛、两岸关系问题等，都处于这一地区，而且该地区中美日俄大国林

---

①　李云龙：《关于建立东北亚安全机制的几个问题》，《新远见》2009 年第 3 期，第 75～76 页。

②　季志业：《东北亚安全机制：现实与前景》，《现代国际关系》2004 年第 4 期，第 49 页。

立，大国博弈主要集中在这一地区。从解决手段来看，中国过去在这一地区主要从塑造经济共同利益、相互妥协、管理安全利益冲突上着手，主要短板就在于多边机制建设和多层面沟通上。从理论分析与经验事实来看，相比于其他因素，机制建设与多层面沟通对于塑造稳定的安全环境意义更为重大。① 而六方会谈重启恰恰可以有效弥补这一短板。

关于一般意义上多边安全机制形成的条件，罗伯特·杰维斯（Robert Jervis）指出要具备四条：（1）大国的意愿；（2）互信，即各行为体必须相信其他行为体也具有相互安全的观念和合作意愿；（3）各行为体都愿意维持现状，不以扩张实现安全；（4）战争和单纯追求自身安全成本过高。② 中国有学者综合多边主义、多边合作、安全机制和合作安全四要素及相关要求，指出多边安全机制的形成需要以下几个条件：（1）安全的不可分性和政治意愿；（2）政治互信与普遍组织原则；（3）适度的制度化；（4）互动密度和进程的延续性；（5）互惠性。③也有学者指出，一个成功的多边安全合作机制需要同时具备四个条件："一是以军事实力作为领导力的基础；二是初始成员不多但具有广泛代表性；三是有充分的利益代表性且有明确的规模界限；四是议题有严格限定、不轻易扩大合作领域。"④

结合上述分析，笔者认为东北亚多边安全机制的形成至少需要以下几个条件。首先，安全利益的互惠性。一方面，国际社会进入现代国际体系，特别是冷战结束进入全球化后，虽然意识形态因素仍不时影响有关国家的对外政策制定，但一般而言，侧重于安全与战略等的国家利益已经成为各国外交行为的最根本出发点。"东北亚多边安全机制能否建立起来归根结底取决于各国的国家利益考虑。"⑤ 另一方面，这种利益应该是互惠的。如果仅仅是一方或者几方获利，其他方不能从中获利，那么多边安全机制就将难以建立与运行。

---

① 王俊生：《"安全困境"的形成与缓解——以冷战后东北亚安全为例》，《教学与研究》2014 年第 11 期，第 15 ~ 25 页。
② Robert Jervis, "Security Regime," in Stephen D. Krasner, ed., *International Regimes*, Ithaca and London, Cornell University Press, 1983, pp. 176 – 178.
③ 魏玲：《东北亚多边安全机制建设——以朝核问题六方会谈为例》，《外交评论》2006 年第 2 期，第 47 页。
④ 徐进：《东亚多边安全合作机制：问题与构想》，《当代亚太》2011 年第 4 期，第 92 页。
⑤ 傅梦孜：《东北亚安全机制：现实与前景》，《现代国际关系》2004 年第 4 期，第 50 页。

其次，各成员国要有基本的互信。在东北亚地区安全的研究中，信任是被提及最多的名词之一。① 地区各国间缺乏政治互信，就难以真正实现安全利益层面上的普遍互惠性，也就无法建立起真正的多边安全机制。②

再次，有处于实际领导地位的国家。从组织学上讲，多边安全机制能否构建起来的重要因素之一在于是否拥有最先展望未来和最先传播蓝图的领导者，并有能力将这些蓝图贯彻到实际。③ 在无政府的国际社会与地区社会中，要建立一个有特定内涵外延的多边机制，就需要领导者积极组织、牵头制定规则，必要时规约相关成员的行为。

最后，也是上述学者所忽视的一点，那就是各方在多边安全机制的构建过程中要能容忍双边关系中所存在的问题。任何一对双边关系都会存在这样那样的问题，但是作为多边安全机制的首要目标是为了维护共同安全，这就需要多边安全机制的目标与双边关系中的问题之间的张力要保持在一定的限度内，否则多边安全机制就难以为继。

四　建立正式的多边安全机制？

以共同面临的问题为切入点迎难而上建立正式的多边安全机制对于解决东北亚的安全问题确实大有裨益。一方面，由于机制的平台存在，相关国家能继续将朝鲜核问题作为该地区安全的核心议题给予足够的关注，这就为最终实现朝鲜弃核提供了动力（Incentive）与平台；另一方面，由于机制的存在与各国的联合施压，各国秉持"行动对行动"的原则，将能确保朝鲜核问题的解决方案是综合性的，可以避免朝鲜的"切香肠"（Salami Tactics）策略——通过合纵连横、"借力打力"逐渐实现有核国家的目标。此外，一个得到各国共同承担义务与责任的东北亚多边安全机制通过集体安全的相互承诺，在理论上也可以提供朝鲜所需的安全保证，有效解决朝鲜的安全关切。

---

① 阎学通、周方银：《东亚安全合作》，北京大学出版社，2004，第 149～150 页。
② 魏玲：《东北亚多边安全机制建设——以朝核问题六方会谈为例》，《外交评论》2006 年第 2 期，第 49 页。
③ 王俊生：《朝核问题与中国角色：多元背景下的共同管理》，世界知识出版社，2012，第 229 页。

但是根据上述东北亚多边安全机制的形成条件,就互惠性而言,在朝鲜的行为模式没有因融入国际政治与经济体系发生根本性改变前,一个正式的多边安全机制有可能只会让朝鲜继续以"条件得不到满足就退出机制",其他各方很可能因为朝鲜的"一己关切"而牺牲共同利益,就像目前的六方会谈那样。其结果要么是各方不断承担朝鲜要价的成本(比如经济与能源的无偿援助),反而得不到朝鲜在弃核方面的实质性回报;要么多边安全机制的形式意义大于实质意义,正如目前陷入僵局的六方会谈那样。诚然,在所有参与国中朝鲜的综合实力最弱,面临的困难最大,对其他国家的实质性需求最多,但一旦多边机制启动,为了维护机制运行的基本需要,朝鲜实质上就握有一票否决权。也恰恰是由于朝鲜自身面临的问题之多,筹码最少,与其他参与方之间没有基本的互信,其他各方很难以一个声音联合对其进行惩罚,退出和威胁退出可能的多边机制在某种意义上就会成为朝鲜实现目标的另一筹码。从这个层面上看,一个正式的东北亚多边安全机制正常运行需要两个基本条件:一是朝鲜的行为方式可以预期;二是其他国家特别是大国之间存在基本的互信,以便就违反规则的惩罚措施达成基本共识。这两点在近期内显然难以实现。

同时,美国在东北亚地区双边同盟的存在与加强,使之无法在理论上实现多边机制框架内以普遍原则来处理与其他各国的关系,大机制中的小集团必然会阻碍成员集体身份的建立,妨碍这个机制朝着实质性多边和普遍合作的方向发展。[1] "构建东北亚多边安全机制显然与旧金山体系所形成的'辐辏'结构(即以美国为中心的联盟体系)相冲突。"[2] 美国拟议中的很多有关东北亚多边安全机制的方案都是在保留美日与美韩双边同盟的前提下进行的。1995年,约瑟夫·奈(Joseph S. Nye)在著名的"奈报告"(Nye Report)中明确指出美国东亚安全战略具有四大支柱——建立多边安全机制、前沿军事部署、加强双边同盟、扩展与非同盟国的安全联系。[3] 约瑟夫·奈还指出:"旨在建立信任措施的

---

① 魏玲:《东北亚多边安全机制建设——以朝核问题六方会谈为例》,《外交评论》2006年第2期,第49页。

② 倪霞韵:《美国构建东北亚安全机制的设想》,《国际资料信息》2006年第4期,第15页。

③ Joseph S. Nye, "United States Security Strategy for the East Asia-Pacific Region," Report of Center for Strategic and International Studies, Washington, D. C., February 1995.

地区安全机制只是美国双边军事同盟结构的补充，而不会替代它。"① 美国霍普金斯大学东北亚研究中心执行主任肯特·加尔德（Kent Calder）更为直接地指出，"构建中的东北亚多边安全机制应是一个混合型的安全结构，即在保持传统双边同盟的同时，构建一个能够应对挑战的新的多边合作框架"。② 这样安排的目的以及之所以成为多边安全机制的核心障碍在于美国的双边同盟主要针对中国。"我们必须保持强大的美日同盟。日本不可能独自与中国抗衡。我们美国没有日本，也不可能与中国在亚洲地区抗衡。在与中国不断增长的实力与能力相抗衡这一点上，美日有着共同的利益。"③

　　美国更青睐于双边同盟的另一主要考虑是，多边机制"可能增加美国亚洲安全政策的成本与复杂性"。④ 而双边安排使得美国——很大程度上也包括其盟友——更容易控制安全局势。⑤ 正由于此，尽管美国政府主张在东北亚地区构筑多边安全机制，但国内的反对声音一直不绝于耳。比如美国前国务卿科林·鲍威尔（Colin Powell）就公开指出在双边同盟存在的情况下，美国的根本利益并非要在东北亚建立正式的多边安全机制。此外，在美国双边同盟加强以及近些年积极推动美日韩三边安全机制的前提下，东北亚多边安全机制即使构筑，领导权也有可能严重失衡，美国通过双边同盟与三边机制来影响多边安全机制的决策。由此可见，美国"这种排他性的双边军事同盟严重制约了东北亚安全合作机制的建立和发展"。⑥

　　就领导权而言，由于该地区大国林立，彼此利益诉求差异较大，对地区领导权的争夺很可能会使得具体的安全问题成为彼此博弈的砝码，最终多边安全机制不仅不能解决地区整体与各国面临的具体问题，反而可能沦为各方尔虞我诈、争权夺利的场所，对改善地区安全环境无益。该区域内不仅日俄争夺对地区的领导

---

① Joseph S. Nye, Jr., "East Asian Security: The Case for Deep Engagement," *Foreign Affairs* 74, 1995, pp. 90 – 92.

② Francis Fukuyama, "Re-Envisioning Asia," *Foreign Affairs* 84, 2005, pp. 75 – 87. 也可参见夏立平《论美韩同盟的修复与扩展》，《美国问题研究》2008 年第 1 期，第 81 页。

③ 转引自陈舟《美国的安全战略与东亚：美国著名国际战略专家访谈录》，世界知识出版社，2002，第 59 页。

④ Richard K. Betts, "Wealth, Power and Instability: East Asia and the United States after the Cold War," *International Security* 18, 1993/1994, pp. 34 – 77.

⑤ Colin Powel, "A Strategy of Partnerships," *Foreign Affairs* 83, 2004, p. 33.

⑥ 蔡建：《六方会谈与东北亚安全合作机制》，《东北亚论坛》2007 年第 11 期，第 22 页。

权，而且"二战以后，美国视东北亚为与西欧和中东并重的一个关键地区，认为保持美国在该地区的支配地位，是实现其全球战略目标的关键"。① 由于面临一系列悬而未决的问题，特别是朝核问题与朝鲜半岛问题，东北亚地区地缘政治的变化最能牵动大国格局的变化。"后冷战时代的东北亚安全问题是国际关系中最复杂、最敏感，也是最有全球性战略意义的政治领域。"② 所以，无论是对视保持世界霸权地位为核心国家利益的美国，还是对世界第三大经济体的日本和政治与军事大国的俄罗斯来说，对于最有可能引领该地区未来走向的多边安全机制的领导权一定会尽力争夺，且短期内难分上下，具体要解决的问题反而有可能成为一只"假兔子"。

那么地区内中小国家韩国、蒙古、朝鲜能否发挥类似于东盟在东亚区域一体化中的"小马拉大车"的领导角色呢？答案是否定的。从东盟的经验来看，要承担这一角色不仅自身规模不能和大国差距太大，而且与相关大国在战略关系上要保持一定的平衡。蒙古自身规模显然太小，韩国与朝鲜在与中美的战略关系上出现严重失衡。

就多边安全机制的目标与双边矛盾的张力来看，一个稳定有效的正式多边安全机制"首先要建立在相同的风险与安全认知上，进而萌生共同解决所面临安全问题的意愿，最后通过制度性的合作实践形成稳定的解决问题机制"，③ 而东北亚地区各国在安全上不仅缺乏明确的共同目标，缺乏一个机制应有的凝聚力，反而最大的挑战存在于其内部国家之间。④ 届时内部成员之间巨大的矛盾所引发的争吵很可能会使得该机制最终走向瘫痪。"东北亚地区的主要问题在于，中国、日本、俄罗斯、美国及韩国之间分歧太大，以至于只有当这些国家都面临同一问题，且这个问题影响巨大，足以使其抛弃战略敌意并共同致力于寻找彼此都可接受的解决方案之时，它们才会共聚一堂并努力实现共同的目的"。⑤ 东北亚

① 吴心伯：《东北亚的抉择：地缘政治与地缘经济》，《国际经济评论》2001 年第 5 期，第 9 ~ 10 页。
② 杨鲁慧：《东北亚大国关系中第三方因素及地区安全共同治理》，《东北亚论坛》2012 年第 4 期，第 21 页。
③ 金淳洙、韩献栋：《非传统安全合作与东北亚安全共同体的构建：基于中日韩环境安全合作进程的评价》，《当代亚太》2010 年第 5 期，第 76、78 页。
④ 刘永涛：《东北亚地区主义语境下的中美关系》，《国际观察》2008 年第 3 期，第 46 页。
⑤ Dick K. Nanto, "East Asian Regional Architecture: New Economic and Security Arrangements and U. S. Policy," CRS-26, http://fpc. state. gov/documents/organization/142760. pdf.

地区各国近期内显然找不到这样共同面临的问题。

此外，一个东北亚正式的多边安全机制对该地区其他安全问题的解决也不利。由于朝鲜核问题处于地区安全问题的核心位置，无论从合法性的角度还是从各国首要关切的角度，一个正式的多边安全机制都必然要将搬走朝核这块大石头作为首要和核心议题。这样一来，该地区其他安全问题不仅都有可能被朝核问题所"绑架"，而且经济与社会问题也很可能继续被安全问题绑架。也就是说，正式安全机制一旦形成，如果朝核问题得不到解决，其他所关心的问题都很有可能一无进展。如表1所示，在安全层面本地区除了朝核问题外，相关国家间还面临巨大的历史问题、领土问题、互信问题；在经济、社会、政治等层面，各国之间也存在诸多问题。这些问题目前被具有易爆性与潜在巨大破坏性的朝核问题暂时夺去了"风头"，但它们对地区安全与相关国家安全的影响从长远来看一点不比朝核问题轻缓，某种程度上破坏性甚至更为严重。目前，朝核问题的解决面临结构性障碍，解决朝核问题还看不到尽头。一方面，核武器作为朝鲜"威慑超级大国美国和韩国力量的最好办法、确保其政权安全的最好办法，也是获取经济利益及荣誉的来源"。[1] 朝鲜领导层究竟有无弃核的意愿？另一方面，作为全球性霸权国与东北亚地理层面的域外国家，朝核问题几乎不触及美国核心利益，半岛局势的适度紧张某种程度上也能服务于其东北亚的其他利益，[2] 美国有无解决问题的诚意和决心？

由此可见，上述原因不仅导致东北亚多边安全机制难以构建，而且即使在近期内通过所谓理性设计构建起来，[3] 也很可能最终难以运行而走向失败。届时各国可能会认为多边安全机制的合作都无法解决该地区的安全问题，那么只能通过实力原则。也就是说，该地区安全形势有可能会由于军备竞赛等而更为恶化，这样将使得各国对于该地区安全形势的前景更为悲观。究其根源，各国对这类机制

---

① John D. Negroponte, "Annual Threat Assessment of the Director of National Intelligence for the Senate Armed Services Committee," http: //www. dn. i gov/testimonies/20060228_ testimony. htm.

② 而且冷战结束后，美国认为它在本地区所面临的挑战来自朝鲜半岛和中国。一个拥有核武器的朝鲜和作为军事大国崛起的中国都会冲击对美国有利的力量对比。美国在解决这两个问题时是相互联系的。参见艾什顿·卡特、威廉·佩里《预防性防御：一项美国新安全战略》，胡利平、杨韵琴译，上海人民出版社，2000，第103页。

③ 对于多边安全机制理性设计的路径，可参见张春《演进式理性设计与东北亚安全机制的创设》，《世界经济与政治》2009年第7期，第16～23页。

的讨论与设计主要"是为了回应朝鲜核危机等面临的安全问题而产生的，就是说它是对付'不安全'的产物。因为其原初动机的制约，这类机制很难在积极意义上获得区域安全。或者说，它是为了避免'不安全'状况，而不是为了安全"。①

五　聚焦于具体议题的建构路径

上述分析表明，对于东北亚多边安全机制建设，问题并不在于相关国家对这种合作有没有足够的理解，而在于在这一地区还没有形成能够促使这些国家实现实质性安全合作的环境。②"通常构成一个'区域'所需要的关键因素在东北亚地区极度缺乏。"③ 各国都倾向于相互牵制，东北亚各国战略指向的转换所遇到的界限，事实上证明了该地区安全国际合作遭遇到难以突破的障碍。④ 因此，议论了十多年的东北亚多边安全机制建设事实上没有实质性进展。上述分析也表明，即使目前在东北亚建立起多边安全机制，对于该地区整体安全利益与有关国家安全利益的维护也存在明显的弊端。但面对该地区近几年安全形势的进一步复杂化，又迫切需要地区各国另辟蹊径与有所作为。第一，相关国家间存在的根深蒂固的历史问题、领土问题、信任问题等继续发酵。该地区各国都正在推进经济增长与发展议程，格外需要安全稳定的环境。第二，该地区除了美国、俄罗斯、中国三个核大国外，朝鲜已成功进行过两次核试验且短期内看不到弃核的希望。第三，该地区的格局正在发生急剧演变，影响东北亚区域安全形势的主体因素增加。中国崛起，美国相对衰落与战略东移，朝鲜通过核问题把自己塑造成一颗可以左右全局的棋子，韩国通过经济成就、软实力以及加强韩美同盟等也对东北亚

---

① 郑永年：《亚洲的安全困境与亚洲集体安全体系建设》，《和平与发展》2011 年第 5 期，第 1 页。

② 金强一：《论中国的东北亚区域战略》，《延边大学学报（社会科学版）》2004 年第 2 期，第 34 页。

③ Lowell Dittmer, "The Emerging Northeast Asian Regional Order," in Samuel Kim, ed., *The International Relations of Northeast Asia*, Lanham: Rowman and Littlefield, p. 304.

④ 金强一：《东北亚合作问题研究的新视野：重组区域政治结构》，《延边大学学报（社会科学版）》2007 年第 3 期，第 6 页。

既有的国际秩序提出了挑战，① 各国因为蒙古的地缘政治价值纷纷加强了与其的关系。

区域合作与国际机制的创设具有两个重要组成部分：其一，如何认识其历史演进背景及其机遇之窗。其二，在此基础上对国际机制予以理性的设计，包括如何处理历史遗产、如何应对当前的危机、如何设计机制本身及如何使机制能有效应对未来的挑战。② 主张东北亚应建立正式的多边安全机制，包括以六方会谈为基础进行推进的论述，普遍认为朝核问题是东北亚安全机制建立的机遇之窗，"朝核问题的出现，既是东北亚安全合作机制缺失的说明，也是建立东北亚安全合作框架的一个有利时机"。③ 这种多边安全机制构筑路径主张在面对核心障碍因素时应迎难而上。上述分析表明，这种路径近期内显然行不通。

不同于以解决问题为导向建立多边安全机制的路径，还有一种以聚焦各国的共同利益为视角、以增进各国收益为切入点的多边机制构筑路径。罗伯特·基欧汉（Robert O. Keohane）指出，"促进国际机制形成的激励因素取决于共享或者共同利益的存在"。④ 本文认为目前东北亚各国应该把多边安全机制建设的视角着眼于能增进共同利益的具体议题上，而非安全机制建设本身。这和 2014 年 5 月 21 日习近平主席在亚洲相互协作和信任措施会议第四次峰会所明确提出的"共同、综合、合作、可持续"的新亚洲安全观也相契合。因为"共同、综合、合作、可持续"的安全首先要着眼于各国的共同利益，而非损人利己。通过着眼于能增进共同利益的具体议题，第一，各方都可以迅速实现收益。东北亚地区不仅是世界经济中最富活力的地区，也是"经济上互补性最强的地区"。⑤ 区域内中国的市场、俄罗斯与蒙古的能源、美国与日本的资金和技术以及朝鲜未开发

---

①　处于较弱地位的朝韩两国则由最初被动地纳入周边大国的战略轨道，转向自主参与区域国际关系体系，主动周旋于大国之间并借此获取自身的战略利益。

②　张春：《演进式理性设计与东北亚安全机制的创设》，《世界经济与政治》2009 年第 7 期，第 16 页。

③　刘昌明：《论东北亚安全合作的困境及其民族主义根源》，《山东社会科学》2008 年第 4 期，第 121 页。

④　罗伯特·基欧汉：《霸权之后：世界政治经济中的合作与纷争》，苏长和译，上海人民出版社，2001，第 96 页。

⑤　池元吉、田中景：《建设"中日韩经济合作体"的必要性及建议》，《世界经济与政治》2000 年第 10 期，第 33～37 页。

的市场与资源，决定了在该地区通过着眼于经济合作议题，有望能迅速开展对话、协商、合作，并能增进各方的共同利益。

第二，提升信任建设与培养合作的习惯。从建立多边安全机制的顺序来讲，首先要建立信任措施，然后在此基础上发展预防性外交机制，最后建立解决冲突的多边安全机制。从东北亚滞后的多边安全机制建设来看，当务之急是"建立和促进信任，进而建立信任机制的探讨"。[①] 从信任作为一种关系的维度来看，"信任既是合作的前提条件，也是成功合作的产物"。[②] 罗伯特·基欧汉也指出："新的国际机制的创设也许由旧机制所培育出来的相互信任感而得到促进。"[③] 因此，尽管存在一定的不确定性，但着眼于能共同收益的具体议题，比如经济领域内议题的合作，显然能在一定程度上增进有关国家间的信任，也能够培养多边合作的习惯。

第三，定期会面保持沟通畅通，在地区核心安全问题与双边安全问题解决前，相关方的对话仍能继续。随着世界范围内的冷战终结与国际政治的发展，东北亚地区具有地缘政治与区域经济合作双重内涵，在地缘政治因结构性障碍因素无法推进的前提下，通过地缘经济层面的合作，相关国家的对话不仅仍能继续进行，而且也会从其他层面推动地缘政治层面的合作。由于着眼于能共同收益的具体议题，各方都能从具体的合作中受益，所以各方很可能会有充分的动力进行定期会面，沟通就变得畅通起来。这样一来，大家能坐到一起，在讨论、辩论、谈判的过程中促进了各参与方对其他国家的信息、意图和信念的更多了解，减少错误认知，实现观念和偏好的逐渐趋拢，进而为塑造"我们共有"的集体身份铺路。各方在这一过程中也可以逐渐把各自的安全顾虑摆在桌面上谈，这就为双边安全问题的化解提供了一个平台，并为消解敌意带来了可能。最终就会逐渐缩小地区所有参与方的共有目标与双边关系问题间的张力。

第四，如果中国或俄罗斯同意，这种路径为通过双边向朝鲜施压提供了可

---

① 李淑云、刘振江：《信任：东北亚区域安全合作的关键因素》，《外交评论》2007 年第 1 期，第 81 页。

② 彼得·什托姆普卡：《信任：一种社会学理论》，程胜利译，中华书局，2005，第 82 页。

③ 罗伯特·基欧汉：《霸权之后：世界政治经济中的合作与纷争》，苏长和译，上海人民出版社，2001，第 96 页。

能。如上所述，由于存在诸多安全问题和各方战略考量不同，该地区在核心的安全问题朝核问题上往往难以合力而为。也就是说，多边安全机制在近期内很难给朝鲜带来实质性压力。但是，朝鲜核问题、朝鲜半岛局势等问题，又是促进地区经济合作与未来高层次安全合作必须搬走的"大石头"。聚焦于经济议题的多边合作，不仅使得朝鲜能逐渐培植信心与参与地区多边合作的习惯，而且在朝鲜更多依赖双边合作的现实背景下，多边合作中的双边合作，更有利于引导朝鲜的发展与调整。就双边而言，美国、日本、韩国缺乏对朝鲜施加实质性影响的渠道，而由于历史因素、地缘特点、经济关系以及战略因素等，中国和俄罗斯对朝鲜的影响力较大，特别是在金正恩2011年年底上台以来重视经济发展与改善民生的背景下。金正恩目前正在积极推进国内经济调整，提出"立足朝鲜、面向世界"的口号，并明确要求朝鲜各级部门不能在这个过程中轻易扣上"资本主义"的帽子。① 出于保持稳定和控制风险的考虑，朝鲜在逐渐摸索经济调整与开放的过程中，很有可能会首先向相对比较信任、关系比较友好的中俄两国开放，特别是作为传统友好邻国的第二大经济体中国。近年来，朝鲜因经济困难、能源和粮食严重短缺，进口的粮食、原油等50%以上来自中国，中国已成为朝鲜主要的物资供应国。② 在朝鲜的对外贸易中，中国市场的比重于2004～2006年间增加到39%，2007年后继续上涨，截至2009年已达到53%。在2010年3月"天安"号事件后，朝韩贸易基本停滞的情况下，中国市场的比重进一步增大。③ 这样一来，通过双边关系，中国就可以采取相应的方式，逐渐引导朝鲜走上经济调整与对外更加开放的道路。

　　第五，有利于朝鲜的经济发展与稳定。经济问题始终无法根本解决，已成为朝鲜自冷战结束至今面临的诸多问题的核心根源之一。在朝鲜面临的经济问题中，能源短缺特别是石油短缺又是其核心症结。朝鲜能源供给不足的直接表现是一次能源消费量由1991年的2192万吨标准油下降至2009年的1591万吨

---

① 这些观点源自作者于2012年10月19～24日随中国社会科学院亚太与全球战略研究院代表团访问朝鲜期间与朝鲜相关方面的交流。

② 朴光姬：《中国与朝鲜经贸关系转型中的困境及对策》，《东北亚论坛》2012年第3期，第46页。

③ 《韩报告称去年韩朝贸易仅为中朝一半 差距或继续扩大》，http：//world. huanqiu. com/roll/2011 - 03/1581971. html。

标准油。① 朝鲜是贫油国，截至 2011 年 8 月，东北亚地区油气探明可采储量5635.95 亿桶油当量，朝鲜油气储量最少，仅为 50 万桶原油。② 苏联解体前，朝鲜几乎所有的工业原料（包括发电、制造业、化肥等）都是石油，苏联能满足朝鲜对石油的所有需求。在苏联解体、俄罗斯切断对朝鲜的石油供应后，缺少外汇的朝鲜工业发展立刻陷入了极大困难，很多工业部门只得关闭，国民经济濒于崩溃。③ 由此可见，尽管朝鲜每年的石油总需求量数字很难统计，但是石油赤贫的现实表明，能源安全特别是石油供应安全是少数几个与朝鲜核心利益休戚相关、并有望吸引朝鲜积极参与的议题。正是在这一意义上，有学者指出，如果东北亚有关国家加强在能源领域的合作和地区建设，诸如石油或天然气输送管道等基础设施建设，并由此向朝鲜提供能源，促进其经济发展，则有望成为解决朝核问题的一种催化剂。④

东北亚是世界上相对独立的能源单元，存在一个较为完整的"资源—市场""能源生产—消费""充足的资金、技术、劳动力供应—流通"的区域能源体系。⑤ 各国在能源的勘探、开发、提炼、运输和使用等各个环节各具优势，通过合作以及发展制度性机制来实现能源优势互补并获取共同利益是显而易见的。⑥该地区也是能源与地缘政治结合最紧密的地区之一，油气进口来源具有相似性，运输路线具有重叠性，同时也是近期能源需求增长最快的地区之一。⑦ 通过能源合作，不仅能带动各国的经济发展，也能服务于东北亚的地区安全。"特别是东

① 韩国统计厅《2010 年朝鲜主要指标》，http：//kosis. kr/ups3/upload/Magazine/NEW/IF/bukhan10/EBook. htm，转引自朴光姬《中国与朝鲜经贸关系转型中的困境及对策》，《东北亚论坛》2012 年第 3 期，第 51 页。
② 在可采储量中，以天然气为主，其次为原油和凝析油，三者比例分别为 61.77%、35.93% 和2.3%，主要赋存于俄罗斯东部及中国华北和东北地区。参见王春修、贾怀存《东北亚地区油气资源与勘探开发前景》，《国际石油经济》2011 年第 11 期，第 59 页。
③ 这些观点源自作者于 2012 年 10 月 19～24 日随中国社科院亚太与全球战略研究院代表团访问朝鲜期间与朝鲜相关方面的交流。
④ 倪建平：《俄罗斯能源战略与东北亚能源安全合作：地区公共产品的视角》，《黑龙江社会科学》2011 年第 1 期，第 31～32 页。
⑤ 杨旭涛、唐彦林：《国际机制理论与东北亚能源外交》，《东北亚论坛》2008 年第 5 期，第 19 页。
⑥ 倪建平：《俄罗斯能源战略与东北亚能源安全合作：地区公共产品的视角》，《黑龙江社会科学》2011 年第 1 期，第 30 页。
⑦ 王春修、贾怀存：《东北亚地区油气资源与勘探开发前景》，《国际石油经济》2011 年第 11 期，第 58 页。

北亚战略能源领域方面的合作，若能成功，存在引领该地区传统安全合作的可能性，如海洋资源、石油资源、核能源等。"① 因此在具体的议题层面，笔者认为东北亚多边机制建设目前可以聚焦于能源议题。② 事实上，鉴于朝核问题久拖不决，加之能源在东北亚安全中的地位愈益突出，"将能源问题纳入东北亚多边安全机制中也已成为美国各界的共识"。③

东北亚地区从油气资源的角度可以分为两个板块：居于北部的是俄罗斯远东地区和东西伯利亚的广大产油区，南部则是本地区的石油进口和消费大国中国、日本和韩国（参见表2）。由于该地区缺乏多边能源合作网络，甚至没有对能源事务的共同规划，使得地区内石油出口国与消费国之间即使有共同的利益，也无法很顺利地进行合作。一方面，这导致了中、日、韩互相竞争俄罗斯的石油供应，致使三国的石油供应成为零和游戏，损害了三国的经济利益；另一方面，俄罗斯作为不对称依赖的石油供应者一方尽管在石油需求国的相互竞争中能在定价等方面取得主动权，但由于缺乏稳定的制度支撑，经济高度依赖石油出口使它一直不能实现石油资源的经济利益最大化。东北亚作为当今世界上石油需求最大的地区，主要从中东而不是俄罗斯进口。中国对石油的进口依存度达到近50%，日、韩更是将近100%，④ 其中，中国从中东进口石油占总进口量的40%，韩国和日本则分别为82%和87%。作为石油储量世界第六、产量第一、出口第二的俄罗斯，⑤ 向近在咫尺的世界最大石油消费区东北亚出口的石油不到其出口量的30%。⑥ 由于东北亚地区尚未建成天然气供应网络，作为天然气储量、产量和出口量均居世界第一位的俄罗斯甚至无法向区域内其他国家输送天然气。⑦

---

① 仇发华：《西欧与东北亚地区多边安全合作的比较研究》，复旦大学博士学位论文，2006，第166~167页。

② 2001年，韩国在东北亚能源国际研讨会上首次倡导成立东北亚能源多边合作体制。参见房广顺、武耀威《东北亚能源安全形势的新发展与战略新选择》，《东南亚纵横》2008年第7期，第24页。

③ 参见倪霞韵《美国构建东北亚安全机制的设想》，《国际资料信息》，2006年第4期，第14页。

④ 杨旭涛、唐彦林：《国际机制理论与东北亚能源外交》，《东北亚论坛》2008年第5期，第20页。

⑤ 王兵银：《俄罗斯缘何关注朝鲜半岛局势》，《当代亚太》2003年第5期，第13页。

⑥ 俄罗斯能源出口量的60%都输向欧洲，向东北亚国家的能源出口不到其出口总量的30%。参见单威《俄罗斯的能源政策及其对东北亚能源安全的影响》，《经济导刊》2011年第12期，第21页。

⑦ James Brooke, "At a Cost, Siberian Pipeline to Send Oil to the Pacific," *New York Times*, January 22, 2005.

表2　东北亚地区油气剩余储量分布

单位：亿桶油当量

国家/地区	总计	所占比例（%）
俄罗斯东部	3319.77	88.81
中国东北和华北	412.27	11.03
日本	4.20	0.11
韩国	0.95	0.03
蒙古	0.78	0.02
朝鲜	0.005	0
总　　计	3737.98	100

资料来源：王春修、贾怀存：《东北亚地区油气资源与勘探开发前景》，《国际石油经济》2011年第11期，第61页。

　　由此可见，一旦在该地区构筑能源多边合作的制度平台，不仅作为石油供应国的俄罗斯能实现可持续的收益，而且石油消费国也能获得稳定的石油供应。中国、日本和韩国均面临石油进口过于依赖中东地区的战略风险，共同面临"马六甲困局"的困扰。中、日、韩在石油稳定供应的基础上，经济的进一步发展也能成为俄罗斯经济崛起的载体。俄罗斯2/3的领土在亚洲，占全俄土地面积3/5的远东和西伯利亚地处东北亚，远东经济的复苏和振兴直接关乎俄整个经济的发展。① 从表2可见，除朝鲜外，蒙古也只有少量油气发现，这两个经济发展落后的国家也正致力于经济发展，该地区能源多边合作也有望会使蒙古和朝鲜参与到地区经济的发展中，共同获益。

　　同时，如果东北亚地区能够建立石油和天然气网络，该管道经过朝鲜和韩国，也有望促使朝鲜变成区域合作的积极参与者。这其中，安全担忧可能会影响能源合作，俄罗斯的油气管道在经过朝鲜铺设到韩国与日本时也一定会考虑到安全因素。但国际合作的实践与理论认为，只要相互的相对利益可以获得保障，国与国之间就可以在某一领域进行合作，即使彼此对未来存有不确定感，即使对可能造成的危险与潜在威胁有忧虑，国与国之间也可能进行合作。② 2011年8月24日，俄罗斯总统梅德韦杰夫会见到访的朝鲜最高领导人金正日时，双方就过境朝鲜向韩国输送天

①　周茂荣：《俄罗斯与东北亚天然气合作》，《东北亚论坛》2008年第4期，第93页。
②　傅梦孜：《东北亚安全机制：现实与前景》，《现代国际关系》2004年第4期，第50页。

然气项目成立三方委员会也已明确达成一致。在朝鲜境内铺设管道意味着朝鲜将不再仅依靠打核牌争取国家利益，它也可以在经济上受益。由此可见，该地区通过能源合作，不仅能满足中、日、韩日益紧张的能源需求，而且也能带动俄、朝、蒙的经济发展，还能增加韩国对朝鲜的依赖度，有利于缓解整个地区的安全紧张局势。

聚焦于具体的能源议题而非多边安全机制本身的地区安全机制建设路径同样并非尽善尽美。第一，东北亚的核心安全议题特别是朝鲜弃核化，有可能长久不决。朝鲜在享受能源合作带来的经济利益的同时，很可能在无核化方面毫无回报，给其他各方仍然留下巨大的政治与安全问题。第二，对于可能的核扩散升级缺乏机制化的管理平台，正式多边安全机制的缺乏可能使得保持继续讨论此类议题的诱因缺失，核扩散的风险加大。

但从收益与风险的角度综合评估，既然近期内无论能否建立起正式的多边安全机制都不太可能在朝鲜弃核问题上实现突破，而且多边安全机制可能的"多对一"公开施压模式也不符合中朝传统友好关系，朝鲜因此更可能紧握"核筹码"不放，所以聚焦于具体的能源议题对于有关国家在朝鲜弃核的利益权重上并没有明显损失。对于可能的核扩散的管理，由于目前多边目标与双边关系间的巨大张力，正式的多边安全机制也没有显示出比目前存在的六方会谈具有更多的优势。反而，通过着眼于具体的能源议题，从中长期来看，不仅能满足朝鲜经济发展的核心关切，而且能培植与培养朝鲜多边合作的信心与习惯，逐渐改变朝鲜的某些行为方式，对于通过对话与外交途径最终促使朝鲜实质性弃核显然有着积极的意义。而且，聚焦于能源议题还可以实现地区整体经济的融合与共同发展，从长期来看，在这个过程中通过利益实现的互惠性、信心的构建、多边合作习惯的培养、多边共同目标与双边矛盾张力的缩小等，还能有效促进东北亚地区多边安全机制的最终建立与有效运行。因此，聚焦于具体的能源议题尽管存在以上诸多不足之处，但从收益与风险的角度看，显然收益大于风险。

六　结论

通过本文分析可见，东北亚的多边安全机制在朝核问题没有得到解决的前提下很难建立。而且即使建立，任何形式的正式多边安全机制都很有可能被朝鲜用来作为西方所谓的"勒索外交"（Blackmail Diplomacy）的工具，这在六方会谈中似乎也有印证。如果多边安全机制绕开本地区的核心安全问题朝核问题，那么它又会在本地区与世界范围内失去合法性。但是，如果正式的多边安全机制讨论朝核问题，那么这样的多边机制很可能仅仅服务于朝鲜的政权安全，对其他国家而言不具有互惠性。而且多边安全机制仅仅在相关国家双边关系保持良好的情况下才能很好地建立与开展工作，这一点在东北亚显然十分缺乏，原因包括霸权政治、历史问题、领土纠纷等。这些问题又激发了相关国家国内的民族主义，使得通过让步与适应来实现集体安全的难度增大。此外，领导权的争夺更使得东北亚多边安全机制构建过程中事实上"群龙无首"。

除了建立正式的多边安全机制悲观的前景外，本地区也存在充足的动因促使各国合作。在具有安全意义、各方能共同受益的经济议题上的合作，能逐渐给成员国带来日益增多的利益。这对于合作的合法性与动力都大有裨益，对于信任建设和培养合作的习惯以及保持沟通的畅通也都非常有帮助，显然也有利于解决棘手的安全问题。因此，本文指出对东北亚安全环境乃至长期看来多边安全机制构建最有影响也最切实可行的路径是绕开共同面临的安全问题，聚焦于能明显增进各方共同利益的具体议题，特别是与经济有关的非传统安全领域。本文认为，能源议题是目前较为合适的一个选择。同时，各方在合作初期的目标也不要定得过高。

本文也指出朝鲜国内的战略考虑与战略变化是东北亚安全改善的重要因素，而影响朝鲜国内发生变化的现实路径是中国、俄罗斯、蒙古等和朝鲜关系密切的国家通过双边途径对其进行影响与引导。这样的安排也有风险，比如，朝鲜很可能一边享受能源和经济收益，另一方面在无核化方面却无所作为，甚至有可能继续进行核试验与导弹试验。但是综合来看，这种安排的收益显然大于风险。

未来中国东亚安全政策的"四轮"架构设想

徐　进[*]

2013 年 10 月 24 日，中国国家主席习近平在周边外交工作座谈会上指出，我国周边外交的战略目标就是服从和服务于实现"两个一百年"奋斗目标、实现中华民族伟大复兴，全面发展同周边国家的关系，巩固睦邻友好，深化互利合作，维护和用好我国发展的重要战略机遇期，维护国家主权、安全、发展利益，努力使周边同我国政治关系更加友好、经济纽带更加牢固、安全合作更加深化、人文联系更加紧密。[①] 但如何深化安全合作，值得我们深思和研讨。在中国快速崛起和美国实施亚太再平衡战略的情况下，中国的东亚安全政策如何调整，架构如何设计，这是本文的主要任务。

为了缓解中国面临的安全压力和崛起困境，本文尝试提出一个东亚安全合作的"四轮"架构，其中，中国打造亚太战略支点国家和中美亚太事务磋商构成两个前轮（同时也是驱动轮），中国积极参与东盟主导的安全合作机制和六方会谈构成两个后轮（同时也是被动轮）。这一"四轮"架构可以覆盖整个东亚地区，既有双边合作也有多边合作，既涵盖了中国的大国政策也包括了对中小国家政策，既有一定的制度约束力也保持了自身的灵活性。

本文主体分为四部分。第一部分简要叙述东亚现行安全态势与安全架构；第

* 徐进，中国社会科学院世界经济与政治研究所副研究员。本文原载于《当代亚太》2014 年第 1 期，收入本集刊时做了修改。

① 《习近平在周边外交工作座谈会上发表重要讲话》，《人民日报》2013 年 10 月 25 日，第 1 版。

二部分梳理学界和政策分析界对东亚安全合作架构和机制的研究；第三部分分析中国东亚安全政策面临的问题；第四部分探讨本文提出的"四轮"架构及其前景。

一 东亚现行安全态势与安全架构

近年来，东亚的权力政治格局和中国面临的安全形势发生了明显变化。中国的快速崛起使东亚权力政治格局有走向两极化的趋势，而美国重返亚太并实施再平衡战略使该地区形成了"经济靠中国、安全靠美国"的二元格局。这一格局的存在对中国的东亚安全合作政策是不利的。首先，它导致区域大国和重要行为体更多地把地区制度作为战略性工具来使用，使地区制度安排成为服务于权力竞争的手段。① 其次，它使中国面对较大的安全压力。中国自改革开放以来一直实行韬光养晦和不结盟的外交政策，它使部分邻国对崛起的中国产生重重疑虑，并更愿意倒向美国寻求安全保护。这样一来，东亚地区就形成了中国孤身面对美国及其亚太盟国的局面。

另外，中国曾经寄予较高期望的东亚多边安全合作机制亦问题重重，原地踏步，基本沦为"清谈馆"。② 按照组织者的领导力、成员的数量/代表性、议题的针对性三个指标，东亚的多边安全合作机制大致可归为领导无力型、议题不专型和代表性不强型三大类。所谓领导无力，是指该机制由小国主导，大国作为参与者但不提供领导作用。这一类型又可分为两个亚型：一是"无力落实"型的东盟地区论坛和东盟防长扩大会议；二是"议而不决"型的六方会谈。"议题不专"是指在一个机制内讨论政治、经济、安全（包括非传统安全）等多种议题，但不排除以某一议题为主。亚太经合组织和东亚峰会属于这一类型。这一类型的机制最容易达成原则性共识。由于议题领域不受限，于是总可以在一些无关紧要的问题上达到一些无须落实的原则共识。"代表性不强"是指该安全合作机制缺少关键一方特别是关键大国的参与。"胎死腹中"的美日澳印四国同盟和"若隐

---

① 周方银：《中国崛起、东亚格局变迁与东亚秩序的发展方向》，《当代亚太》2012 年第 5 期，第 4 页。

② 徐进：《东亚多边安全合作机制：问题与构想》，《当代亚太》2011 年第 4 期，第 91～106 页。

若现"的美日韩三边安全合作都属于这一类型。这类安全机制具有"自我娱乐"的性质。由没有重大安全利益冲突的国家组成安全合作机制，一起讨论与非成员国安全利益冲突问题，于是总能就无法落实的共识达成一致看法。①

一个成功的地区多边安全合作机制需要同时具备以下四个条件：一是初始成员较少，这样可以减少利益不一致性，以便相对容易达成合作协议；二是议题严格限定在安全领域，以免议题的"泛化"使机制失去发展方向；三是有充分的利益代表性且有明确的地理范围；四是区域内军事大国联合提供军事保障实力。东亚现有的多边安全合作机制均不同时具备上述四个条件，因此失效甚至失败难以避免。②

上述情况意味着，如果中国继续沿用以往的东亚安全政策，那我们只能主要依靠对内制衡、即增强自身的军事实力的办法来应对外部安全压力，而这又会继续加大美、日等国的疑惧，加深已经存在的崛起困境，形成恶性循环。③ 因此，寻找一个新的综合安全合作架构势在必行。

二 国内学界对东亚安全合作问题的探讨

自 20 世纪 90 年代中期中国积极参加东亚多边安全合作机制以来，中国学者对东亚安全合作的兴趣日益浓厚。本文梳理了 1998 年以来国内学者关于东亚安全合作方面的近 50 篇研究论文，总体而言，这些研究成果可以划分为两大类型：安全合作模式类与安全合作方法类。当然，这仅仅是从研究的侧重点上来划分的，这两大类在内容上往往是相互交叉的。④ 总的来说，国内学者在这一问题领

---

① 徐进：《东亚多边安全合作机制：问题与构想》，《当代亚太》2011 年第 4 期，第 92~97 页。

② 徐进：《东亚多边安全合作机制：问题与构想》，《当代亚太》2011 年第 4 期，第 101 页。

③ 关于崛起困境，参见孙学峰《中国崛起困境：理论思考与战略选择》，社会科学文献出版社，2011，第 2 章。

④ 目前国内已经有学者对东亚安全合作做了文献综述，如陈寒溪和孙学峰曾在 2008 年撰文将世界各国学者关于东亚安全合作的研究内容划分为"霸权秩序与合作""均势秩序与合作""地区安全共同体"三种类型，并得出结论称："本文的比较和分析发现，大部分学者的观点都与其理论依据之间存在一定的矛盾之处，其政策主张的合理性是可疑的，现实可行性也不是很明显。由此看来，观察东亚安全的学者们需要更为谨慎的理论和经验研究，他们之间的争论也可能在一段时间内继续下去。"不过这篇论文所选择的文献多为国外学者的研究成果，而鲜有中国学者的声音和观点。参见陈寒溪、孙学峰《东亚安全合作的现实与前景——观点的分歧及其分析》，《世界经济与政治》2008 年第 3 期，第 49 页。

域的基本共识是当前东亚安全合作的方式存在诸多缺陷,需要改造和超越,但在如何改造和超越方面观点各异。许多研究仅限于定性的阐释,既无实际案例,也无数据支撑,不能给读者提供有说服力的论据,因此往往有空谈之感。

(一) 对安全合作模式的争论

陈寒溪将东亚多边安全合作机制分为四类:多边同盟、大国协调、合作安全和集体安全。[①] 他从现实主义视角出发,分析了亚太地区建立多边同盟的困难以及建立大国协调和集体安全条件的不足,在此基础之上提出合作安全是唯一可行的亚太多边合作机制,并实事求是地分析了合作安全的局限性。朱宁将东亚安全分为三种模式:联盟安全、合作安全和协治安全,他在批判美国联盟安全体系和东盟合作安全的不足的基础上提出了"协治安全"的概念,并从"协作"和"治理"两个维度对这一概念进行了论述和充实。[②] 李志斐认为,在安全体簇生的东亚地区,并存着美国主导的东亚联盟体系式安全合作、东盟地区主义式安全合作和中国倡行的多边协治式安全合作。[③] 王帆则直接将东亚安全合作分为新旧两种模式,后者以联盟为主要形式,前者则以东盟地区论坛和东北亚合作安全实践为先导。[④] 陈寒溪的"安全合作"的缺陷主要在于两点:一是以东盟地区论坛(ARF)作为安全合作的现实例子,但并没有对 ARF 的改革进行系统的论述;二是逻辑问题,既然合作安全有着如此巨大的局限性,且目前在改革问题上止步不前,它又何以会成为建立有效的亚太多边安全机制的基础呢? 又何以能够机制化并转化为集体安全呢? 毕竟,由于合作安全局限性的存在,合作安全的前景是不确定的。朱宁论文的重点在于他提出了"协治安全"这个新概念,但是作者对这个新概念阐释的力度、广度和深度是远远不够的。作者只是对"协治安全"做了一句话的概括,然后就以概念阐释概念的方式对协治安全的两个维度进行了解释,但是,"协治安全"的历史渊源和现实依据是什么?"协治安全"的能力

---

① 陈寒溪:《多边主义与亚太安全合作》,《世界经济与政治》2008 年第 2 期,第 33 页。

② 朱宁:《东亚安全合作的三种模式——联盟安全、合作安全及协治安全的比较分析》,《世界经济与政治》2006 年第 9 期,第 52 ~ 57 页。

③ 李志斐:《东亚安全:合作模式与结构》,《当代亚太》2010 年第 6 期,第 104 页。

④ 王帆:《东亚安全模式:共存、并行还是置换》,《世界经济与政治》2005 年第 11 期,第 16 页。

界限在哪里？"协治安全"具体化为外交政策、表象化为外交行为又是什么？对这些问题作者并没有给予回答。

李志斐的论文从现实角度对朱宁的理想化观点进行了隐形的批判。李志斐使用了"协治安全"这一概念，但并不对其抱有太大的热情和期望，她基于东亚权力—安全结构的研究得出的结论是："这三种安全合作模式的共存仍将是地区安全结构的主要内容，复合型的安全结构态势将长期存在。"[①] 不过，她并未指出这种长期存在的复合型安全结构对中国的利弊，以及中国在这种结构下是否还有积极作为的空间。

（二）对安全合作目标的争论

目前国内学者在这方面的研究数量众多，不同学者有着不同的研究立场和表述方式，总体上可以分为理想派和现实派。在理想派学者中，段霞和羌建新认为，东亚区域共同安全局面的生成是一个艰难的利益认同、复杂的社会学习和制度化过程，可以以条件相对成熟的东盟次区域联合为核心建立制度性约束，其他行为体之间通过对话—协商—建立信任—形成条约等步骤，多层次、分三个阶段加入到共同体之中。[②] 杨鲁慧和郭延军认为，安全共同体正作为一种安全合作新模式被逐步纳入东北亚各国的视野，它能有效地弥补霸权稳定架构的缺陷，并在东北亚安全战略中发挥重要的作用和影响。[③] 王帆认为，以东盟地区论坛和东北亚合作安全实践为先导的新安全模式探索呈现旺盛的生命力和发展前景，建立和发展安全与信任措施是亚太地区安全合作的关键。[④] 李开盛和颜琳则认为，目前维护东亚安全的主要路径选择应该是建立相关安全机制而非共同体，只有通过这种机制缓解甚至消除东亚国家内部互视为主要威胁的情况，东亚安全共同体的建立才有可能。[⑤]

与这类以安全共同体为研究方向的理想派相比，现实派多强调多边安全合作

[①] 李志斐：《东亚安全：合作模式与结构》，《当代亚太》2010 年第 6 期，第 121 页。

[②] 段霞、羌建新：《东亚安全共同体路径探讨》，《现代国际关系》2007 年第 6 期，第 7 页。

[③] 杨鲁慧、郭延军：《从"霸权稳定论"到"安全共同体"——东北亚安全合作架构新走向》，《世界经济与政治》2005 年第 4 期，第 55 页。

[④] 王帆：《东亚安全模式：共存、并行还是置换》，《世界经济与政治》2005 年第 11 期，第 16～21 页。

[⑤] 李开盛、颜琳：《建构东亚安全共同体的可能性分析》，《国际论坛》2009 年第 2 期，第 7 页。

机制的实现条件和具体议题。比如,笔者曾指出,一个成功的多边安全合作机制需要同时具备四个条件:一是以军事实力作为领导力的基础;二是初始成员不多但具有广泛代表性;三是有充分的利益代表性且有明确的规模界限;四是议题有严格限定,不轻易扩大合作领域。而"中美俄 + 东盟"安全合作机制可能是最符合这四个条件的构想。① 此外,王俊生也认为东北亚各国应转变观念,从聚焦于机制建设的各种争论中切实转向聚焦于具体议题的专门安排上,他还特别强调能源议题具有重要的价值。②

这类研究最大的共识在于现存的安全合作方式是不足的,有必要对其进行改革和超越,但对于具体方法则各有见解。理想派学者倾向于以东亚安全共同体为东亚安全合作的目标和方向,如段霞和羌建新就认为东盟安全共同体是东亚安全共同体的胚胎,"孕育着东亚安全共同体的合作原则、组织模式和机制依托",通过三个阶段的发展将国家身份社会化,并将国家行为约束制度化,进而建立东亚安全共同体。③ 李开盛和颜琳着力分析了建构东亚安全共同体的可能性,并得出安全机制建设是安全共同体建立的前提条件。杨鲁慧和郭延军则通过对比"霸权稳定"和"安全共同体"的优劣,自然而然地推导出以"安全共同体"替代"美国霸权稳定"的优越性。但作者同时也指出,"'安全共同体'的建设不可能一蹴而就,相反会是一个艰难曲折的过程",安全合作是通向"安全共同体"的桥梁。④ 而现实派学者,如笔者,则主张抛弃现有机制,以大国协调为基础来重塑东亚安全合作框架。⑤

不过,上述研究普遍都存在理想化的倾向。如王帆认为,孔子的中庸思想能对亚洲共同体意识的形成产生巨大的引导作用。⑥ 作者的这种观点只是理论上的假设,既缺少实证方法也无清晰的逻辑链条。另一方面,这类研究往往忽视地区

---

① 徐进:《东亚多边安全合作机制:问题与构想》,《当代亚太》2011 年第 4 期,第 92 页。
② 王俊生:《东北亚多边安全机制:进展与出路》,《世界经济与政治》2012 年第 12 期,第 53~75 页。
③ 段霞、羌建新:《东亚安全共同体路径探讨》,《现代国际关系》2007 年第 6 期,第 8 页。
④ 杨鲁慧、郭延军:《从"霸权稳定论"到"安全共同体"——东北亚安全合作架构新走向》,《世界经济与政治》2005 年第 4 期,第 60 页。
⑤ 徐进:《东亚多边安全合作机制:问题与构想》,《当代亚太》2011 年第 4 期,第 91 页。
⑥ 王帆:《东亚安全模式:共存、并行还是置换》,《世界经济与政治》2005 年第 11 期,第 19 页。

安全合作中大国合作/协调这一变量的重要性，如段霞和羌建新将东亚安全共同体的建构寄托在东盟的主动性上，而没有考量政治军事大国的地位与作用。此外，这类研究多回避机制化的具体内容/要素，因此常给读者一种空泛之感。如，笔者曾经提出的以"中美俄＋东盟"机制来代替现有的安全合作机制的主张是一个从理论出发的制度设想，要想落实是非常困难的。

三　中国东亚安全政策面临的问题

自 1978 年改革开放以来，中国一直实行韬光养晦和不结盟的外交政策。30年来，韬光养晦政策为中国的和平发展创造了一个较好的国际环境。但是，这一政策目前遇到的最大问题是它无法解释在中国保持韬晦的情况下部分周边国家对其的疑惧为何会上升。如果说这一疑惧源自中国的快速崛起，那么按理来说中国应采取比以前更加韬晦的政策，比如在海洋争端中作出更大的让步或保持更大的克制，在经济合作中让出更多的利益，但显然这些是中国做不到的，或者说无法完全满足对方的要求。中国也可以为区域内国家提供安全保障，以缓解它们的疑惧，但由于中国坚持不结盟政策，提供安全保障也是不现实的。与此同时，美国实行重返亚太和再平衡政策，恰恰可以满足亚太区域内不少中小国家寻求安全保护的客观需求，双方的一拍即合使美国的亚太同盟有日益深化和扩大之势，使该区域形成中国以一国之力面对美国及其亚太盟友安全压力的局面。[1]

20 世纪 90 年代中期之后，中国积极参与构建由东盟主导的各类东亚多边安全合作机制。这一政策在当时曾经起到增信释疑的作用，取得了一定的效果。[2]但自 21 世纪以来，东亚多边安全合作机制逐渐陷入种种困境，要么濒于失效，要么无果而终，要么沦为"清谈馆"。笔者在以前的一篇文章中曾指出，这是由于东盟缺乏足够的领导力，而区域内军事大国又未能合作承担起领导责任，以致各个机制都缺乏权威性，从而丧失行动能力。[3] 解决这一问题的办法有两个：一是改革原有机制，二是创建新的安全合作机制。但笔者认为，这两种方式都存在

---

① 孙学峰：《东亚准无政府体系与中国的东亚安全政策》，《外交评论》2011 年第 6 期，第 38 页。
② 姜宅九：《中国地区多边安全合作的动因》，《国际政治科学》2006 年第 1 期，第 1～27 页。
③ 徐进：《东亚多边安全合作机制：问题与构想》，《当代亚太》2011 年第 4 期，第 91 页。

难以克服的困难。

改革原有机制的最大困难在于是否坚持东盟的中心性。坚持东盟的中心性就是坚持以"东盟方式"（ASEAN Way）来发展多边安全合作机制。所谓"东盟方式"，就是强调成员国通过对话协商、耐心渐进、实用主义和协商一致的方式来开展合作，不使用武力处理成员国之间的冲突和地区争端，不干涉成员国的内政，协商一致地处理内部和地区问题等原则。① 目前，东盟地区论坛和东盟防长扩大会议（又称东盟"10＋8"防长会议）是典型的以东盟方式开展合作的多边安全合作机制，而它们最大的问题就是无力落实重要决议和共识。以东盟地区论坛为例。该机制在 1995 年确定了"三步走"的发展方向：第一阶段是建立信任措施，第二阶段是开展预防性外交，第三阶段是冲突管理。② 东盟地区论坛在建立信任措施方面取得了较大的成绩，共开发并实施了 51 个建立信任措施项目。③然而，此后东盟地区论坛长期处在建立信任措施阶段止步不前，向预防性外交阶段的过渡遥遥无期，因为论坛的成员国无法就预防性外交问题达成一致意见，而东盟方式又要求在所有成员国一致同意后才能实现阶段之间的过渡。④ 另外，东盟地区论坛对任何地区安全问题都仅限于讨论，而不采取应对措施。比如，1998年印度和巴基斯坦进行核试验后，论坛的主席声明只对南亚的核试验表示严重关切和遗憾。⑤ 又如，2001 年中美发生撞机事件后，论坛未对此事件采取任何外交行动。

可以想见，以维护东盟的中心性为前提，坚持通过东盟方式来改革东盟地区

---

① 苏浩：《从哑铃到橄榄——亚太合作安全模式研究》，世界知识出版社，2003，第 466 页。

② 这一战略体现在《东盟地区论坛概念文件》中，参见 http：//www. aseanregionalforum. org/
PublicLibrary/Termsof References and Concept Papers/tabid/89/Default. aspx。

③ 关于信任措施项目的名录，参见 http：//www. aseansec. org/ARF/cbmdb. pdf；关于论坛每年在信任建立措施方面的会议，参见 http：//www. aseanregionalforum. org/PublicLibrary/
ARFActivities/ListofARFTrackIActivitiesBySubject/tabid/94/Default. aspx。

④ 1996 年以后，新加坡、泰国和菲律宾等东盟国家极力推动论坛向预防性外交方向发展。美国、日本、澳大利亚和加拿大等西方国家呼吁论坛绕过关于预防性外交定义、范围、对象等理论性问题的探讨，立即着手建立地区冲突预防机制。但中国、缅甸、越南和印度等国家反对这一做法，认为论坛的重点仍应放在深化建立信任措施方面，同时积极对涉及预防性外交的理论问题进行探讨，使论坛循序渐进地向前发展。因此，论坛在向预防性外交过渡方面陷入了两难境地。

⑤ Chairman's Statement of the Fifth Meeting of ASEAN Regional Forum, Manila, http：//aseanregionalforum. asean. org/library/arf-chairmans-statements-and-reports/150. html。

论坛或东盟防长扩大会议的后果，只能是在现有机制的基础上进行小修小补，主要是在非敏感领域开发一些低层次的务实合作，诸如防灾演习、救灾合作、海上救援等等。这样做的确能使大多数国家感到"舒适"，但这种状况对缓解中国面临的安全压力只能起到很小的辅助作用。

创建新机制是指以大国协调机制代替以东盟为中心的机制，其最大困难在于区域内大国能否达成共识并愿意竭诚合作。笔者曾经提出，一个成功的多边安全合作机制需要同时具备四个条件（详见前文）。在综合考虑这四个条件后，东亚地区可以有以下几种替代性的多边安全合作机制构想："中美俄三方协调""美日东盟三方协调""中美日俄东盟五方协调""中美俄东盟四方协调""中美俄 +东盟协调"。其中，"中美俄 + 东盟"安全合作机制可能是最符合这四个条件的构想。[①] 但这些设计都需要大国真正携手合作才有可能实现，而在今后一段时期，中、美、俄三国恐怕很难有这样的合作意愿。

另外，也有学者提议可以尝试中美俄、中美日、中美印等多种小多边对话；在每一种小多边对话中，都既要纳入中美，又要避免要求第三个大国在中美之间选边；并认为小多边对话既可以减少中美之间的战略互疑，又可以缩小亚洲大国之间可能产生的重大裂痕。[②] 这种设想可能比现有的多成员的多边安全合作机制稍微有效一些，但小多边对话能在多大程度上减轻中国的安全压力值得商榷或探讨。而且，第三大国真正能保持中立的大概只有印度（勉强算亚太国家），其他大国要么站在中国一边，要么站在美国一边。也就是说，多数小多边对话最终会演化为中国与美国的对话。至于中美印对话对中国有何意义，特别是中国能在多大程度上借力印度，似乎还很难看清楚。

当然，中国可以通过对内制衡，即通过增强本国军事实力的办法来"抗压"。对大国来说，增强军力当然是最方便、主动性最强的办法，但这一政策对中国来说利弊参半。有利的一面是，增强军事实力可以快速而直接地应对外在压力。军事实力是大国综合国力的要素之一，而中国的崛起是一种要素不平衡的崛

---

① 徐进：《东亚多边安全合作机制：问题与构想》，《当代亚太》2011 年第 4 期，第 101、104 ~ 106 页。

② 祁怀高、石源华：《中国的周边安全挑战与大周边外交战略》，《世界经济与政治》2013 年第 6 期，第 31 页。

起。① 中国的经济实力提升远快于军事实力的提升，而问题在于，高质量的崛起应当是各要素平衡式崛起，因此，增强军事实力有利于中国实现综合国力诸要素的平衡，有利于中国加速崛起，有利于中国抗衡外在压力。不利的一面是，体系大国以及周边一些国家对于中国增强军事实力十分敏感，中国军事实力增长得越快，它们对中国施加的安全压力就越大，中国面临的崛起困境就越严重。综合来说，如果中国军事实力增加 1 个单位，而外在压力增加不到 1 个单位，那么中国对内制衡是有效的；如果两者相等，那么对内制衡无效，但亦无损失；如果压力增长大于 1 个单位，那么对内制衡就失大于得。另外，中国仍然是一个发展任务很艰巨的国家，长期急速增加军费开支会对经济和社会建设产生"挤出"效应，苏联的前车之鉴不能忘记。

四 中国东亚政策的"四轮"架构设计

以上分析表明，中国的东亚政策存在"多边不力、单边有弊、双边缺失"的问题。对于中国这样一个崛起国来说，主要依靠一种政策来缓解崛起困境是不可能的，而是需要将单边、双边和多边政策有机地组合起来，综合应对体系压力。如果把中国的东亚政策比作一辆汽车，那么这辆汽车的四个轮子就应当是东亚政策的四个分支，其中两个前轮或驱动轮分别是中国打造战略支点国家和中美亚太事务磋商，两个后轮或被动轮分别是六方会谈和东盟主导的各类机制。两个前轮侧重于双边安全合作，并覆盖整个东亚地区；两个后轮侧重于多边安全合作，分别针对东北亚和东南亚地区。

(一) 两个前轮或驱动轮

将打造战略支点国家和中美亚太事务磋商作为"四轮"架构中的前轮或驱动轮，是指这两种政策在缓解中国在东亚面临的崛起困境、打破二元格局方面起主要作用和推动作用。打造战略支点国家是指中国与某些国家在政治、安全和军事等方面形成紧密的合作关系，在重大地区安全问题和涉及双方核心利益的问题上鼎力相互支持。在特定条件下，不排除中国向某些国家提供安全保障。在中国

---

① 阎学通：《中国崛起的实力地位》，《国际政治科学》2005 年第 2 期，第 1~25 页。

所有的邻国中，俄罗斯和巴基斯坦是中国现实的战略支点国家，但在东亚地区，中国还没有现实的战略支点国家。那么哪些东亚国家可以成为中国的打造对象呢？原则上说，潜在的战略支点国家是指那些与中国没有领土纠纷、关系良好、对中国安全利益有重要价值并且也面临外在安全压力的国家。环顾东亚，这样的国家可以包括缅甸、老挝和柬埔寨，这三国都面临美国的战略压力。虽然印尼未面临美国的直接战略压力，泰国是美国的亚太盟友之一，但这两国满足战略支点国家的其他条件，可以成为中国的准战略支点国家。准战略支点国家虽无法与中国形成紧密的安全和军事合作关系，但可以在中美之间保持平衡，甚至利用自身的影响力带动一些地区国家同样采取善意中立政策。

缅、老、柬、泰四国是中南半岛国家，且缅、老两国是中国的邻国。从地缘战略角度来看，这四国对中国的国家安全具有重要的价值。如果中国能与缅、老、柬三国分别建立双边安全合作机制，并让泰国保持善意中立，这将有利于稳固中国南部的安全态势，并使中国的影响力伸展到中南半岛大部地区。这四国具备成为中国的战略支点或准战略支点国家的客观条件。多年以来，在缅甸军政府遭受国际制裁之时，中国几乎是其唯一的政治和经济伙伴，向其提供了大量援助，并坚定地支持缅甸军政府的恢复宪政进程。而在缅甸中央政府与少数民族反政府武装发生冲突时，中国既坚决支持缅甸的国家统一，又积极参与斡旋进程，赢得了双方的信任与尊重。中国与老挝同为社会主义国家，政治制度相似，双边关系良好。柬埔寨一直是中国的忠实朋友，双方一直在事关对方重要国家利益的问题上相互支持。中泰建有全面战略伙伴关系，两国关系被称为"中泰一家亲"。在《中泰关系发展远景规划》中，双方对防务和安全合作的规划是：加强两军交流与互访，深入开展两国国防部年度防务安全磋商，加强应对非传统安全威胁的联合军事演习和训练，扩大双方在人道主义援助、救灾和国防科技工业领域的合作。①

印尼是东南亚地区大国，是东盟隐形的领导者。高水平的中印（尼）关系有助于中国借助印尼的地区影响力来抵制美国利用某些东盟国家扰乱地区局势的做法，防止某些国家借助东盟平台来破坏中国与东盟的友好合作氛围。2013年10月2~3日，中国国家主席习近平访问印尼，两国元首一致决定，将双边关系

---

① 《中泰关系发展远景规划》，《人民日报》2013年10月13日，第3版。

提升为全面战略伙伴关系。在《中印尼全面战略伙伴关系未来规划》中，双方对政治、防务与安全领域的合作设想是：在涉及彼此核心利益与重大关切问题上继续相互支持，承诺将通过防务安全磋商等机制进一步增进互信，推动联演联训、海上安全、国防工业以及非传统安全领域的合作。①

打造战略支点国家的成效如何，还取决于中国与对象国各自的意愿与政策。就中国而言，由于其相对这些国家来说是大国，大国的意愿与政策力度对双边关系的结果来说是关键性因素。中国可能需要就如何在新时期"坚持韬光养晦、积极有所作为"以及如何继续坚持"不结盟"政策方面进一步解放思想，提出新思路，找到新办法。笔者曾经指出，中国需要在韬晦与有为之间寻找新的平衡点，要把韬晦与有为视为平行原则，而不是上位原则与下位原则。中国应当放松而非放弃不结盟政策。② 打造战略支点国家不是缔结军事同盟，中国现在以及未来一段时期无须与别国建立军事同盟关系。打造战略支点国家有助于中国开展或深化与特定国家的多层次军事与安全合作，进一步提升与它们的战略友好关系水平，达到减轻安全压力的目的。

从这些对象国的角度来看，它们可能同时面临中美两国的拉拢，而且由于地理的邻近性，这些国家更容易感受到中国崛起所带来的影响力，如何解读这种影响力（是正面的还是负面的）可能会受国内外多种因素的影响。笔者承认，这些国家是否愿意成为中国的战略支点国家具有不确定性，因为中国不可能左右它们的认知和政策。不过，正是因为具有不确定性，才需要我们明确政策方向，加大政策力度，尽力而为，而决不能无所作为。

中美亚太事务磋商对中国东亚政策的驱动意义在于它可以成为旨在防止中美两国在该地区发生对抗与冲突的消极安全合作机制。③ 中美亚太事务磋商始于2011年6月，此后形成了每年两次（上、下半年各一次）的定期磋商机制。双

---

① 《中印尼全面战略伙伴关系未来规划》，《人民日报》2013年10月4日，第3版。
② 徐进：《在韬晦与有为之间：中国在保障国际安全中的作用》，《国际安全研究》2013年第4期，第100~101页。
③ 消极安全合作是指采取不攻击他国的战略姿态以避免冲突发生的危险性，如战略武器互不瞄准对方、表达不使用武力解决冲突的意愿、相互通知大规模军事演习、制定不首先使用核武器政策、发表国防白皮书增加军事透明度，等等。消极安全合作只要参与者对共同安全利益有一般性的共识即可进行。参见阎学通《国际政治与中国》，北京大学出版社，2005，第160页。

方的磋商议题主要包括亚太总体形势及各自的亚太政策、中美在亚太的互动与合作、地区合作机制发展以及地区热点问题等。虽然双方磋商的议题比较广泛，但这一机制的目标不是促使双方就东亚安全问题进行实质性合作，而是防止中美这两个大国在具体问题上发生对抗与冲突，因此，交流看法、增信释疑和管控风险是必要的。

中美亚太事务磋商机制的运作成效与中美新型大国关系的发展呈正相关关系。2013 年 6 月 7～8 日，中国国家主席习近平在与美国总统奥巴马举行非正式会晤时指出，中美新型大国关系的内涵是不冲突、不对抗、相互尊重、合作共赢。① 有学者分析认为，这一内涵包括了低中高三个层次的目标。不冲突、不对抗是低层目标，相互尊重是中层目标，合作共赢是高层目标。② 低层目标的存在表明中美之间出现对抗与冲突的风险是存在的。由于中美的权力转移过程还要经历至少 20 年以上的时间，存在高度的不确定性，因此中国希望在中美权力转移过程中，双方既不爆发热战，也不要陷入冷战状态。新型大国关系的"新"就是指我们期待未来的中美关系能避免陷入"修昔底德陷阱"，避免再现守成国家与崛起国家以破坏性的方式实现权力转移的历史场景。③

然而，不冲突、不对抗并不意味着中美之间不存在战略竞争。权力转移过程中战略竞争是必然现象，否则就不存在国家的崛起。亚太地区正在成为世界的中心，这就意味着该地区正在成为国际矛盾最集中的地区。④ 而且，崛起国中国和守成国美国又都是亚太国家，这就意味着亚太地区是中美两国进行战略争夺的要地。能否控制亚太和主导亚太，对美国而言是能否守住世界超级大国地位的关键，对中国而言则是能否实现权力转移的关键。中美在这一地区的战略竞争将是激烈的，但为了不使竞争失控以致爆发冲突，双方都需要通过某种

---

① 《王毅在美国布鲁金斯学会就中美关系发表演讲（全文）》，http：//www.chinanews.com/gn/2013/09－21/5304030.shtml。

② 达巍：《构建中美新型大国关系的路径选择》，《世界经济与政治》2013 年第 7 期，第 59 页。

③ "修昔底德陷阱"是指一个崛起的大国必然要挑战现存大国，而现存大国也必然会回应这种威胁，这样战争变得不可避免。最先提出"修昔底德陷阱"的是哈佛大学政治学家格拉汉姆·艾利森。2012 年 8 月他在英国《金融时报》上发表文章，题目就叫"修昔底德陷阱已凸显于太平洋"，《金融时报》加注的副标题是"中国与美国就是今天的雅典和斯巴达"。参见 Graham Allison, "Thucydides's Trap Has Been Sprung in the Pacific," *Financial Times*, August 21, 2012。

④ 阎学通：《权力中心转移与国际体系转变》，《当代亚太》2012 年第 6 期，第 6 页。

机制来进行消极安全合作，以便有效地管控分歧。这就是中美亚太事务磋商的意义所在。有学者指出，中美形成比较稳定的共同知识是使消极安全合作变得稳定的前提。这个共同知识是在双方都知道对方的偏好与战略，并进行一段时间的博弈之后逐渐形成的。缺少比较稳定的共同知识，将造成中美关系比较明显的不稳定性。[1] 中美亚太事务磋商可以成为双方进行交流与博弈并构建共同知识的一个平台。

如果说不冲突、不对抗是双方的共同愿望，那么中方对于相互尊重彼此的核心利益和重大关切的愿望显然要比美方更迫切。中方希望美方在涉及中国主权和领土完整的问题上（包括涉台、涉藏、东海、南海等）尊重中方立场或保持中立，而这些问题都是一些难以解决的老问题，并且美国国内政治因素对这些问题的解决会产生负面影响。美方对于相互尊重的要求是希望中方不要破坏美国的亚太同盟体系或将美国排挤出东亚。其实就目前而言，这还只是个苗头性问题，而不是现实。自美国实施亚太再平衡战略以来，中国一直保持较大程度的克制，没有出现破坏美国亚太同盟体系的举措。不破坏美国的亚太同盟体系也就表明中国无意将美国排挤出东亚。中美亚太事务磋商同样可以在促使双方相互尊重各自的核心利益和重大关切方面发挥积极作用。中美可以利用这个平台（当然也包括其他平台，如中美战略与经济对话），以一种渐进的方式寻找双方都能接受的中间点。[2]

对于合作共赢这个高层次目标，显然不是中美亚太事务磋商的中近期目标。安全方面的合作共赢属于积极安全合作，这基本不符合中美关系当前及未来一段时间的现状。[3] 中美在亚太安全方面唯一类似于积极安全合作的是应对朝鲜半岛核问题，但双方是通过六方会谈这个多边平台进行合作的，而且双方在该问题上的基本利益和政策取向的契合度并不高，所以合作程度相对有限。总之，中美在亚太安全方面应主要致力于消极安全合作，能够实现中美新型大国关系中的中低层目标就是胜利。

---

① 周方银：《中美新型大国关系的动力、路径与前景》，《当代亚太》2013 年第 2 期，第 17 页。

② 达巍：《构建中美新型大国关系的路径选择》，《世界经济与政治》2013 年第 7 期，第 70 页。

③ 积极安全合作是指为在军事冲突发生后采取联合行动做准备，它需要以参与者具有较大的共同安全利益为基础。参见阎学通《国际政治与中国》，北京大学出版社，2005，第 161 页。

（二）两个后轮或被动轮

东亚的多边合作机制主要包括由东盟主导的安全合作机制和六方会谈，分别针对东南亚和东北亚地区。然而自 20 世纪 90 年代以来，这些机制无一取得稳定而持久的成功，问题的症结在于区域内大国没能负起领导责任、规模过大和议题分散。[①] 这类机制不可能有效地缓解中国在东亚面临的外在压力，但仍能起到一定的辅助性作用，因此本文将之视为后轮或被动轮。

如何对待处于困境中的这些由东盟主导的安全合作机制是中国东亚政策面临的一个问题。这些机制的效果虽然不佳，但对中国来说还是有一定的正面作用的，是深化中国与东盟关系的必要路径。东盟国家既是中国在崛起过程中打造东亚政治与经济新格局的关键点，也有助于在自己的南部塑造有利于己的地区环境，它还是累积和扩展中国影响力的重要平台。正在崛起的中国需要地区性机制作为地缘战略依托，以累积、发挥及正当化自己的力量和地位。对中国而言，东盟主导机制的最大价值在于它们具有一石数鸟之效，能够同时推进中国外交数个相互促进的主要目标：稳定周边、深化中国与东盟关系、推进东亚合作和一体化、扩展中国在该地区的影响力以及抵制美国的影响力。[②]

由此看来，中国暂时不可能放弃东盟中心性和抛弃这些机制而另起炉灶，更有可能的是支持和配合东盟对这些机制进行有限的改造，增加新功能或务实合作内容。2013 年 10 月 11 日，李克强总理在第八届东亚峰会上发表讲话时指出："亚太地区经济合作架构众多，建立一个符合地区实际、满足各方需要的区域安全架构势在必行。我们主张推广综合安全、共同安全、合作安全的新安全观，推动在传统安全和非传统安全领域的坦诚对话与合作，促进政治安全与经济安全的互动。"[③] 2013 年 10 月 24 日，习近平主席在周边外交工作座谈会上指出："要着力推进区域安全合作。我国同周边国家毗邻而居，开展安全合作是共同需要。要坚持互信、互利、平等、协作的新安全观，倡导全面安全、共同安全、合作安全理念，推进同周边国家的安全合作，主动参与区域和次区域安全合作，深化有关

---

① 徐进：《东亚多边安全合作机制：问题与构想》，《当代亚太》2011 年第 4 期，第 92 页。
② 郭清水：《美国战略再平衡后中国对东盟主导机制的参与：一个东南亚的视角》，未刊稿，2013 年 10 月 24 日。
③ 《李克强总理在第八届东亚峰会上的讲话》，《人民日报》2013 年 10 月 11 日，第 3 版。

合作机制，增进战略互信。"①

习主席和李总理的这两段话可以视为中国新一届领导人对由东盟主导的安全合作机制的基本态度，尽管尚不清楚李克强总理所倡议的这个新架构是什么，但从两位领导人表态要坚持新安全观这一点来看，中国仍会坚决维护东盟的主导地位，因为这既可以防止各类机制变成其他大国掌握的工具，也可以避免为"中国威胁论"提供口实。预计中国仍将积极支持建立信任措施，但反对采取预防性外交行动。至于可以为这些机制增添哪些新的合作内容，还有待与东亚国家协商，比如，有可能会增加非传统安全、抢险救灾、打击跨国犯罪等功能性领域的合作。

六方会谈是一个"无力持续"型机制，即由于没有大国承担领导责任，决议因而无法落实以致合作机制破裂。② 2003 年 8 月以来，六方会谈一共进行了六轮谈判，但既未能令朝鲜弃核，也未能使朝美关系正常化。朝鲜反而在 2006 年和 2009 年两次进行核试验，公开跨过核门槛，并于 2009 年 4 月退出六方会谈，此后会谈一直未能恢复。会谈未能重启的表面症结在于中朝一方与美韩一方在重启条件问题上意见对立。中朝主张无条件重启六方会谈，而美韩一方则要求朝鲜先行承诺不再实施破坏会谈的行动后再启动会谈，而朝鲜反对作出任何承诺。会谈无法重启的深层症结在于其后来偏离了"朝鲜弃核与朝美关系正常化齐头并进"的原则。美国坚持朝鲜先弃核，但又不承诺在其弃核后实现两国关系正常化。这使朝鲜认为美国的真实目标是实现朝鲜的政权更迭，在这种情况下，留在会谈当中就会危及自身的安全利益。

在朝鲜已经拥有核武器，以及朝鲜和美国都不愿轻易改弦易辙的情况下，中国如何对待六方会谈是一个问题。首先，美、韩、朝三方均未公开宣称六方会谈已经死亡，重返会谈的可能性是存在的。现在最大的问题是朝方和美韩两方对于重启会谈的要价不一致，中国通过劝谈促和仍有使双方缩小分歧的可能性。其次，抛弃这个由中国一手打造并努力经营的机制似乎损失不小，而且中国一时也难以找到替代性机制。这两点决定了，只要有 1% 的可能，中国就应做 100% 的

---

①　《习近平在周边外交工作座谈会上发表重要讲话》，人民网，http：//politics. people. com. cn/n/2013/1025/c1024 - 23332318. html。

②　徐进：《东亚多边安全合作机制：问题与构想》，《当代亚太》2011 年第 4 期，第 95 页。

努力。最后，如果朝鲜无弃核意愿，中国该怎么办？更现实的办法是不是将六方会谈从一个以弃核为目标的机制转型为一个以不扩散为目标的机制？朝鲜已经进行了三次核试验，但估计尚未完成核弹头小型化工作。因此，它在未来 2~4 年内仍会进行数次核试验，以最终完成核弹头小型化工作。届时朝鲜将真正拥有核威胁力，其国家安全会有基本保障。在这种情况下，朝鲜将像印度和巴基斯坦一样，暂时不再需要进行核试验。停止核试验后，朝鲜与周边国家的关系或许将会有所改善。[1] 那时，各方重启六方会谈就不会再谈弃核了，更合适的话题是防扩散。这虽然是笔者的预想，但的确不能排除这种可能性的存在。

（三）建设"四轮"架构的条件、路径与前景

从硬件条件来看，建设"四轮"架构不必另起炉灶从零开始，因为我们已经有了一定的基础——东亚多边安全合作机制和中美亚太安全事务磋商，也就是说，四个轮子中的三个已经具备了，还剩一个轮子需要"生产"。从软件条件来看，建设"四轮"架构所需的大的政策准备已经完成。2013 年 10 月召开的周边外交工作座谈会预示中国的外交政策将有一次大调整，"奋发有为"将代替"韬光养晦"成为外交政策的基本原则；"我是大国"将替代"针对大国"成为外交政策的出发点。[2]

软件条件的具备实际上是"生产"最后一个"轮子"的前提。打造战略支点国家需要中国政府以奋发有为的姿态，克服一些既有观念和政策的束缚，探索与这些国家政治与安全合作的各种路径，积多年之力，聚点滴之功，最终才会水到渠成。对于中美亚太事务磋商，我们需要将其置于建设中美新型大国关系和中美战略与经济磋商的大框架之下，使之成为两国就亚太重大事务交换信息、交流立场甚至协调政策的平台和管控亚太安全危机的机制之一。对于东盟主导的东亚多边安全合作机制，我们一方面应当继续支持东盟主导，并配合其对该机制的改革，特别是丰富机制框架下的合作内容；另一方面应当做到心中有数，坚持双边优先于多边、双边引领多边的原则，避免因强调多边合作而影响对战略支点的打

---

[1]　阎学通：《历史的惯性：未来十年的中国与世界》，中信出版社，2013，第 68 页。

[2]　"我是大国"和"针对大国"的区别在于前者将自己定义为大国，而将其他国家（美国除外）定义为中小国家，因此中外关系主要是一个大国与小国的关系；而后者是将自己定义为弱国或以示弱为前提来处理我与其他大国之间的关系。

造。对于六方会谈，中国除继续努力使其重启以外，最重要的是考虑如果朝鲜坚持不弃核，六方会谈是否可以转型？如果能顺利转型为一个磋商防止朝鲜核扩散的机制，那么六方会谈存在下去的可能性很大；如果不能转型，那么六方会谈可能真的无法重启。在这种情况下，东北亚各国能再建一个多边安全合作机制吗？想必非常困难，更有可能的情形是回到六方会谈建立前的状态，即美日韩加强协调，朝鲜保持孤立，而中国充当中间人，游走于双方之间，但不中断对朝鲜的援助。对中国来说，这种状态有点像双边与多边的中间地带，因为这里面既掺杂着多对双边关系（中朝、中美、韩朝、韩美、美朝），又掺杂着多边机制的因素（中国穿插其间、联系其中的中间人角色）。中国并非不可以接受这种无机制的状态，因为它至少可以维护中国在朝鲜半岛的两大利益之一：确保半岛不发生战争。[①]

五 结论

在亚太地区，中国崛起与美国的再平衡战略共同导致的二元结构使中国在安全事务中难以发挥作用，并容易陷入孤立和被包围状态，而且，中国与相关国家脆弱的经济关系容易受到安全关系的负面影响。本文研究的是崛起的中国应当为自己设计一个怎样的东亚安全合作架构，以达到缓解崛起困境以及外在安全压力的目标。显然，中国仅依靠对内制衡和多边安全合作机制是远远不够的。为此，本文设计了一个可以覆盖全东亚地区的"四轮"架构，两个前轮或驱动轮分别是中国打造亚太战略支点国家（侧重于积极安全合作）和中美亚太事务磋商（侧重于消极安全合作），两个后轮或被动轮是中国积极参与东盟主导的安全合作机制（针对东南亚地区）和六方会谈（针对东北亚地区）。

读者可以看出，这是一个以双边为主、多边为辅的架构，与目前中国过于倚重多边安全合作的政策有较大不同。在东亚多边安全作机制陷入重重困境之时，重返双边、以双边带动多边是合乎逻辑的选择，而且中国现在也有足够的实力做到这一点。同时，客观条件也决定了中国不可能与所有东亚国家都发展出同样高水平的国家间关系，比如，中日关系就严重受制于领土争议和历史问题，有些东

---

① 另一利益是半岛无核化。但笔者认为，确保半岛不发生战争是第一利益。

盟国家对中国提议的"中国—东盟国家睦邻友好合作条约"和海上合作倡议持谨慎和保留态度。因此，主客观条件要求我们对东亚国家采取差异化外交政策，将之区分为愿意与我国深化安全合作关系的国家、力图保持中立的国家和与我国有较大安全矛盾的国家，并分别采取不同的应对方针。对那些愿与我国深化安全合作关系的国家要尤其予以重视并加大工作力度。

新安全观与中国—东盟安全合作

张哲馨*

中国与东盟之间良好的安全合作不仅是维护东南亚地区和平稳定的重要基石，也是关系到整个亚太地缘格局演变的关键因素之一。冷战结束前，由于东盟国家对美国军事安全保护的严重依赖，以及中国自身实力较弱、安全压力"北重南轻"等原因，中国同东盟在安全领域的合作并不多。[①] 1991 年开启正式对话之后，双方在重点推进经贸联系与民间往来的同时，不断扩大政治互信，并就地区安全问题达成诸多共识，特别是中国于世纪之交提出以"互信、互利、平等、协作"为核心思想的新安全观，与当时东盟普遍持有的地区安全观相契合，为双方的安全交流与合作，乃至之后多年中国—东盟关系的全面快速发展奠定了政治基础。

然而，随着近年来东亚地区实力对比的变化，东盟的地区安全观发生重大转变，一些国家开始大力提升军备并推动建立某种旨在平衡中国影响的对抗性安全机制，中国和东盟之间出现一定程度的安全困境，双方安全合作进程不时受到各种因素的干扰和阻碍，对彼此关系的全面发展形成严重挑战。为进一步加强中国与东盟的安全合作，提升双方战略互信，为地区发展创造

---

* 张哲馨，上海国际问题研究院亚太研究中心助理研究员。文章原载于《国际展望》2014 年第 3 期（原题为《新安全观与中国和东盟的安全困境》），收录本集刊时有较大修改。

① 关于冷战期间中国—东盟安全合作进展，参见李亚男《1978：重新认识东南亚——再论 20 世纪 70 年代末中国与东盟开展安全合作的双重意义》，《北京社会科学》2014 年第 3 期，第 121~127 页。

更加和平稳定的环境，有必要对中国和东盟的地区安全观进行系统分析和比较，进而探讨以新形势下的地区安全观为指导，逐步突破双方安全困境的途径和方法。

一 新安全观共识与中国—东盟
安全合作的深入发展

建构主义理论认为，国家的安全观念产生于国家环境的文化及制度因素，再通过"塑造某一特定认同所应采取的适当行为的集体期望"而形成普遍规范。[①] 换句话说，一个国家对所处安全环境的总体看法，不仅塑造了对自身安全利益的认知，也直接塑造其国家政策。中国在世纪之交提出的新安全观与当时东盟普遍认同的安全观彼此契合，对于双方采取互容互利的外交与安全政策，推进双边关系全面发展发挥了巨大作用。

（一） 新安全观提出的背景及核心内容

两极格局结束使全球安全形势发生了重大变化。就东亚而言，由于冷战后10多年里全球安全关注重心仍在东欧、中亚和中东一带，再加上东亚地区普遍对发展经济的渴求，地区各国开始相对自主地开展各种形式的合作，积极寻求建立融合自身安全、经济发展和地区稳定三方面要求的地区安全框架。无论是成立于1994年的东盟地区论坛、1997年启动的东盟与中日韩之间的"10＋3"等政府间协商合作机制，还是1993年成立的"亚太安全合作理事会"（CSCAP）等半官方对话机制，宗旨都是尽量独立于外部势力的主导和干扰，以适合本地区的方式解决本地区的问题。

在此背景下，中国首次于1996年在第三届东盟地区论坛会议上提出建立新安全观的倡议。次年，中国又在与俄罗斯签订的联合声明中进行具体阐述，主张摒弃"冷战思维"、反对集团政治、以和平方式解决国家间争端、以对话协商推

---

① 罗纳德·杰普森、亚历山大·温特、彼得·卡赞斯坦：《规范、认同和国家安全文化》，彼得·卡赞斯坦主编《国家安全的文化：世界政治中的规范与认同》，宋伟、刘铁娃译，北京大学出版社，2009，第34～73页。

202   新安全观与新安全体系构建

進政治互信、通过双边及多边协调合作促进安全等内容。① 1997 年东南亚金融危機爆发后，东亚各国对维护地区安全特别是金融安全的认识更加深刻，从而进一步加快地区合作。2001 年发生的"9·11"事件使人们认识到，恐怖主义与极端势力等非国家行为体对各国安全造成的威胁正超越国与国之间的竞争，成为地区面临的共同安全挑战。针对这些变化，2002 年 7 月 31 日，参加东盟地区论坛外长会议的中国代表团向大会提交《中方关于新安全观的立场文件》（以下简称《立场文件》），全面阐述了中方在新形势下的安全观念和政策主张。

虽然《立场文件》仅有 2200 余字，却非常系统而具体地表达了"互信、互利、平等、协作"等核心思想。总体看，《立场文件》中提出的新安全观呼吁摒弃冷战思维和强权政治心态，主张各国超越意识形态和社会制度异同，通过对话与合作促进政治互信与经济融合，从而实现共同安全。其特点在于：一是反对倾向于权力对抗和集团政治的"冷战思维"；二是强调安全合作的政治前提和基础；三是重视经济发展对国家安全和国际安全的作用；四是强调安全合作的地区适应性与多样性。② 国外学者也注意到，相较于当时国际社会普遍认同的现实主义安全合作观，新安全观不仅强调安全利益的多样化，更强调外部安全与内部安全的互动，是对国际安全理论的重要贡献。③

（二）新安全观与当时东盟主流安全观的异同

本质上说，《立场文件》表达的新安全观同当时东盟各国的安全观是一致的，包括反对地区霸权主义、重视综合安全、强调以经济合作推进政治互信、提倡所有国家通过共同参与以和平方式解决争端等。但二者在未来目标及实现路径的设计上存在一定差异。

就根本目标而言，新安全观的实质是"超越单方面安全范畴，以互利合作寻求共同安全"，在全方位合作中逐步建立地区安全合作机制。东盟则更强调东盟自身的安全需求，主张在巩固"国家抗御力"（National Resilience）的同时提

---

① 《中俄关于世界多极化和建立国际新秩序的联合声明》，《人民日报》1997 年 4 月 24 日，第 1 版。
② 郭新宁主编《亚太地区多边安全合作研究》，时事出版社，2009，第 76～79 页。
③ David Capie and Paul Evans, *The Asia-Pacific Security Lexicon*, 2nd edition, Singapore：ISEAS, 2007, pp. 169–172.

升东盟集体的"地区抗御力"（Regional Resilience），在此基础上发展亚太安全机制。[①] 这说明东盟的安全观一直以自身为主，强调在确保自身安全的前提下促进共同安全，而中国的新安全观则是站在更高的角度，在维护地区和平稳定的基础上推动自身安全，强调安全概念的包容性、互利性与共同性。

从实现安全的途径看，东盟强调的"合作安全"寻求扩大东盟并增强内部凝聚力，同时重视军事合作的作用，以维护东盟对本地区事务的主导地位。东盟认为，在新型地区安全机制建立之前，加强东盟内部及同区域外国家的双边和多边军事合作，不仅可以促进内部团结，逐渐形成强大的"东盟力量"，也将使其在面临外部威胁时有更多的安全选项。[②] 可以说，东盟的安全观始终带有维持地区权力平衡的色彩。相较而言，中国提倡的"安全合作"更加重视对话协商等"软方式"，认为"新安全观的合作模式应是灵活多样的，包括具有较强约束力的多边安全机制、具有论坛性质的多边安全对话、旨在增进信任的双边安全磋商，以及具有学术性质的非官方安全对话等。促进经济利益的融合，也是维护安全的有效手段之一"，关键是"以和平谈判的方式解决争端，并就共同关心的安全问题进行广泛深入的合作，消除隐患，防止战争和冲突的发生"。[③]

就当时的地区局势而言，由于东盟相对于中美日等地区大国来说太过弱小，许多国家内部政治矛盾依然突出，东盟对自身未来发展缺乏信心，尤其对1997年金融危机的冲击心有余悸，故坚持一切以东盟利益为主的安全观是可以理解的。中国新安全观并不质疑东盟的这一立场，而是强调以对话增互信，以合作促安全，这与东盟的安全观不仅不矛盾，反而有助于双方共同安全观的树立。

（三）中国—东盟安全合作的快速推进

《立场文件》的发表得到了国际社会的普遍赞赏。特别是东盟各国看到中国经过多年的高速经济发展，国际地位日益提升，又在1997年金融危机中以坚定沉着的行动帮助东盟地区渡过难关，因而对中国倡导的新安全观反应热烈。无论东盟秘

---

① 陆建人：《东盟的新安全观》，《当代亚太》1999年第9期，第5~7页。

② "ASEAN Vision 2020", ASEAN Summit, 1997, http：//www. asean. org/news/item/asean- vision-2020.

③ 中华人民共和国外交部：《中国关于新安全观的立场文件》，http：//www. fmprc. gov. cn/mfa_chn/ziliao_ 611306/tytj_ 611312/t4549. shtml。

书处还是各国的官方表态，均对加强同中国的全方位合作表现出相当大的信心和期待。①

在这种积极氛围下，中国与东盟从增强政治对话入手，逐步推进安全、经贸、文化等各个领域的交流合作，双方关系几乎每隔一两年就迈上一个新台阶：2002 年 11 月，双方签署《南海各方行为宣言》，确认将通过友好协商和谈判，以和平方式解决南海争议。2003 年 10 月，双方正式确立"面向和平与繁荣的战略伙伴关系"，中国还作为第一个东南亚域外大国加入《东南亚友好合作条约》。2004 ~ 2009 年，双方先后签署了货物贸易、服务贸易和投资等三大协议，为2010 年中国—东盟自贸区的如期建成奠定了基础。至 2010 年，中国与东盟已建立了领导人会议、部长级会议、高官会晤、联合合作委员会等十多个对话协商机制，并于 2008 年向东盟派驻首任大使。

就安全合作而言，中国不仅多次参加或举办同东盟官员及专家学者之间的防务与安全对话，并通过"10 + 1"、"10 + 3"、东盟地区论坛会议等高层会晤，积极同东盟进行安全政策方面的沟通协商，还与一些东盟国家建立了防务磋商和联演联训机制，有效维护了东南亚地区的和平稳定局面。同时，双方在非传统安全方面的合作也得到快速提升。2002 年 11 月，双方领导人发表《中国与东盟关于非传统安全领域合作联合宣言》，启动了彼此在非传统安全领域的全面合作。在各国政府的共同努力下，中国与东盟国家先后签署了多项合作协议、召开各种非传统安全研讨会并逐渐展开各部门之间的事务性合作，将双方安全合作逐渐拓展到灾害救援、反恐维和、保障海上通道安全、打击跨国犯罪等诸多非传统安全议题之上。

总之，中国新安全观与东盟的安全观相互包容与支持，使双方得以通过各个领域的合作，逐渐巩固战略互信，共同维护了东南亚地区的和平稳定与繁荣发

---

① 2002 ~ 2004 年，东盟秘书处发表了一系列报告和文章，大都看好中国—东盟关系的前景。见 S. Pushpanathan, "Building an ASEAN-China Strategic Partnership," ASEAN, July 1, 2004, http: // www. asean. org/news/item/building-an-asean-china-strategic-partnership-opinion- and-editorial-by-s-pushpanathan-for-the-jakarta-post; "Appreciating, Understanding the ASEAN Concept," ASEAN, August 9, 2003, http: //www. asean. org/news/item/appreciating-understand ing-the-asean-concept-by-s-pushpanathan-for-the-jakarta-post。同时，也有东盟报告指出中国同东盟在经贸议题上可能出现竞争，见 Thitapha Wattanapruttipaisan, "ASEAN-China FTA: Advantages, Challenges and Implications for the Newer ASEAN Member Countries," ASEAN Economic Bulletin 20, 2003, pp. 31 – 48。

展。甚至有学者认为，正是由于中国提倡的新安全观与东盟主张的地区规范产生了积极互动，才通过地区行为体的身份和利益建构，推动了东亚的观念结构由强调权力与敌对竞争的霍布斯文化向强调国际法和国际规则的洛克文化演进，并开始显现出具有合作共赢特征的康德文化的萌芽。① 新安全观的贯彻落实，无疑促进了中国与东盟对地区独特性和共同命运的认识，对巩固中国—东盟关系的政治和思想基础意义重大。

二　安全观分化与中国—东盟安全困境

《立场文件》发表后近 8 年时间里，东盟各国对中国的新安全观一直持信任和支持态度，中国—东盟关系也取得持续进展。然而，大致从 2010 年下半年起，东盟对华战略疑虑不断上升，许多国家开始对自身外交及安全政策进行调整，整个东盟的对外战略也呈现出更多"平衡中国"的意味，使中国和东盟陷入一定程度的安全困境，严重影响到双方关系的全面深入发展。例如，东盟出于对中国快速发展的疑虑，试图引入域外大国势力加以平衡，而中国民众则急于得到国际社会对中国崛起的认可，故倾向于将东盟的大国平衡行为解释为"包围"甚至"遏制"中国的企图。再如，在双方经济合作中，东盟担心自己的获利份额越来越少，将日益成为中国经济的"附庸"，而中国许多人则对长期向东盟单方面让利表示怀疑，认为这无助于根本上增加东盟对中国的亲近和信赖。② 一段时期以来，东盟"经济依靠中国、安全依靠美国"的论调甚嚣尘上，正是中国与东盟之间安全困境逐渐加深的反映。

笔者认为，除一些外部因素的影响外，当前中国与东盟的安全困境主要源于双方在地区安全观上的分歧逐渐扩大，具体表现为双方对地区安全观"三要素"——地区安全面临的主要威胁、实现地区安全的基本条件及维护地区安全的方法——的认知出现明显差异。③

① 娄伟：《观念认同与地区秩序建构——兼谈中国新安全观在建构东亚秩序中的作用》，《东南亚研究》2012 年第 1 期，第 53～57 页。

② 李晨阳：《对冷战后中国与东盟关系的反思》，《外交评论》2012 年第 4 期，第 10～20 页。

③ 关于地区安全观涵盖的三个主要层面，见阎学通《中国的新安全观与安全合作构想》，《现代国际关系》1997 年第 11 期，第 28 页。

（一）地区安全面临的主要威胁

中国与东盟对地区安全威胁的主要来源曾经持有相似的观点。《立场文件》指出，当今地区安全的主要威胁已不再是国与国之间的竞争对抗，而是来自恐怖主义、跨国犯罪等非传统安全领域。就中国与东盟关系来说，由于中国"积极寻求通过和平谈判解决与邻国的争议问题……领土、领海争议已不再是中国与周边国家开展正常合作、发展睦邻关系、共筑地区安全的障碍"。此外，中方还认为，地区安全面临的威胁根本取决于国家或国家集团之间的政治关系而非实力差距。这些看法均得到当时东盟的普遍赞赏和支持。

然而，随着之后十余年中国综合实力的迅速提升，东盟对中国的整体观感开始发生变化。第一，《立场文件》发表时，中国同东盟国家在国防建设投入水平上并无太大差距。2002 年，中国国防支出约 528 亿美元，而东盟十国军费总计约 218 亿美元。仅仅十年后的 2012 年，中国军费已达 1576 亿美元，而东盟十国的国防支出则仅有 330 亿美元。[1] 如此悬殊的军费差距自然令东盟感到紧张。第二，中国与东盟在经济表现上的差距越来越大，加剧了双方在贸易和吸引投资方面的竞争和摩擦。例如，尽管中国在与东盟签订的各种贸易协议中写进多个单方面让利条款，但 2012 年中国对东盟贸易顺差仍达 85 亿美元，令东盟担心中国将很快主导地区经济命脉。第三，中国的周边政策特别是南海政策有朝强硬方向发展的趋势。一些东盟国家学者倾向于认为，中国不仅以军事实力和强硬态度谋求南海利益最大化，更试图"重新制定一套地区行事规则"，以达到"中国治下的'和谐'"。[2] 因此，无论中国如何表达以新安全观实现与地区各国合作共赢的意愿和信心，始终难以消除东盟的对华疑虑。

这种观念上的变化越来越多地体现在东盟文件、智库报告及媒体评论之中。比如，东盟秘书处于 2009 年 6 月发表的《东盟政治安全共同体蓝图》尚看好地

---

[1] 瑞典斯德哥尔摩和平研究所公布的 2012 年统计数据，见 The SIPRI Military Expenditure Database，http：//milexdata. sipri. org/。如按中国政府公布的数据，2002 年中国军费开支约 1708 亿人民币，仅相当于约 300 亿美元；2012 年中国国防预算为 6702 亿人民币，约合 1047 亿美元。文中数字均按 2011 年美元价格计算。

[2] Bhaskar Roy，"Why China Is Subject to Suspicion and Hostility，" *Chennai Centre for China Studies*，August 26，2011，http：//www. c3sindia. org/china-internal/2536.

区安全合作前景，对南海问题也坚持通过加强东盟内部协商并与其他声索国和平谈判的方式来解决，但在2013年初发布的《2013年东盟安全展望》中却加入了"南海争议已成为地区安全重大威胁"的表述，强调要"重点推动签订'南海各方行为准则'"。① 这与中国在重点落实《南海各方行为宣言》的基础上商定行为准则的立场明显不同。尽管东盟各国在正式文件及官方表态中从未明言，但无疑有越来越多的人将中国视为地区安全的潜在威胁，而非可以完全信赖和依靠的安全伙伴。

（二）实现地区安全的基本条件

对于这个问题，东盟的看法从最初就与中国不尽相同。《立场文件》指出，由于"安全的含义已演变为一个综合概念，其内容由军事和政治扩展到经济、科技、环境、文化等诸多领域"，因而要实现地区安全，既不能靠纯粹的实力优势，也不能靠国与国之间的同盟关系，只能通过推动各层面的交流合作逐步扩大各国的共同利益与相互信赖。东盟则相信，要持久维护地区安全，必须建立以东盟为主导的新型地区安全机制，在此之前需加强同盟内部团结及与区域外国家的安全合作。② 换言之，中方认为实现地区安全的基本条件是不断增强的共同利益，直至形成足够的共同体意识；东盟则认为基本条件只能是维持地区权力平衡，直至达成新的地区安全机制。

这一分歧在中国提出新安全观后的很长时间里并未对中国与东盟促进战略互信和全面合作形成很大困扰，一方面由于双方实力差距远不如今天这样大，另一方面也因为东盟相信，美国拥有超强的实力和足够的意愿为东盟提供保护，足以平衡中国的影响。然而，经过两场反恐战争和全球金融危机的冲击后，美国的经济发展前景一度非常暗淡，对东亚地区的关注也呈下降趋势。东盟国家普遍怀疑，一旦美国不愿或无力为自己提供保护，现有地区安全体系会失去阻止冲突发生的能力，一些大国可能越来越多地采取单边主义行动。东盟尤其担心日益强大

---

① ASEAN Secretariat, "ASEAN Political-Security Community Blueprint," June 2009, http://www. asean. org/archive/5187 - 18. pdf; ASEAN Secretariat, "ASEAN Security Outlook 2013", http:// www. asean. org/resources/publications/asean-publications/item/asean-security-outlook - 2013.

② "ASEAN Vision 2020", ASEAN Summit, 1997, http://www. asean. org/news/item/asean - vision - 2020.

的中国会以武力为后盾改变地区规则，如新加坡前总理李光耀断言的那样，中国"除了要在南海问题上按自己意愿解决外，还要'借宣示领海主权树立自己的国际地位'"。① 就此而言，一些国际媒体的确时常有意无意地曲解中国的官方表态，片面夸大"中国威胁"，但中国一些官员、学者乃至军方人士在公开言论上不够谨慎，也给国际社会特别是东盟国家造成了这种负面印象。②

这样，一边是中国强调的共同安全利益因南海争议不断升温、中国对外态度日益"强硬"而逐渐失去东盟国家的认同和信赖，另一边是东盟对本地区权力失衡后自身安全的担心持续上升，愈加急迫地引入外部势力来平衡中国。双方对于实现地区安全的条件的理解分歧越来越大。

（三）增进安全的途径和方法

如前所述，尽管东盟强调的"合作安全"同中国提倡的"安全合作"在道路及方式上有所区别，但双方均支持以和平方式解决争端，以经济合作推进政治互信，通过全方位合作促进所有国家的共同安全。《立场文件》还明确表示，各国应"根据公正、全面、合理、均衡的原则，在各国普遍参与的基础上，实行有效的裁军和军控……不搞军备竞赛"。假如这些原则能够继续保持下去，双方的安全政策仍将彼此包容，乃至最终殊途同归。然而，随着其战略焦虑不断上升，东盟再次回到加强单边安全的老路上。

首先，由于东盟开始将中国视为地区安全的潜在威胁，而东盟实力远不及中国，向区域外大国寻求保护和帮助便成为首选的安全途径。这又与美国着意推动的"亚太再平衡"战略相互契合，使双方迅速形成通过加强政治、安全合作一道抗衡中国的战略态势。

其次，随着菲律宾、越南等国同中国的岛礁争议不断发酵，东盟开始增强在南海问题上的内部协调，以及同美、日、澳、印等非直接相关国家的沟通商讨，一些原本持旁观态度或者主张以外交渠道解决争端的国家也逐渐倾向于推动南海

---

① 《李光耀：新加坡前总理：中国已重新定义海洋规则》，环球网，2014 年 3 月 28 日，http：// oversea. huanqiu. com/breaking-comment/2014 – 03/4937711. html。

② 根据笔者 2014 年 2 月在英国对美国前助理国务卿坎贝尔（Kurt Campbell）及一些东盟国家驻英外交官的访谈。此外，美国前国防部长盖茨在回忆录中也记录了不少类似例子，见 Robert M. Gates，*Duty：Memoirs of a Secretary at War*，New York：Alfred A. Knopf，2014，Chapter 11。

问题的国际化和法律化，试图通过约束性多边机制甚至国际仲裁来强行规范各方，这与中国新安全观对"在互信基础上""通过谈判和平解决领土、边界争端"的一贯主张形成矛盾。

最后，东盟各国除推动内部及同区域外大国的安全协商与合作外，还加快了自身军事建设特别是海军力量提升的步伐。例如，2010 年以来，越南、印度尼西亚、新加坡、泰国及菲律宾等国均优先发展海军，积极建设潜艇基地和发展训练设施，以至于许多观察者担心这种"单边防卫能力的提升"和各国间的"刺激—反应模式"将引发新一轮地区军备竞赛。[1] 这与过去地区各国对增强自我克制和逐渐裁军的共识是背离的。

综上所述，东盟的地区安全观正从过去强调地区各国普遍参与的"合作安全"向加强内部合作、引入外部力量平衡中国的单边安全方向发展。这种变化固然与美国推动"亚太再平衡"以及个别东盟国家刻意恶化局势以便从中渔利有关，但中国自身的缺失也不容忽视。正如王逸舟教授所指出的：一方面，中国至今"整体上缺乏长远的亚洲构建蓝图，缺乏统筹有效、富有亲和力的引导方式，缺乏世界大国通常具备的宽厚与整合力"，另一方面，在处理争端时"没能最佳地把握'硬'与'软'的尺度"，在加快自身国防建设的同时"却没有及时有效去除东盟国家内部的疑惑"，"没有向周边国家提供让人心悦诚服的难题安置方案"。[2]

在这种情况下，中国与东盟的安全合作一度呈放缓趋势。从高层对话看，无论在"10 + 1"、"10 + 3"、东亚峰会等领导人会晤中，还是在东盟地区论坛框架下的各种会议上，南海问题都占据着对话议程的突出位置，大有"喧宾夺主"之势，严重干扰了中国和东盟各国的安全合作进程。从学者交流角度看，由于南海问题成为主要关注，各国学者在交流中多半时间用来对本国政策进行解释并表达己方关切，而非共同就更广泛的安全议题展开探讨并提出解决思路，遑论就整个地区的安全合作架构达成新的共识了。从双方安全事务性合作看，虽然中国与

---

[1] Desmond Ball, "Asia's Naval Arms Race: Myth or Reality?" 25th ISIS Asia-Pacific Roundtable, May 30, 2011, http://www.isis.org.my/files/25APR/paper_cs_2_desmond_ball.pdf; see also Christian Bedford, "The View from the West: Asia's Race for Carriers," *Canadian Naval Review* 5, 2009, pp. 33 – 35.

[2] 王逸舟：《周边外交研究需要创新》，《国际展望》2014 年第 2 期，"卷首语"。

东盟在非传统安全领域的合作有所提升，且不断加强同老挝、柬埔寨等国的传统安全合作，但总体而言，中国与东盟的安全合作进展不多，尤其同越南、菲律宾等南海声索国之间的交流合作大为受阻。此外，始于 2010 年、计划每年按时举行的"中国—东盟防务与安全对话"也在举办两届后暂告中止，反映出彼此的猜疑和防范心理上升，形成一定程度的安全困境，使双方愈加难以达成战略安全共识。

可以说，对于中国与东盟之间安全困境的产生，从中国角度讲，是因为在综合实力迅速发展的同时尚未做好承担新的地区角色的准备，未能根据东盟对中国认知和期待的变化而及时提升新安全观的内涵以及自身践行新安全观的方式。从东盟角度讲则是因为其逐渐舍弃了原来追求所有国家参与构建共同安全的和平、自主、互利、合作的地区安全观，转而采取在中美之间"两面下注"、推动地区政治及安全议题的国际化和法律化等手段来平衡中国的地区影响，试图维持自己在地区事务中的主导地位。一些学者对此提出批评，认为不管是通过军事联盟推行"硬平衡"，还是通过多边机制实施"软平衡"，都反映出东盟对华疑虑乃至对抗性心理的不断上升，明显与其提倡的"合作安全"精神和主旨相悖。① 若不能有效去除这种对抗性心理，中国与东盟的安全困境恐将继续扩大，给双方在安全领域的有效合作，乃至彼此战略伙伴关系的未来发展带来更多困扰。

三 以"升级版"新安全观引领中国—东盟安全合作

尽管中国与东盟之间存在一定程度的安全困境，但必须看到，互利合作仍是当前中国—东盟关系的主流，双方在政治、经济、文化等方面的相互依赖关系一直有增无减，大多数东盟国家也并没有在安全问题上孤立中国的企图。事实上，由于新安全观是对东盟倡导的合作安全及各成员国协商一致的"东盟方式"的巨大支持，中国与东盟的合作曾经被寄予厚望，认为它将带动整个地区的安全合作逐渐走向制度化，并最终实现建立"地区安全共同体"的目标。② 这说明，并非新安全观对友好协商、互利共赢等基本原则的坚持不再符合当前地区的普遍心

---

① 郑先武：《中国—东盟安全合作的综合化》，《现代国际关系》2012 年第 3 期，第 47 ~ 53 页。
② 吴心伯等：《转型中的亚太地区秩序》，时事出版社，2013，第 61 页。

理，而是必须根据地区局势的不断变化，及时调整和补充新安全观的具体内容及表现形式。

2014 年 5 月 21 日，习近平总书记在亚洲相互协作与信任措施会议（亚信）第四次峰会上发表讲话，提出各国应积极倡导共同、综合、合作、可持续的亚洲安全观，努力走出一条共建、共享、共赢的亚洲安全之路。[①] 这一思想是对过去十几年来中国一直坚持践行的新安全观的一次系统"升级"，对于推动包括东盟在内的地区各国形成正确的义利观，在加强合作过程中逐步克服彼此的安全困境，进而构建出地区安全合作的新架构，具有非常重要的意义。

（一）坚持新安全观对地区安全合作的引领作用

过去几年，面对当前东亚地缘局势中出现的不利于中国和平发展的变化，一些中国学者开始质疑中国能否以及是否应该继续把新安全观当作筹划中国对外战略的思想基础。比如，阎学通教授认为，随着中国不断崛起，中国同美国的战略矛盾和相互疑虑必将持续上升，中美之间竞争面注定大于合作面。由于缺乏强有力的政治领导，东盟将进一步走向分裂，各成员国将分别寻求中国或美国的安全保护和经济保障。这一趋势是不以人们的意愿为转移的。无论中国为建立一个开放、合作的地区安全共同体付出怎样的努力，都不可能成功。因此，他建议中国放弃一直秉持的新安全观，转而通过加强自身主导的地区安全合作，同美国进行持久战略对抗，关键是摒弃原来的不结盟政策，以提供安全保障来争取地区盟友。[②]

尽管这一观点从纯粹的权力政治角度看不无道理，但过去百年的世界历史表明，一旦开始形成分别由两个大国主导的对抗性政治—军事联盟，无论在现实利益和意识形态上，还是在联盟运行方式上，都将朝着全方位对抗方向发展，局部的矛盾冲突也很可能引发整个两极结构的全面反应。可以说，对抗性安全同盟本身就是同盟战争的先导。鉴于当今各国的经济相互依赖程度以及安全利益的多样化与复杂联系，即使中国能够在未来推动形成以自己为核心的地区安全同盟，也

---

① 习近平：《积极树立亚洲安全观 共创安全合作新局面——在亚洲相互协作与信任措施会议第四次峰会上的讲话》，2014 年 5 月 21 日。

② 阎学通：《历史的惯性——未来十年的中国与世界》，中信出版社，2013。

不可能真正保障自身及同盟的核心利益，更遑论促进地区和平与稳定了。

正如习近平总书记在 2014 年 11 月末的中央外事工作会议上所说：我们"要充分估计国际矛盾和斗争的尖锐性，更要看到和平与发展的时代主题不会改变……要充分估计我国周边环境中的不确定性，更要看到亚太地区总体繁荣稳定的态势不会改变"，中国需"秉持亲诚惠容的周边外交理念，坚持与邻为善、以邻为伴，坚持睦邻、安邻、富邻，深化同周边国家的互利合作和互联互通"，"要在坚持不结盟原则的前提下广交朋友"，从而"切实抓好周边外交工作，打造周边命运共同体"。① 这表明，虽然中国当前面临的地区安全环境存在一些不利因素，但仍需坚持新安全观强调对话协商、互利合作的主旨，而非寻求同盟对抗来实现自身安全利益最大化。只有继续发挥新安全观对地区安全合作的引领作用，以更大的信心和诚意贯彻睦邻友好的外交政策，不断加强与东盟在安全及其他领域的交流合作，才有望逐渐消除东盟对中国的疑虑，使双方关系不断全面深入发展，带动整个地区继续走向和平、稳定与繁荣。

（二）积极促进"利益相系、义利相融"的地区共识

随着中国与周边国家实力差距的日益扩大，过去那种主要以经济合作带动政治、安全合作的模式越来越难以应对中国与东盟的安全困境。尽管双方经济合作有利于彼此，但东盟感到自己所占的收益份额逐渐减少，在同中国的经济交往中愈加处于弱势地位。同时，一些国家还利用当前东盟对中国的疑惧心理，不惜挑动东盟整体同中国的对立而从中渔利。这说明，必须在未来中国—东盟合作中大力弘扬正确的义利观，强调各国利益之间，以及"义"与"利"之间是密切联系、不可分割的。

习近平总书记在 2014 年中央外事工作会议上强调：要做好新形势下的周边外交工作，关键之一是"坚持正确义利观，做到义利兼顾，要讲信义、重情义、扬正义、树道义……真正做到弘义融利"。这一思想深深根植于重义轻利的中华传统政治理念。《论语·宪问》即表达了"见利思义"的要旨，意味着当看见对自己有利的事情，能多考虑一下义的方面，衡量一下自身所得是否合情合理。只有始终将义利结合起来，才能最大限度地实现各方的持久收益。

---

① 《七常委出席中央外事工作会议 习近平发表讲话》，新华社 2014 年 11 月 29 日电。

从共同利益的角度举例来说，东盟主导的"区域全面经济伙伴关系协定"（RCEP）若要如期达成，需要中国和东盟建立更大的政治互信以排除局部争议的干扰。按照东盟最初设定的时间表，谈判过程于 2013 年初启动，2015 年底前需完成所有谈判，之后进入实施阶段。该协定不仅关系到东盟能否在 2015 年顺利建成"东盟经济共同体"（AEC），还将决定东盟在未来区域合作中的地位和作用。① 就东盟而言，假如一些国家同中国在南海岛礁争议及如何对待美国"亚太再平衡"战略等政治、安全问题上的矛盾出现恶化，该协定的谈判进程必然深受影响。而对中国来说，该协定的达成有助于提高本地区的经济一体化程度，因而也将促进中国对外经济的发展。这个例子充分证明，中国与东盟之间不仅经济利益一致，双方的政治、安全利益与经济利益之间也是互为依托、相互促进的。

再从"义"和"利"之间的关系看，近年来菲律宾等国执意推动南海问题国际化和法律化，甚至不惜采取武力对抗方式继续霸占中国南海岛礁，进一步绑架了东盟的整体利益。若东盟执意追求不讲原则的"内部团结"，甚至为了获得外部势力的"安全保护"而公开采取同美国一道平衡中国的政策，则非但无益于维护自身安全和地区稳定，反而必将被迫放弃"以东盟为中心"（ASEAN Centrality）的一贯立场，在安全上形成对美国的过分依赖。② 事实上，东亚安全局势自 2012 年以来出现进一步恶化趋势，局部冲突爆发的可能性日益增加，已经使东盟更加意识到加强同中国协商合作的必要性和紧迫性，逐渐对中国"舍小利以逐大义"的观念予以积极回应，共同探索有效管控危机的途径，从而维护整个地区的最大利益。

总之，中国和东盟之间必须进一步促进"利益相系、义利相融"的共识，使各方认识到彼此利益是相互依赖、相互促进的，因而需要做到相互包容而非锱铢必较地算计；应该在彼此尊重和信任的基础上努力扩大共同利益，而非永远追求自身利益最大化，更不应为了一己之利而置整个地区利益于不顾。归根结底，只有逐渐塑造基于正确义利观之上的安全共识，方能真正克服中国与东盟的安全困境，确保双方在安全领域持续开展坦诚而富有成效的交流与合作。

---

① 许宁宁：《RCEP：东盟主导的区域全面经济伙伴关系》，中国—东盟自由贸易区网，2012 年 10 月 8 日，http：//www. cafta. org. cn/show. php？contentid＝65652。

② Benjamin Ho, "ASEAN's Centrality in A Rising Asia," RSIS Working Paper, No. 249, September 13, 2012, http：//www. rsis. edu. sg/publications/WorkingPapers/WP249. pdf.

（三）大力提升与东盟之间的安全合作

过去中国曾过分重视经济合作的作用，但需要看到，安全领域的相互疑虑很大程度上需要安全上的沟通和接触来弥合。① 2014 年 3 月对失踪的 MH370 航班的搜救过程暴露出整个地区在灾难救助、人道救援等非传统安全领域的情报与后勤合作仍然存在许多障碍和不足，各国应尽快加强合作予以弥补。有鉴于此，中央领导人自 2013 年起多次强调要把加强同东盟之间的安全合作提上日程，而"升级版"新安全观所提倡的共同安全、综合安全、合作安全及可持续安全，则为中国—东盟在安全领域的进一步合作指明了方向。

第一，双方应努力夯实彼此安全合作的制度化基础。虽然中国是首个加入《东南亚友好合作条约》的东盟对话伙伴，双方目前也有高层定期会晤以及各部门针对一些具体安全议题举行的论坛、联合行动等机制，但总体看，双方安全合作仍然缺乏有力的制度保障，极易受到各种外部因素和突发事件的干扰。② 为此，李克强总理在缅甸内比都举行的第九届东亚峰会上表示："东亚的长治久安需要有坚实的制度安排。中方正与东盟国家商讨签署'睦邻友好合作条约'，就是为双方世代和平共处提供制度框架和法律保障。"他还表达了中国积极与东盟探讨建立防务热线并加强双方防务安全合作的诚挚愿望。③ 未来，双方不仅需要在军事安全合作方面建立更加全面而稳固的制度，还需要针对各种非传统安全议题探讨制定一系列合作框架，为深化彼此的全方位安全交流与合作奠定基础。

第二，双方须加强安全政策及军事发展规划方面的交流，以增强战略互信。中国学者过去一般认为，战略互信和军事透明度互为条件，只有"积极寻求和构建互信互利、平等协作的新安全制度，才能找到安全困境的有效解决途径，也

---

① 韩献栋、金淳洙：《中国军事外交与新安全观》，《现代国际关系》2008 年第 2 期，第 47 ~ 54 页。
② 有学者将中国—东盟安全合作的制度化缺陷归纳为四点：一是对成员国的约束力较差；二是预防能力弱；三是制度过于分散而低效；四是透明度较低。见郑先武《中国—东盟安全合作的综合化》，《现代国际关系》2012 年第 3 期，第 51 页。
③ 李克强：《在第九届东亚峰会上的发言》，缅甸内比都，2014 年 11 月 13 日。

才能为解决军事透明度问题提供必要前提".① 但在其他国家看来，战略互信的基础是军事透明，而"中国在国防预算、军备结构和未来现代化计划方面均缺乏透明度"，不仅"导致地区疑虑不断增加"，"也使得其他国家倾向于夸大中国军力，并影响中国国内的舆论方向，使中国更加难以制定和执行客观合理的外交与安全政策".② 平心而论，这些看法不能说全无道理。当前，虽然中国与东盟领导人经常在各种场合表达己方良好的战略意图以及对加强彼此安全合作的乐观期待，双方也通过"东盟防长扩大会议"（ADMM-plus）、有关制定"南海行为准则"（COC）的高官会等平台进行战略沟通和协商，但总的说来，双方在军事发展战略及具体安全政策上的交流仍很缺乏，难以形成足够的战略互信。作为地区最大、发展最快的国家，中国应在交流中展现更多的宽容和开放精神，逐步消弭周边国家对中国快速发展的担忧，这反过来也有助于东盟各国以更加积极开放的心态同中国进行安全合作。

第三，双方应加快落实以"双轨思路"处理南海问题的共识。南海问题一直被视为影响中国与东盟关系、阻碍形成多边海上安全合作管理机制的最大障碍。③ 多年来中国与相关国家在南海问题上的互动表明，这一问题由于包含多个领域和议题、牵涉多方的利益，因而不可能完全根据某一方的愿望，以"胜者全得"的方式得到解决。2014 年 8 月 9 日，外交部长王毅在中国与东盟(10 + 1)外长会上提出解决南海问题的"双轨思路"，得到东盟国家的普遍赞同。11 月13 日，李克强总理在第九届东亚峰会上再次强调，有关具体争议应由直接当事国在尊重历史事实和国际法基础上，通过谈判协商和平解决；同时，南海和平稳定应由中国和东盟国家共同加以维护。此外，李克强总理还提到，中方"同意在各国海事部门间建立海上联合搜救热线平台，在外交部门间建立应对海上紧急

---

① 李义虎、赵为民：《中美军事透明度问题的新安全观思考》，《现代国际关系》2005 年第 11 期，第 50 ~ 56 页。

② Phillip C. Saunders and Michael Kiselycznyk, "How Transparent is the PLA?" *PacNet*, No. 30, June 15, 2010, Pacific Forum CSIS, http: //csis. org/files/publication/pac1030. pdf; Kenneth G. Lieberthal and Wang Jisi, "Addressing U. S. – China Strategic Distrust," Brookings Institution Report, March 2012, http: //www. brookings. edu/ ~ /media/research/files/papers/2012/3/30% 20us% 20china% 20lieberthal/0330_ china_ lieberthal. pdf.

③ 葛红亮、鞠海龙：《 "中国—东盟命运共同体"构想下南海问题的前景展望》，《东北亚论坛》2014 年第 4 期，第 30 页。

事态高官热线。各方还在探讨建立南海沿岸国之间的各种交流合作机制"。① 可以说,"双轨思路"的确立,为中国和东盟妥善处理南海争议并同时开展相关领域的务实合作打下了基础。未来,双方应不断细化有关内容,有效推进"南海行为准则"商谈及海上安全合作,增强彼此对和平解决南海问题及深化安全合作关系的信心。

第四,双方应积极构建地区多层次安全互动格局,以包容性合作促进共同安全。由于中国—东盟关系是一种由中国和东盟及其成员国构成的双边与多边关系的"混合体",双方安全合作必然会在多个层次上进行,包括中国—东盟框架下的双边、"小多边"和"大多边"合作,以及同地区其他国家和区域外国家共同参与的多边合作。② 中国与东盟及其成员国在提升彼此安全合作的同时,还必须秉持开放包容的心态,加强与其他相关国家在各种安全议题上的共同参与。这样做有两层意义:一是可以减少区域外大国由于担心"被边缘化"而采取的高调介入地区事务甚至乘间投隙而阻碍中国与东盟安全合作进程的行动;二是能够借区域外大国的信心保障及居中协调作用,在中国和东盟由于战略互信缺乏而合作不畅时保持积极的交流意愿与良好的沟通渠道,维持双方安全合作态势。可见,不应将中国—东盟安全合作与双方同其他国家之间的安全合作对立起来,而须鼓励各层次安全合作机制之间的相互包容和逐步扩展,这也符合"升级版"新安全观对加强各方合作以达到普遍、平等、包容的共同安全的战略设想。

当然,加强中国与东盟的安全合作并不意味着双方在经济、社会、文化等其他领域的交流合作不再重要。尽管安全问题经常需要通过安全方面的直接沟通来处理,但从根本上讲,战略互信和共同利益仍需通过不断扩大经济合作加以巩固,在当前中国与东盟国家的产业优势互补格局远未形成、中国快速发展的扩散效应也未充分惠及东盟地区的情况下,双方更应致力于"海上丝绸之路"建设,加快互联互通,推动地区经济一体化深入发展。只有把握好政治安全和经济发展"两个轮子一起转"的大方向,中国与东盟才能逐步重塑彼此的战略互信,塑造互利共赢的战略思维,为彼此的长远合作以及地区的持久和平与繁荣提供源源不断的动力。

---

① 李克强:《在第九届东亚峰会上的发言》,缅甸内比都,2014 年 11 月 13 日。
② 郑先武:《中国—东盟安全合作的综合化》,《现代国际关系》2012 年第 3 期,第 49 页。

四　结束语

随着当前周边形势的发展变化，作为中国多年来外交战略理念之一的新安全观也进行了系统的补充和调整。发挥"升级版"新安全观对地区合作的引领作用，不断增强中国与东盟的安全合作，不仅对新时期中国周边外交的成败关系重大，也将体现中国对未来世界的价值观和国际规则的贡献能力。若能在中国—东盟关系中不断加深各国对"共同、综合、合作、可持续"安全目标的共识，进一步推广和实践新安全观所提倡的互利合作精神，必将对维护良好的地区安全环境、促进整个地区的共同发展产生积极意义。过去中国学界对新安全观的研究多集中在其内涵和意义等观念方面，而对实现新安全观的现实途径研究较弱。这不仅是由中国学术界与政策界的长期"脱节"现象所导致的，也说明新安全观在中国外交思想中的重要地位尚未充分确立。今后，对"升级版"新安全观的研究、普及和实践工作需要得到更多的关注和支持。

安全与发展：全球网络空间
新秩序与金砖国家合作

沈　逸[*]

全球网络空间正在成为国家间纵横捭阖的新竞技场，人们对全球网络空间的日趋依赖，短期内具备技术、能力优势的行为体，以霸权国家为代表，谋求在网络空间重建支配性的优势，以及网络空间事实上所处的"无政府状态"，是导致这种竞争出现的根本原因。由此带来的结果，是安全与发展这两种需求在网络空间密切勾连，相互嵌套，使得各个国家都必须对此形成自己的认识。不同的国家，也因此对网络安全形成了自己的定义和认识。

如奥地利就认为，网络安全用于描述对关键合法资产的保护，这种保护通过宪法手段来实现，用于防范与行为者相关的、技术的、有组织的，以及自然灾害所导致的风险，这种风险威胁网络空间（包括基础设施和数据）的安全，以及网络空间的用户的安全。网络安全有助于识别对威胁进行识别、评估和跟进（研究），以及加强应对位于网络空间内或者来自网络空间的干扰的能力，以尽量减少（威胁造成的）影响以及恢复行动的能力，恢复各自的利益相关者的功能性能力，基础设施和服务的能力；捷克认为，网络安全意味着法律、组织、技术和教育手段的复合体，其目的在于确保对网络空间的保护；美国不同文件中提出了若干有关网络安全的定义，美国《2014年改善关键基础设施网络安全战略（草案）》中认为网络安全，就是通过预防、监测和对攻击作出反应来保护信息

---

　　* 沈逸，复旦大学国际关系与公共事务学院副教授，原文发表于《国际观察》2014年第4期，第145～157页，收入本集刊时有修改。

的过程，国家安全系统委员会（Committee of National Security System）2010 年 4 月 26 日在第 4009 号指令中给出的网络安全定义，就是在网络攻击（Cyber Attacks）中保护或者防御有关网络空间的使用的能力；美国国土安全部对网络安全的定义是，通过对攻击进行预防、侦测和响应来保护信息的过程。① 普通国家对防御的关切，网络安全谋求目标的有限性，与霸权国家对网络空间行动能力的渴求，以及遵循其一贯术语使用习惯，以响应、预防、感知等温和话语来表达其对攻击性能力的隐秘追求，都可以在定义中管窥。

相应的，能力相对更加有限，而且面临威胁更加直接的以金砖国家为代表的新兴国家也有自己清晰的网络安全关切：2014 年 3 月 24 日，参加海牙核安全峰会的金砖国家外长举行了会议，会后发表的联合声明中提及"共同面临的网络威胁"，并认为需要通过国内法和国际法的框架下来加以应对。② 这是金砖国家外长有关共同应对网络威胁的表态，展现了金砖国家就网络安全及更加广义的网络空间治理进行合作的态势，这一态势的逐渐清晰必将对全球网络空间治理产生深刻影响，也将使得研究金砖国家合作框架下中的相关议题成为新的研究热点。

而这些争论，伴随着 2015 年 9 月这个关键性的时间节点的临近，正在变得日趋激烈：届时美国商务部通讯管理局与互联网名称和地址管理机构（ICANN）自 2012 年签署的合同将第一次到期，根据 2014 通讯管理局作出的承诺，届时各方将提出取代目前管理模式——即间隔一段时间，有 ICANN 从通讯管理局处以招标形式获得管理域名系统根服务器、根区文件和文件系统的权限——的新模式。③ 考虑到互联网域名解析系统根服务器、根区文件和文件系统作为网络空间关键资源所具有的特殊象征意义，此类争论背后蕴含的构建全球网络空间治理新秩序，以及在新的环境下，以新的方式追求并实践网络安全的特殊意涵，也就变得越发清晰和明确了。结合这个背景，再回过头去看金砖

---

① 相关网络安全定义由笔者译自北约位于爱沙尼亚的塔林的网络安全合作防御卓越实验中心的相关资料，资料来自其官方网站，https：//ccdcoe.org/。

② Chairperson's Statement on the BRICS Foreign Ministers Meeting held on 24 March 2014 in The Hague, Netherlands, http：//www.dirco.gov.za/docs/2014/brics0324.html.

③ 美国商务部通讯管理局正式声明称将转移管理权限的文件见"NTIA Announces Intent to Transition Key Internet Domain Name Functions," http：//www.ntia.doc.gov/press-release/2014/ntia-announces-intent-transition-key-internet-domain-name-functions。

国家所提出的网络安全治理方案，会发现它进一步的凸显出网络空间治理中已然存在的原则之争。

一 网络空间治理面临原则之争

全球网络空间的发展，让人们充分享受到了相互连接带来的收益，也对国家安全提出了全新的挑战。2013年4月，黑客窃取美联社的官方主账号，发表白宫发生两次爆炸、奥巴马受伤的假消息，该消息发布2分钟之内，道琼斯工业平均指数下跌150点，紧接着原油价格下跌、美国政府10年期债券遭遇抛售、投资者将资金转入低风险的投资项目，整个动荡过程持续了5分钟，黑客通过发布假消息对金融市场造成冲击的风险清晰可见。① 同时，网络安全也在中美这两个大国之间被纳入了国家安全战略的框架，成为安全对话的重要议题，以及日趋明显的新的危机与冲突来源：美国新任国务卿克里访华的成果之一，是中美就网络安全成立工作组展开对话。② 2014年12月，围绕索尼公司网络被攻击事件产生的各项争论，直接将其上升到国家安全战略的高度，美国总统奥巴马直接出面对攻击进行了谴责，随后出现的朝鲜网络瘫痪等事件，更是让全球媒体广泛猜测这可能是涉及大国的网络战的雏形。③ 全球网络空间的治理问题正在日趋明显地成为当下全球治理的重要议题领域，而在讨论相关治理问题时，则必须认真考虑到网络空间当下的发展阶段，及其所具有的特殊属性。

自20世纪60、70年代至今，以互联网为代表的计算机网络通信技术已经在全球创造了一个将不同类型的行为体密切链接的网络空间。④ 随着技术的发展，目前世界已进入了移动互联网的时代，相比此前的发展阶段而言，当前阶段最重

① 蒂姆·布拉德肖：《"奥巴马遇袭"谣言引发美股巨震》，《金融时报》2013年4月24日，http://www.ftchinese.com/story/001050111。
② 《外交部：希望中美就网络安全开展建设性对话》，新华社，http://news.china.com.cn/live/2013-04/24/content_19677815.htm。
③ 奥巴马总统称对索尼的黑客袭击"不是战争行为，而是代价巨大的恶意攻击"，"美国将对此作出适当反应"，参见 David E. Sanger, Michael S. Schmidt and Nicole Perlroth, "Obama Vows a Response to Cyberattack on Sony," *New York Times*, Dec. 19, 2014, http://www.nytimes.com/2014/12/20/world/fbi-accuses-north-korean-government-in-cyberattack--on-sony-pictures.html?_r=0。
④ Yochai Benkler, "From Consumers to Users: Shifting the Deeper Structures of Regulation Towards Sustainable Commons and User Access," 52 *Federal Communications Law Journal* 561, 2000.

要的新变化，就是网络空间的数据已经而且还将持续转变成为一种战略资源，其对于网络时代各行为体的意义，堪比工业时代的血液——石油。① 从国际关系的视角出发，这意味着一种全新的权力要素正在出现，能够率先在数据存储与挖掘方面占据主导的行为体，除了在经济上有机会创造前所未见的巨额财富之外，② 在国际政治的博弈中也将获得新的权力，进而获得巨大的战略优势，而如果不能有效地应对，则会因为权力以及能力的快速变化而失去继续参加战略博弈的资格，即使是主权国家，也不能例外。

在现阶段网络空间展开的博弈，对不同行为体来说，最重要的是网络空间治理的主导原则之争。网络空间是一种典型的非领土空间，在其中展开竞争的主导原则，此前也曾经在其他具有代表性的非领土空间，包括海洋、外太空、无线电频谱之中，激烈地展开过。

一种原则名为"先占者主权"。这一原则建立在国家中心主义基础上，强调以实际控制能力为主要表现形式的硬实力，认为国家在此类非领土空间中的行动自由与国家的能力或者说实力直接相关，有多强的实力就可以获得相应的使用份额。坚持此项原则的国家，往往看重"行动自由"，认为应该尽可能少地运用规则或者其他非实力因素去限制国家的行动，或者为国家的行动设定某种边界。

另一种原则是"人类共同财产"原则。它的出现和兴起体现了技术等硬实力处于相对弱势的国家，尤其是那些在二次世界大战后才逐渐进入国际舞台的发展中国家，试图借助多边主义及国际机制保护自身合法权益的努力。奉行此原则的国家相信，必须让所有国家，包括那些暂时不具备实际技术能力开发利用特定资源的国家，保留一定的资源份额，以便使其享受到作为人类共同财产的稀缺资源所能带来的福利和收益。

相比于海洋、外空及电磁波频率这些非领土空间，网络空间自身的特殊性决定了"先占者主权"和"人类共同财产"两种原则之间的竞争及其可能产生的后果影响更加深远。

从效用看，有助提升使用者福祉的公共性与带来额外收益的私有属性之间的

---

① Brown B., Chui M., Manyika J. "Are you ready for the era of 'big data'," *McKinsey Quarterly* 4, 2011, pp. 24 – 35.

② Stanley M. "The Mobile Internet Report," http：//www. morganstanley. com/about – us – articles/ 4659e2f5 – ea51 – 11de – aec2 – 33992aa82cc2. html.

张力十分显著。网络空间的用户，更加强调的是将网络作为提升使用者福祉的公益产品，首先看重的是网络产品以及网络空间行为的实际效用；网络空间的资源所有者，在市场经济背景下，优先考虑的则是获取更多的利润汇报；在主权国家为主体构成的国际体系中，掌握优势网络资源且信奉先占者主权原则的主权国家更加关注的只能是如何用网络空间来增强自身的实力。而对于这些国家，通常是发达国家来说，先占者主权天然与自我中心的理性人假设相匹配，遵循这一原则近似某种必然的选择。相反，如果转而奉行人类共同财产原则，则可能是"非理性"的。

但是，网络空间的特殊性在于：必须同时保持一定的覆盖范围，也就是说，网络空间必须具有某种公共性，而不能成为少数乃至单一国家政府掌控之下的私有网络；同时，如果所有国家都奉行同样程度的先占者主权原则，网络空间可能在某种程度上陷入霍布斯所说的无政府状态，即一切人反对一切人的战争。这种无政府状态下的网络空间，难以成为提升用户福祉的来源。

而从实践来看，全球网络空间治理的基本现状是不对称相互依赖，占据压倒性优势的发达国家，尤其是美国，对"先占者主权"的推崇和偏好，导致了这种治理主导原则的竞争日趋激烈。

二　不对称相互依赖是全球网络空间治理的基本特点

美国在全球网络空间治理的实践和研究都占据比较显著的优势，其中有代表性的成果明确指出，全球网络空间处于积极的无政府状态，美国必须尽量保障自身的领导地位和优势，并在其中建立起美国主导的秩序。[1] 这是由以美国为代表的欧美发达国家连同那些掌握在全球网络空间治理中占据优势的中心位置所决定的。具体来说，其优势体现在关键技术标准、应用、基础设施、核心硬件研发、生产及商业化能力，起到存储、挖掘和使用数据的作用，并有能力将技术优势转化为巨大的商业优势；以大量亚非拉地区的发展中国家为代表，处于全球网络空间治理中的边缘位置。这种不对称的位置，也在美国的战略中清晰表现了出来：

---

[1]　Michele Flournoy, Shawn Brimley, "The Contested Commons," *US Naval Institute Proceedings*, 135, 2009.

2014 年最新解密的美国参谋长联席会议发布的《联合出版物/联合作战条令：网络空间行动》〔JP 3 - 12（R）：Cyberspace Operations〕中明确指出，美军要发展攻击性网络战能力，具体来说包括削弱、瘫痪、摧毁对手的网络关键基础设施，以及操控在网络空间传输的信息。①

　　除了国家之间的能力不对称和不平衡之外，信息技术的持续进步，网络用户的大量增加，也在日益深刻地改变着人类日常的行为模式：在早期经典的互联网四大应用的基础上，衍生出了博客为代表的个性化信息发布平台；出现了以Facebook、Twitter、校内网、开心网为代表的在线社区互动平台，同时随着在线社区与手机等移动终端的结合，网络日渐成为可以跟随人们贴身移动的无形存在，同时也让个体的信息发布能力跃上了一个全新的台阶；诞生了以点对点输出传输为基础的软件交换平台。用户不但能够足不出户就了解天下大事，还能轻易地跨越国界，与来自全球各地的用户在虚拟的数字空间进行热烈的交流，产生激烈的碰撞，共同分享海量的信息。

　　具体的统计数据显示，网络空间用户和资源分布呈现日趋明显和突出的不对称性。国际电信联盟与其他相关机构的统计数据显示，截至 2011 年，全球在线网民人数已达到 23 亿，发展中国家的互联网渗透率约为 25%，发达国家的互联网渗透率达到 70%，而冰岛、荷兰、挪威、瑞典四国的互联网渗透率则达到90%；全球网络总体数据传输量为每秒 76000G 比特，分摊到每个用户大约为每秒 34000 比特。同时，统计数据显示，全球网络带宽等资源的分布极度不均衡，欧洲互联网用户人均带宽相当于非洲互联网用户人均带宽的 25 倍；2011 年，中国新增约 3000 万固定宽带用户，约占全球新增宽带用户总数的 50%。伴随着技术进步，移动互联网用户也在迅速增加。截至 2011 年，全球移动宽带用户已经超过 10 亿，移动宽带服务需求比上年增加了 40%。用户多数分布在发展中国家，优质的资源、服务及关键技术多分布在发达国家，不对称性十分明显。

　　在此背景下，对发达国家而言，奉行先占者主权原则，意味着已经处于自身控制之下的资源能够发挥最大的效用，为国家或者公司提供最大限度的政治、经济收益；相反，如果落实并推广人类共同财产原则，则必然意味着要放弃可观的短期收益。其中的难度不难想见。

---

　　① http：//www. dtic. mil/doctrine/new_ pubs/jp3_ 12R. pdf.

除了上述统计数据显示的优势之外，美国还在具体的治理实践中，有巨大而具体的实际控制力，这主要表现为以下三个方面。

第一，美国商务部通讯管理局（NTIA，Department of Commerce）法理上掌握对网络空间最重要的关键基础设施——域名系统——的管理权，全球互联网名称和地址分配机构（ICANN）必须从商务部通管局获得合同，才能在其管理下对网络域名实施管理。第二，根据合同，对全球域名服务器根文件（the root zone file）的变动或者修改（比如，增加一个新的顶级域名），必须得到美国商务部通讯管理局的批准，而美国作出的让步是承诺对此类权力的使用保持必要的克制，不做带来负面效果的改进。[①] 第三，美国商务部通管局可以随时根据需要，对 ICANN 的核心机构互联网号码分配当局（缩写为 IANA）的权限进行增减，2012 年美国商务部通管局在延长 ICANN 管理合同期限（延期到 2019 年）时，就提出了"凡是试图要增加新的顶级地理域名的申请，必须向 IANA 提交一份文档，以证明此新顶级域名的增加反映了所有利益相关方的共识，并有助于全球公共利益"。此项规定引发了激烈的抗议，最终在 2011 年 11 月 11 日，此项规定被改成"提交一份专门的文档，说明此项措施如何增加了机会，让相关的利益相关方获得了更多的机会，并且有助于全球相关公共利益"。与此同时，美国政府仍然保留了相当的特权：所有竞争此项合同的必须是全部归美国所有和运营的企业，或者是美国的大学或者学院；所有主要的运作和系统都必须在美国领土；美国政府保留检查合约内各项系统和系统运作情况的权利。[②]

必须要说明的是，域名管理仅仅只是全球网络空间治理的一小部分内容，用联合国 2005 年网络治理工作组提交报告的话来说，"能力建设"（Capacity-Building）才是真正的关键所在，是网络空间国际治理的主题。自 2003 年全球信息社会峰会（World Summit of the Information Society，WSIS 2003）之后，也成为网络空间国际治理体系的核心概念，在欧美发达国家看来，美国倡导的多边利益

---

① 最新版本合同为 2012 年 7 月 2 日签署的合同，"IANA Functions Contract"，有关商务部通讯管理局在修改根区文件中管理者角色的描述，见合同文件附录 1，"Authoritative Root Zone Management Process"，第 15 页，http：//www. nist. gov/cyberframework/upload/roadmap - 021214. pdf。

② Lennard Kruger，"Internet Governance and the Domain Name System：Issues for Congress，Congressional Research Service，" Library of Congress，2013，http：//www. fas. org/sgp/crs/misc/R42351. pdf。

相关方面模式，被认为是实现"能力建设"，缩小"数字鸿沟"（Digital Divide）最为有效的方式。

相比已经引发广泛关注的域名分配，真正对网络空间治理起支配作用的关键技术和标准层面，发达国家的支配地位与发展中国家的弱势地位带来的挑战更加严重，也更加隐蔽。1985 年成立的互联网工程任务组（Internet Engineer Task Force，缩写为 IETF）就是最典型的代表。互联网工程任务组是全球互联网最具权威的技术标准化组织，主要任务是负责互联网相关技术规范的研发和制定，当前绝大多数国际互联网技术标准出自该组织的意见征求书（Request for Comments，RFC）。

从形式上看，互联网工程任务组是一个由为互联网技术发展作出贡献的专家自发参与和管理的国际民间机构。它汇集了与互联网架构演化和互联网稳定运作等业务相关的网络设计者、运营者和研究人员，并向所有对该行业感兴趣的人士开放。任何人都可以注册参加 IETF 的会议。此机构的大会每年举行三次，规模均在千人以上。

工程任务组体系结构分为三类，一个是互联网架构委员会（IAB），第二个是互联网工程指导委员会（IESG），第三个是在八个领域里面的工作组（Working Group）。标准制定工作具体由工作组承担，工作组分成八个领域，分别是 Internet 路由、传输、应用领域等。IAB 成员由 IETF 参会人员选出，主要是监管各个工作组的工作状况。

但是，互联网架构委员会的前身是 1986 年美国政府建立的互联网活动委员会（Internet Activities Board），这个委员会是美国国防部先进研究署（DARPA）管理互联网活动的互联网设置控制委员会（Internet Configuration Control Board，缩写为 ICCB）的接替者。这些委员会的发展演变与互联网的逐步商业化密切相关，但这种烟花的过程始终处于欧美发达国家政府、技术人员及公司的有效控制之下。

即使在 IETF 的架构下，互联网的发展与治理，仍然处于发达国家的掌控之下，这种掌控表现为开放机构下的提名委员会等制度安排，仍然以 IETF 为例：提名委员会的成员分为拥有投票权的委员（10 人）以及没有投票权的委员（6 人）。2013～2014 年的 10 名投票委员会中，6 名委员直接来自美国本土的网络技术公司，其他 4 名来自海外的委员中，1 名来自美国思科公司在印度班加罗尔的分部，1 名来自日本的 NTT，其他两名来自波兰的网络安全公司。6 名非投票委员会中，主席是威瑞信公司（Verisign）实验室主任；顾问是 2012 ~ 2013 年 IETF 的前主席，来自美国的 BBN 技术公司；以及 4 名来自其他机构的联络员。

这种设置巧妙的松散网络，一方面保证了形式上的中立与开放，另一方面确保了少数技术精英借助人际关系和俱乐部机制对整个运作体系的实质性控制。不过伴随着全球网络空间的形成和发展，以及金砖国家为代表的新兴经济体的全面兴起，这种基于历史原因和实力不对称分配而形成的网络空间秩序正遭遇越来越强的挑战。

三 金砖国家的兴起提供了调整全球
网络空间治理的重要契机

全球网络空间的发展，从用户群体上看，经历了从发达国家向发展中国家扩散的进程。根据国际电信联盟等相关研究机构的统计数据，如图 1 所示，全球网络用户的总数已经突破了 25 亿，在全球所占比例将近 40% 。

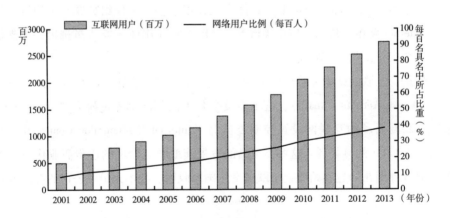

图 1　全球互联网用户，全球网络用户比例，2001 ~ 2013 年

在总量提升的同时，各地区之间的差异比较显著，同样根据来自国际电信联盟的数据，如图 2 所示，欧美地区整体上网比例已经突破 60% ，而非洲则不足 10% 。

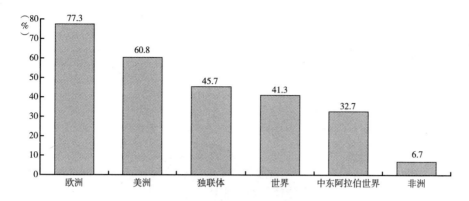

图 2　根据地区划分的互联网用户比例 2013 年

如图 2 显示的，中东、亚太、非洲等地区与世界网络发展水平存在差距，其中非洲的差距特别显著。

除了用户数量之外，对网络的实际运用，也存在显著的差异，这在相关调查报告中，通过不同区域生成的数据总量上，也能够比较轻易地发现关键的差异和端倪。如图 3 所示，2012 年全球网络空间生成的 2837EB 数据中，32% 来自美国，19% 来自西欧，13% 来自中国，4% 来自印度，剩下的 32% 来自世界其他国家和地区。

但是新兴市场国家，即除了美国、西欧、日本、澳大利亚、新西兰等被称为成熟国家之外的新兴市场国家，在 2012～2020 年的 8 年将爆发出空前的创造力和活力，并最终在全球网络空间数据提供方面占据压倒性的优势地位。这一基本无法从外部迟滞的变化进程，构成了挑战当今网络空间游戏规则的关键力量。

作为金砖国家成员的中国和印度，在这一轮发展中具有相当显著的优势。

中国提供的数据总量在 2020 年将占据全球的 21%，大约有 8.6ZB 的数据（1ZB＝1 万亿 GB），这些数据如果全部是文字，并且被打印出来，那么打印纸叠起来之后，可以从地球延伸到冥王星，来回 30 次；而印度提供的数据总量在 2020 年将达到全球的 8%，中印两国相加，将在 2020 年提供全球 29% 的数据总量。再加上俄罗斯、巴西、南非的数据，金砖国家在 2020 年全球网络空间所提供的数据总量将达到一个非常可观的程度。

而除了数据之外，金砖国家的人口优势还决定了全球网络空间整体用户的 30% 以上主要来自金砖国家。

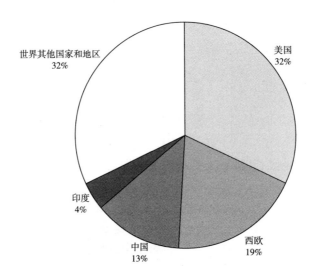

图3　数字宇宙的地理分布，2012 年

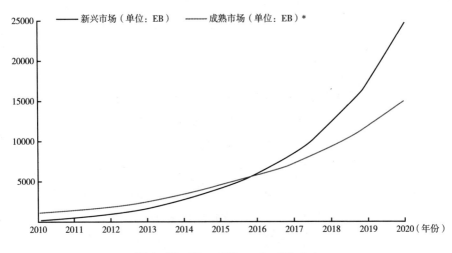

图4　The Rise of Emerging Markets

＊成熟市场指美国、西欧、日本、澳大利亚、新西兰。

除了印度和中国之外，金砖国家的其他成员在互联网发展的潜力上也相当可观。

巴西按照国土面积排名是全球第五大国，拥有排名世界第六的人口总量，以及排名全球第七的网络用户总数，截至 2013 年，巴西互联网渗透率接近人口总数的 50%；在硬件资源方面，巴西本土部署有 24 台顶级地理域名镜像服务器，是南美洲地区最重要的数据枢纽和节点。作为美洲国家组织的重要成员，巴西同时也是美洲组织综合网络安全战略的签署方，其本国的网络安全战略、全球网络空间治理等研究相对发达，并且与南美洲其他国家，如阿根廷等关系密切。在 2013 年的棱镜事件之后，巴西积极推进在全球发起对美国滥用技术能力实施网络监听的批评，并协同德国在联合国大会共同发起签署全球反监听条约的讨论。

以国家网络安全而论，在金砖国家及其他所有新兴市场国家中，俄罗斯的网络安全战略能力是最强的，2011 年俄罗斯制定完成了完整的国家网络安全战略文件，并在 2012 年发布在俄罗斯国防部网站上。这份文件中俄罗斯将控制、预防和解决网络冲突列为 3 个主要的战略目标，完整的整体战略安排，以及在长期与西方博弈过程中累积起来的实战能力，是俄罗斯在网络安全领域最大的资源，也是金砖国家可以共享的最大财富。截至 2013 年，俄罗斯互联网用户的比例也接近人口的 50%，从技术能力上看，尽管无法与美国相比，但俄罗斯在网络技术的关键应用领域，比如网络安全、病毒防范及入侵检测和感知等方面，拥有巨大的技术与产业优势，并在后备人才领域拥有巨大的战略优势。如何有效地在金砖国家以及新兴市场框架内盘活这些战略资产并推动其在全球网络空间治理领域发挥重要的作用，是未来金砖国家合作的关键所在。

整体而言非洲是全球网络空间的低地，这可以看做是非洲大陆关键基础设施严重不足在网络应用领域的具体体现。但另一方面，这也意味着巨大的发展潜力和空间。南非是非洲的"高地"，这是南非的历史所决定的。南非在金融、经济和制度建设等领域所具有的相对优势，让它有巨大的潜力成为非洲大陆网络基础设施的核心节点，以及撒哈拉以南非洲国家网络的国际出口所在。

更为重要的是，金砖国家的群体性崛起，有可能为处于分散状态的广大新兴国家，特别是那些在全球治理体系中处于相对弱势位置的发展中国家，提供一个可以参考、靠拢乃至依靠的坚强核心，从而以一个整体而非个别国家，与处于技术及能力绝对优势地位的发达国家展开相关的博弈。特别需要指出的是，当下全球网络空间正面临美国进攻性网络安全战略带来的严峻挑战，金砖国家围绕网络空间治理展开的有效合作，可能是非西方国家确保自身在网络空间合理利益为数不多的机会之一。

四　棱镜事件背景下美国在网络空间呈现进攻性战略提出严峻挑战

2013 年 6 月 6 日，《美国华盛顿邮报》刊载题为《美国情报机构的机密项目从 9 家美国互联网公司进行数据挖掘》的文章，披露美国国家安全从 2007 年开始执行代号为"棱镜"（PRISM）的信号情报搜集行动。该行动的信号情报活动代号（SIGINT Activity Designator，缩写为 SIGAD）是 US - 984XN，2012 年美国总统每天阅读的每日情报简报中，有 1447 项的引用来源指向了 US - 984XN，因此，媒体报道中将"棱镜"成为美国国家安局最重要的情报来源。在美国情报界，"棱镜"是政府内部使用的非机密行动代号，US - 984XN 是情报界正式使用的机密代号。根据规定，信号情报活动，意味着拥有相对独立的信号情报搜集站点（比如一个固定的基地或者一艘船）的情报活动。

资料显示，棱镜项目具体开始实施的时间是 2007 年。随着布什政府通过并签署《保护美国法》，以及 2008 年修订后的《对外情报监听法》，之后，项目开始投入使用，并一直处于美国对外情报法庭的管理之下。棱镜项目的基本思路是通过对网络数据的大范围监控，来搜集各种相关情报。

综合已经有的棱镜系统相关资料来看，可以将这个系统看做是美国偏好的"先占者"主权原则在美国网络安全战略中的实践。美国政府最大的优势，不是占据道德高地，而是在技术、设备、应用上的压倒性优势，即使知道了棱镜系统的存在，也难以摆脱这些公司而另起炉灶。而掌握了技术、设备，对美国政府来说，所有使用这些技术、设备、基础设施传输的数据，自动变成了美国主权管辖的对象，无论是进行实时监控，还是深度挖掘，或者是其他更加具有攻击性的运用，都是美国政府"保障国家安全"的正常举措。

从国家安全战略的视角出发，则可以将棱镜项目看做是美国奉行的进攻性网络安全战略最为集中也是最具代表性的体现，凭借自身压倒性的技术与实力优势，美国建立了全球范围最大、最全面、最复杂的网络空间监控系统，进而在一定程度上鼓励并促成了美国在网络空间谋求压倒性的霸权的内在战略冲动，这种冲动在冷战结束之后就始终存在。①

与此相对应的，感受到美国霸权战略威胁的国家，尤其是金砖国家，必须通过有效的战略与政策协调来加以应对；而且这种应对还必须注意避免陷入经典的安全困境，必须充分运用人类共同财产原则来建设一个更加美好的网络空间，从而更加有效地兼顾自身的安全诉求和全球网络空间的同步健康发展。

五　战略与政策协调是金砖国家协同推进
全球网络空间治理的关键

面对美国霸权战略的挑战，以金砖国家为代表的新兴国家理论上有三种选项。

第一种选项是无条件地追随，也就是选择无条件的认可美国的霸权战略，认可美国对自身技术优势的滥用，并对美国政府的意图保持无条件的信任，也就是坚信美国政府会如其所宣称的那样，仅仅从国家安全、反恐的角度来使用自己的技术能力，而不会将其用于商业领域展开不对称的竞争。这种战略选择或许是华盛顿的决策者们所喜闻乐见的，但欧盟议会 2001 年成立的调查小组早就指出，其实，美国早就有滥用这种能力的先例，其可信度相当成问题。②

第二种选项是强硬的对抗，为自身的安全设定一个绝对标准，为此不惜付出巨大的代价，包括在网络空间重现冷战那种阵营对阵营的对抗，包括在必要时架设一整套与现有全球网络空间平行的网络（包含基础设施管线在内且与现有网络严格意义上物理隔绝）。在斯诺登以任何人都无法否认和主观阐释的方式披露棱镜项目存在之后，这种设想也有浮出水面的态势。不考虑巨大的经济代价，其与当今世界整体经济、社会活动方式截然相反的内在思维逻辑，就足以将其排除出金砖国家可供选择的菜单之外了，毕竟金砖国家还是要成为整个世界体系中的大国的。

① Barry R. Posen, and Andrew L. Ross, "Competing Visions for US Grand Strategy," *International Security* 21, 1996/97, pp. 5-53.

② European Parliament, Temporary Committee on the ECHELON Interception System, and Gerhard Schmid, "Report on the Existence of a Global System for the Interception of Private and Commercial Communications (ECHELON Interception System) (2001/2098, INI): Motion for a Resolution, Explanatory Statement," European Parliament, 2001.

第三种选项显然就是从"治理谋求安全"的思路出发，依托"人类共同遗产"原则，通过金砖国家之间的战略协调，来共同推进"全球网络空间新秩序"的建设，进而有效应对美国霸权战略的挑战了。

这些原则的争论，从 2013 年开始，就不仅仅停留在纸面上，而且还直接进入到了大国外交的实践：2014 年 5 月 19 日，美国司法部重提 2013 年初的中国黑客窃取商业机密问题，并首开以美国国内法起诉所谓中国商业间谍的先河。这一举动，普遍被解读为美国试图事实上塑造全球网络空间行为准则的重要尝试，其目标，则是试图构建某种既成事实来说明，全球网络空间事实上处于美国国内司法管辖之下。

而与此同时，中国等国家也明确提出了与美国不同的看法和认识，特别是在战略愿景方面的不同看法。

2014 年 6 月 5 日，中国外交部网络事务协调员傅聪在信息和网络安全国际研讨会的发言，首次比较全面且权威地展示了中国的选项更加接近第三种，他在发言中明确指出了"在坚持国家主权原则的前提下，政府和社会各方应共同发挥作用，依法保障公民权益；国家间应相互尊重，不做以邻为壑的事。要坚持共同治理的原则，国际社会共同管理和分配互联网基础资源。要加强对发展中国家的援助，弥合数字鸿沟，共享'数字红利'，实现网络空间的可持续发展"。其概括提出的"和平、主权、共治、普惠"四项原则，可以看作是中国理解下的网络空间新秩序的具体内涵。而这种具体内涵还首次与中国对全球网络空间治理结构的变迁相结合：要求改变 ICANN 内部不同委员会的权限和比重，增加政府间委员会影响力；将关键资源即域名解析的主根服务器转移出美国的本土，以确保其免受美国单一主权的直接管辖等。

而这种主张所依托的，是俄罗斯、中国等初步形成共识并愿意作为讨论基础的全球网络空间信息安全行为准则。

从整体力量对比上来看，中国与俄罗斯的主张，首先必须在金砖国家内部形成必要的共识，然后在此基础上以金砖国家为核心，争取更多的新兴经济体和发展中国家认同并加入。这要求金砖国家能够协调彼此立场，在战略上形成统一认识：坚持主权，最终是为了实现真正的可持续的发展；确保网络空间不被少数技术上处于强势地位的发达国家、跨国公司所掌控；确保技术能力相对处于弱势，发展阶段相对落后的发展中国家从网络空间获取亟须的帮助，而非放任数字鸿沟的扩展。

2014 年 11 月 19~21 日，中国在乌镇举行了首次世界互联网大会，中国国家主席习近平在发给大会的贺词里指出，中国愿意同世界各国携手努力，本着相互尊重、相互信任的原则，深化国际合作，尊重网络主权，维护网络安全，共同构建和平、安全、开放、合作的网络空间，建立多边、民主、透明的国际互联网治理体系。这一贺词可以看作是包含了中国力求建成的全球网络空间新秩序的精准描述，结合本文前述的讨论，基本可以认为，中国已经初步形成了对网络空间新秩序的认识，其核心诉求，是从人类共同遗产原则引申出来的"平等互联，有效共享，多元共治，和谐共赢"。显然这种秩序，不同于当前网络空间里霸权型强国推行的支配型秩序，追随型强国推行的分利型秩序，以及极少数处于挑战位置国家所偏好的否决型秩序。

可以预见，要真正贯彻这些原则，并建立与之相符的新秩序，不太可能一蹴而就，但是启动这一程序，开展必要的战略合作，对以金砖国家为代表的新兴经济体来说，无疑是至关重要的，随着 2015 年 9 月的临近，避免失去关键资源的有效控制而带来的冲击，构建更加符合自身利益诉求的全球网络空间治理新秩序体系，注定成为不同国家未来战略博弈的焦点，金砖国家在多大程度上实现有效的战略合作，还有待实践的检验。

"**新**丝路"建设中的安全合作：挑战与应对 *

李志永 **

21 世纪第二个 10 年以来，国际形势与中国外交面临的问题发生了新的重大变化。国际权力格局深刻变革，国际规范格局亦悄然变化。中国外交所面临的挑战与机遇同步增加。2013 年，新一代中央领导集体高瞻远瞩，加强顶层设计，结合国内国际安全新形势，适时提出了共建丝绸之路经济带的战略倡议。本文将之简称为"新丝路"既表明这一战略倡议具有复兴、传承古代丝绸之路精神之意，又突出这一战略倡议的创新点。

鉴于整个"新丝路"沿线国家尤其是中亚五国的重要战略地缘地位，"新丝路"建设的顺利推进必须依赖于成功的安全合作，尤其是与中亚五国的安全合作。故本文对"新丝路"安全合作的考察主要集中于中亚五国。2014 年 4 月习近平总书记提出的总体国家安全观已经成为中国外交的总体指导思想，也应该是"新丝路"安全合作的重要指导思想。就"新丝路"建设的安全挑战而言，既有具体的安全威胁，更有宏观的战略威胁；既事关中国能源安全，又攸关中国总体国家安全。因而，"新丝路"建设对于保障中国总体国家安全具有

* 本文为 2013 年度对外经济贸易大学优秀青年学者培育计划"中外企业海外经济利益保护"（2013YQ12），负责人李志永；2013 年度中国博士后科学基金项目"中国企业海外经济利益立体保护机制的战略设计"（2013M530095）的部分成果。本文第一部分曾经作为《以总体国家安全观保障"新丝路"能源安全》一文的第一部分发表于《亚非纵横》2014 年第 4 期。

** 李志永，对外经济贸易大学国际关系学院副教授，中国社会科学院世界经济与政治研究所博士后，主要从事国际关系理论、中国外交研究。

重大的战略价值。为此，扎实有效推进"新丝路"建设也必须以总体国家安全观予以宏观战略指导与微观政策配套。基于总体国家安全观，排除企业内部经营风险与客观的自然风险，以中亚为核心的新丝路安全合作面临的外部风险或挑战主要有地缘竞争、制度建设、政治动荡、跨国犯罪、社会舆论、政策文化、政策执行、外交观念八大类，中国应当在具体分析各类风险危害的基础上采取相应对策。

一　"新丝路"建设的战略价值

作为中国深化改革开放、推进周边外交和确保国家安全的大手笔，"新丝路"将能够有效推进中国能源安全、经济安全、政治安全、军事安全及总体国家安全的实现。

1. 降低海上能源安全风险，推进能源供应多元化战略，有效实现中国国家能源安全

长期以来中国能源来源集中于美国绝对控制下的中东，能源运输要通过美国控制下的马六甲海峡，且主要依靠外国邮轮运输，这增加了中国能源供应突然中断和受制于人的风险。"新丝路"建设试图通过复兴古代丝绸之路打通中亚能源运输通道，高效利用中亚油气资源，将极大地推进中国能源来源的多元化战略的实施，降低能源安全风险。

2. 确保长期稳定的能源供应，有效保障中国国家经济安全

在中国经济转型升级尚未完成之际，如何确保获得足量、稳定与长期的能源供应已经成为确保国民经济持续增长的关键难题，也是中国外交面临的巨大挑战和新课题。鉴于中国与中亚、俄罗斯良好的政治关系、毗邻的地缘优势、互补的经济结构，"新丝路"的建设必将能够促使中亚、西亚、俄罗斯丰富的能源资源成为中国国民经济长期稳定的助推器，从而有效保障中国国家经济安全。

3. 巩固国家统一，确保中国政治持久安全

在"新丝路"的顶层设计中，"新丝路"建设并不仅仅是中国新的地缘经济政治计划，推进西部大开发与沿边地区的对外开放，确保中国区域经济平衡发展也是题中应有之义。新疆、西藏、云南、贵州、广西等老少边穷地区恰好处于"新丝路"战略倡议的关键地区，也是民族关系最为复杂，反恐反分裂形势最为严峻的地区。通过"新丝路"建设带动边境省区经济发展、增加边缘省区人民生活水平的提高,将极大地增强边境省区人民的向心力与爱国主义,巩固国家统一,并确保中国政治的持久安全。

4. 有效推进"西进"战略,巧妙化解美日战略围堵,实现战略与军事安全

"新丝路"沿线尤其是中亚五国不仅是世界级的石油资源富含地区,而且还处于麦金德所论述的世界地缘政治的"轴心地带",也是处在"世界动荡之弧"的中心地位。21 世纪以来中亚出现的战略真空更是加大了中国西陲的安全压力。① 王缉思在 2012 年指出,当美国战略重点"东移",欧印俄等"东望"之际,地处亚太中心位置的中国,不应将眼光局限于沿海疆域、传统竞争对象与合作伙伴,而应有"西进"的战略谋划。② 所谓"西进战略"并不特指中国要向西去与美日俄印等大国争霸争权争利,而是指国家实施"向西开放",扩大与西部周边国家的经济合作与人文交流,实现与中亚、西亚、南亚国家的深度"战略整合",拉动我国西部地区经济的快速发展,扩大我国在欧亚大陆板块的国际影响力。"新丝路"的建设不仅将促进"世界动荡之弧"的和平与发展,而且将增强中国在中亚甚至欧亚地区的地缘国际影响力,从而通过互利共赢的经济一体化协作实现中国西域战略安全。

5. 有效提高"新丝路"沿线居民生活水平,实现社会安全与人民安全的宗旨

贫穷落后是社会安全的源头,也是"三股势力"滋生的土壤。作为"西部大开发"战略的境外延伸,"新丝路"建设必将为西部大开发提供更为优惠的国家政策支持与更大的国际发展机遇,从而彻底改善沿线居民生活质量,为社会安全的实现提供长久的社会基础,最终实现全体人民的安全这一根本宗旨。

二 "新丝路"建设面临的安全挑战与对策

与任何伟大战略创举一样,"新丝路"建设不会一帆风顺。在国内深入研讨其战略价值、战略意义之际,对"新丝路"建设中面临的诸多挑战予以细致辨

---

① 张文木:《丝绸之路与中国西域安全》,《世界经济与政治》2014 年第 3 期,第 4~27 页。

② 王缉思:《"西进",中国地缘战略的再平衡》,环球网,2012 年 10 月 17 日,http://opinion. huanqiu. com/opinion_ world/2012 - 10/3193760. html。

析并提出应对之策尤显必要。由于"新丝路"建设的成功取决于中国与沿线国家的合作以及域外国家的态度，对此种挑战的化解必须综合考虑沿线国家—域外国家与中国自身的实际情况。

1. 地缘竞争：如何化解大国博弈困境？

作为欧亚地缘政治和能源利益"大博弈"的交汇地带，美国、俄罗斯、日本、欧盟、印度、土耳其和中国等均强化了对中亚的战略影响和能源争夺。作为"新丝路"的核心地带，中亚是美、俄、欧、日、印、土、中的重要利益交汇区域和地缘竞争空间。中亚各国为了国家利益的最大化，必然以平衡外交在各大国间纵横捭阖。中国"新丝路"建设与能源安全利益将受到大国博弈的深刻影响。

自苏联解体以来，域外各大国就围绕中亚各国的地缘政治与能源资源展开了竞争。1999 年美国国会通过"丝绸之路战略法案"。2011 年，美国国务卿希拉里·克林顿数次宣扬美国的"新丝绸之路"计划。该计划旨在建立一个以阿富汗为中心、连接中亚和南亚，并向中东地区延伸的国际经济与交通网络。1998 年，复兴"丝绸之路"国际会议在巴库召开，会上签署了关于发展 TRACECA① 国际运输的基本多边协议。该项目主要由欧盟设计和资助实施，以此实现欧盟对中亚各国的影响。里海地区和中亚已经成为 21 世纪欧盟能源外交的主攻方向。俄罗斯一直将里海地区与中亚视为自家"后院"，绝不会做让他国外交影响轻易扩大。欧盟于 2007 年 6 月通过了"欧盟与中亚新伙伴关系战略"。此后，欧盟积极开展对中亚的投资，并在人权、环境、水资源等领域与中亚展开对话，取得了一些成果。日本早在 1997 年就提出了以中亚及高加索 8 国为对象的"新丝绸之路外交"，并以"日本 + 中亚"外长级会议推进政治对话、经济合作、和平建设、文化交流等。土耳其则一直试图利用其宗教文化影响中亚政治。印度也试图北上实施能源多元化战略。

在各大国加强对中亚竞争的同时，中亚地区却缺乏相应的大国协调机制。同

---

① TRACECA 项目的主要内容包括：改造和修建中国—哈萨克斯坦—吉尔吉斯斯坦—乌兹别克斯坦—土库曼斯坦—阿塞拜疆—格鲁吉亚—黑海—欧洲的铁路和公路；改造里海的克套、巴库、土库曼巴什和黑海的波季、巴统等港口；修建支线道路基础设施；培训高水平的国际运输业人才；制定统一的关税和税率规则，促使项目参与国加入有关国际公约和协定。该项目主要由欧盟资助实施，其余赞助商包括欧洲复兴与发展银行、世界银行、亚洲开发银行和伊斯兰开发银行等。

西欧、东亚等地区不同，"新丝路"地带各国间没有也不可能出现美国主导的地区性军事同盟，也不太可能出现完全被俄罗斯主导的地区性同盟，且尚未出现地区经济一体化趋势。"新丝路"地带尚未确立起成熟的大国协调机制与竞争合作规则，传统意义上的大国势力范围在不断交叉重塑变动之中，是真正意义上的"权力真空"地带。可见，伴随各大国强化中亚外交与政治影响与大国协调机制的缺乏，"新丝路"建设将面临巨大的地缘竞争挑战。

面对域外大国激烈争夺的国际情势，"新丝路"的构建必须弘扬"上海精神"，吸纳东亚国家开放的区域主义，秉持开放包容精神，不搞封闭、固定、排外的机制，力争将现有的、计划中的合作项目、合作机制串接起来，形成一揽子合作，争取产生"1＋1＞2"的整合效应。为此，中国应该积极发出倡议，尽快建立美俄欧日印中等区域性大国的多边协商机制，促进战略谅解，化解能源与地缘竞争，促成区域共赢格局的形成。

在强化大国协调的同时，即使面临激烈的地缘能源及舆论竞争情势，在心态上，中国必须不惧非议、大胆设计、统一规划。在行动上，中国必须少说多做、低调推进以减少阻力。

2. 制度建设：如何提升"上合"的制度领导力？

"新丝路"沿线国家尤其是中亚主要存在独联体、上海合作组织、中西亚合作组织、突厥语国家合作委员会、亚洲开发银行中亚区域经济合作机制、亚信和欧亚经济联盟等几个本地多边地区组织和域外的欧安组织。相对于其他地区，本地多边组织并不算多，区域制度相对稀薄，但几个本地组织或者存在功能趋同或者存在潜在竞争，且组织化程度都较低，成员重叠严重，而域外的欧安组织又易成为美欧战略工具。多边组织的虚弱与本地区主导国的缺乏既为中国推进丝绸之路经济带建设提供了制度空间，又加大了建设协调难度。

亚信在安全、人文社会领域中的作用正在强化，欧亚联盟即将在经济领域推进一体化，土耳其正在强化其在中西亚的特殊地位，如果独联体再得到振兴、欧安组织继续强化在中亚的安全作用的话，中亚国家对上合组织的需求将急剧下降。上合组织空心化将是中国"新丝路"安全合作的重大挑战。

中国必须积极利用、发挥在上合组织中的有利地位，积极推进上合组织的扩员增容工作，增强上合组织的制度化水平，提升其制度领导力。（1）扩展上合组织的经济功能。努力将能源、经济合作纳入上海合作组织框架，使之成为继反恐之后第二大主要议题，既可以强化上合组织的存在，又可以强化中国与中亚、俄罗斯的能源合作机制，还可以有效抵消日本、美国等大国对中亚各国开展的双边能源外交。具体策略有：将上海合作组织实业家委员会改组为上合组织的常设机构，以强化经济能源合作；以上海合作组织银行联合体为基础尽快推进上海合作组织开发银行的成立，以为区域一体化或经济危机提供资金支持；将中俄能源伙伴关系推广至上合组织整个区域。（2）拓展上合组织的公共外交功能。以上合组织为依托，增加对中亚国家的经济、技术援助，重点投向医疗、教育、农业等民生领域，以树立良好形象。（3）强化土库曼斯坦在新丝路建设中的独特作用。由于土库曼斯坦是联合国承认的中立国（1995年），在区域合作中相对滞后，中国应该通过强化中土关系，突出土在新丝路建设中的独特作用，以确保新丝路建设的不可替代性。中国应该逐步强化和充实与土库曼斯坦确立的战略伙伴关系的内涵与内容。（4）积极推进上合组织西进。要依托上合组织推动"新丝路"建设，必须将"新丝路"绝大多数国家纳入这一组织，以扩大其国际影响。（5）在拓展、强化上合组织功能的同时，积极整合成员国过度重叠的国际组织，并强化上合组织的规章立制工作，以突出上合组织的作用，增强上合组织的约束力与领导力。

3. 政治动荡：如何保持稳定的战略伙伴关系？

受长期隶属于苏联的历史政治影响，中亚各国政治深受俄罗斯的影响。1993年，在俄罗斯总统下令攻打与之叫板的白宫（议会大厦）之后，俄罗斯确立了总统"集权制"，并成为中亚各国政治体制的样板。虽然中亚各国的总统"集权制"存在一定差别，但"强总统—弱议会—小政府"的政治体制导致各国最高领导人在"新丝路"能源安全中起着关键与特殊作用。而吉尔吉斯斯坦刚于2010年颜色革命后确立了议会制，这种尚不成熟的议会制更易引发政治动荡。

中亚各国总统不仅权力巨大，而且通常试图通过各种方法长期执政，加上各国又缺乏稳定的权力交接制度，致使执政者与反对派矛盾容易被激化，在最高领导人的更迭（突然逝世、被推翻等）之际极易引起街头骚乱，导致政局动荡。在中亚深受西方舆论和"中国威胁论"影响下，中亚某国可能诞生反华总统，从而逆转中国—中亚传统的睦邻关系。

为了有效防止中亚各国政局动荡对"新丝路"建设的负面影响，中国应该：第一，积极深化中国与中亚各国的战略伙伴关系，用经济纽带强化各国对华依赖；第二，加强与各国国总统领导人的私人关系，培育亲华立场，遏制反华倾向；第三，通过经济援助、人文教育交流加强各国民众对华了解，进而培育民众亲华情绪。

4. 跨国犯罪：如何控制非传统安全威胁？

中亚或"新丝路"沿线国家都是多民族国家，其居民大多数是穆斯林，且不同民族由于历史的原因呈犬牙交错分布状态。加上经济发展的滞后、毒品的盛行，中亚存在严重的民族分离主义、恐怖主义、宗教极端主义和各种跨国有组织犯罪。中国又紧邻犯罪率最高的费尔干纳谷地，这增大了"三股势力"与跨国有组织犯罪对中国"新丝路"的安全威胁。

"三股势力"与跨国有组织犯罪在中亚或"新丝路"沿线国家的广泛存在不仅威胁各国自身社会稳定，而且威胁外国投资企业和人员安全。由于中国新疆"三股势力"与中亚"三股势力"存在心理、组织、宗教上的实际联系，这"三股恶势力"极可能以中国中亚间的油气田、输油气管道等能源基础设施为目标，发动日益频繁的恐怖袭击。随着中国境内打击"三股恶势力"力度的强化，这种恐怖袭击极可能在转移至中国内部省份的同时也转移至境外尤其是中亚各国。

基于上海合作组织在地区反恐上的独特作用，中国可以考虑在此框架下，拓展、强化上海合作组织地区维稳功能与机制。（1）拓展上海合作组织地区维稳功能。上合组织除在反恐领域建立有相应机制，但在防范与制止其他可能导致地区形势不稳事态方面至今未形成必要机制，就连紧急磋商、声明表态的机制亦未建立。除了"三股势力"，武器走私、非法毒品贸易和跨国有组织犯罪等都威胁着中亚地区安全。上合组织必须拓展功能覆盖面，并构建高效全面的维稳反应机制。（2）强化上海合作组织地区维稳功能与机制。当前上合组织还缺少反应迅速、协调高效的维稳机制，难以履行宣言和章程赋予的维稳使命。必须尽快制定相关法律，消除采取集体行动的法律瓶颈，切实强化集体维稳机制建设。第一，可以建立应对地区安全威胁中心，并将秘书处机制化赋予决策执行权，逐步将上合组织由政府间论坛发展为独立的全面负责中亚安全的第三方地区组织。第二，强化上合组织框架多边或中国－中亚双边警务合作机制，派遣更多警务联络官以强化执法合作，以有效及时打击各种犯罪。第三，可以借鉴联合国维和部队，部署上合组织维和警察或部队，使之成为维护地区安全的快速反应维护力量。第四，推进上合组织积极介入成员国内部安全事态，维护各国内部稳定。由于中亚各国普遍缺乏平息内部骚乱的能力，中俄直接干预又有悖不干涉内政原则，上合组织必须承担起这一干预责任，上合组织应该探讨建立突发事态紧急磋商和联合维和机制的建设。

5. 社会舆论：如何防止"中国威胁论"的反弹？

虽然中亚或"新丝路"沿线国家存在对华友好的大的社会舆论氛围，但"中国威胁论"亦有较大市场，随着"新丝路"的大力推进和域外国家的挑拨，一旦"新丝路"建设在当地出现一些负面事件或对当地部分群众生活造成一定负面影响，"中国威胁论"必将抬头。

在当前"新丝路"顶层设计中，主要从中国角度考虑得多，而从"新丝路"沿线国家角度考虑得少，这极容易养成大国恩赐心态，从而引起对方反感。另外，深受中国"上层路线"思维的影响，"新丝路"建设极可能出现重视做对方政府工作而忽视民间社会组织与公民力量存在的倾向。

为了防止"中国威胁论"抬头，中国必须避免恩赐心态与大国心态，要注意平等合作，要从双向建设角度规划而不能单向设计，在宣传上要突出强调互惠互利，而非单向需要或单向恩赐。

国之交在于民相亲。没有坚实民意支持的任何合作都是短暂的。为此，必须加强中国与"新丝路"沿线国家间人民的友好往来，增进相互了解和传统友谊，为开展区域合作奠定坚实民意基础和社会基础。中资企业要积极执行社会责任战略，并通过企业文化传播优秀中华文化，扎实做好企业公共外交，增强企业吸引力。中国政府应该积极引导地方政府加强城市外交和友好城市工作，以提升中国在当地民众的形象。中国政府还应该改进对外援助。除了能源基础设施方面的战略援助之外，应该重点援助中亚国家急需的人文、社会、教育项目，为我国获得该地区油气能源营造一个良好的人文社会环境。2013年9月7日习近平在纳扎尔巴耶夫大学的演讲中表示，中国将在未来10年向上海合作组织成员国提供3万个政府奖学金名额，邀请1万名孔子学院师生赴华研修。这正是强化中国与中亚各国人文、公共外交的得力举措。中国必须继续强化这种柔性公共外交的努力。

6. 政策文化：如何保障中国投资安全？

变化是事物的本性。"新丝路"沿线各国政治的多变性、地缘博弈的竞争性、文化宗教的多样性决定了"新丝路"沿线各国法律政策变化较为频繁与巨大，投资环境缺乏稳定性与可预期性。就中国投资安全来说，间接征收或国有化以及文化冲突应该是我们需要注意的重要安全风险。

当国际能源价格高涨、国内保守政治派别上台或双边关系急剧恶化时，中亚国家可能提高外资企业中本国国有股的比例，甚至采取国有化措施，也可能虽然不直接干涉中资企业财产所有权但对其使用、占有和处置财产进行无理干涉。例如，哈萨克斯坦在进入 21 世纪后，开始对投资资源开发设限，出台了"哈萨克斯坦含量"的新规定，也就是在哈外资企业必须吸纳一定数量的哈籍员工，对外资企业在本国石油等资源占有的份额也有所限制。当两国关系恶化而又不至于破裂时，间接征收风险将加大。当两国关系破裂或东道国爆发革命时，国有化风险将出现。"中国威胁论"在中亚具有一定生存空间加剧了这一风险。

为此，中国企业必须加强企业维权意识与能力。企业必须密切关注各国政治局势的演变，并及时预判，做好早期预防；企业自身应该搞好当地政府公关工作，建立良好的人脉关系，避免不必要的干扰；出现问题后善于运用当地法律、双边投资保护协定、《解决国家与他国国民间投资争端公约》与《多边投资担保公约》等维权。

为了防止文化冲突对中国投资的额外影响，投资者必须入乡随俗，尊重当地风俗习惯，避免文化冲突。

7. 政策执行：如何落实"新丝路"的宏大规划？

即便是良策，如果得不到切实的执行，往往也只有失败的命运。作为宏大的周边外交规划，"新丝路"的重大政策与配套项目需要一套完善的治理机制予以执行方能实现。

治理不善是"新丝路"建设面临的客观困境。"新丝路"沿线国家普遍是发展中国家，政治经济体制不健全，各国普遍存在着官僚体制、低效的边界管理机关、不作为甚至是贪污腐败现象，都严重阻碍着丝绸之路的复兴。据亚洲发展银行的调查，往来于阿富汗的卡车司机中，90% 的人认为官僚体制盛行是开展跨境贸易的最主要障碍。至少在短期内，设立跨国边境管理机构是不现实的选项。那么，如何提升各国制度执行力以保障"新丝路"各个项目切实实施成为重要任务。为此，除了资金援助之外，中国对外尤其是对"新丝路"沿线国家应该积极推进治理援助，以把那些在中国较为成功施行又适合"新丝路"沿线国家的治国理政经验推广出去。这不仅可以提升当地国家的社会治理能力，而且可以提升中国的国际影响力。

政策执行是依靠人完成的。深受大国政治的影响，中国国际关系研究关注的往往是大国，而对中小国家关注较少。在"新丝路"建设中，中国大量缺乏了解、熟悉沿线国家语言、宗教、习俗、法律的专业人才。专业人才的匮乏降低了具体政策的专业化水准，正在成为"新丝路"建设的瓶颈。中国必须大力推动培养与沿线国家语言相关的专业人才，让专业人才去弥补这一智力缺口。

8. 外交观念：如何平衡不干涉内政与一体化建设的内在冲突？

国际规范虽然在一定时期内具有稳定性，但变迁是其本质。自17世纪主权国际体系形成以来，由主权原则引申而来的不干涉内政原则一直是国际关系的基本或核心规范之一。根据这一原则，由于各国在主权上是独立和平等的，因而其内部治理必须是自主自治的，而不允许任何外在权威（包括另一主权国家）的干涉。然而，冷战结束以来，随着诸多第三世界国家人道主义危机的频发，试图介入主权内部事务的"保护的责任"规范迅速传播。自2006年以来，"保护的责任"实践在苏丹、利比亚、科特迪瓦、南苏丹、中非共和国等国家得到贯彻。虽然广大发展中国家正以"负责任的保护"（Responsible Protection，RP）[①] 与"保护过程中的责任"（Responsibility While Protection，RWP）[②] 去矫正"保护的责任"贯彻中的问题，但毫无疑问，面对人权规范的迅猛传播与全球相互依赖的加强，绝对主权观已经过时，如何介入他国内政亦成为中国"新丝路"建设中必须面对的问题。

自新中国成立以来，不干涉内政原则一直是中国外交的核心基石。然而，诸如"一带一路"的互联互通的一体化建设不仅客观上强化了各国内政之间的互联互动，而且必然会对各国内政带来不可预期的影响。随着"一带一路"建设的推进和中国海外利益的倍增，中国一直坚守的不干涉内政原则必然会遭遇巨大

---

① 关于"负责任保护"，可参见阮宗泽《负责任的保护：建立更安全的世界》，《国际问题研究》2012年第3期，第9~22页。

② 关于"保护过程中的责任"，可参见 Statement By H. E. Dilma Rousseff, Presidet nof Federative Republic of Brazil, at the Opening of the Genaral Debate of the 66 th Session of the United Nations Genaral Assembly, New York, 21 September, 2011, http：//gadebate. un. org/sites/default/files/gastatements/66/BR_ en_ 0. pdf；《2011年11月日巴西常驻联合国代表给秘书长的信——保护过程中的责任：制定和推广一个概念的各项要素》，联合国网站，A/66/551 – S/2011/701，http：//www. un. org/zh/documents/view_ doc. asp？symbol = A/66/551。

挑战。2010 年吉尔吉斯斯坦骚乱事件为观察不干涉内政原则的效果提供了极好的对比案例。面对骚乱，上合组织没有介入，中国也没有介入，而积极介入的美国与俄罗斯却赢得了更多赞誉，增强了地区影响。在中亚地区内部出现问题或国与国之间出现纷争时，中国对不干涉内政原则的宽泛坚持，不仅让中国丧失了更好的保护海外利益的手段，也让中国丧失了增强地区影响的机会。正如联合国前副秘书长、中国联合国协会会长陈健针对中国外交这一变化曾指出的那样，"中国实际上已在经济层面介入了许多国家内部，并且随着经济介入也带来了政治层面、文化层面等方面的影响力，形成了一些利益共同体。适应这一形势的变化，如何在坚持不干涉内政原则的同时，正确认识'介入'的实际，制定更切合实际的、互利共赢的'介入'政策，已是我面临的新挑战"。①

面对不干涉内政规范的遭遇的挑战，作为发展中国家，中国在理论上仍然必须坚守不干涉内政规范的首要性，但又必须基于中国海外利益不断拓展的现实去积极探索诸多介入进而影响他国内政的巧妙方式，以适应国际形势与中国外交的需要。针对 2010 年中国在吉尔吉斯斯坦骚乱中的政策，赵华胜认为不介入和介入一样，都是一种可能的选择。在中国利益涉入不深的地区，或是在完全无能为力的状态下，选择不介入政策是合理的。但在中国有重大利益的地区，并且在中国也有一定能力的条件下，建设性介入应是更优的选择。② 基于中国外交急需承担更多地区与全球责任的挑战，王逸舟认为"创造性介入"应是中国外交新取向，③ 基于中国外交多年来在干涉与不干涉规范间的艰辛探索与外交实践，笔者认为中国外交在继承中国特色协商民主政治的基础上，已经以其独特的"协商介入"治理方式影响和重塑着不干涉内政规范并以此缓和与"保护的责任"规范的伦理压力，"协商介入"正在成为中国外交在（不）干涉规范上的基本立场与显著特点。所谓"协商介入"，就是指在原则性坚持主权与人权规范的同时，积极以建设性的协商方式塑造他国内政。这一外交新模式既原则性地坚持了不干涉内政这一国际社会与中国外交的基石，又尊重了人权规范的普遍性原则，还为

---

① 王逸舟：《创造性介入：中国外交新取向》，北京大学出版社，2011，第 8 页。

② 赵华胜：《不干涉内政与建设性介入——吉尔吉斯斯坦动荡后对中国政策的思考》，《新疆师范大学学报（哲社版）》2011 年第 1 期，第 23～29 页。

③ 王逸舟：《创造性介入：中国外交新取向》，北京大学出版社，2011；王逸舟：《创造性介入：中国之全球角色的生成》，北京大学出版社，2013。

创造性、建设性介入他国内部事务从而更好地改善他国内政、维护世界和平与保障中国海外利益提供了足够灵活性，从而能够成为指导"新丝路"建设的外交新理念。

三　小结

"新丝路"战略倡议是新一代中央领导集体配合国内西部大开发战略，在国际上实施"西进"战略经营大周边，以推进"向西开放"更全面的对外开放格局并保障国家总体安全的大战略。在"新丝路"建设的安全合作中，中国面临地缘竞争、制度建设、政治动荡、跨国犯罪、社会舆论、政策文化、政策执行、外交观念八大类重大挑战，国际环境比较复杂，切不可操之过急、盲目推进。面对巨大的安全挑战，中国必须以习近平总书记提出的总体国家安全观予以精心的战略思考和细致的策略应对。为此，在"新丝路"安全合作中，必须始终贯彻总体国家安全观，综合考虑经济、政治、军事与能源安全的协调统一、内政与外交的联动配合、双边多边外交的协调推进、传统与非传统安全的综合考量，不断推进大国间的战略谅解，不断提升上合组织的制度领导力，不断遏制种种跨国犯罪行为，不断推进治理援助，不断优化沿线舆论环境，不断重塑外交观念。只有真正贯彻好了总体国家安全观，"新丝路"安全合作才能最终成为"新丝路"建设的安全保障。

中国外交的全球战略环境

——基于力量结构、国际机制
和观念互动三个维度的考察

王存刚[*]

一国外交的战略环境，是指该国所面对的主客观环境中那些宏观、长远且对外交全局产生至关重要影响的因素的总和。从构成要素及彼此间的关系看，一国外交的战略环境具有多维属性；就空间角度而言，它包括国际和国内两个方面，其中国际环境又可以区分为全球和周边两个层次；就基本属性而言，它既具有相对稳定性，也处在不断变化和发展的过程之中。

探讨一国外交的战略环境，属于广义的战略环境评估范畴。[①] 这是一种具有较强主观色彩的复杂认知行为，对于外交政策制定、外交战略调整等均具有重要意义。就当下中国外交而言，之所以要进行战略环境评估，首先是基于对中国外交决策传统的继承。正如秦亚青所概括的那样，"中国文化的四个关键因素——环境性、互系性、互补性和可变性，使中国人重视'势''关系''和''变'。这些因素作用在外交决策上，表现为中国重视对大趋势的判断，主张顺势而为……"[②] 其次是实现国家战略目标的需要。未来五到十年，是中国实现"两个百年"的奋斗目标、实现中华民族伟大复兴的中国梦的关键期。为此需要塑造良好的国际环境。这就需要中国外交更加有所作为。而做好这一点的前提，在于

[*] 王存刚，天津师范大学政治文化与政治文明建设研究院、政治与行政学院教授，国际关系与全球问题研究所所长。本文原刊于《外交评论》2014 年第 1 期，在收录本集刊时做了修改。

[①] 环境科学、企业管理等学科对"战略环境评估"有较为深入的理论研究。由于研究对象不同，本文在使用这一概念时与上述两个学科存在一定差异。

[②] 秦亚青：《中国文化及其对外交决策的影响》，《国际问题研究》2011 年第 5 期，第 21 页。

"先审知天下之势，而后可与言用威惠"。倘若"不先审知其势，而徒曰我能用威，我能用惠者，未也"。"欲应天下之务，难矣！"① 最后是为了中国外交调整乃至外交转型的需要。随着国家力量和国际影响力的双重提升，中国外交需要更具全球视野，更具进取意识，更具开创精神。如何在继承当代中国外交多年来形成的大政方针和优良传统的基础上，明察和用好各种资源，探索出一条具有时代特色、中国特色的大国外交之路，是中国外交亟待完成的新课题、大课题。总之，历史传统和现实需要，都要求我们必须对中国外交的战略环境进行认真评估，并在此基础上形成恰当判断。如果不开展这些工作，或者虽然做了，但粗枝大叶，方法不对头，其结果必然是产生认知和判断上的偏差。一旦将这种认知和判断付诸实践，其结果可想而知。

基于上述认识，本文聚焦于中国外交的全球战略环境，并选取力量结构、国际机制和观念互动三个维度进行分析。② 之所以选择这三个维度，与作者对国际关系的基本认知有关。外交是国家参与国际互动的基本手段之一，而国家间的互动从来都是参与者依据对自身力量和国际力量结构的评估而进行的；在日渐频繁、日益深化的国际互动中，各种规范化和制度化因素也即国际机制渐次形成，它对国际互动参与者的激励或惩罚，为国际合作的顺利进行提供基础和保证；而国家参与国际互动又总是基于某种观念，并且会在互动中形成对他国的"看法"和"态度"。在具体研究中，我们将既考察战略环境中相对稳定的方面，又注意辨识其中变化的因素；既考察战略环境的现实状况，也注意探究其未来的发展趋势。

一　中国外交的全球战略环境：力量结构维度

国际力量结构是思考和运筹一国外交时需要首先面对的客观环境因素。所谓知己知彼，所谓形成均势，其实都与力量及对其的认知和判断有关。作为一个具有多重身份的新兴大国，中国在对当今国际力量结构进行分析时，应当首先关注

---

① 苏洵：《几策·审势》，《苏洵集》，中州古籍出版社，2010，第3、5页。
② 这三个维度的设定直接受益于秦亚青教授、李少军研究员的相关观点。参见秦亚青《权力·制度·文化——国际关系理论与方法研究文集》，北京大学出版社，2005；李少军等《国际体系——理论解释、经验事实与战略启示》，中国社会科学出版社，2012。

传统大国力量的现状及其演进趋势，因为这些国家构成了当今国际力量结构的基础；其次应当分析自己身在其中的新兴大国力量的现状及其演进趋势，因为这些国家有可能成为新的国际力量结构的中坚。在此基础上，还需要对国际力量结构的未来走向作出判断，以进行恰当的战略选择。所谓"善治天下者先审其强弱以为之谋"，① 就是这个道理。

1. 传统大国的绝对力量和相对力量反向而行，但未来存在着局部反弹的可能性

所谓反向而行，是指传统大国的绝对力量仍在缓慢上升，但相对力量却在继续下降。近年来先后问世的权威实证研究成果可以佐证这一判断。② 这种力量不对称的变化体现在世界政治领域，就是传统大国绝对主导国际议程、全面掌控国际机制的时代已经逝去，它们不得不适应与其他类型的国家特别是新兴大国分享权力和利益的国际环境。自由主义国际秩序的坚定维护者约翰·伊肯伯里就曾用略带感伤的笔触写道："毫无疑问，财富和权力正从西方和北方向东方和南方转移，由美国和欧洲所主导的旧秩序正日益让位于由非西方新崛起国家所共享的新秩序。"③ 深谙国际体系演变规律的巴里·布赞则预测，随着国家间权力不平等的消弭，一个去中心的全球化更有可能出现。在这样的一个世界中，根本没有超级大国（Super Powers），顶多只会有一般意义上的普通大国（Great Powers）。④ 当然，传统大国不会坐视这一趋势的发展而束手待毙，为此采取各种手段、运用各种方式加以阻滞。比如，通过对具有重大战略意义的当代"新边疆"——包括极地、深海、太空与网络空间等领域——的大力争夺，力图开辟新的力量增长点。抑或加大对新能源、新材料、生命科学、生物工程、航空航天、海洋工程、信息技术等领域的投入，以抢占"后危机时代"科技创新领域的制高点和发展

---

① 苏洵：《几策·审势》，《苏洵集》，中州古籍出版社，2010，第3页。
② 如世界经济论坛（World Economic Forum）发布的《2012～2013年全球竞争力报告》（The Global Competitiveness Index 2012 – 2013），www.weforum.org/gcr；2012年底由社会科学文献出版社出版的国别和地区系列研究皮书。
③ John Ikenberry, "The Future of the Liberal World Order: Internationalism after America," http://www.foreignaffairs.com/articles/67730/g-john-ikenberry/the-future-of-the-liberal-world-order.
④ Barry Buzan, "A World Order without Superpowers: Decentred Globalism", *International Relations* 25, 2011, pp. 3 – 25.

领域的战略主动权。① 再如，加大对亚太、非洲等世界关键地区主导权的争夺。特别是在亚太地区，美国、欧盟近年来均加大了外交投入；美国所实施的"亚太再平衡战略"更是广受各方高度关注，并取得一定进展。② 总之，护持霸权是当前和今后一个时期传统大国对外行为的核心目标；围绕该目标调整全球和地区战略，将是它们对外行为的重要特点。

当然，对传统大国相对力量的下降应有恰当的判断，为此应当重视并深入研究这些国家的某些特质和新特点、新趋势。仅就传统大国领头羊——美国而言，除了依然较为强大的软力量（Soft Power，也译为软实力）③ 和被普遍肯定的巨大创新能力外，以下两个近年来出现的新动向值得高度关注。第一，能源独立性增强。自 20 世纪 70 年代初爆发第一次石油危机以来，美国历届政府均在推行"能源独立战略"。2011 年 3 月，奥巴马政府发布《能源安全未来蓝图》，宣称将以新能源为主要切入点，制定能源战略规划，着力提升美国的能源生产能力，大幅削减美国石油进口量，以增强美国的能源独立性。该设想已经取得了实际进展。根据国际能源署 2012 年 11 月发布的报告，得益于包括通过水力压裂法开采的页岩油和页岩气在内的非常规油气资源，美国能源产量急剧增长。当年美国的天然气产量已经超过俄罗斯。2013 年 10 月，美国能源信息署又宣布，当年美国将超过俄罗斯和沙特阿拉伯，成为世界最大的石油和天然气生产国。④ 这些都将对美国的全球战略布局、对外行为方式乃至全球政治走向产生重大影响。第二，再工业化。所谓再工业化，就是重新重视和发展美国工业，其核心就是振兴美国的制造业。自 2009 年以来，奥巴马政府先后推出"购买美国货"、《制造业促进法案》等举措，力图实现所谓的"制造业回归"。在 2013 年初发表的国情咨文中，奥巴马总统再次强调了制造业对美国经济复苏的重要性，并宣布将在美国境内建

---

① 参见陈须隆、苏晓晖《当前国际形势的几个新动向》，《当代世界》2013 年第 8 期，第 34 页。

② 王存刚：《地区战略博弈：未来大国关系的重要内容》，《中国社会科学报》2012 年 12 月 11 日，第 B03 版；贺文萍：《西方大国在非洲的新争夺》，《当代世界》2013 年第 4 期，第 22 ~ 25 页；余建华：《中南亚能源政治博弈中的大国竞合》，《外交评论》2011 年第 5 期，第 11 ~ 27 页；Aaron L. Friedberg, *A Contest for Supremacy：China, America, and the Struggle for Mastery in Asia*, MI：W. W. & Company, 2012。

③ 参见翟石磊《国际公众对中美软实力的认知与反应——基于近十年国际主流民调数据的分析》，《社会科学》2013 年第 2 期，第 21 ~ 31 页。

④ "U. S. Expected to be Largest Producer of Petroleum and Natural Gas Hydrocarbons in 2013," http：//www. eia. gov/todayinenergy/detail. cfm? id = 13251.

立 3 个制造业创新中心，美国国防部和能源部将与进入这些中心的企业展开合作。美国重振制造业战略的实施，不仅将对美国国家力量的走向产生直接影响，还将深刻影响全球产业布局。美国商界、学界普遍认为，如果能够复苏、开发和再建制造业部门，加之能源独立性的增强，美国将再次享受繁荣。①

从历史经验看，传统大国特别是世界超级大国相对力量下降过快，其实并非世界福音，因为那将导致世界力量结构的突然失衡并出现世界的暂时性失序状态，从而恶化新兴大国崛起的国际环境。反之，如果传统大国特别是其中的世界超级大国相对力量下降较为平缓，则可以保证世界秩序转换进程的相对稳定，并在一定程度上降低新兴大国所面临的崛起风险。

2. 新兴大国的绝对力量和相对力量同向而行，但未来仍存在一些不确定性

所谓同向而行，是指新兴大国的绝对力量和相对力量同时增长，尽管增长幅度存在一定差别。一大批新兴市场国家走上发展快车道、几十亿人口加速走向现代化，是 21 世纪初世界体系中一个引人注目的新现象，并因此产生了不少新名词，如金砖国家（BRICS）、新钻 11 国（N-11）、展望五国（VISTA）、灵猫六国（CIVETS）等。在这一生机勃勃的群体中，若干历史悠久、文明灿烂、人口众多的国家——它们一般被人们称为新兴大国②——的成就更为引人注目。权威资料显示，由中国、俄罗斯、印度、巴西和南非组成的五个金砖国家的 GDP 的全球占比，已从 1995 年的 15% 增至 2012 年的 26%。国际货币基金组织（IMF）预计，到 2018 年，该比重将升至 30%。③ 与此相对应，新兴市场国家和发展中国家在各种全球治理机制中的地位也在稳步上升。在 IMF 中，这些国家的份额已经增至 45.3%，与 2008 年份额改革时相比提高了 9.1 个百分点，几乎与传统大

---

① 参见利伟成《美国制造：从离岸到回岸，如何改变世界》，蔡中为译，东方出版社，2012；Gary P. Pisano and Willy C. Shih, *Producing Prosperity: Why America Needs a Manufacturing Renaissance*, Boston, MA: Harvard Business Review Press, 2012。

② 目前对"新兴大国"（emerging great powers）一词尚无统一界定。一般认为，作为新兴大国，应具有以下特点：（1）较大的人口规模，人口位居世界前 20%；（2）一定规模的 GDP，位居世界前 20%；（3）较高的增长率和继续高速增长的潜力；（4）中高水平的人类发展指标（HDI）。目前，金砖五国最符合上述特征。

③ 参见驻欧盟使团经商参处《欧委会贸易委员德古赫特谈欧盟与新兴经济体关系》，http://www.mofcom.gov.cn/article/i/jshz/zn/201305/20130500126057.shtml。更为系统的研究可见蔡春林、刘畅、黄学军《金砖国家在世界经济中的地位和作用》，《经济社会体制比较》2013 年第 1 期，第 40~50 页。

国平分秋色；其中中国所占份额增至 10.1%，位列美国和日本之后，居第三位；其他四个金砖国家也都进入了最有投票权的前十个国家行列。① 在世界银行中，根据 2010 年 4 月通过的新一阶段投票权改革方案，发达国家共向发展中国家转移了 3.13 个百分点的投票权，从而使后者的整体投票权从 44.06% 提高到 47.19%；其中中国的投票权从 2.77% 提高为 4.42%，成为仅次于美国和日本的第三大股东国。② 世界银行还将在 2015 年继续讨论新的投票权计算方法，以保证各国更加均衡的投票份额。在联合国中，除中国、俄罗斯两个常任理事国外，巴西、印度、南非目前均已成为非常任理事国，换言之，在 15 个理事国席位中，新兴大国占据了 1/3。可以说，继 20 世纪六七十年代后，发展中国家群体性崛起的一幕再次上演，"权力向新兴经济体流散"已成为一个客观事实、一种国际共识。

但也应当看到，新兴大国的力量、国际地位和影响力的上升仍存在不确定性。这与以下情况有关。第一，这类国家的经济增速未来几年将普遍放缓。新兴大国近年来较快的经济增长速度令人印象深刻。但支撑这类国家经济快速增长的内外条件具有很大的特殊性、偶然性，在很大程度上也是不可复制的。或许正是因为这一点，早在 2011 年，联合国在《世界经济形势和展望》报告中，既肯定了中国、印度在全球经济复苏中的优异表现，又不无忧虑地指出，由于面临通货膨胀、资产价格泡沫、货币升值压力、热钱流入等压力，这些国家的经济发展存在放缓的可能性。③ 如果新兴大国不能很好地处理上述问题，特别是不能顺利和较快地转变经济增长方式，发展速度放缓是必然的。一旦这些国家经济低速增长的时间过长，甚至出现滞胀，它们崛起的势头肯定会受到遏制，崛起夭折也不是不可能。第二，新兴大国对全球事务的影响力总体上仍然较为有限，更谈不上主导。比如，在 2010 年 IMF 新总裁人选问题上，虽然新兴大国推举了两位重量级人物参与竞选，其中墨西哥央行行长卡斯滕斯曾任 IMF 副总裁，工作能力获得

① 国际基金组织网站：《国际基金组织应对全球经济危机》，http://www.imf.org/external/np/exr/facts/chi/changingc.pdf.
② 中共中央党校中国特色社会主义理论体系研究中心：《中国国际战略的新擘划》，《光明日报》2013 年 4 月 15 日，第 1 版。
③ 事实上，从 2012 年下半年开始，新兴经济体的增长势头已经趋缓。2013 年，巴西、印度等国的经济增速下降了好几个百分点；拉美不少国家甚至一度濒临汇率危机，货币大幅贬值，资本外逃严重。

各方高度评价，且被认为能与华盛顿的政治圈进行良好沟通，但最终还是来自法国的拉加德胜出。尽管拉加德就职后承诺增加新兴经济体在 IMF 中的发言权，并将中国经济学家朱民任命为该组织副总裁，但毕竟布雷顿森林体系的老规矩——欧洲人执掌 IMF——保住了。第三，新兴大国的软力量短期内普遍不可能有根本改观。历史经验和理论研究都表明，国家在世界体系中的崛起应是力量的整体性增长、地位和影响力的全方位提升，而不仅仅是经济力量的单方面增长，以及经济地位和经济影响力的单方面提升。如果没有政治崛起特别是文化崛起，没有国内的善治和良好的国际形象，换言之，就是缺乏强大软力量的支撑，一国经济崛起就是不稳定和不可持续的。很显然，新兴大国目前在软力量方面普遍较弱。[①] 虽然这类国家都已程度不同地认识到自身软力量的缺陷，并在国内和国际两个层面作出了不少努力，但受硬力量相对不足以及历史、制度和文化等多方面因素的限制，这些国家软力量偏弱的状况很难在短期内根本改观。最后，新兴大国在诸多方面差异较大，彼此间的合作不少是议题性的。粗略地看，新兴大国确实存在不少共同点；但细究起来，它们之间的不同点也许更多一些，这在经济发展水平、基本政治和社会制度、历史文化传统等方面都可以找到例证。诸多不同点决定了这类国家在全球观、利益观等方面存在较大差异。[②] 它们也许可以在某些特定议题上暂时达成共识，进行短期合作，甚至建立某种形式的准结盟关系或者联合阵线，但在其他议题上则很有可能产生明显的分歧和矛盾，甚至形成尖锐的对立。不仅如此，它们在解决彼此间的分歧和矛盾时，甚至会借重一些传统大国。比如，在人民币汇率问题上，巴西与美国的立场基本一致，两国曾联手对中国施压。上述状况与传统大国基于相同意识形态和价值观念而形成的相似性有很大的区别。

总之，变革世界秩序、提升自身地位和影响力的宏大愿景与既有力量相对弱小的落差，将是新兴大国在较长一段时间内不得不面对的客观事实。巩固已有阵

---

① 2008 年发表的一项研究表明：中国的总体软实力仅为美国的 1/3 上下；其中，中国的文化吸引力不及美国的 1/10。2013 年发表的另一项研究仍显示：中美两国的软实力存在显著差距。参见阎学通、徐进《中美软实力比较》，《现代国际关系》2008 年第 1 期，第 24～29 页；翟石磊：《国际公众对中美软实力的认知与反应——基于近十年国际主流民调数据的分析》，《社会科学》2013 年第 2 期，第 21～31 页。

② 李君如：《中国与世界关系的新阶段》，《文化纵横》2013 年第 2 期，第 22 页。

地，谨慎向外拓展，稳步向上拉升，将是这类国家对外行为的基本方式。

3. 新的力量结构短期内尚难定型，大国间的战略博弈日趋复杂激烈

当前正在发生的全球力量结构重组也即世界格局重构，是冷战遗产之一。但正如诸多论者曾指出的那样，由于旧格局的结束不是大规模战争引发的，因此，新格局的最终形成将经历较为漫长的时间。在此期间，各种国际力量此消彼长，相互之间攻防互现，各种组合不断形成。只有当各种主要国际力量达到相对均衡状态时，新的力量结构才能定型。从目前情况看，美国无意让出权杖，"世界第一""美国领导"，既是它的信念，也是它的目标；其现有力量也足以支撑这一点。[①] 中国无意争夺头把交椅，不争霸、不称霸，是中国的基本国策和战略选择，是中国的文化传统、社会制度属性、国家力量和战略考量综合作用的产物，也具有相当广泛的社会基础。[②] 陷入最长"衰退严冬"的欧盟疲于应付内部问题，其全球抱负有限。在可预见的未来，该组织将会把更多的时间和精力用于解决内部问题；间或实施的对外干预行为，也更多是基于内政的考量。俄罗斯已经明确宣布"不寻求获得超级大国的称号"，但"会捍卫国际法，敦促尊重国家主权、独立和人民独特性，从而争取成为世界领袖"。[③] 日本、印度、巴西的大国雄心与其力量和国际认知之间形成巨大反差，二流大国也许就是这些国家的宿命。因此，在当下和未来一段时间里，世界力量仍是很不均衡的。

历史经验和现实状况均表明，全球力量结构的转换期往往也是一个矛盾积聚期、冲突高发期。这是由于传统大国、新兴大国在心态、目标和行为方式等方面相互抵牾所致。故而，转换期也常常是危险期。加之此次全球力量重组发生在大

---

① 根据 IMF 最新公布的数据，美国 2013 年经济规模估计值为 16.7 万亿美元，仍是世界上最大的经济体，而且遥遥领先于其他经济体，几乎相当于世界第二大经济体中国的两倍。

② 2012 年末，由卡内基国际和平基金会和中国战略文化促进会联合完成的一项调查显示：在被问及他们的国家应该在世界上发挥什么样的作用时，普通中国人中，14% 回答是"世界唯一的领导者"，45% 希望"共同发挥领导作用"，而 19% 希望"根本不要发挥领导作用"；军队受访者中，只有 1% 的人希望中国成为唯一超级大国，84% 的人期望与美国分享权力，12% 的人希望中国不要承担全球性角色。这一调查结果与沈大伟的判断不谋而合。沈大伟认为，中国要成为真正的全球性大国要走一段很长的路，而且它永远不会统治世界。参见 "U. S. - China Security Perceptions Survey：Findings and Implications," http：//carnegieendowment. org/#/slide _ 544 _ us-china-security-perceptions-survey-findings – and-implications；David Shambaugh, *China Goes Global：The Partial Power*, Oxford, New York：Oxford University Press, 2013。

③ 参见《普京发表年度国情咨文》，http：//www. russia. org. cn/chn/3139/31298479. html。

体和平的背景下，其间各大国间的关系较历史上类似阶段可能更加微妙、更加复杂，大国间的战略博弈也就更为激烈。特别是在东亚地区，由于世界主要大国云集于此，力量结构的变化十分显著，军事化程度又是最高的，而有效管控各种分歧和危机的双边或多边安全机制则相对匮乏，甚至出现了所谓的"安全禁区/准禁区"的现象。[①] 这一切，都对中国外交决策者的复杂思维能力、资源运用能力、想象力和灵活性提出了极高的要求。

二　中国外交的全球战略环境：国际机制维度

除力量结构外，国际机制是一国外交必须面对的另一种客观环境。随着"中国昂首步入世界经济舞台的前沿、国际政治的中央、全球安全领域的敏感地带"，[②] 各种国际机制特别是全球性机制对中国的影响越来越大。从另一个角度看，中国与国际机制特别是全球性机制的互动状况，也是观察中国融入外部世界程度和中国国际影响力大小的重要指标之一。因此，探讨中国外交的全球战略环境，必须弄清楚各种全球性机制的状况和走向。

1. 传统的全球治理机制面临深刻挑战，其能力赤字短期内难有重大改善

传统的全球治理机制的典型代表，当属联合国、国际货币基金组织、世界银行和世界贸易组织。近年来，面对不断深化的全球化和社会信息化，面对日益复杂严峻的全球问题的挑战，面对全球力量结构的深刻变化，这些"仍然带有二战后建立的国际秩序的强烈印记"[③] 的全球治理机制的治理能力严重不足已经暴露无遗，并因此饱受各方诟病。就安全领域而言，负有首要责任的联合国的履职情况遭到了很多成员国的严厉批评；特别是近年来它在利比亚、叙利亚等国际热点问题上的作为，已使得众多中小成员国深怀忧虑、深感不安。在 2013 年 9 月举行的 G20 首脑会议期间，南非总统祖马直言不讳地说，"如今的世界中，许多小国家越来越没有安全感。有一种明显的印象就是，更强大的国家在任何时候都

---

① 参见韩彩珍、时殷弘《东亚区域合作的瓶颈问题与中国》，《现代国际关系》2014 年第 2 期，第 33 页。

② 袁鹏：《关于大时代与大战略的思考——兼论新时期中国外交需要处理的十对关系》，《当代世界与社会主义》2012 年第 4 期，第 11 页。

③ 王缉思：《全球发展趋势与中国的国际环境》，《当代世界》2013 年第 1 期，第 4 页。

可以根据自己的意愿对小国动武"。① 同年 10 月，沙特阿拉伯外交部在拒绝接受联合国安理会非常任理事国席位的声明中指出，安理会的工作机制和双重标准，妨碍其履行职责维护世界和平。因此，沙特阿拉伯别无选择。稍后，拥有 22 个成员国的阿拉伯联盟秘书长阿拉比对沙特的举动表示支持。他认为，安理会没能履行对阿拉伯世界的责任，过去 60 年间，包括巴勒斯坦和叙利亚在内的阿拉伯国家因联合国的孱弱蒙受了巨大损失。② 就经济领域而言，2008 年爆发的国际金融危机充分表明，国际货币基金组织危机预警与防范能力严重不足，金融监督范围过于狭窄，贷款援助机制无法满足发展中国家的需求。③ 世界银行和世界贸易组织也存在类似治理能力不足的问题。

为解决治理能力严重不足以至于合法性下降等急迫问题，传统的全球治理机制近年来也的确在进行某些改革。比如，2009 年 2 月召开的第 63 届联合国大会非正式全体会议作出决定，正式启动联合国安理会改革的谈判。该谈判将涉及以下重点问题：安理会成员种类、否决权、地区席位分配、扩大后的安理会的大小和工作方法、安理会与联大的关系。又如，在 2010 年秋季年会上，IMF 推出了其成立 65 年来最重要的改革方案：将总份额增加一倍，即从约 2384 亿特别提款权（SDR）增加到约 4768 亿，其中约 6% 的份额向有活力的新兴市场和代表性不足的发展中国家转移；改革执行董事会，其成员未来将全部通过选举产生，以使其更具代表性；欧洲国家向新兴市场国家和发展中国家让出两个席位。④ 但传统的全球治理机制的改革，受到以下两个因素的制约：第一，成员国在机制中的身份、利益及诉求有很大不同。因此不同国家对传统机制的态度存在不小的差别：有的主张维持现状，至多进行小修小补；有的主张大拆大建；有的甚至主张另起炉灶。因此，各方的博弈及由此产生的冲突乃至对抗无法避免，这在联合国安理会常任理事国扩大以及大国否决权问题、IMF 新一轮机制改革议程等方面有极为明显的体现。第二，成员国特别是大国国内各党派政治斗争的外溢效应。以

① 转引自关健斌《普京："俄罗斯会不会帮叙利亚？会！"》，《中国青年报》2013 年 9 月 9 日，第 8 版。

② 张红：《安理会遇危机改革声再起》，《人民日报》（海外版），2013 年 10 月 24 日，第 7 版。

③ 谢世清：《后危机时代国际货币基金组织的职能改革》，《国际贸易》2011 年第 11 期，第 46～58 页。

④ 国际货币基金组织：《基金组织应对全球经济危机》，http://www.imf.org/external/np/exr/facts/chi/changingc.pdf。

IMF 为例，由于美国国内民主与共和两党相互缠斗，奥巴马总统关于永久增加美国对 IMF 出资额度的请求已被共和党把持的参议院拨款委员会驳回。鉴于美国是 IMF 最大出资国，也是 2010 年改革方案的主要推动者，因此，美国参议院的行为已使 IMF 原定于 2014 年 1 月完成的份额改革流产。为此，IMF 总裁拉加德已多次向美国国会发出强烈呼吁，敦促它尽快批准 2010 年改革方案，以更好地反映新兴经济体力量上升的现状。总之，传统的全球治理机制治理能力的提升，将是一个长期复杂的过程，其中的曲折甚至某种程度的倒退也是不难想象的。

2. 新的全球治理机制陆续产生，但数量有限，基本功能有待完善

近些年来，一些新的全球治理机制相继诞生，2009 年形成的金砖国家就是其中最具声望的代表，但总体而言，这类机制的数量目前还很有限。此外，一些新的全球治理机制也在酝酿之中，如跨太平洋伙伴关系（TPP）、跨大西洋贸易与投资伙伴协定（TTIP）、诸边服务业协议（PSA）等。在这些新机制的创设或酝酿过程中，主导者要么是传统大国，如美国之于 TPP、TTIP 和 PSA；要么是新兴大国，如中国之于 BRICS；要么是两者的联手，如 G20 首脑会议。

创设主体的多样化，导致各类新的全球治理机制的宗旨存在不小的差异，有的甚至大相径庭。传统大国创设或支持新机制的最主要目的自然仍是护持霸权。这方面最典型的案例是美国主导的跨太平洋伙伴关系。正如一位中国前亚太经合组织高官所言，TPP "要超越茂物目标甚至 WTO，企图按照它的价值观和'市场标准'，占领新的'制高点'"。[①] 此外，美欧启动的 TTIP、美日欧启动的 PSA、欧日启动的"经济伙伴协定"（EPA），也有类似的战略意图。[②] 新兴大国创设全球治理机制则是为了变革既有的世界秩序，提升自身的国际地位和影响力，并体现新的国际力量对比状况。2006 年，时任印度总理的曼莫汉·辛格就指出，为适应亚洲崛起这一新的现实，"现有的全球机构和合作框架必须不断发展和变革。对联合国和联合国安理会的改革以及恢复联合国的权威来说是如此，对多边贸易体系的管理、全球环境保护或者世界能源供给的安全来说也是如此"。[③] 巴西总统迪尔马·罗塞夫在 2012 年金砖国家领导人第四次峰会上也表

---

① 王嵎生：《新的选择与魅力》，《光明日报》2013 年 9 月 30 日，第 8 版。
② 陈须隆、苏晓晖：《当前国际形势的几个新动向》，《当代世界》2013 年第 8 期，第 33 页。
③ 转引自马凯硕《亚洲半球：势不可挡的全球权力转移》，刘春波、丁兆国译，当代中国出版社，2010，第 215 页。

示，联合国安理会及主要国际金融机构都需要改革，以适应当前新兴市场国家不断繁荣的新形势。就此而言，金砖国家在 2010 年 G20 财长和央行行长会议上的决定，在 2011～2014 年间四次峰会上所发出的各种信号具有历史性意义；这些国家在金融领域已经和即将采取的集体行动，如建立金砖国家开发银行和应急储备机制，大力推动建设全球发展伙伴关系，共同参与国际发展议程的制定等，有可能撼动既有全球经济秩序的支柱。

当然，受机制成长周期及多种因素的影响，新的全球治理机制的功能有待增强，组织化程度也有待提高。比如，G20 首脑会议作为最主要的全球经济治理平台，虽经五年磨合，但在机制化方面并无多大进展，目前仍停留在"临时性政治俱乐部"阶段，没有常设机构，没有理事会、秘书处；其间甚至出现个别传统大国用本国关切左右年度会议议题的极端案例。有学者认为，"G20 机制的生命力正在经受考验。它可能作为一个突出金融、经济议题的论坛得以维持，但难以发展为一个包括政治议题的、有一定权威的常设机构"。① 因此，提升治理功能、完善组织结构，将是各种新的全球治理机制亟待解决的共同课题。

3. 传统大国与新兴大国围绕国际规范展开激烈博弈，彼此互有攻守

按照斯蒂芬·克拉斯纳的定义，规范（Norm）是国际机制的重要组成部分。② 由于力量、利益和国际地位的差异，不同国家对传统国际规范体系的态度存在明显的差别。作为传统国际规范体系的创制者和护持者，传统大国一方面尽最大努力维护该体系——特别是其中的核心规范——的稳定，并迫使新兴国家继续遵守这些规范，从而继续享有"规范红利"；另一方面又力图抓住构建新国际规范的主导权，并试图弱化新兴大国构建新国际规范的努力，或者尽可能地限制它们在这方面的作用和影响，以构建"新的利益增长点"。希拉里·克林顿在担任美国国务卿期间提出的"建立以规则为基础的秩序"的构想，③ 就是这方面的集中体现。她在不同场合反复提到的规则（Rules），其实既包括传统国际

---

① 王缉思：《全球发展趋势与中国的国际环境》，《当代世界》2013 年第 1 期，第 4 页。

② See Stephen D. Krasner, "Structural Causes and Regime Consequences: Regimes as Intervening Variables," *International Organization* 36, 1982, p. 186.

③ 集中体现这一构想的文献是：Hillary Rodham Clinton, "America's Pacific Century," *Foreign Affairs*, 2011, pp. 1–14。

规则即传统国际规范，也包括新国际规则即国际规范。对于传统大国的上述做法，新兴国家特别是新兴大国当然是不认同和不接受的。尽管它们中间的任何一个国家目前都还无力改变传统大国主导既有国际规范体系的局面，特别是无力挑战其中的核心规范，但它们对传统国际规范体系的不满众所周知；它们也越来越不掩饰自己在这方面的态度，并勇于提出自己的见解和方案。新兴大国在变革传统国际规范体系特别是经济、社会规范方面携手合作，互为支援，步步为营，不断增强同传统大国在相关领域讨价还价的力量和资本。这在 2012～2014 年间的金砖国家和 G20 分别举行的三次领导人峰会都有非常引人注目的体现。

全球治理机制对中国外交的影响是十分复杂的，中国对不同机制的态度也存在一定的差别。作为世界上 128 个国家的最大贸易伙伴，增长最快的主要出口市场，最被看好的主要投资目的地，以及能源资源产品的主要进口国，[①] 中国"将坚定不移地做和平发展的实践者、共同发展的推动者、多边贸易体制的维护者、全球经济治理的参与者"，简言之，就是做"当代国际秩序和公认国际关系准则的维护者"。[②] 与此同时，作为一个发展中的社会主义大国，中国也希望变革和完善全球治理机制，以使其更加公平公正，并为世界的和平与发展提供制度保障。因此，如何处理与传统的全球治理机制的关系、如何参与和推动新的全球治理机制的建设，特别是贡献中国智慧、提出中国方案，将是未来中国外交必须认真完成的重要任务。

三　中国外交的全球战略环境：观念互动维度

观念及其互动所产生的主体间（Intersubjective）世界，所形成的共有文化，是国家实施对外行为时必须面对的主观环境。它与前文所讨论的两种客观环境相互交织，形成一种复合体，共同对国家的对外行为施加影响。按照建构主义的术语和理论，这样一种环境是构成性（Constitutive）的，它不是通过外在约束影响

---

① 参见王毅《探索中国特色大国外交之路——在第二届世界和平论坛午餐会上的演讲》，http：//www.fmprc.gov.cn/mfa_ chn/ziliao_ 611306/zyjh_ 611308/t1053901. shtml。

② 实际上，"中国已经基本认可了当今国际体系中几乎所有重要的国际机制"，参见王杰主编《国际机制论》，新华出版社，2002，第 452 页。

或者改变具有既定偏好的国家的对外行为，而是通过改变偏好来改变国家的对外行为。中国外交如何在这种也许更为复杂微妙的环境中稳健自处并且积极有为，也是一门必须努力做好的重要功课。

1. 反思与重塑是当今全球思想领域的两大主题

自近代以降，随着全球化进程的逐步展开，特别是随着交通和通信技术的巨大进步，人类不同群体在思想领域互动的频度和深度不断增加，并间或伴有血与火的洗礼。可以说，观念互动而形成的全球思想领域从来都是不平静的。2008年爆发的国际金融危机的巨大破坏性，既是当今人类不同发展模式的困局所致，更意味着现代文明深层次的文化危机，由此引发全球思想领域的反思浪潮也是顺理成章。从实际进展看，这场反思的内容已经大大超出金融和经济范畴，涉及政治、安全和文化等极为广泛的领域。由于受危机影响的程度不同，不同国家反思的内容、指向和深度存在明显差异，即使是文化相近、社会制度相同的国家也不完全一样。比如，美国人的反思与欧洲人的反思就很不同，美国人与中国人的反思更是大相径庭。除此之外，在同一国家内部，不同阶层、不同政治信仰的人们的反思也很不一致。比如，西方左翼学者对全球治理理论、权力转移理论、民主理论的反思，与这些国家的新自由主义者就有着明显的差别。[①] 中国创新马克思主义者、新自由主义者、新左派、新儒家、民族主义者等对国际金融危机的思考，对"华盛顿共识"和"中国模式"的认知，在很多方面都是尖锐对立的。[②] 不同反思之间的相互激荡，构成了当今国际思潮的基本态势。[③] 这是任何一个国家的决策者都不能不认真面对、谨慎处理的事实。

思想史的演进历程表明，人类每一次对自身所面临的危机乃至困局的深刻反思，都预示着可能的观念创新和理论进步，从而在不同程度上重塑全球思想生态。这一幕已经在当下的世界上演。而全球思想生态的变化将直接或间接地影响人的观念、国家的观念，而"观念所体现出的原则化或因果性的信念""为行为

[①] 刘志明：《国际关系三大思潮的西方反思》，《人民论坛》2012 年第 18 期，第 70~72 页。

[②] 刘建军、梁海森：《当代中国政治思潮的演进与面向》，《人民论坛》2012 年第 15 期，第 62~64 页；吴沁雨：《当前中国政治思潮发展镜像》，《人民论坛》2011 年第 36 期，第 76~77 页；马静、刘广为：《2012 中外十大思潮的特点与走向——本年度十大思潮调查结果与简要分析》，《人民论坛》2013 年第 3 期，第 16~19 页。

[③] 关于当今国际思潮的新趋势，可见朱立群、卢静《金融危机后国际思潮的新变化及其对中国外交的影响》，《国际关系学院学报》2012 年第 4 期，第 1~9 页。

者提供了路线图，使其对目标或目的—手段关系更加清晰"。① 简言之，国家将在人类思想领域的反思和重塑的大背景下形成新的观念，采取新的行为方式。不同国家基于新观念和新行为方式的互动，将在一定程度上改变国际关系的既有面貌，并衍生出新的国际规则、国际规范乃至新的国际机制。

2. 利益共同体观念日益凸显，命运共同体观念有可能形成

利益共同体观念日益凸显，命运共同体观念有可能形成，与国家间相互依赖日益加深的世界大趋势直接相关。在导致相互依赖加深的诸多因素中，最为突出也最为直观的是经济领域。从一定意义上说，各国在经济领域日益加深的相互依赖，是最近几十年来特别是冷战结束以后国际关系发展的显著特点。② 尽管自2008 年国际金融危机爆发以来，某些地区的一体化进程严重受挫，贸易保护主义在全球范围内有所抬头，国家间的贸易摩擦有所增多，一些国家的政治内向化、保守化倾向有所加剧，但这些都没有从根本上改变各国经济相互依赖日益加深的大趋势。以多样化最为显著的亚洲为例，权威数据显示，该地区商品贸易依存度 2007 年为 53.4%，2010 年增至 54.9%，2011 年虽有回落，但仍维持在54.1% 的高位。亚洲经济体区内直接投资依存度 2008 年为 23%，2011 年增至29%。尽管由于诸多因素的影响，亚洲经济体 2012 年的国际贸易和投资出现了些许波动，但该经济体内部各成员之间在贸易、投资等领域仍保持稳定的高依存度。正在进行的中日韩自由贸易区谈判、区域全球经济伙伴建设（RCEP），将进一步加快亚洲贸易一体化进程。③

罗伯特·基欧汉和约瑟夫·奈曾指出，"相互依赖影响着世界政治和国家行为"。④ 其实，考虑到世界政治是行为体互动的结果，国家行为总是要受到某种观念支配等事实，可以说，相互依赖的现实改变或建构着人、国家的观念。其中

---

① 朱迪斯·戈尔茨坦、罗伯特·基欧汉编《观念与外交政策》，刘东国、于军译，刘东国校，北京大学出版社，2005，第 3 页。
② 据统计，1820～2003 年间，世界出口依存度从 1% 上升到 20.8%。其中，1820～1950 年的 130年间仅仅上升了 6 个百分点，而在 1950～2003 年的 53 年间却上升了近 14 个百分点。转引自刘力《贸易依存度的国际比较》，《学习时报》2005 年 3 月 14 日，第 3 版。
③ 参见博鳌亚洲论坛研究院《博鳌亚洲论坛亚洲经济一体化进程 2013 年度报告》，对外经贸大学出版社，2013。
④ 罗伯特·基欧汉、约瑟夫·奈：《权力与相互依赖》（第三版），门洪华译，北京大学出版社，2002，第 6 页。

一个重要的方面，就是"利益共同体"观念日益凸显。人们可以清楚地观察到，在当今这个高度相互依赖的世界上，国家可以超越文化传统、意识形态、社会制度和发展水平等方面的差异，在发展彼此合作的进程中建构"利益共同体"。比如，尽管中美之间存在严重的战略互疑，[①] 但希拉里·克林顿在美国国务卿任上曾多次使用"同舟共济"这一典型的中国成语，描述 2008 年国际金融危机爆发后的中美关系。王毅外长也多次强调："中美之间乃至全球各国之间已是日趋紧密的利益共同体。"[②] IMF 总裁拉加德在 2013 年全球央行年会上也指出："没有哪个国家是孤岛……在这个相互联系的世界，国内政策的溢出效应——包括非常规货币政策——会很快流回发源地。让我们来研究其更广泛的影响，因为这关乎我们自身的利益，也关乎所有人的利益。"[③]

但是，利益共同体毕竟是以"利益"为基础的，而不同国家的利益范围、利益内容和利益观念是不断变化的。汉斯·摩根索就发现："在一个特定的历史时期之内，哪种利益能够决定政治行为，要视制定外交政策时所处的政治和文化的环境而定。"[④] 玛莎·费丽莫的研究也表明："国家利益的再定义常常不是外部威胁和国内集团要求的结果，而是国际共享的规范和价值所塑造的，规范和价值构造国际政治生活并赋予其意义。"[⑤] 因此，利益共同体即便能够形成，也是不稳定的；各方利益高度重合则共同体兴，各方利益严重冲突则共同体衰。这方面的案例可以说是屡见不鲜。而要从这种不稳定中摆脱出来，需要建构一种稳定性特别是涵盖性更强、也更易于为人类不同群体所接受的观念。"命运共同体"就是这样的一种观念。它根植于利益共同体观念，但远高于这一观念；在践行前者

① 王缉思和李侃如合著的《中美战略互疑：解析与应对》（社会科学文献出版社，2013）对此进行了精彩解读。由卡内基国际和平基金会和中国战略文化促进会于 2013 年 12 月 12 日联合发布的《中美安全关注联合报告》 （U. S. – China Security Perceptions Survey: Findings and Implications） 也宣称：中美关系基本积极，但彼此的信任程度较低，http://carnegieendowment. org/#/slide_ 544_ us-china-security-perceptions-survey-findings-and-implications。

② 王毅：《如何构建中美新型大国关系——在布鲁金斯学会的演讲》，http://www. fmprc. gov. cn/mfa_ chn/zyxw_ 602251/t1078765. shtml。

③ Christine Lagarde, " The Global Calculus of Unconventional Monetary Policies," http://www. imf. org/external/np/speeches/2013/082313. htm.

④ 汉斯·摩根索：《国家间政治：权力斗争与和平》（第七版），徐昕、郝望、李保平译，王缉思校，北京大学出版社，2006，第 35 页。

⑤ 玛莎·费丽莫：《国际社会中的国家利益》，袁正清译，浙江人民出版社，2001，第 3 页。

的过程中可能形成的命运共同体，不是既有的各种利益共同体的机械组合，而是后者的涅槃重生。可以预计，随着有关国家的倡导、实践的推动、认知的调整，命运共同体观念一定能够成为一种全球共有观念，一种具有普遍意义的文化。

按照建构主义理论，"观念不仅是指导行动的路线图，观念还具有建构功能，可以建构行为体的利益"。① 据此可以推断，"利益共同体"观念的强化，"人类命运共同体"观念的形成，将有助于影响当代国家的偏好，引导它们在处理对外关系时采取更多的合作行为，在追求本国利益的同时兼顾他国的合理关切，在谋求本国发展的进程中促进各国的共同发展，从而进一步强化"一荣俱荣、一损俱损"的连带效应。对于拥有悠久的和合观念和天下观念、愿意把自身的发展与世界的发展紧密联系起来、愿意与世界各国良性互动与合作共赢的中国而言，我们是可以对命运共同体观念的形成和相关实践的展开作出独特贡献的。

3. 传统安全观的影响式微，新型安全观逐渐成形

安全是国家追求的基本目标之一，也是国家发展的重要条件。在制定和实施安全战略的过程中，国家所依据的安全观有着很大的差别。传统安全观以权力政治理论为基础，以最大限度地增强自身力量、减损他国力量为手段，以绝对安全为目标，热衷于组建对抗性的军事联盟。这种安全观曾经广为流行，并于冷战期间最为兴盛；间或出现的新安全观念——如卡尔·多伊奇提出的"安全共同体"（Security Community）——往往被束之高阁。其结果是军备竞赛盛行，安全困境频现。随着全球化发展而造成的相互依赖逐渐加深，非传统安全问题广泛生成，传统安全观所面临的挑战日趋严峻，创新安全观念成为必要。1979 年，勃兰特委员会关于"要对安全提出一种新的、更全面的理解"的倡议，开启了系统创建新安全观的思想之旅。② 1982 年，帕尔梅领衔的"裁军与安全问题独立委员会"第一次提出了"共同安全"（Common Security）这一崭新概念，并确立了涵盖广泛的六项原则。③ 此后，各种新的安全观念不断产生。比如，布鲁金斯学会

---

① 秦亚青主编《文化与国际社会：建构主义国际关系理论研究》，世界知识出版社，2006，第 26 页。

② V. Brandt, *North-South*, *A Program for Survival*: *Report of the Independent Commission on International Development Issues*, Cambridge, Mass.: MIT Press, 1980.

③ See *Our Global Neighborhood*: *The Report of the Commission on Global Governance*, Oxford: Oxford University Press, 1995, pp. 79 – 80.

提出的"合作安全"（Cooperative Security）；日本政府提出的"综合安全"（Comprehensive Security）；联合国开发计划署提出的"人类安全"（Human Security）；中国政府提出的"可持续安全"（Sustainable Security），等等。据此，以相互依赖为现实基础、以安全合作为主要方式、以人类的普遍安全为最终目标、渗透着命运共同体意识的新型安全观逐渐成形并日益完善。这种与传统安全观迥异的新型安全观具有多层次和多维度的显著特点，它倡导安全的普遍性、相互性、共同性和包容性，追求在安全领域的共建、共享和共赢。新型安全观的成形与完善，标志着人类对自身与他者关系的认识达到了新高度。①

新型安全观已经并被越来越多的国际行为体所认同。一个显著的例证是，冷战结束以后，作为全球最大也是最具代表性的国际组织，联合国完成了从传统安全观到新型安全观的转化，"'人类安全''全球安全'等概念已在联合国文献中频繁出现"。② 尽管传统安全观的影响尚未被彻底根除，个别大国仍然固守"零和博弈"的旧思维，但越来越多的国家的确基于对安全的新认知而不同程度地调整了安全战略，统筹国家安全与国际安全、自身安全与共同安全、传统安全与非传统安全，越来越成为国际安全领域的主流。由此，新型国际安全关系日益形成，新型安全机制不断涌现。这一切都为坚持总体国家安全观、积极倡导亚洲安全观的中国提供了良好的条件。

四　结语

前文对中国外交的全球战略环境进行了大致的分析和判断。受分析框架限制，一些因素尚未涉及。综合已探讨的各种因素，笔者认为，中国外交的全球战略环境既存在相对稳定的方面，也的确出现了诸多变化和发展的因素。两相比较，后者可能更为突出。虽然那种认为"当前的世界政治正在变得越来越不可预期、越来越充满不确定性、越来越具有危险性"③ 的观点有点言过其实，但无论如何，当今世界的确发生了复杂深刻的变化。与此相关联，中国外交所面对的

---

① 安全是社会关系的衍生物。只有存在社会互动，才会产生安全问题。
② 李东燕：《联合国的安全观与非传统安全》，《世界经济与政治》2004 年第 8 期，第 49 页。
③ 汉斯·W. 摩尔：《处于乱流中的世界政治》，夏庆宇译，《国际资料信息》2012 年第 1 期，第 1 页。

全球战略环境也较以往更为复杂。

　　全球战略环境的不同方面，对于中国外交有着不同的意义和价值。其中相对稳定的方面构成了中国外交的支点，可以保证中国外交大政方针的稳定性和连续性，保证中国对外行为的总体可预期性。其中变化和发展的方面则构成中国外交调整乃至外交转型的外在动因，在相当大程度上影响甚至决定着中国外交调整乃至外交转型的方向、内容和目标。中国外交应当在细致观察、深入理解这些"大势"的基础上，加强战略思维、战略设计、战略运筹，努力塑造一个安全、有利、友善和总体可控的全球战略环境。

中国周边安全六大挑战与大周边外交战略

祁怀高　石源华 *

当前，中国的周边安全环境出现了复杂而重大的变化，受到三个新因素的影响和制约。第一个因素是中国的快速崛起。中国的快速崛起使得中国维护自身安全的能力增强，但也导致一些周边国家对中国的疑惧增加和外部大国对中国的制衡加深。第二个因素是美国的战略重心东移。美国政府将其战略重心转移到亚太地区，一方面是应对中国快速崛起和阻遏中国对周边国家影响力的上升，另一方面是为部分周边国家"抱团"对抗中国"打气撑腰"。第三个因素是周边国家"外部反应综合征"。周边国家从中国的经济调整发展中获益，却对中国快速崛起感到警觉和不安，企图借助外部大国的力量"制衡"中国，甚至借机挑起与中国的领土主权争端。中国自改革开放以来取得了巨大进步，在世界及周边的国际地位和政治、经济影响力日益上升，周边安全环境继续存在大发展的历史机遇；但同时，我们也必须正视中国的周边地区进入了动荡升温期和矛盾多发期，周边安全环境呈现出某些恶化迹象，中国面临着严峻挑战。

* 祁怀高，复旦大学国际问题研究院副教授、院长助理；石源华，复旦大学国际问题研究院教授、复旦大学中国与周边国家关系研究中心主任。本文在《中国的周边安全挑战与大周边外交战略》，（《世界经济与政治》2013 年第 6 期，第 25~46 页）的基础上修改而成。

一 增信释疑缓解周边国家疑惧

虽然中国的发展给周边国家带来了巨大的经济利益，但是部分周边国家对中国的快速崛起产生了疑惧和担忧。对中国快速崛起产生疑惧的国家不仅有东盟中小国家，还有日本、印度、俄罗斯等大国。

东盟由中小国家构成，对于中国的崛起非常敏感。东盟国家对于中国崛起可能带来的"冲击"保持着高度的警惕。它们尤为关心的是：中国崛起后会怎么样？崛起的中国能否抵挡住"霸权"的诱惑？中国能否像现在这样保持对多边主义的热情，抑或走向美国式的单边主义和"新帝国主义"？中国会不会使用武力来维护和拓展自己的利益，推翻现有的领土现状？中国是否会谋求把东南亚变为其势力范围，建立中国霸权下的和平？①

日本政界和学界不少人士对中国持相当负面的认知。他们认为，中国军事实力和"霸权意识"的扩张，会造成与其他国家特别是发达民主国家的摩擦，并对现有国际体系和国际制度形成挑战。②

印度对中国军事现代化所持的看法以消极、敌视和诋毁为主导。印度战略研究人员阿斯萨纳（S. B. Asthana）认为，中国日益增长的国家实力、军事能力、发展近海投送力量的计划以及核打击能力和军事现代化步伐，在不久的将来会对印度安全构成一种潜在的威胁。③

中俄相互信任在不断加深，但也有不同疑问。不少俄罗斯人士对中国的发展存在如下三个疑问：一是中国"人口扩张论"。由于俄远东地区人口稀少（截至2010年1月仅有650万），而相邻的中国东北地区人口众多（达到1亿）。部分俄罗斯人认为，中国移民大量涌入西伯利亚和远东，目的是要实现中国对俄罗斯领土"事实上的占领"。④ 二是中国"军事威胁论"。中国武器装备的更新和中国

① 钱洪良：《中国和平崛起与周边国家的认知和反应》，军事谊文出版社，2010，第199页。
② 参见李玉《中日邦交正常化40年来相互认识的变化——以中日关系舆论调查为例》，《中日关系史研究》2012年第2期，第5~20页；崔世广：《中日相互认识的现状、特征与课题》，《日本学刊》2011年第6期，第56~70页。
③ S. B. Asthana, "The People's Liberation Army of China: A Critical Analysis," *Combat Journal* 30, 2001, p.38.
④ 李静杰：《跨入新世纪的中俄关系》，《俄罗斯中亚东欧研究》2007年第2期，第63页。

军队的现代化建设本是中国国家现代化进程中的正常现象，但俄罗斯国内有一小部分人苟同某些西方大国的所谓中国"军事威胁论"，宣扬中国军力强大后会对俄罗斯提出领土要求，或是进行军事威慑。① 三是"掠夺原材料论"。俄罗斯国内少数人对发展同中国的经济合作还有疑虑，担心俄罗斯会变成中国的"资源附庸"，大量的中国商品涌入俄罗斯，将挤垮俄罗斯的民族工业。②

周边部分国家对华疑惧增加的原因是多方面的。从周边国家的角度来看，主要是这些国家认为中国崛起太快，感到不适应，无法预知中国崛起后的意图和走向。实际上，在中国真正崛起成为一个全球强国，并以行动显示"不称霸"之前，要完全清除这些疑惧是不可能的。从中国的角度来看，尽管中国领导人一再向周边国家表示中国会坚持走和平发展道路，奉行"与邻为善、以邻为伴"的外交方针，但是一些研究成果和媒体报道对中国国际地位的过分乐观判断、某些人士在对外交往中流露出的虚骄之气和认知偏差等，也会使得部分周边国家对中国的认知出现偏差。这种历史现象的存在有其历史的必然性。

针对周边国家的疑惧增加，中国要积极开展对周边国家的增信释疑工作。首先，中国要用实际行动向周边国家表明我们会坚定不移地走和平发展道路。中国要向周边国家说明，中国军队现代化的根本目的是捍卫国家主权、安全、领土完整，保障国家发展利益。中国国防开支是合理适度的，是与维护国家安全需要相适应的，中国不会对任何国家构成军事威胁。中国要向周边国家证明，中国不谋求地区霸权和势力范围，中国永远做亚洲其他国家的好邻居、好朋友、好伙伴。2011 年 9 月发表的《中国的和平发展》白皮书起到了良好的作用。

其次，中国要努力发展和强化与周边国家的经贸关系和加深经济相互依存。中国已经成为地区经济发展的重心，目前是日本、韩国、朝鲜、蒙古、越南、印度尼西亚、澳大利亚等国的最大贸易伙伴，还是日本、韩国、蒙古、印度尼西亚、马来西亚、泰国、澳大利亚等国最大的出口市场。中国也是朝鲜、缅甸、蒙古、柬埔寨等国最大的投资来源地。中国努力扮演该地区经济增长的引擎和公认的投资大国，有效地拉近中国与周边国家的关系，使周边国家在与中国的经济交往中获取实实在在的经济利益，造福周边国家的人民。

---

① 钱洪良主编《中国和平崛起与周边国家的认知和反应》，军事谊文出版社，2010，第 116 页。
② 李静杰：《跨入新世纪的中俄关系》，《俄罗斯中亚东欧研究》2007 年第 2 期，第 63 页。

再次，中国要努力向周边国家提供国际公共产品。中国为周边国家提供国际公共产品，其好处在于：在政治层面提供基本的安全保障，缓解边境地区的跨境民族问题、民族分裂主义、宗教极端主义与敌对势力的分裂和渗透；在经济层面进一步完善基础设施建设，稳定金融，开放市场，提供经济技术援助；在区域合作层面通过建立区域合作机制和争端解决机制，将成员国间的摩擦降至最低。中国向周边国家提供国际公共产品可以采取以下做法。（1）在加大对周边国家的基础设施援建力度的同时，也注重提供思想类的公共产品。目前，中国向周边国家提供的国际公共产品以公路、铁路、航运等软硬件基础设施，市场开放，经济援助和产业合作为主。今后，中国也要注重为周边国家提供治国理政的经验、发展减贫的理念、区域制度的倡议等。比如，改革开放 36 年后的中国已经形成了具有"普世"意义的发展理念。这些发展理念包括：明确确立民生优先的导向性，在市场与政府之间把握好动态平衡，以科学发展观推动发展的转型升级，大力整合发展利益攸关者的力量，务实利用国际援助和开展对外援助等。① 中国把上述发展理念共享给周边发展中国家，将为它们提供更多的发展道路选择。（2）倡导建立次区域特别提款并设立特别提款委员会。以大湄公河次区域（GMS）为例，可考虑由经济较为发达的中国、泰国、越南主要提供特别提款权专款，柬埔寨、老挝、缅甸按照捐款规则付出所对应的额度；并设立 GMS 特别提款委员会，由它决定可接受特别提款权捐助的项目。这便能有效避免"搭便车"问题，且各成员也会由于各自注入的资金而紧密相连。② 此外，中国还可考虑发行互联互通债券。

最后，中国要对部分周边国家的对华疑惧进行"换位思考"和"揽镜自鉴"。"换位思考"将体现中国对周边国家合理诉求的充分理解。中国的周边国家大多为中小国家，它们看待中国崛起和我们看待自身崛起，感觉是不一样的。由于历史上的"朝贡体系"和现实中的领土领海争端等因素，部分周边国家出现对华疑虑是可以理解的。中国只有从中小邻国的视角进行"换位思考"，才能

---

① 祁怀高：《中国发展理念的全球共享与国际组织的作用》，《国际观察》2014 年第 6 期，第 18～29 页。

② 卢光盛：《国际公共产品与中国—大湄公河次区域国家关系》，《创新》2011 年第 3 期，第 9 页。

深刻了解周边国家看待中国崛起的目的、意图、战略取向和未来前景。"揽镜自鉴"① 是一种从"周边看中国"的自省意识。周边国家对华的认知,无论是积极的还是消极的,都是中国认识自我的"镜子"。尤其是周边国家对华的消极认知更能"照出"中国周边外交工作存在的不足,更能让国人时刻反思自身"大国心态"是否成熟。只有"换位思考"和"揽镜自鉴",我们才能深刻地理解周边国家对中国的疑虑和警惕。

二　以制度均势应对美国制衡

美国为了制衡中国在亚洲地区日益增大的影响力,加大了对中国周边事务的干预力度,主要采取了三个做法:一是巩固与日本、韩国、澳大利亚、泰国和菲律宾等亚太盟国的关系,并将这种盟友关系作为其亚太战略的基石。二是在亚洲寻找新的战略支点,借助亚洲国家的力量制衡中国。比如,美国加强与印度尼西亚的全面伙伴关系,加强与越南在海上安全、外交和经济领域的伙伴关系等。三是加强对于亚洲地区多边机制的参与和领导。如积极参与东亚峰会,加入并大力推进"跨太平洋伙伴关系协定"(TPP),提出"太平洋世纪"构想等。

美国对中国周边事务的干预利用了部分周边国家对华的疑惧。一位东南亚学者曾经这样说:"如果中国被看做是最令人起疑的地区大国的话,那么美国则被认为是一个良性的、最没有危险的国家……大多数东盟国家仍然把美国看做是一个不可替代的、积极的角色。"② 这可以解释为什么亚洲的不少中小国家希望美国"介入"。在应对"强势中国"方面,美国和部分中国周边国家有着共同的利益,形成一种"准共识",催生了一种复杂的"准结盟"势力滋长。③

---

① "揽镜自鉴"观点受到复旦大学葛兆光教授一篇文章的启发。葛兆光认为,仅仅靠中国的资料来解释中国是不够的,还必须从周边国家关于中国的史料来解释中国,这将促进我们对于中国文化、历史和传统的自我认识。所谓"揽镜自鉴",就是"通过他者认识自我",这是文化反思的一般途径。如果没有一个有差异的"他者",也无法借助差异来认识"自我"。参见葛兆光《揽镜自鉴——关于朝鲜、日本文献中的近世中国史料及其他》,《复旦学报(社会科学版)》2008 年第 2 期,第 2~9 页。

② N. Ganesan, "ASEAN's Relations with Major External Powers," *Contemporary Southeast Asia*, Vol. 22, No. 2, 2000, pp. 256 – 278.

③ 张蕴岭:《把握周边环境新变化的大局》,《国际经济评论》2012 年第 1 期,第 11 页。

美国加大干预中国周边事务的力度，对华制衡和竞争的因素增加，势必对中国的周边安全带来新的挑战，引起中国的严重关切。美国前国务卿希拉里·克林顿（Hilary Clinton）曾就中国对美战略"七问中国"，涉及外交政策、热点问题、军事透明度、国际海事规则、网络安全、全球贸易、人权和自由。2012年4月，晓岸撰文就美国在中国周边强化军事部署、建立亚洲反导系统、对台军售、打压对华经贸、关注"异见人士"、国际规则的"霸王条款"、伊核和朝核热点问题等，对美国对华战略提出七点反疑问。① 中美两国在经济、政治、国际安全等领域的若干利害冲突呈逐渐扩大、激化的趋势，彼此戒心加重、疑虑增多。

如何应对美国对中国制衡加深和对中国周边事务的深度干预？许多人认为，美国的长远战略意图就是遏制中国，阻止中国发展强大，拉开美国与中国的实力差距，主张中国应当在国际上对美国实行强硬的反制措施。但由于中美经济相互依存的日益加深和实力上的巨大差距，中国选择对美强硬反制既不可行也不明智。强硬反制会对相互依存带来消极影响，而且会导致中美战略互信的进一步缺失。因此，理性的选择是对美国实施制度均势（软制衡）而不是军事均势（硬制衡）政策。制度均势是国家在经济相互依存加深的背景下通过国际制度对潜在威胁国实施的机制化制衡，② 以实现"兼容共存"。中国可以采取的做法包括以下几点。

首先，继续加深中美两国经济相互依存。高度的经济相互依存促使国家选择制度均势这一新的现实主义均势战略，而不是传统的军事同盟，以应对来自体系中的威胁或压力。中美建交30多年来，两国经济已形成"你中有我、我中有你"的格局。2013年，中美贸易额达5210亿美元，两国互为第二大贸易伙伴。截至2013年年底，美国对华投资项目累计达到63430个，实际投入金额为730亿美元，美国是中国利用外资最大的来源地之一。③ 中国对美投资也呈快速增长势头。截至2013年底，中国企业在美累计非金融类直接投资约153亿美元。④ 美

---

① 晓岸：《七问美国对华战略疑点》，《环球时报》2012年4月18日，第14版。
② 祁怀高：《构筑东亚未来：中美制度均势与东亚体系转型》，中国社会科学出版社，2011，第31页。
③ 中国驻美国大使馆经济商务参赞处：《2013年中美贸易投资简况》，http://us.mofcom.gov.cn/article/zxhz/tjsj/201411/20141100797483.shtml。
④ 中国驻美国大使馆经济商务参赞处：《2013年1～10月中美贸易投资简况》，http://www.mofcom.gov.cn/article/tongjiziliao/fuwzn/ckts/201312/20131200416092.shtml。

国正在成为中国企业重要的海外投资基地。在金融领域，中国持有的巨量美国国债极大地影响着美国的金融体系。截至 2014 年 10 月，中国持有 12527 亿美元美国国债，是美国最大的债权国。[①] 中美经济相互依存的加深，会大大减少和限制两国之间的战略紧张，为中国的周边外交创造良好的周边环境。

更重要的是，中美两国要让这种经济相互依存变得更加对称。解决中美经济相互依存不对称必须在投资和贸易领域采取措施，主要包括以下几点：一是大力推进中国在美国的大规模直接投资。相对于美国在华的巨额投资，中国在美的直接投资额则偏少。双方需要努力使这种投资更具吸引力。美方需要为中国企业提供更好的信息和指导，告诉它们如何熟悉和掌握美国的监管制度以及如何评估某一投资建议是否有可能引发国家安全审查。在中国方面，为了使中国企业在美国获得成功，需要教会它们了解美国市场和商业惯例。[②] 二是美国政府需要重新审查和更新有关技术出口的规定，以减少对华技术出口的限制，从而减缓美中贸易的逆差程度。2011 年，美国对中国的贸易逆差达 2954.6 亿美元，同比增长8.2%，创下纪录高点。美中贸易逆差的一个重要原因是美国对华高科技出口限制。中国向美国出口了大量的服装、鞋子等低附加值产品，却无法从美国购买更多的高科技产品。中国时任驻美大使张业遂曾谈到，2001 ~ 2010 年，由于受限于美国出口管制政策，中国自美国进口的高技术产品比重从 18.3%降至 7.1%，导致美国对华出口额减少近 500 亿美元。[③] 如果奥巴马政府能在第二个任期内减少对华技术转让方面的限制，将会非常有助于中美建立战略互信。

其次，中美都应继续鼓励对方参与亚太地区的多边国际制度。国际制度是国家合作的框架，也是国际竞争的平台，是缓解大国"崛起困境"的重要途径。亚太地区已经形成了亚太经济合作组织、东盟地区论坛、东盟 + 中日

---

① U. S. Department of the Treasury, "Major Foreign Holders of Treasury Securities," http：// www. treasury. gov/ticdata/Publish/mfh. txt.

② Kenneth Lieberthal and Wang Jisi, "Addressing U. S. – China Strategic Distrust," John L. Thornton China Center Monograph Series No. 4, March 12, 2012, pp. 41 – 42, http：//www. brookings. edu/ ~/media/Files/rc/papers/2012/0330_ china_ lieberthal/0330_ china_ lieberthal. pdf.

③ 《中国驻美大使指出美应放宽对华高技术产品出口限制》, http：//news. xinhuanet. com/2011 –11/19/c_ 111179804. htm；《张业遂大使在美国中国总商会成立 6 周年晚宴上的讲话》, 2011 年 11 月 18 日, http：//www. china-embassy. org/chn/sgxx/dszc/dashihuodong/t878929. htm。

韩（"10+3"）、东亚峰会等多边机制，中美两国都参与其中，但这还不够。"当今中美关系的一个重要特点，是深受'第三方'因素掣肘或捆绑"，"中、美、邻之间已成为必须始终联系起来加以考虑的有机整体"。① 因此，可以尝试开展中美日、中美印、中美俄等多种小多边对话。在每一种小多边对话中，都既要纳入中美，又要避免要求第三个大国在中美之间"选边"。小多边对话旨在减少中美之间的战略互疑，缩小亚洲大国之间可能产生的重大裂痕。2012年2月，习近平会见奥巴马后，中美双方发布了《关于加强中美经济关系的联合情况说明》，声明中美双方同意分享各自在 TPP、《中日韩自贸区协定》等区域自贸协定中的相关信息。② 这是中美双方在多边制度参与中增信释疑的正确做法。

未来，美国需要务实地接受中国迅速崛起的事实，认真思考如何与中国在亚洲地区共生、共处、共荣。中国也要现实地认识到美国在亚洲地区的历史存在和实际利益，以不损害美国重大利益的方式实现自身战略目标。

三 整合维权外交手段应对海洋领土争端升温

中国是一个有着漫长海岸线和重大海洋权益的国家。中国的大陆海岸线长1.8万多公里，与8个国家海域相邻或相向，海洋国土面积约300万平方公里。③随着海洋世纪的到来，中国的海上邻国纷纷提升海洋在其国家发展和国家安全战略中的地位，并与中国在南海、东海、黄海等海域展开了激烈的争夺和较量。中国海洋安全问题随之逐渐凸显出来，成为国家安全的主要战略方向，不仅关系到国家的主权与安全，更关系到国家的未来发展。④ 就中国面临的海洋安全而言，当前的主要安全威胁是岛屿主权争端升温可能导致的军事冲突。

---

① 袁鹏：《关于构建中美新型大国关系的战略思考》，《现代国际关系》2012 年第 5 期，第 8 页。
② 《关于加强中美经济关系的联合情况说明》，新华网，http://news. xinhuanet. com/world/2012 - 02/15/c_ 111527235_ 2. htm。
③ 《外交部条约法律司司长谈中国与邻国的划界工作》，中华人民共和国中央人民政府网，http：//www. gov. cn/jrzg/2005 - 08/31/content_ 27899. htm；《中国已与 12 个陆地邻国划定边界》，新华网，http：//news. xinhuanet. com/mil/2010 - 02/01/content_ 12913938. htm。
④ 《国家海洋局报告指出海洋安全是中国国家安全重点方向》，新华网，http//news. xinhuanet. com/politics/2013 - 05/08/c_ 115688026. htm。

在南海海域，虽然海上安全形势基本可控，但属于中国的岛礁被侵占、海域被瓜分、资源被掠夺的局面正在变得日益严重。从岛屿领土主权争端的角度看，涉及"五国六方"（中国、越南、菲律宾、马来西亚、文莱和中国台湾地区）。越南、马来西亚、菲律宾和文莱对南沙群岛和西沙群岛及其附近海域部分或全部岛礁提出了主权要求。目前，除了菲律宾对位于中沙群岛的黄岩岛提出主权的要求外，南海问题主要集中在南沙群岛。中国在南沙群岛控制的几个岛礁，除台湾当局据有最大的太平岛外，其他均低于高潮线。① 在南沙群岛中，越南占据最多（30个），其次是菲律宾（8个）和马来西亚（5个）。② 这些国家分别对所占领的岛礁进行填高和加固，进行无线电通信设备和机场等项目建设，以期造成既成事实，达到永久占领的目的。从海域划界争端的角度看，涉及"六国七方"，即除了上述"五国六方"外，印度尼西亚也对南沙群岛西南侧的部分海域主张管辖权。③ 近年来，菲律宾和越南在南海问题上态度强硬，中越、中菲之间的摩擦不断，冲突升级。2013年1月，菲律宾单方面就中菲有关南海问题提起国际仲裁，南海争端呈现司法化态势。而美国也直接介入了南中国海问题。2010年7月，希拉里·克林顿在第17届东盟地区论坛外长会议上，大谈南海与美国国家利益的关系，在南海问题上反对"胁迫"，反对使用武力或以武力相威胁等。④ 2011年11月，希拉里·克林顿访问菲律宾时故意忽略"南中国海"这一国际社会通用地名，而改称"西菲律宾海"。⑤

在东海海域，中日之间存在钓鱼岛争端、东海划界与油气资源开发问题。钓鱼岛及其附属岛屿位于中国台湾岛的东北部，是台湾的附属岛屿。中国政府认为，无论从历史、地理还是从法理的角度来看，钓鱼岛都是中国的固有领土，中

---

① 国家海洋局：《中国海洋政策》，海洋出版社，1998，第100～101页。
② 国家海洋局海洋发展战略研究所：《专属经济区和大陆架》，海洋出版社，2002，第125～126页。
③ 印尼未占领岛礁，但其宣布的专属经济区侵入中国南海断续线内3.5万平方公里。参见李国强《中国的南海诉求究竟是什么》，《国际先驱导报》2012年3月9～15日，第32版。
④ Hillary Rodham Clinton, "Remarks at Press Availability," Hanoi, Vietnam, July 23, 2010, http://www.state.gov/secretary/rm/2010/07/145095.htm.
⑤ Floyd Whaley, "Clinton Reaffirms Military Ties With the Philippines," *The New York Times*, November 16, 2011, http://www.nytimes.com/2011/11/17/world/asia/clinton-reaffirms-military-ties-with-the-philippines.html?_r=0.

国对其拥有无可争辩的主权。① 长期以来，日本在钓鱼岛问题上不时制造事端。比如，2010 年 9 月发生了日本海上保安厅巡逻船和中国渔船在钓鱼岛相关海域相撞事件，中国渔船船长被日方非法扣留。2012 年 9 月，日本政府宣布"购买"钓鱼岛及附属的南小岛、北小岛，实施所谓"国有化"。这两个事件都使得中日关系急剧恶化，显示了钓鱼岛争端的严重性。此外，中日还存在东海海域（即专属经济区和大陆架）划界和资源（特别是油气资源）开发的争端。

在黄海海域，中韩之间存在苏岩礁（韩国称为离於岛）问题和黄海专属经济区划界问题。目前，韩国占据该礁，在上面建立直升机机场、雷达站，把该礁变成监视中国海上活动的前哨，可以随时掌控该海区中国海上兵力的行动情况，对中国南北海上交通也是一个潜在的隐患。②

针对海洋领土争端的升温和海洋安全环境的恶化，中国需要整合外交、军事、经济、涉台、海监、渔政、气象等各个部门的力量，开展全方位的维权外交，努力确立未来 20 年中国在国际大洋事务中的强国地位。

首先，中国需要重视海权、大力发展海军，这是应对海洋领土争端的有力武器。未来 10 年，中国的海洋战略将发生重大的变化，主要体现为以下方面：在南海争端和钓鱼岛问题上，中国维护国家主权的立场非常鲜明、坚定；中国的海军现代化将加速，以与国家的"走出去"战略相适应；中国在南太平洋和印度洋将采取积极进取的态度，将与美国、日本、印度等国的海洋利益发生碰撞。新时期，中国海洋权益的维护和推进、海上战略环境的改善、国家海洋经济的可持续发展、日益扩大的国家海外利益的维护、海上战略通道的安全畅通等，都需要发展中国的海上力量。因此，未来中国必须树立新的海权观念：一是把传统的陆上安全扩大到海上安全，把海上安全置于与陆上安全同等的地位；二是把传统的海上军事安全扩展到海上经济安全、海上通道安全、海上信息安全等领域；三是由防御性海洋观向进取性海洋观转变。③ 中国除了要建立一支现代化的强大海军外，还应该发展国家整体海上力量，包括国家海洋研究和开发力量、造船力量、海洋运输力量等，有效慑止对方可能采取的敌对行动，防止争议国进一步扩大对

① 中国国务院新闻办公室：《钓鱼岛是中国的固有领土》，http://news.xinhuanet.com/2012-09/25/c_113202698.htm。
② 冯梁等：《中国的和平发展与海上安全环境》，世界知识出版社，2010，第 135 页。
③ 冯梁等：《中国的和平发展与海上安全环境》，世界知识出版社，2010，第 375 页。

礁、滩、暗沙的抢占。

其次，海军、海监和渔政部门要将海上联合维权执法常态化。以前，中国的海监、渔政部门在争议海域巡航执法和护渔时经常遭遇他国舰船的无理跟踪、骚扰甚至恶意阻挠，维权斗争面临许多挑战。2010年中菲黄岩岛对峙事件后，中国的海监和渔政开始对黄岩岛海域实施常态化巡航以及执法管理。2010年开始，中国也开展了钓鱼岛常态化巡航。2012年日本公布所谓钓鱼岛"国有化"决定后，中国加大了在钓鱼岛海域的维权巡航执法力度。2012年10月19日，中国东海舰队联合农业部东海区渔政局、国家海洋局东海分局在舟山以东的海空域，组织进行"东海协作-2012"军地联合海上维权演习。东海舰队和海监、渔政部门派出11艘舰船、8架各型飞机1000余人参加了这次演习，兵力出动规模是近几年最大的一次。这次联合演习充分展示了中国维护国家领土主权和海洋权益的能力和决心。今后，海军、海监和渔政部门等要全面协同，增强中国海上维权执法力度。从长远看，应尽早成立"国家海岸警卫队"，以有效整合内部资源，消除内耗，增强运筹协调能力，形成一致对外的合力。

最后，积极倡导建立南海声索国机制。中国倡导建立的南海声索国机制成员包括南海地区的六个声索国成员（中国、越南、菲律宾、文莱、马来西亚、印度尼西亚）。[①] 在这一机制下，有如下四个问题迫切需要解决。一是谈判方式，在南海声索国机制下中国可采取"双边与多边谈判并行"的务实谈判策略。在目前的南沙群岛争端解决中，中国政府坚持双边谈判的立场；但东盟"声索国"要求与中国进行多边谈判。"五国双方"（中国、越南、菲律宾、马来西亚、文莱）框架下谈判解决岛屿主权争端、"六国双方"（中国、越南、菲律宾、马来西亚、文莱、印尼）框架下谈判解决海域划界是打破现行僵局的现实途径。二是海洋资源权的谈判问题。海洋资源权包括海洋渔业资源、海底油气资源、矿产资源的开发利用权利。笔者认为，在南海声索国机制下，中国要把其主张的"历史性权利"转化为可操作的海洋资源权要求，中国要让其他5个声索国明确地知道中国的权利是什么。三是军用航空器的空中通行以及军用船只的海上、水下航行"自由"问题需要谈判。"无害通过"是国际惯例。军事航行的权利是包括中国在内的南海声索国，以及域外大国的争议所在。南海的军事使用缺乏各方

---

① 祁怀高：《尽快强化南海U形线法律性质》，《环球时报》2014年8月12日，第14版。

认可的规则，既是中美之间争议的根本之所在，也是所有沿海国（不论是不是声索国）与使用国之间的原则性课题。① 在目前南海各声索国主张的专属经济区相互重叠的情况下，相关声索国就军事航行和军事使用达成各方认可的规则非常有必要。四是在南海声索国机制下规划南海争端解决路线图。解决南海争端是一个复杂长期的事情，但仍需设定一个路线图，促使所有争端方都朝着一个目标清晰的争端解决方向迈进。可以设立短中长期目标，短期目标是"管控危机"，中期目标是"建立互信"，长期目标是"解决争端"。

四 加强管控周边突发事件

近年来，中国周边国家和地区频现突发事件。这些突发事件包括政局动荡、社会冲突甚至武装对抗。一国内部的动荡很容易引起地区内的连锁反应，还会带来政权更迭、人道主义危机等危及地区和平稳定的严重后果。周边突发事件频现给中国周边安全带来重大挑战，也给中国周边外交带来重大考验。中国要尽早与周边国家共同制定危机管控措施，有效应对周边重大突发事件的发生。国际危机管控可以理解为在有限的时间内用和平手段防止危机突破临界面而引发战争，同时最大限度争取本国利益的过程。

第一，中国周边安全的最大软肋是东北亚，朝鲜半岛形势是风向标。近年来，朝鲜半岛局势动荡不安，危机频现。2010 年 3 月 26 日晚，韩国"天安"号警戒舰沉没，舰上 104 名官兵中有 46 人遇难。同年 5 月 20 日，韩国发表调查结果，认定是朝鲜小型潜艇发射鱼雷击沉了"天安"号，朝鲜则声明与此事件无关。"天安舰"事件发生后，美国和韩国推行对朝强硬路线，试图以强大的武力来震慑朝鲜。朝鲜应对政策也趋于强硬。2010 年 11 月 23 日，朝鲜和韩国在延坪岛地区发生相互炮击事件。延坪岛炮击事件后，美国与韩国在西海（即中国黄海）举行历史上双方最大规模的联合军事演习，标志着朝鲜半岛紧张局势的进一步升级。2013 年 2 月，朝鲜的第三次核试验使得朝鲜半岛局势剑拔弩张。朝鲜坚持拥核，有关国家坚持维护半岛无核化，对峙对抗将会持续并升级。

---

① 查道炯：《走出粗线条 仔细研究南海声索国立场》，《中国社会科学报》2011 年 6 月 28 日，第 5 版。

在东北亚地区，亟须以六方会谈为基础创设东北亚安全机制以应对朝鲜半岛的突发事件。如果朝鲜半岛频繁爆发的危机不能在短期内得到和平解决，势必恶化中国的东北亚周边安全环境，影响整个东北亚的和平与稳定。以六方会谈机制化为基础构建东北亚安全机制，应该成为中国推动建立东北亚安全机制的理性选择。鉴于六方会谈是一种典型的、非法律化的"软性多边主义"（Soft Multilateralism），[①]中国有必要推进该机制的权威性和执行能力。六方会谈有必要在北京设立秘书处。秘书处组织和记录六方会谈进程，还将发挥解决争端的功能，建立仲裁机制将有助于预防危机再次发生。[②] 从长远来看，六方会谈可以发展成为一个类似上海合作组织的常设性机构，并设立多层次的对话机制，如元首会晤、行政首脑会谈、部长级会谈以及安全合作、经济合作等专题会谈等。[③] 中国在东北亚安全机制的构建中既要做建设性的危机调解者，更要做具有引领作用的领导者。

第二，中亚五国政府管控能力弱和该地区的恐怖主义等势力不时威胁着地区的安全与稳定。1991 年独立后的中亚五国和俄罗斯一样，都面临从"帝国"向民族国家、从计划经济向市场经济、从集权体系向民主政治转型的"三重转型"任务。[④] 目前来看，这"三重转型"任务在中亚五国都呈现艰巨性和长期化的特征，这也导致中亚五国的政权管控能力不足。比如，中亚国家在应对各种安全风险及威胁的过程中普遍表现出安全防卫能力或保障能力较低的问题。大多数中亚国家通过继承苏联军队、警察等力量而建立起来的军事安全力量本身就十分有限，中亚国家独立后出现的经济下滑、财政困难等问题更导致各国军费和军队训练严重不足，[⑤] 应对各种安全威胁的能力进一步下降。如果中亚五国政权不能建立起良好的管控能力，将使得本已紧张的中亚社会陷入更加严峻、更加混乱的状

---

① 对于六方会谈这样的"软制度设计"与其协商过程的渐进性分析，参见 Chadwick I. Smith，"North Korea: The Case for Strategic Entanglement," *Orbis* 50，2006，pp. 343 – 353。

② Charles L. Pritchard，*Failed Diplomacy*，*The Tragic Story of How North Korea Got the Bomb*，Washington，D. C.: Brookings Institute Press，2007，p. 179。

③ 石源华:《"六方会谈"机制化——东北亚安全合作的努力方向》，《国际观察》2005 年第 2 期，第 20 页。

④ Valerie Bunce，"Should Transitologists Be Grounded?" *Slavic Review* 54，1995，pp. 111 – 127；Andrei P. Tsygankov，"Modern at Last? Variety of Weak States in the Post-Soviet World," *Communist and Post-Communist Studies* 40，2007，pp. 423 –439。

⑤ Jim Nichol，*Central Asia: Security，Internal Affairs and U. S. Interests*，New York: Nova Science Publishers，2008，p. 15。

态，也将刺激"三股势力"的发展和坐大，威胁中国西北边疆的稳定与发展。比如，中亚地区的恐怖主义势力和中国新疆的"东突"民族分裂势力相互勾结，严重威胁到中国西北边疆地区的安全。据不完全统计，1990～2001 年，境内外"东突"势力采取爆炸、暗杀、投毒、纵火、袭击、骚乱及暴乱等方式，在中国新疆境内制造了 200 余起暴力恐怖事件，造成 162 人丧生。2002 年后，"东突"又先后在新疆境内制造多起暴力恐怖事件，例如，2009 年 7 月 5 日，乌鲁木齐市发生打砸抢烧严重暴力犯罪事件，造成 197 人死亡。①

在中亚地区，中国周边外交要紧密围绕如何消除不稳定和不安全因素，确保中亚国家和社会稳定而展开。中亚国家由于政权管控能力弱，一旦受内部或外部诱因刺激，转型中的各种问题就可能会转化为现实的威胁。例如，在"阿拉伯之春"冲击的背景下，中亚部分国家的政局出现不稳定，吉尔吉斯斯坦选举中发生了社会动乱。受此影响，整个中亚地区的局势都十分紧张。对此，中国的中亚外交要在尊重俄罗斯在该地区利益与诉求的基础上，与区内国家共同探索合理方式，稳定有关国家形势，保障地区稳定。可以采取的做法包括：积极推动中亚地区的经济与社会发展、扩大中国与中亚的经济文化交流；在主要依靠传统的双边外交渠道的同时，辅以渐进的、柔性的多边外交手段；上海合作组织是中国在中亚实现其政治、经济、安全、战略等多个领域利益的重要的多边制度平台，中国要在该组织的功能发展和机制建设上作出努力；中国在发展同中亚国家的政治、经济、文化、交通等合作时，始终把打击分裂势力、维护国家领土和主权完整作为一项重要任务；中国的中亚外交今后应更加关注影响中亚地区发展的长期性问题，如贫困、环境、人口、疾病等，努力帮助中亚国家摆脱发展困境。

第三，南亚地区安全局势复杂，存在爆发各种突发事件的可能性，且直接关乎中国西部边疆的稳定与发展。中国与印度之间存在久拖未决的边界争端，中印边界长约 2000 公里，从未正式划定，双方争议地区约 12.5 万平方公里。"西藏问题"与印度有着复杂的关联性。印度是"藏独"势力的重要聚居地和活动地，以达赖喇嘛为首的"西藏流亡政府"的总部就设在印度达兰萨拉。巴基斯坦深受恐怖主义危害，政治、经济、安全局势每况愈下。南亚还是毒品进入中国的重

---

① 国务院新闻办公室：《新疆的发展与进步》，http：//www.scio.gov.cn/zfbps/ndhf/2009/Document/418337/418337_7.htm。

要生产地和通道。阿富汗毒品向中国渗透的情况相当严峻，部分毒品借道中亚，经新疆转销至广州、深圳、北京等地的地下市场，① 对中国社会危害很大。

　　在南亚地区，中国要积极参与重大突发事件的解决并倡设应对机制。鉴于印度和巴基斯坦在南亚地区的重要地位，中国同时处理好与印巴的关系是应对该地区重大突发事件的重要保障。中国的南亚政策要针对"印度以东阵营"和"巴基斯坦以西阵营"的现实格局，② 采取"区别对待"的外交政策。对于印度以东阵营，我们应充分尊重印度的主导地位以及其他国家"跟随印度"的现实。对于巴基斯坦以西阵营，则要坚持与巴基斯坦的"全天候关系"。另外，中国需要积极推进阿富汗和解进程，为 2014 年美国撤军阿富汗后的安全局势未雨绸缪。中国可为阿和平重建提供援助、加大中巴在阿和平进程中的合作、帮助阿训练警察，把阿北部局势稳住。2012 年 6 月，阿富汗被接收为上合组织观察员国，为以后成为正式成员国打下了基础。以后，中国可以在上合组织框架内，在阿境内与阿进行联合军演和反恐合作，这对于维护阿局势稳定和中国西部安全是一个机遇。2012 年 2 月，中国首倡的中阿巴三方对话在北京举行；2013 年 4 月，中俄巴就阿富汗问题在北京举行三方对话；2014 年 10 月，阿富汗问题伊斯坦布尔进程高官会在北京召开。中国政府采取的上述外交努力都有助于维护阿富汗和南亚地区的和平、稳定与安全。

　　第四，东南亚地区总体上呈现和平稳定的局面，但也不时爆发重大突发事件。中缅拥有 2185 公里的共同边界。双方边境地区村寨相连，边民往来密切，缅甸边境地区发生战事动荡，必然牵动影响中国边境安全。2009 年 8 月，缅甸果敢地区发生武装对峙与冲突，导致 3.7 万名边民涌入中国境内。缅方 3 发炮弹射入中国境内，造成中国边民 1 死 2 伤，同时另有 14 名中国边民在境外伤亡。③ 2012 年年底，缅甸政府军与缅甸少数民族武装克钦独立军发生激烈的武装冲突，冲突导致部分边民进入中国境内，危及中国边境的和平稳定。2011 年 10 月，中

---

① 傅小强：《中国与阿富汗关系的现状与前景》，张蕴岭主编《中国与周边国家：构建新型伙伴关系》，社会科学文献出版社，2008，第 321 页。

② 杨晓萍：《南亚安全架构：结构性失衡与断裂性融合》，《世界经济与政治》2012 年第 2 期，第 91~92 页。

③ 《缅甸果敢地区局势趋于平稳 我妥善处置涌入境内边民》，新华网，http://news.xinhuanet.com/politics/2009-08/30/content_11967753.htm。

国两艘货船在湄公河金三角水域遭到 9 名泰国军人袭击，造成 13 名中国船员遇害。[①] 这些突发事件侵害了中国公民的安全，影响了中国边境的稳定。此外，东南亚一些国家不时出现政局动荡。例如，泰国自 2006 年他信政府被军事政变推翻以来，反他信的"黄衫军"与亲他信的"红衫军"之间的党派斗争持续不断；菲律宾政界政治丑闻不断，议会及其他利益集团寻机攻讦，2009 年还曾发生数十名政界人士和新闻记者被政敌劫持并杀害的事件。

在东南亚地区，中国在应对突发事件上要善于"化危为机"。尤其是在安全领域，由于东南亚中小国家对同中国在安全领域开展合作上有顾虑，中国更要抓住各种传统或非传统安全挑战带来的"危中之机"。比如，2011 年 10 月发生了湄公河中国船员遇害案，惨案发生 20 多天后，中国、老挝、缅甸、泰国四国即在北京联合召开中老缅泰湄公河流域联合执法合作会议，建立湄公河流域安全执法合作机制。在此机制框架下，四国建立情报交流、联合巡逻执法、联合整治治安突出问题、联合打击跨国犯罪、共同应对突发事件等合作机制。另外，在缅甸政府与其地方政府发生战事冲突后，中国多次以调停者身份撮合缅甸冲突双方和谈。2012 年年底缅北冲突加剧后，为尽快平息局势，维护中缅边境的和平稳定，中国政府派特使紧急赴缅甸，同缅甸领导人进行沟通。此后，中国积极推动冲突双方于 2013 年 2 月初在云南瑞丽举行和谈。双方在停火、和谈等问题上达成共识，签署会议纪要并发表联合声明。[②] 尽管目前缅北地区局势仍不平静，但在中国对缅甸和平进程的"建设性介入"下，中缅边境地区总体保持了稳定态势。

五　完善国内改革应对邻国政治转型

中国周边的国家大多是发展中国家，面临政治现代化和社会现代化的重任。近年来，部分邻国的政治转型与政局变化表现得剧烈而动荡。2003 年，中亚国家开始爆发"颜色革命"；2010 年年底开始，北非和西亚国家相继发生政权更迭和民众运动；2010 年，缅甸举行多党制全国大选。这些国家的政治与社会转型

---

① 《中国公安部副部长：湄公河惨案基本告破》，新华网，http：//news. xinhuanet. com/legal/2011 -10/29/c_ 122212256. htm。

② 《罗照辉：和谈是解决缅北问题的唯一正确途径》，新华网，http：//news. xinhuanet. com/video/2013 -02/28/c_ 124400385. htm。

给中国的政治安全带来了挑战，也给中国的社会稳定构成了冲击。

2003~2006 年，中亚国家格鲁吉亚、乌克兰、吉尔吉斯斯坦相继爆发"颜色革命"，政权易主。虽然此次中亚国家发生的"颜色革命"浪潮并未波及中国，但中国对"颜色革命"的危险性不能掉以轻心。在中国政治和社会转型的过程中，有极少数不满现实和追求"全盘西化"的人，他们很容易为别有用心者所利用，一旦有机会也希望在中国制造"颜色革命"。有学者指出，中国某些人士在 2003 年搞了一场"民间修宪"事件，2005 年宣布成立"天鹅绒行动委员会"等，这些都是"颜色革命"的基础和苗头。①

2010 年年底开始，中东地区出现大范围的政权更迭和民众运动，被西方媒体称为"阿拉伯之春"。突尼斯前总统本·阿里被迫流亡国外，埃及执政长达近 30 年的政治强人穆巴拉克下台，利比亚前领导人卡扎菲身亡。中东地区的这一动荡还在继续发展中，如叙利亚内战还在进行。

近年来，东南亚政治环境深受民主化趋势的影响。东南亚有 11 个国家，其中 4 个国家（新加坡、印尼、菲律宾、东帝汶）实行西方式民主政体，3 个国家（马来西亚、泰国、柬埔寨）实行君主立宪与多党民主制，2 个国家（越南、老挝）实行社会主义制度，1 个国家（文莱）实行君主制，1 个国家（缅甸）正在从长期军人执政向多党议会制民主政体转型。近年来，实行社会主义制度的越南稳步推行渐进式政治革新，直接差额选举国会代表的力度越来越大，言论自由的尺度也越来越大。长期实施军人执政的缅甸于 2010 年 11 月举行了 20 年来首次多党制全国大选，2011 年 3 月完成了从军政府向民选政府的过渡。在政治转型过程中，缅甸的对外政策也发生了相应变化，尤其是在对华政策和对美政策上。2011 年 9 月 30 日，缅甸单方面宣布，根据民众意愿，暂停执行与中国关于合作建设密松大坝水电站的协议。这一举动被普遍认为是缅甸政府在向西方显示靠拢的意愿。与此同时，缅甸政府高层频繁外交出访，寻求与印度、日本扩大合作，改善与美国的关系，美国也开始"拉拢"缅甸新政府。这一系列变动给中国对缅外交和东南亚政策提出了挑战。

中国周边国家的政治转型至少给中国的政治安全带来了以下三个方面的挑战。一是邻国的政治转型进程对中国政治体制产生了重大的冲击波。在西方政治

---

① 曾枝盛：《"颜色革命"及其思考》，《天津行政学院学报》2008 年第 1 期，第 46 页。

话语霸权之下，坚持走自己发展道路的中国可能因此在国际社会中受到指责甚至孤立。[①] 二是邻国的政治变革与社会转型给中国边疆地区带来的冲击尤为突出。改革开放 30 多年来，中国的西北、西南、东北等边疆地区的发展明显滞后。由于边疆发展滞后，中国的国家主权和国家安全受到威胁，比如"疆独""藏独"问题；中国的政治稳定和社会稳定面临隐忧，如民族矛盾和冲突的触发点增多。加之中国的边疆地区和周边国家已经形成一种快速联动的关系，周边国家政局变动和社会不稳，很快会传导到中国边疆地区，这对中国边疆的社会稳定和经济发展带来隐忧。三是部分邻国与美国共同对中国开展"价值观外交"，意图在地区事务中孤立中国。日、美等国开展的对华"价值观外交"宣扬民主与自由，抨击中国威权体制"不民主"，误导中国的周边国家。例如，日本首相安倍晋三倡导的"日美澳印价值观联盟"，意在从东南部海洋方面对中国形成钳制之势；日本前外相麻生太郎倡导的"自由与繁荣之弧"，则意在由日本主导一个欧亚大陆"价值观联盟"。美国实施的"价值观外交"一方面旨在使中国的周边外交限于道德上的"不义"境地和被动局面，另一方面在于"改变"中国现行的政治制度。比如，美国以"网络自由"为旗号，改变"自上而下"推进民主自由的传统模式，以维权律师、地下宗教、异见人士、网络领袖、弱势群体为核心，以期通过"自下而上"的方式渗透中国基层，为中国的"改变"创造条件。[②]

冷观邻国政治转型给中国带来的政治安全挑战，中国要进一步完善国内改革。以下四点很重要：第一，中国政府要努力向周边国家展现我们制度建设的信心和制度改革的决心。中国共产党第十八次全国代表大会报告提出，全党要坚定"道路自信、理论自信、制度自信"，"要把制度建设摆在突出位置，充分发挥我国社会主义政治制度优越性，积极借鉴人类政治文明有益成果"。[③] 只有中国自己在制度建设上有自信、在制度改革上有决心，才能让世界各国真正信服中国的制度软实力。

第二，中国要认识到，周边国家新一轮的政治民主化浪潮有其合理性和必然

---

① 张小明：《影响未来中国周边安全环境的因素》，《当代世界》2010 年第 6 期，第 26 页。

② 袁鹏：《中国真正的挑战在哪里》，《人民日报》（海外版）2012 年 7 月 31 日，第 1 版。

③ 参见胡锦涛在中国共产党第十八次全国代表大会上所作的报告《坚定不移沿着中国特色社会主义道路前进为全面建成小康社会而奋斗》，新华网，http://www.xj.xinhuanet.com/2012 - 11/19/c_ 113722546.htm。

性，与其担忧邻国政治转型对中国政治安全的冲击，不如尽快改革国内体制机制和再造经济社会。中国推动国内的政治体制改革，不是为了"迎合"周边国家的民主转型，而是出于中国自身和平发展的需要。正如 2010 年 8 月时任中国政府总理温家宝在深圳考察时强调的："没有政治体制改革的保障，经济体制改革的成果就会得而复失，现代化建设的目标就不可能实现。"①

第三，对于邻国与中国的政治制度差异，中国要力求政治制度运作更透明和更完善。中国的宪法对中国的政治制度作出了这样的规定，即中国是一个共产党领导的社会主义国家。中国时任全国人大常委会委员长吴邦国在 2011 年 3 月的讲话中指出，"从中国国情出发，郑重表明我们不搞多党轮流执政，不搞指导思想多元化，不搞'三权鼎立'和两院制，不搞联邦制，不搞私有化。"② 在某些国家看来，中国的"非民主政治""侵犯人权""不透明"使这个政府不值得信赖；中国共产党的职能和活动在相当大的程度上仍然是未解之谜；③ 中国民族主义情绪的高涨是中国领导人为了提高其统治合法性而"操纵"的结果。④ 针对某些国家上述有"偏差"的看法，中国需要将政治制度运作的细节更加透明地呈现给周边国家的主要官员和分析家。把这方面工作做得更好，可能会改善他们对华认知的错位，增加他们对中国的信心。⑤

第四，中国也要使自身的政治价值观更"普世"。民主、自由、平等、公正、人权、和平等这些政治价值观应该是中国与周边国家共享的。"科学、民主、法制、自由、人权，并非资本主义所独有，而是人类在漫长的历史进程中共同追求的价值观和共同创造的文明成果。"⑥ 2008 年 5 月，中国国家主席胡锦涛

---

① 国务院办公厅：《温家宝在深圳考察工作时强调只有坚持改革开放　国家才有光明前途》，http：//www. gov. cn/ldhd/2010 - 08/21/content_ 1685190. htm。

② 《吴邦国在十一届全国人大四次会议上作的常委会工作报告（摘登）》，《人民日报》2011 年 3 月 11 日，第 2 版。

③ Kenneth Lieberthal and Wang Jisi, "Addressing U. S. - China Strategic Distrust," Brookings Institution Report, March 2012, http：//www. brookings. edu/ ~ /media/research/files/papers/2012/3/30% 20us% 20china% 20lieberthal/0330_ china_ lieberthal. pdf pp. 35 - 36.

④ Kenneth Lieberthal and Wang Jisi, "Addressing U. S. - China Strategic Distrust," Brookings Institution Report, March 2012, http：//www. brookings. edu/ ~ /media/research/files/papers/2012/3/30% 20us% 20china% 20lieberthal/0330_ china_ lieberthal. pdf p. 24.

⑤ 祁怀高等：《中国崛起背景下的周边安全与周边外交》，中华书局，2014，第 79 页。

⑥ 温家宝：《关于社会主义初级阶段的历史任务和我国对外政策的几个问题》，《人民日报》2007 年 2 月 27 日，第 2 版。

和日本内阁总理大臣福田康夫在东京签署的《中日关于全面推进战略互惠关系的联合声明》提道:"为进一步理解和追求国际社会公认的基本和普遍价值进行紧密合作,不断加深对在长期交流中共同培育、共同拥有的文化的理解。"① 中国政府认同国际社会的"普世价值"观会拉近与邻国的心理认知,让周边国家感受到中国做一个良善大国的诚意。

总之,应对邻国政治转型对中国政治安全的冲击,一方面取决于中国自身的制度革新和国内民主建设,中国要进一步赋予民主以自己独特的内涵和解释,并力求为周边国家和国际社会所理解和接受;另一方面取决于中国的政治制度和发展道路如何做到与周边国家共存共赢。只有这样,中国才有可能被周边国家视为一个"可亲的"和"可信的"的大国。

六 积极提出和倡导区域制度构想

冷战结束以来,亚太地区出现了一些多边制度和多边组织。进入 21 世纪后,美国、日本、澳大利亚、东盟等为了在未来的亚洲地区多边制度构建中抢占先机,积极提出了各自的多边制度倡议。

美国已经形成了相对清晰的亚太多边制度设想。美国的设想是:在巩固美国与亚太盟友关系的同时,激活亚太经合组织这一"老制度",参与东亚峰会和TPP这两个"新制度",倡设"湄公河下游行动计划"等多种"小制度"。2011年,奥巴马政府提出了更为宏大的"太平洋世纪"战略构想,力图在亚太地区建立一个新的地区架构和实现美国的领导。日本认为东亚峰会模式有利于平衡中国快速增长的影响力,试图把东亚峰会从战略论坛变成务实的地区安全机制。2009 年 8 ~ 9 月,日本民主党赢得大选后,鸠山由纪夫首相展现出重视亚洲的姿态,大力倡导"东亚共同体"理念,引起各方关注。虽然 2012 年 12 月日本大选后民主党下台,但是笔者认为"东亚共同体"构想在日本国内仍具有一定的思想基础,需要继续关注。与"东亚共同体"倡议相对的,是澳大利亚的"亚太共同体"(Asia Pacific Community)倡议。该倡议是时任澳大利亚总理陆克文

---

① 《中日关于全面推进战略互惠关系的联合声明》,新华网,http//news. xinhuanet. com/ newscenter/2008 – 05/07/content 8123814. htm。

（Kevin Rudd）在 2008 年 6 月的一次演讲中正式提出的。2012 年 10 月，澳大利亚政府发布《亚洲世纪中的澳大利亚》白皮书。该白皮书认为：澳大利亚的未来与亚洲这个多样化地区的稳定和持久安全密不可分。在支持本地区持续安全方面，澳大利亚可以通过与其他国家合作，提供很多帮助。澳大利亚会努力通过当前的地区机制，建立双边信任合作。① 东盟力图通过加强自身一体化建设，保持其在东亚机制中的主导地位。2007 年 1 月，宿务东盟首脑会议发表《关于加快到 2015 年建成东盟共同体宣言》，把建成东盟共同体的时间表提前至 2015 年，以便"通过加强东盟一体化建设，强化东盟作为引领变化中的地区格局驱动力的中心地位与主导作用"。②

无论是现有机制之间的竞争，还是地区机制的新倡议，上述国家（地区组织）的倡议或主张在很大程度上都有平衡中国影响力的考量。在各国竞相提出各自的亚洲地区多边架构的背景下，中国要积极提出自己的亚洲区域多边制度构想。

第一，要对亚太地区多边架构的功能和走向有准确的认知和研判。目前，东亚峰会容纳了中、美、俄、日、印在内的所有亚太大国，是大国势力会聚之地。中国可以致力于保持东亚峰会的务虚性质，将其作为进行广泛的战略性对话的平台。同时，中国要坚持东盟"10＋3"机制的务实性质，积极、稳妥、扎实地推进"10＋3"的各项合作。在主要的地区合作机制中，"10＋3"机制和东亚峰会之间可以形成"内核"与"保护带"的关系，使两者间的竞争关系更多地转化为互补关系。③

第二，以亚洲新安全观为指导积极构建亚洲区域多边安全机制，并增强在亚洲多边安全机制中的影响力。在 2014 年 5 月召开的亚洲相互协作与信任措施会议（亚信会议）第四次领导人峰会上，中国国家主席习近平倡议树立共同、综合、合作、可持续的亚洲新安全观，创新安全理念，努力走出一条共建、共享、共赢的亚洲安全之路。④ 首先，促进亚信会议的机制化，以此

① Australian Government, "Australia in the Asian Century", White Paper, October 2012, http://pandora. nla. gov. au/pan/133850/20130914 – 0122/asiancentury. dpmc. gov. au/white-paper. html.
② "Cebu Declaration on the Acceleration of the Establishment of an ASEAN Community by 2015," http://www. aseansec. org/19260. htm.
③ 田野：《东亚峰会扩容与地区合作机制的演化》，《国际观察》2012 年第 2 期，第 43 页。
④ 习近平：《积极树立亚洲安全观共创安全合作新局面——在亚洲相互协作与信任措施会议第四次峰会上的讲话》（2014 年 5 月 21 日），《人民日报》2014 年 5 月 22 日，第 2 版。

搭建覆盖全亚洲地区的安全与合作新架构。亚信会议目前仍是一个约束力不强的对话论坛，如果提出的大量倡议和好的设想无法落实，未来将难免会在机制建设上沦为"清谈馆"。亚信未来成功的关键在于能否突破机制建设的瓶颈，在发挥安全作用的同时，避免清谈空论，增进务实合作。① 其次，中国要尽快研究建立以东盟为主导，包容、开放且有约束力的地区多边安全机制。该机制欢迎美、俄、欧盟、澳等域外力量加入，旨在打造地区和平"稳定器"。此外，中国在亚太经合组织、东盟地区论坛、东亚峰会及亚洲合作对话等多边机制中都要加大参与力度，增强中国在未来亚洲安全架构中的话语权、影响力和创制力。

第三，提出"东盟机制下的中美日合作领导模式"的亚太领导权新构想。由于亚太地区政治、经济、文化、制度等方面的多元化，决定了该地区合作进程中领导权问题的特殊性。美国谋求建立以它为中心的领导权模式，但是由于美国长期推行霸权主义，强调双边同盟，干涉别国内政，受到包括中国在内的广大亚洲国家的反对和批评。今后最有可能形成的亚太合作领导权模式是"东盟机制下的中美日合作领导模式"。在该模式下，未来的亚太合作领导权体现为中、美、日、东盟等行为体的一种互动关系。同时，作为中等国家的韩国、澳大利亚、各种非政府组织等都是这一模式的"利益相关者"，可在这一模式中发挥重要作用。该模式解决了中、美、日三大国都不具备单独领导该地区的绝对资质问题；承认了美国在亚太的利益存在，有利于实现美国与亚洲国家间的共存共赢；尊重了目前东盟主导东亚区域合作的现实，弥补了东盟模式的不足；调动了中等国家、非政府组织等"利益相关者"的积极性。

总之，中国需要更加积极地介入亚太的多边制度，并主动提出自己的区域制度构想。尽管中国自身的行为会受到一定的制约，但是这也加强了中国同周边国家的经济与政治合作，有助于建立相互之间的信任，化解或减轻周边一些国家对中国的焦虑感，从而维护中国周边安全环境的和平与稳定。另外，多边制度对于抵制大国单边主义和强化地区军事同盟的努力，消弭周边国家和外部大国对中国的联合制衡意图，也能起到一定的积极作用。

① 韩立群：《亚洲相互协作与信任措施会议述评》，《国际研究参考》2014 年第 6 期，第 40 页。

七　构建未来 10 年中国的"大周边外交战略"

中国周边外交亟须在总结历史经验和教训的基础上，构建面向未来 10 年的"大周边外交战略"。

第一，树立"大周边"外交理念以顺应中国"战略边疆"的拓展。随着中国国际影响力的向外延伸和海外利益的增加，中国需要树立"大周边"外交理念。本文的"大周边"理念是相对于"小周边"理念而言的。"小周边"通常是指与中国领土领海直接相邻的国家和地区，如俄罗斯、蒙古、东北亚、东南亚、南亚、中亚诸国。而"大周边"概念超越传统的地理范围界限，同中国海上、陆上有相同战略利益需求的国家和地区。[①] 界定中国"大周边"地理范畴需要考虑三个因素：最大程度上有利于巩固中国地缘战略依托；要考虑中国自身实力以及对周边的有效影响力；实施周边外交的成本与收益。[②] 基于上述三个因素的综合考虑，东北亚、东南亚、南亚、中亚、西亚和南太平洋地区这"六大板块"应该作为中国的"大周边"地理范畴。其中，东北亚、东南亚、南亚、中亚这四个"板块"与中国陆海直接接壤，自然属于中国周边范畴。此外，西亚和南太平洋地区也应纳入中国的"大周边"视野中。西亚地区是中国西部周边的战略延伸地区，该地区局势与中国的能源安全、边疆稳定和西部发展息息相关。南太平洋地区是中国东南部周边的战略延伸地区，确保澳大利亚和新西兰这两个该地区领军国家的对华友好是中国海上安全的关键所在。同时，我们也反对随意扩大对中国"周边"范围的界定，以避免导致周边国家误认为中国在扩展其"地缘政治势力范围"。需要说明的是，作者并不主张"大周边"成为一项明确成文的中国周边外交战略；而是强调，未来 10 年中国的周边外交理念应具有政经合一、陆海并重的特点，以表明我们力求以"与时俱进"的视角看待新时期中国的"周边地缘"与"战略边疆"。

---

① 祁怀高等：《中国崛起背景下的周边安全与周边外交》，中华书局，2014，第 363 页。

② 这三个因素的归纳受到复旦大学国际问题研究院杜幼康教授的启发，2012 年 10 月 20 日于上海。

　　第二，以中央国家安全委员会来整合四种周边外交思路，形成中国"大周边外交战略"的整体谋划。目前，国内决策层和学术界存在着四种周边外交思路：一是"海上突破"，在应对海洋领土争端中突破外部大国和某些海上邻国对中国的联合"封锁"，在确保突破西太平洋的基础上，推动中国与南太平洋、东印度洋国家关系的不断发展。二是"积极西进"，将南亚、中亚、中东等"西部"地区塑造为中国的战略纵深区域和经济战略地带，为中国的和平发展开辟广阔的战略空间。持这一思路的学者认为，"西进"是中国内部经济再平衡所驱动的，有利于建立更为平衡的中美关系；此外，中国在西部各国的经济利益日益扩大，展现了参与大国多边协调、提高国际地位的良好机遇。[①] 三是"立足国内"，改革国内外交决策体制以提高决策制度化、科学化水平。1998 ~ 2013 年，中国外交的核心决策体制是中央外事领导小组（中央国家安全领导小组），该机构是中共中央政治局领导外事、国家安全工作的议事、协调机构。[②] 应该说，中央外事领导小组这一体制创新取得了很大成绩，但在新形势下，不少学者认为该机制还有待完善，问题主要体现为"民主不充分，集中不完善"。[③] 2013 年 11 月，《中共中央关于全面深化改革若干重大问题的决定》宣布"设立国家安全委员会，完善国家安全体制和国家安全战略，确保国家安全"。[④] 四是"外围拓展"，在更为广阔的拉丁美洲、欧洲、非洲等地区拓展中国的海外利益。上述四种周边外交思路涉及中国国内国外因素和多个部门，必须从中央层面进行全盘统筹。当前，我国面临对外维护国家主权、安全、发展利益，对内维护政治安全和

① 王缉思：《"西进"，中国地缘战略的再平衡》，《环球时报》2012 年 10 月 17 日，http：//opinion. huanqiu. com/opinion_ world/2012 - 10/3193760. html；王缉思： 《西进，是还中国以"中国"的地位》 （2013 年 3 月 20 日），《纽约时报》中文网，http：//cn. nytimes. com/opinion/20130320/cc20wangjisi/。

② 1998 年 8 月，中共中央、国务院撤销国务院外事办公室，成立中央外事办公室（简称"中央外办"）。中央外办作为中央外事工作领导小组办事机构，列入中共中央直属机构序列。2000 年 9 月，中共中央组建中央国家安全领导小组，与中央外事工作领导小组合署办公，中央外办同时作为其常设办事机构，两块牌子，一套机构。参见宫力、门洪华、孙东方《中国外交决策机制变迁研究（1949 ~ 2009 年）》，《世界经济与政治》，2009 年第 11 期，第 53 页。

③ 张骥、赵姗姗：《"中国外交体制、运作创新与中国外交研究创新"研讨会综述》，《外交评论》2011 年第 1 期，第 156 ~ 157 页。

④ 中共中央：《中共中央关于全面深化改革若干重大问题的决定》，2013 年 11 月 12 日中国共产党第十八届中央委员会第三次全体会议通过，新华网：http：//news. xinhuanet. com/politics/2013 - 11/15/c_ 118164235. htm。

社会稳定的双重压力下，各种可以预见和难以预见的风险因素明显增多。① 在这一紧迫形势下，新设立的中央国家安全委员会，需要有效整合内部外交（安全）资源，解决跨部门协调的难题和外交（安全）决策面临的复杂问题，从而确保在面对外部紧急事态时反应迅速、决策有力。在新成立的中央国家安全委员会的运筹下，中国的周边外交顶层设计将整合"海上突破""积极西进""立足国内""外围拓展"四种周边外交思路，综合施策，从而整体谋划中国周边外交的战略架构。

第三，构建应对美国、日本、俄罗斯、印度四国的大国关系。影响中国周边外交的大国主要是美国、日本、俄罗斯和印度四个大国。美国因素是影响中国周边外交的最重要的大国因素，其他大国因素在一定程度上从属于中美在亚洲的双边互动关系。应对中美在亚洲的"竞逐兼容"关系，要继续加深两国在亚洲的经济相互依存，塑造两国在亚洲的共有利益，夯实周边依托以增加对美外交的"砝码"。2013 年 6 月中美元首在安纳伯格庄园会晤时，同意致力于建立合作共赢的新型大国关系，这正是中美两国的最大公约数。在中日"竞雄共存"的框架下，未来中日关系如要实现平稳发展，两国需要妥善处理领土和海洋权益争端以及历史问题，着力实现从功能互利到政治互信和战略互惠的突破。俄罗斯是中国周边外交中为数不多的积极性大国因素之一，中国宜充分利用俄罗斯因素，以促进对周边国家的外交。同时，中国也要努力消除俄方认为中国同它竞争势力范围和影响的担忧，引导俄方理性看待两国在中亚地区的商业竞争。在中印共同崛起的背景下，中国需要充分尊重印度的新兴大国地位，把"竞进均衡"的中印关系转化为对中国周边外交有利的因素。对于印度以东阵营，我们应充分尊重印度的主导地位以及其他国家"跟随印度"的现实。中国需要妥善应对美、日、俄、印四国对中国周边安全和周边外交的影响，并努力与美、日、俄、印共同探索构建一条以尊重为前提、以合作为途径、以共赢为目标的新型大国关系之路。

第四，统筹中国周边"六大板块"（次区域）。东北亚、东南亚、南亚、中亚、西亚、南太平洋已经成为中国周边安全环境不可或缺的"六大板块"。一方面，中国要根据不同"板块"的特点，有针对性地制定中国的周边政策。如中

---

① 习近平：《关于〈中共中央关于全面深化改革若干重大问题的决定〉的说明》，http://news. xinhuanet. com/politics/2013 - 11/15/c_ 118164294. htm。

国的东北亚外交，以六方会谈机制为基础推动东北亚安全机制的构建，以地缘经济合作作为切入点推动地缘政治正向发展，推动中国倡导的多边制度与美国主导的双边同盟在东北亚的兼容共存；① 中国对东南亚的外交重心应做如下调整，即由近20年来所奉行的以经济外交为主，以战略保证和谨慎被动的"搁置外交"为辅，逐步调整为经济外交与积极主动的安全战略并重；中国的南亚外交需要高度重视印度崛起的战略意义，坚持中巴传统友谊，加强与美国的南亚政策协调；中国在制定中亚政策时需综合考虑相关国家或国际组织的利益诉求，在促进中亚国家稳定和发展的前提下实现自己的利益；中国的南太平洋外交既要重视发展与澳大利亚、新西兰这两个领军国家的关系，也要努力化解美、日、欧等大国或大国集团对中国南太平洋外交政策的干扰。另一方面，中国要把"六大板块"看做一个利益高度相关、互动极为频繁的整体，统筹东北亚、东南亚、南亚、中亚、西亚与南太平洋"六大板块"。中国要打破不同"板块"之间、陆地与海洋之间的分割，形成陆地与海洋事务、中国边疆与周边区域的联动机制。中国要统筹"东线板块"（东北亚、东南亚、南太平洋）与"西线板块"（西亚、中亚、南亚），塑造较大的战略回旋空间。比如，当"东线板块"出现岛屿和海洋领土划界争端和矛盾时，中国的"西线板块"地区形势实现了某种程度的转圜，这启示我们可以通过统筹周边"六大板块"，实现战略回旋，摆脱危机，化被动为主动。

第五，兼顾"维权意识"与"底线思维"以捍卫国家利益。中国周边外交中的"维权意识"指的是在涉及领土主权和海洋权益时有着坚定而明确的立场，即坚决捍卫国家主权、安全、发展利益。"底线思维"的实质就是风险思维，即在任何时候都要把问题和困难设想得多一些，在面对未来挑战时强调以最坏打算作必要思想和物质准备，积极争取最好结果。用一句话总结"底线思维"就是：向最好的方向努力，同时应对最坏局面。如果说"底线思维"是中国周边外交的一种"后发制人"，那么"维权意识"则是中国周边外交的"主动出击"。因此，"维权意识"和"底线思维"就像一枚硬币的正反两面，是一种辩证统一的关系。二者兼顾既能展示中国捍卫国家主权、安全、发展的坚定决心，又能有效

---

① 祁怀高：《21世纪第二个十年东北亚安全环境与中国东北亚外交》，《国际安全研究》2013年第2期，第88~103页。

管控本来可能恶化的周边热点问题，从而把握周边外交的主动权。① 近年来，中国在维护岛屿主权和海洋权益上体现了坚定的"维权意识"。2010 年中菲黄岩岛对峙事件后，中国的海监和渔政开始对黄岩岛海域实施常态化巡航。2010 年开始，中国也开展了钓鱼岛常态化巡航。2012 年日本公布所谓钓鱼岛"国有化"决定后，中国加大了在钓鱼岛海域的维权巡航执法力度。2012 年 10 月，中国东海舰队联合农业部东海区渔政局、国家海洋局东海分局在舟山以东的海、空域，组织进行"东海协作 – 2012"军地联合海上维权演习。2013 年 7 月，重组后的国家海洋局与中国海警局成立，中国的"国家海岸警卫队"初现雏形。2013 年11 月，中国划设东海防空识别区。近年来，中国周边外交面对诸如朝鲜、伊朗核问题，以及与日本、菲律宾、越南等主权领土斗争等问题，运用了"底线思维"。中国正在形成"底线思维"战略体现出如下特征：给对手划出红线、实施威慑，并且内部做好应对最坏情况的准备，决不允许个别国家勾结域外力量蚕食中国的主权权益。

　　第六，用"一带一路"构想统筹沿边发展与周边外交。中国新一届政府积极倡导建立"一带一路"，即"丝绸之路经济带""21 世纪海上丝绸之路"，这对于统筹新时期中国沿边发展与周边外交具有重大的现实意义。统筹沿边发展与周边外交，是中国政府统筹国内国际两个大局重要战略决策的体现，是"一带一路"建设的应有之义。"一带一路"将构筑沿边发展与开放的"一体两翼"。在提升向东开放水平的同时加快向西开放步伐，助推内陆沿边地区由对外开放的边缘迈向前沿。在"一带一路"构想下统筹中国沿边发展与周边外交，可以采取的做法包括：一是通过"一带一路"战略推动中国东西部地区协调发展。中国西部沿边省区市（陕西、甘肃、青海、宁夏、新疆、重庆、四川、云南、广西等）经济欠发达、基础较薄弱，加之周边邻国的基础设施也不完善，"丝绸之路经济带"建设的目标层次可聚焦于基础设施的互联互通建设上。中国东部五省（江苏、浙江、广东、福建、海南）的经济较发达，"海上丝绸之路"建设的重点可放在产业转型升级、企业"走出去"和对外贸易等领域。二是在央地博弈中建立中央主导下的共赢外交格局。中国沿边地方政府竞相主张与"一带一路"相应的区域战略，呈现了争抢项目的不良趋势。一旦形成无序的内部竞争，不利

---

　　① 祁怀高：《关于周边外交顶层设计的思考》，《国际关系研究》2014 年第 4 期，第 20 ~ 21 页。

于中央统筹下的对外开放发展大战略，也无法实现中国沿边地方政府想借力中央政府的国际战略。借助"一带一路"的推进，建立一个中央地方良性博弈格局。中央政府和地方政府确立如下共识：在"高级政治"（政治、安全）领域内中央政府占据支配地位，在"低级政治"（经济、社会、文化）领域中双方形成协调和磋商的关系。中国各省区之间要根据区位优势进行定位，有重点地对接不同的周边次区域或国家。三是在沿边与周边的互动中构建互利共赢的次区域合作机制，从而夯实"一带一路"战略构想。在众多的周边次区域合作机制中，"孟中印缅经济走廊"和"中巴经济走廊"（以下简称"两廊"）是"一带一路"构想的重要组成部分。中国需要与相关国家合作以加快"两廊"的建章立制工作，尽早确定早期收获项目，推动"两廊"建设向实质性发展阶段迈进。①

中国新一届政府高度重视周边外交工作，周边外交在国家总体外交战略布局中已经真正跃升为"首要"地位。中国正在以积极应对周边安全六大挑战为契机，推动中国周边外交战略的转型，即从回避周边冲突向利用周边冲突的转型，从等待周边机遇向创造周边机遇的转型，从适应周边环境变化向塑造良好周边环境的转型。

---

① 祁怀高：《关于周边外交顶层设计的思考》，《国际关系研究》2014 年第 4 期，第 23 页。

论中等强国对中国周边外交及总体安全观的意义

丁 工*

周边地区的发展与中国崛起振兴相互依托、祸福与共,周边政治环境的变动不仅触及中国沿边搭界和沿海临岸地带的经济发展事项,更是关联到中国长治久安和谋篇布局的综合战略议题。特别是当前中国处在实现中华民族伟大复兴的战略机遇期、崛起进度步入临界关头的特殊节点,周边更是成为决定中国发展轨迹和对外趋向的基础动因和关键要义。因此,中央在全面评估、科学预判国内外形势的基础上,为顺应局势演变潮流于 2013 年 10 月 24 ~ 25 日首次召开以做好新形势下周边外交工作为主题的专项会议。而环顾周边可以发现,在幅员广袤的中国临近空间内分布着众多类别不同、制度各异、价值多样、文化多元的国家群体,其中部分中型国家虽然实力地位略微逊色于大国,但相比一般普通国家实力不俗,这些国家便是中等强国。本文通过挖掘中等强国对中国构筑周边支撑依托的战略意义和潜在价值,探讨重点突破中等强国和全面推进周边外交的逻辑联系,提出在周边外交中给予中等强国清晰恰当的战略定位,实现中国外交特色和中等强国特征融通交互,从而进一步达到合理统筹、高效调配周边外交资源的目标。

一 中等强国的战略含义

中等强国作为一个专职用于国际关系领域的术语名词,是从大、中、小国家

---

* 丁工,中国社会科学院世界经济与政治研究所博士后,原文曾发表于《世界经济与政治》2014 年第 7 期,集刊收录时已做修改。

层级划分的基础上延伸扩展而来，其身份选定和资质考评依据等级秩序的国际社会客观现实，并随着时代主题的变化、体系结构的变迁以及国际环境的变动而发展。① 现今，中等强国专指这样一类国家即综合国力发展态势良好，拥有可观的物质基础或至少也应是把持、操控某个战略性资源行业的关键大国，能够在无须仰仗大国鼻息和外力协助的情况下，参与介入国际秩序规制的有限运作，具备适度实现本国战略意志的足够权威。② 参照前述定义，当今世界的中等强国主要包括如下国家：南欧的西班牙，东欧的波兰，中亚的哈萨克斯坦，东北亚的韩国，东南亚的印度尼西亚，南亚的巴基斯坦，北美洲的加拿大，中美洲的墨西哥，南美洲的阿根廷，南部非洲地区的南非，西非的尼日利亚，中东地区的土耳其、埃及、伊朗和沙特阿拉伯，以及大洋洲的澳大利亚。由此不难看出，中等强国大多是具有一定战略辐射半径和相当权势吸附能力的地域性大国，能够为自己开辟出适合本国国情的专长区域和折冲空间。

但在以民族主权国家为基本行为体的国际社会里，大国作为具有关键性影响和作用的核心力量，才是决定国际格局构成的基础性因素。中等强国由于不具备媲美大国的超众实力，无法拥有压倒他国的国际影响和制度优势，因而无论是影响全球权力结构的变迁还是推动国际政治体系的演进，中等强国的作用都没有大国突出，其价值意义也不那么容易被国际社会感知。③ 中等强国这种与生俱来的独特秉性和本色特质致使其表现出来的能力和发挥出来的作用远远超过它理应得到的重视、评价，从而影响到中等强国实际受到的关注与寻求展现的价值不成线性等比。但事实上，中等强国作为最接近大国的次强势力，时常扮演承接权力格局转型和国际体系更迭的优先递补者角色，进而成为改变世界政治分布版图的重要因素之一。比如日本、德国就是在雅尔塔秩序瓦解后，彻底抛弃冷战体系中的中等强国身份，开始重新调整自己在世界上的国家位置，试图成为世界新格局中的一极，加速"一超多强"的轮廓架构最终成形。印度、巴西则是依托新兴国家集群性崛起推动国际格局处于新旧转换的有利时机，从中等强国群体中脱颖而

---

① Carsten Holbraad, *Middle Powers in International Politics*, London：Macmillan Press, 1984, p. 12.

② Adam Chapnick, *The Middle Power Project：Canada and the Founding of the United Nations*, Vancouver：University of British Columbia Press, 2005, p. 32.

③ 潘迎春：《中等国家理论的缘起》，《世界经济与政治论坛》2009 年第 5 期，第 119～124 页。

出晋身为新兴大国俱乐部的成员,① 推动大国格局朝向"一超走弱、多强易位"的趋势演变。

近年来，随着中等强国群体决定国际格局变迁和全球体系转型的能力和作用持续提升，中等强国长期被轻视忽略的状况发生了较大改观，国际社会开始逐渐正视、发掘中等强国所积蓄的能量。经过世纪之交 10 多年的快速发展，中等强国实力持续增强，在国际和地区事务中的号召力和统御力大幅跃进、不断攀升，逐渐步入决定国际体系走势的重要力量行列，崛起为全球游戏规则的参建者和推动者。特别是国际金融危机后，中等强国呈群体性崛起的态势已经初步显露端倪，一定程度上成为决定国际秩序未来发展方向的体制内国家。如危机后跃升为全球治理首要平台的 G20 机制中，除包括了当今世界所有的旧有大国和后起大国外，还增加了澳大利亚、墨西哥、韩国、土耳其、印尼、南非、阿根廷、沙特等 8 个中等强国。在 G20 机制里，中等强国得以亲身介入国际制度结构和治理功能的顶层设计进程中，由全球制度新规范、新理念的被动接受者转变成为主动倡导者，从而在某种程度上改变了以往国际秩序创建任由大国垄断操纵的固有模式。而在近期的联合国安理会改革问题上，以中等强国韩国、墨西哥、巴基斯坦、阿根廷、西班牙、加拿大、土耳其、印度尼西亚为主的"团结谋共识"运动（UFC），② 成为打破"四国联盟"以抱团捆绑方式强行表决获取安理会常任理事国席位图谋的"先驱力量"。因此，中等强国的崛起已引起各界高度重视，全球主要国际战略力量显著提高中等强国在其外交资源分配比例中的份额权重，中等强国不仅经济上成为现存大国和新兴大国竞相示好的对象，政治上也成为多个主要国家和国际组织纷纷追逐的目标。

美国作为当今世界唯一的超级大国，从长期维护领导国际秩序的战略利益考虑十分看好中等强国日益增强的现实价值和潜在资产，奥巴马政府提出按照多伙伴世界计划构建美国与部分重要战略盟友、合作伙伴的外交关系,③ 其动机就是企图通过拉拢实力快速增长的中等强国来抗衡新兴大国崛起和西方大国衰落对美国霸权的消解、冲抵。而在 G20 机制中，那些中等强国作为游移于以 G7 为主体

---

① Gareth Evans, "Middle Power Diplomacy," http：//www. gevans. org/speeches/speech44. html.

② Wikipedia, "Uniting For Consensus Group", http：//en. wikipedia. org/wiki/Uniting ＿ for ＿ Consensus＿ Group.

③ 董漫远：《发展中大国的战略作用》，《国际问题研究》2010 年第 3 期，第 8～14 页。

的既有守成势力和以金砖国家为代表的后发崛起势力之外的"第三方"势力,更是成为两大团体有意结交的对象。因此,从某种意义上讲中等强国打破了过去30年间五大力量中心的国际格局,它们与现行国际俱乐部的关系决定着未来世界的稳定与否。在今后的国际竞争中,主要力量谁获得较多中等强国的支持,谁就会在大国博弈争斗中占据上风位置。① 当前,中国作为具有一定世界影响力的地区性大国,正经历由区域规模大国向全球实务大国成长迈进的紧要阶段,中国外交也需要深入探讨和深刻体会中等强国对国际局势发展的影响规律,通过深掘中等强国特定独有的价值来进一步增强中国外交妥善处理矛盾、有效管控分歧的统筹调动能力。特别是在周边地区矛盾高发、中邻关系摩擦多发的大环境下,中国可以思考将中等强国元素适度拟合融注到周边外交的布局谋划之中,充分挖掘、善加利用中等强国这种"不大不小"行为体类型的潜能特质,尝试以中等强国外交为切入点克服周边部分热点难题的困扰,通过借力中等强国制衡大国、稳定小国的独特禀赋,优化中国外交的资源配置和提升综合实力的集约运用,进而避免周边地区成为制约国家崛起的短板瓶颈。

二 周边地域对中国外交布局的总体影响

梳理回顾大国成长历史可知,大国基业的确立与周边近邻的护持存在着唇齿相依、互为表里的关系,② 无论对于国家发展大局还是外交施政全局都具有极其突出的价值和意义,因而在周边区域构筑紧密友好、利益共生的缓冲区间和统辖群落已是成就大国兴起的必备元素,也成为奠定大国基业的充要条件。现今,中国正处于由地域局部大国迈向世界政经强国的高速推进阶段,面临迫切的发展任务,亟须营建理想友善的周边环境和筑牢稳固的周边依托。而与此同时,中国又堪称是当今大国群体中周边矛盾争端最高发、摩擦冲突最易发的一员,东线日本、越南和菲律宾在东海、南海海礁岛屿归属问题上不断挑起事端,③ 美军与亚洲盟国频繁上演联合军演箭头指向中国的意图明显,美国转身亚太、邻里关系从

---

① 金灿荣、马鑫:《未来十年世界六大忧思》,《国际关系学院学报》2012年第1期,第1~5页。
② 王逸舟:《十八大后的中国外交展望》,http://politics.people.com.cn/n/2012/1212/c1001-19874793.html。
③ 李东燕:《全球热点问题评述》,《当代经济》2012年第23期,第4~7页。

紧等多元因素相互复合叠加促发海上安全矛盾日渐突显；西边"藏独""疆独"等敌对势力活动频仍，中印领土划界争议依旧悬置，传统安全威胁与非传统安全威胁集合交织又成为诱发冲突的引爆点。上述问题如若无法稳妥解决不仅会严重侵害中国领土主权，还将对国土安全构成巨大的风险隐患，从而拖累延滞中国国家整体发展战略的推进实施，严重影响中华民族伟大复兴的时空进程和崛起上限。

　　一直以来，中国都高度重视周边外交工作，长期将周边事项置于外交统筹的突出位置，并在战略设计规划层面形成"周边是首要"的决策部署和政策定位。按照中国外交现行以"大国、周边、发展中国家、多边、人文公共"五大板块为主轴的布局构架，[①] 周边外交占据着至关重要的地位，具有牵一发而动全身的功效。一方面，周边外交本身就是组成中国外交主体牌面的核心拼图；另一方面，周边外交又融合汇聚其他四项职能区划的内涵和意蕴。第一，中国周边地域是世界主要大国利益密集交汇的地区，周边外交必然涵盖相当范围、幅度的大国外交，并且中国与大国博弈交锋的"战场"也主要集结于周边地区；第二，中国周边绝大多数是发展中国家，周边外交和发展中国家外交存在大密度的交集；第三，中国目前能够实质参与并有效塑造的多边合作机制还主要集中于周边地区，故而现阶段在周边地区开展多边外交活动成为中国多边外交的基本抓手和主攻方向；第四，地域相近和文化相似的便利条件则是中国在周边地区进行人文交流和公共外交的天然优势，周边自然成为中国人文、公共外交最先推进和最易取得成果的首善之地。因此，无论是从自然亲缘、历史关联的角度审视，还是从国际格局、现实需要的方面考量，周边地域都堪称既是中国外交布局安排的应有之义，也是对外政策制定筹划的必要之举。特别是在中国崛起进程步入关键时段、美国高调重返亚太引发周边权力结构失衡加剧、中邻互动走向处于复杂敏感境况的独特背景下，周边外交无疑具有更加关键的宏观意义和战略价值。

　　但近年来，随着中国崛起进度的急剧加快，作为构成周边地界三大主体力量的中、美、邻之间权位态势和实力对比发生重大变动。中国崛起的体系性震撼使中、邻本已存在的不对称平衡进一步朝向有利于中方趋势发展，中邻之间力量差

---

①　袁鹏：《新时期中国大战略——对十八大报告的战略解读》，《现代国际关系》2013 年第 5 期，第 1 ~ 9 页。

距的加速拉大一定意义上刺激到周边国家的安全神经。部分邻国沿用权力政治的定式思维和研究惯性,对大国尤其是邻近大国容易滋长一种天生的自卑感和恐惧感,并跟随后者力量的持续激增,促使此种不安全的感觉更加躁动强烈。故此,中国的快速崛起自然引起邻国的提防和戒备心理,导致周边部分国家难以避免地萌生借助美日冲抵中国日益膨胀影响力的意念和想法。同时,美国"重返亚太"彰显存在,俄罗斯加紧谋势欧亚和布局远东,日本西看,印度东望等多重因素的堆叠聚合又促使周边政治格局和地缘环境面临深度的整合重组,导致中国周边安全压力显著趋紧、矛盾摩擦骤然升级。而中国同个别周边国家声索宣示的海权疆界和陆地领属要求存有交叠重合之处,与邻国有关海域疆土的划界纷争又成为诱发周边局势失控和安全环境震荡的未知变量。

此外,提起周边一词,人们往往会和狭义上的邻国概念相混淆,简单地将广阔界面上的周边等同于局域地理上的接壤。但事实上,周边维度的扩充同国家利益的拓展具有高度的复合关联性,周边辖区的范围便是伴随国家发展成长、国际利益空间自然延伸的客观趋势,而逐步确立的地缘政治观念所能到达的战略疆界。[①] 现今,基于影响力的日益扩大,中国周边半径不断拓宽伸展,周边所辖向度的舆地意义已经远远超出邻国的界线,致使周边舆地区间的疆域跨度不仅涵盖东北亚、东南亚、中亚和南亚四个固定片区,还进一步囊括西亚海湾和西太南澳两个利益联系日益紧密的次区域板块,从而使中国周边的物理空间不但突破传统的近邻界线,还超越衍生毗连的"小周边"概念,逐步形成内涵和外延更加宽泛的"大周边"范畴,[②] 导致由搭界接壤的区域战术型"小周边"到统筹延揽的洲际战略型"大周边"立意思维的出现。分析可知,中国"大周边"方舆实际上已经形成由亚洲大陆为本体主干和以印—太两洋为翼面构件的"一体两翼"框架结构,并覆盖东北亚、东南亚、中亚、南亚、西亚海湾及南太平洋六大地域区块,容纳西太平洋和东印度洋部分濒海临陆地带的辽阔空间。因此,随着综合国力的渐趋走强,中国周边地界所涉及的实控国界、利益边界以及战略疆界三者已不完全重合,周边地理维度的扩编延揽等新气象的出现也给中国周边外交工作

---

① 陆忠伟、张蕴岭、傅梦孜、陈向阳:《解读中国大周边》,《世界知识》2004 年第 24 期,第 20~28 页。

② 丁工:《周边地区成中国外交地图新高地》,《中国社会科学报》2013 年 12 月 11 日,第 2 版。

提出新的思考课题和现实挑战。有鉴于此，中央特地于 2013 年 10 月 24～25 日，首次召开以做好新形势下周边外交工作为主旨精神的专题会议，明确指出将抬升周边在中国外交总体布局中的占比权重。① 由于此次中央周边外交工作会议规格之高、规模之大、参会部门之广实属罕见，无疑折射出中国外交主体塑造意识的增强和运筹调度能力的提高，也预示着未来中国外交战略目标的设定和先后次序的设置将会进行一次影响重大、思虑深远的转向调整。

三　中等强国对中国周边外交的独特价值

中等强国相对大国数目更多、地缘波及面更广，同时一般中小国家与其对比实力相差又非常悬殊，② 具备广泛性和代表性两者兼容共存的特点，再加上时常在自己所擅长领域或专攻议题中能够承担起别国无可替代的作用，从而赋予他们可以在中国周边事务或热点议题中扮演某些特定独有角色的比较优势。例如，从地区性国际组织建章立制的创设常理看，如果说中、美、日、俄、印等大国是周边区域合作机制化初创的"发动机"，那么中等强国则堪称常态化建制的"助推器"。在大周边地区跨区域、泛区域、次区域多边组织中，中等强国大多都是重量级参建者和推动者，如"10＋3"（东盟—中国、日本、韩国）机制里的韩国、印尼；东亚峰会（EAS）和亚太经合组织（APEC）里的澳大利亚、韩国、印尼；东盟地区论坛（ARF）里的印尼、澳大利亚、巴基斯坦、韩国；在宣布参与"区域全面经济伙伴关系"（RECP）和"跨太平洋战略伙伴关系协定"（TPP）两项区域自由贸易谈判的国家中，韩国、澳大利亚、印尼都是事关机制成败与否的重要因素。③ 从地缘政治上来说，伊朗扼霍尔木兹海峡的交通要道，巴基斯坦把守联结南亚、西亚、中亚的三岔路口，结好上述两国有益于保护中国海上贸易航道和陆上经济通道的畅通。在新近出笼的热门地缘词汇"印太亚洲"中，澳大利亚作为一面濒临印度洋、一面朝向太平洋，身处泛洲跨洋枢纽位置

---

① 习近平：《让命运共同体意识在周边国家落地生根》，http://news.xinhuanet.com/2013 – 10/25/c_ 117878944.htm。

② Andrew Carr, "Is Auatralia a Middle Power?" March 7, 2014, http://www.internationalaffairs.org.au/australian_ outlook/is-australia-a-middle-power/.

③ 高祖贵：《亚洲整体性崛起及其效应》，《国际问题研究》2014 年第 4 期，第 9～21 页。

的国家，① 随着"印—太"板块在全球地缘战略拼图中的位势上扬，地缘政治的独有潜质也更加凸显。印尼则不仅坐落美、日、印、澳"四边菱形"的几何中心，同时还居于印度洋—亚洲—太平洋"三角矩阵"的腹地中央，地缘战略的重要性不言而喻。

总体而言，中等强国对中国周边外交的独特价值突出表现在如下两个方面：

（一） 中等强国有益于中国外交整合周边区块布局

在中国由东北亚、东南亚、南亚、中亚、西亚、南太平洋六大区块构成的"大周边"地舆版图中，按照地理方位大致可以厘清框定三个层次分明、梯度有序的环区空间：第一环是与中国领土和海域直接相邻的 20 个国家，即由 14 个山水相连的陆上邻国和 6 个一衣带水的海上邻国构成中国"大周边"的内环核心圈；② 第二环是上述相接邻国所嵌入隶属的地域版块，即东北亚（日、韩、朝、俄、蒙五国）、东南亚（东盟十国和东帝汶）、南亚（南亚区域合作联盟八国）及中亚（俄罗斯北亚部分和中亚五国）四个区域，由这四个区域所连带包含的非邻国共同构成中国大周边的中环基本圈；③ 第三环则是从上述四个区域向外进行拓扑状能量放射，其辐射张力所能浸润覆盖的地区，即与中亚、南亚毗邻相接的西亚海湾多国，以及与东北亚、东南亚隔海相望、遥相呼应的南太群岛诸国，由前述经络主线所串联牵动的疆域片区构成中国大周边的外环重要圈。④ 而根据中国当前"大周边"的地缘战略形势和政治权力拼图可见，中等强国主要存在

---

① John McCarthy, "Thoughts on Foreign Policy for the Next Government, " Australian Institute for International Affairs, July 29, 2013, http：//www. aiia. asn. au/tas-news/1029-thoughts on foreign policy john mccarthy lecture.

② 本文所指第一环周边国家包括朝鲜、俄罗斯、蒙古、哈萨克斯坦、吉尔吉斯斯坦、塔吉克斯坦、阿富汗、巴基斯坦、印度、尼泊尔、不丹、缅甸、老挝、越南；韩国、日本、菲律宾、马来西亚、印度尼西亚、文莱共计 20 个国家。

③ 本文所指第二环周边国家包括泰国、柬埔寨、新加坡、东帝汶、孟加拉国、斯里兰卡、马尔代夫、土库曼斯坦、乌兹别克斯坦。此外，由于美国在太平洋和印度洋存有重要利益，如塞班岛、关岛、夏威夷及迭戈加西亚等属于美国的海外领属或军事基地，故将美国划属中国大周边所涵盖的区域，因此该圈层总共包括 10 个国家。

④ 本文所指第三环周边国家包括伊朗、伊拉克、沙特阿拉伯、科威特、卡塔尔、阿拉伯联合酋长国、巴林、阿曼、澳大利亚、新西兰、巴布亚新几内亚、斐济、汤加、萨摩亚、瓦努阿图、密克罗尼西亚、库克群岛、纽埃总计 18 个国家，大洋洲地区其他的马绍尔群岛、图瓦卢、帕劳、所罗门群岛、基里巴斯、瑙鲁等 6 国尚未同中国建交故本文不予考虑。

于第一和第三两个圈层环区，包括第一档中的韩国、印度尼西亚、巴基斯坦、哈萨克斯坦及第三档中的沙特、伊朗、澳大利亚。第二环虽不直接包含中等强国，但由于第一档国家必然同时兼跨两环区间，因此韩、哈、巴、印尼四国也无异于第二环国家，从而使中等强国达到三个周边外交圈环的多维度、全方位贯通排布。按照等级高低和作用大小来说，最高层物理接邻型小周边外交是重中之重，在该维度除北部外东、西、南三个方向均存在中等强国，东面的韩国、南面的印度尼西亚、西面的巴基斯坦恰好处在中国周边外交布局的关节点，也是美国妄图对中国实施 U 形包围的衔接端。① 在第二档定向和区域外交维度上，韩国、印尼、巴基斯坦、哈萨克斯坦分别是东北亚、东南亚、南亚、中亚四个区域定向外交的突破口和主攻点，提高这些中等强国在周边外交中的比重级别，发挥中等强国维护周边稳定的辐射带动作用，有利于中国稳定周边战略的实施和完善。第三档属于中国周边维度的起承转合环节，既是中国跃出东亚走向全球的通衢要地，也是中国从亚太大国通向世界大国的必经之路。由于空间方位的存在和地理屏障的阻隔，中国与"大周边"的外环国家历史恩怨和现实纠葛相对较少。因此，中国同澳大利亚、沙特、伊朗等第三档次的国家目前尚没有直接的地缘碰撞和战略竞争，从而能够在一定程度上减少迎面相遇引发摩擦、冲突的概率，有利于发挥三国在中国周边疆界中的"锚头"作用，也为中国在运筹、经略现有周边地理空间的基础上，向更广阔的区域纵深和疆域腹地推进提供前沿据点和立足平台。

另一方面，中国作为海陆兼备的复合型大国需要打破东西两厢、海陆两域的地理分割和壁垒限制，更加注重协调、平衡地缘布局的东西两部和海陆两翼，形成海陆事务兼顾、东部沿海与西部沿边统分结合、全盘互动的战略格局。② 有鉴于此，中国新一届领导层推出陆海统筹兼进、东西双向并置的"一带一路"布局构想。2013 年 9 月，中国国家主席习近平对哈萨克斯坦进行国事访问期间，在发表的题为《弘扬人民友谊 共创美好未来》的演讲中指出，随着中国与欧亚国家关系快速发展，希望中国与中亚各国携手并进，共同建设"丝绸之路经

---

① 丁工：《中等强国崛起及其对中国外交布局的影响》，《现代国际关系》2011 年第 10 期，第 47～53 页。

② 祁怀高、石源华：《中国的周边安全挑战与大周边外交战略》，《世界经济与政治》2013 年第 6 期，第 25～46 页。

济带"。随后 10 月，习近平主席应邀在印度尼西亚国会发表《携手建设中国—东盟命运共同体》重要演讲时，阐述中国对印尼和东盟的睦邻友好政策，并提出双方合力建设"21 世纪海上丝绸之路"的倡议，① 此两大设想合称"一带一路"战略。按照"一带一路"攻略的部署规划，西北方向"丝绸之路经济带"主要针对中亚、西亚及欧洲地区，意在挖掘陆地潜力，东南方向"21 世纪海上丝绸之路"则基本瞄向东南亚和环印度洋的南亚、阿拉伯半岛甚至东非等地着眼拓展海洋。因此，"一带一路"的二维共架方略既是承袭历史上丝绸之路"睦邻富邻"的传统情谊，又有"立足亚太、稳定周边"的现实考量，而其中地处东西两线的中等强国哈萨克斯坦和印度尼西亚则因分别据守"一带"里的陆路通道和把控"一路"上的水运航线，故而对中国筹划和推行东西并举、陆海并重的"一带一路"政策，促进两大战略方向和地缘板块的相互支撑、彼此烘托具有无可替代的重要价值。这是因为对角相倚、相向而行的"一带一路"能够将南亚、亚太、中东等各个次区域连接起来，有助于"海上东突"与"陆上西进"无缝对接，实现中国周边与欧亚的联通契合，进而编织起更加紧密交错的利益共同体网络。随着周边互联互通体系的建立，中国终归成为既雄踞欧亚大陆、又涉足太平洋和印度洋的"两洋一陆"国家，而印尼不仅同时看守西出南亚—印度洋的马六甲海峡、东进南下澳洲—太平洋的龙目和巽它海峡以及北上东亚的望加锡海峡四个咽喉水道，还雄踞通衢南北、扼锁两洲的"四战之地"，因此对于建立"21 世纪海上丝绸之路"具有至关重要的作用。同时，西面的哈萨克斯坦既是中国沿欧亚交通大动脉西进的桥头堡，也是北接俄罗斯、东欧，南通西亚、黑海两条欧亚路桥支线的交汇点，独特的区位优势决定哈萨克斯坦在"丝绸之路经济带"中占据十分关键的锁匙位置。事实上，习主席向外界宣介中国"一带一路"宏伟蓝图的首发地点正是哈萨克斯坦和印度尼西亚两个沿线中等强国，此举所暗含的哲理深意和战略远见也从一定程度上印证了哈萨克斯坦、印度尼西亚在中国筹划"一带一路"布局中的特殊地位。

---

① 肖琳：《海陆统筹共进、构建一带一路》，《太平洋学报》2014 年第 2 期。

（二） 中等强国有益于中国运筹周边大国关系

众所周知，中国周边地区是大国利益交织最密集、互动最频繁的区域之一，[1] 既有中国这种举足轻重的新兴崛起大国、又有美国这种战略重心移驻亚太的全球超强大国，更有积极进行投棋布子的地区核心大国日本以及极力标示地缘存在的传统大国俄罗斯，此外还有大举进军东亚的侧翼大国印度。在当前背景下，周边大国关系概括来说即如何运筹美国、日本、俄罗斯、印度的四强外交。而与之相伴，在四大国周围紧密并存着韩国、澳大利亚、印尼、巴基斯坦、哈萨克斯坦等中等强国，并一定程度上形成大国同中等强国共架结构。此外，由于这些中等强国在部分重大事务议题上采取"不苟合强权，不谋取霸权"的外交策略，因而有助于中国在运筹周边大国关系的博弈缝隙开拓更大的腾挪空间和获取更多的应对手段。

第一，中等强国与因应美国回归亚太战略。美国作为影响中国周边环境的"干预变量"，近年在国际金融危机之后迫于自身实力下降，对外收缩战线与突出重点穿插并行，加快结束对伊拉克和阿富汗的大规模战略投入，将国家安全战略的优先任务从"反恐防扩"转向应对新兴大国尤其是中国崛起带来的竞争挑战上，将地缘战略重心由大中东（除包括原有的西亚北非地区，还涵盖南亚阿富汗、巴基斯坦以及东非苏丹、索马里等部分区域）调头转向"印—太—亚"（即在东亚—西太平洋的基础上，进一步囊括巴基斯坦以东的南亚多国和东印度洋地区）。[2] 特别是美国自高调宣示"重返亚太"以来更是动作频繁，既将2011年作为亚太战略推进年，在中国周边展开穿梭外交密集访问周边邻国，加紧编织防范、遏制中国的联盟和伙伴网络，还利用中国与部分邻国的海洋争端挑拨离间，妄图通过打"航行自由"牌来扮演南海问题的"裁判"。[3] 在美国一系列咄咄逼人的动作背后，亚太中等强国成为美方多管齐下、积极拉拢交好的重点国家。外交上，奥巴马不但任内实现对韩国、澳大利亚、印尼的国事访问，其中对印尼、澳大利亚的访问甚至堪具里程碑式意义；经济上，美国力推的"跨太平

---

[1] 李永辉：《积极打造周边战略依托带，托升中国崛起之翼》，《现代国际关系》2013 年第 10 期，第 35 页。

[2] Wikipedia，"Indo-Pacific，" http：//en. wikipedia. org/wiki/Indo-Pacific.

[3] 陈向阳：《对中国周边环境新变化的战略思考》，《亚非纵横》2012 年第 1 期，第 30 ~ 34 页。

洋战略经济伙伴关系协定"(TPP),企图解构架空东亚经济合作模式、挤占亚太大市场,重塑、主导亚太区域经济一体化合作的内容和秩序,而此协定能否成形,澳大利亚、印尼、韩国等中等强国的态度非常关键;安全上,美国调整修正了同韩国、澳大利亚两个中等强国作为区域安全同盟的分量层级,美韩、美澳之间的军事交流合作越发频繁。美韩同盟升级为同美日并列的两对双边关系,使得美国东北亚安全体系的图形构造由以美日、美韩为支柱的斜边三角转变成美、日、韩均衡平齐的等腰三角。美国通过驻军澳大利亚在针对亚洲东部大陆的"两锚"战略部署中,"南锚"澳大利亚和"北锚"日本共同组成南北钳制、互为犄角的"左膀右臂"。美国著名战略学者约翰·米尔斯海默就认为澳大利亚应该承担起"两锚"布局中的另一头"锚点"作用,以确保其能够成为牵制中国崛起、平衡地区力量同盟中的成员。① 因此,中国周边外交从应对美国"重返亚太"的角度思考,迫切需要站在统筹全局的高度进行与时俱进的重大战略调整,其中一条就是把中等强国作为中国周边外交的一个重要环节,即把中等强国打造成中国外交中区别于亚洲大国和周边小国的战略支点,进行布局结构的统合改组和资源投入的统筹优化。

第二,中等强国与破解日本区域围堵。日本在积极参与迎合美国轮辐联盟体系的基础上,高度重视以中等强国澳大利亚、韩国区域次轴心为着力点搭建"半结盟"网络,表达出联手韩、澳"半盟国"制衡中国的意图倾向。2012年12月,在赢得日本首相大选后不久的一次媒体访谈中,安倍晋三就表示将把深化日本和澳大利亚的双边关系作为第二个首相任期内外交政策的优先选项。而在日本新一届政府上任仅仅几天之后,安倍便主动约请澳大利亚总理茱莉亚·吉拉德进行双边首脑热线的电话会谈,并在通话中称颂"两国共享的自由民主价值观念和文明社会的意识形态是夯实强化日澳互信互利伙伴关系的内聚基石和原生动力"。2013年3月,日本、澳大利亚发表开展安全合作的联合公报,6月上旬两国又在东京举行首届国防部长和外交部长定期会晤,双方还同意推进在不同领域、多个层次的安全与防务合作举措,而在此之前日本仅同美、印等大国举行过

① Anastasia Lacheny, "Australia and Japan in the Asian Century," *Australian Institute for International Affairs*, March 20, 2013, http://www.aiia.asn.au/nsw-news/957 – intern – briefs – australia – and – japan – in – the – asian – century.

此类性质的会谈。同时，两国还都积极参加包括卡卡杜战训联演、两年一次的环太平洋军事演习以及马拉巴尔海滩协同登陆等多项联合作战行动，并且还在世界范围的人道主义救援任务和维持和平行动领域进行着广泛的合作。① 日本还从孤立遏制中国的构想出发，提议遵照共同的普世民主理念组建包括日本、美国（夏威夷）、印度和澳大利亚四国的民主价值观集团，意在通过显示与中国政治体制的异质差别，讨好、巴结其他所谓和日本一样尊重"人权法治、自由民主"等普世价值的亚太国家，以期达到前后包夹、边翼包抄中国的目的。日本副首相麻生太郎还极力倡导建立一条以东北亚为起点、经由东南亚、中西亚直到中东欧，对欧亚大陆外翼构成封锁围堵之势的"民主同盟"弧形链环。在日本一系列旨在封堵中国的价值观外交中，澳大利亚既是组成美、日、印、澳"民主安全菱形"倡议的基轴柱石，又是联结"自由与繁荣之弧"左右两翼的铰接铆点，因而具有十分重要的地缘战略意义。而在东北亚，韩国对日本地区外交布局更是具有不可替代的地缘政治价值，由于美国现行的安保联防体系，美日、美韩是作为两对单线并列的双边关系存在，故而构成一个敞开的不等边三角形状。② 因此，日本一直极力拉近同韩国的关系，希望韩国加入到抑制围堵中国的三边同盟机制中，以此补齐美、日、韩同盟中的日韩那块缺口，最终形成美、日、韩有机互动、首尾衔接的封闭等边三角图形。由此可见，结好澳大利亚和韩国两个中等强国有助中国破解日本前后围堵、东西夹击的战略意图。

第三，中等强国与深化中俄伙伴协作。中亚地区长期以来都被誉为俄罗斯柔软的腹部，是击刺"北极熊"的要害命门。因此，俄罗斯历来将中亚看做不容他国染指的禁脔后院，他国染指插手事务警惕各届政府也均高度重视经营与中亚独联体国家的关系。随着俄罗斯在普京治理下再度复苏振兴，美俄在中亚的攻守格局发生调换易位渐趋展现"美退俄进"态势，俄对该地区秩序的领导地位和塑造能力重新得到标示彰显。2011 年 10 月，普京提出要在欧亚地区、独联体框架内建立欧亚联盟的构想，全力重振国势，试图收复"原有山河"。欧亚联盟设想的原初起源是以俄罗斯、白俄罗斯及哈萨克斯坦三国关税同盟机制为平台，以

---

① Anastasia Lacheny, "Australia and Japan in the Asian Century," *Australian Institute for International Affairs*, March 20, 2013, http: //www. aiia. asn. au/nsw – news/957 – intern briefs australia and japan in the asian century.

② 付瑞红:《美国东亚战略的中国因素》中国社会科学出版社，2012，第 168 页。

经带政逐步扩展到囊括前苏联大多数的加盟共和国，形成一个强大的政治经济超国家联合体。其中，中亚堪称欧亚联盟一体化的实验地，而哈萨克斯坦无论国土面积、经济实力还是国际影响力而言都是中亚首屈一指的"地区超级大国",[①]尤其是在独联体无所作为多个成员显露离心倾向，集体安全条约机制呈现"空心化"状态以及乌克兰在"欧亚联盟"和"欧洲联盟"之间含糊摇摆的特殊环境下，哈萨克斯坦的态度对于欧亚联盟能否成形的至关重要性可见一斑。另一方面，当前上海合作组织是中国同俄罗斯、中亚国家开展多边合作、外交协商的主要阵地和核心舞台。而上合组织与预计中的欧亚联盟成员国存在大面积的互嵌重叠，两组织的关系就是中国、俄罗斯与中亚国家的三方关系。目前，俄罗斯主导的欧亚经济共同体正快速推动经济一体化进程，与此同时，中国与中亚国家在上合组织框架内也在进行经济合作。[②] 中、俄、哈三国同为上海合作组织的开创者，三国都有意将上合组织建设成为机制完善、缔造友谊、深化互利共赢的合作载体。中国作为上合组织主导国，在推动上合组织开展经济合作方面扮演着不可替代的角色。由此可见，中、俄在推动两组织相互合作方面都发挥着火车头的作用，这样一来两组织部分职能就出现了交叉重合。俄罗斯一直视中亚为不容他国觊觎的利益"禁区"，中国在中亚也有自己的利益关切，这就不可避免地存在两组织相互排斥的可能性。哈萨克斯坦作为两大机制中除中、俄外组织影响力最大，又同两国保持紧密关联的国家，无论对中国加强与欧亚联盟沟通交流，还是促进上合组织与欧亚联盟的功能互补、利益交融都可以发挥从旁协助、居间牵线的积极作用。因此，中国加强与哈萨克斯坦关系能够有助于避免和减少因上合组织与欧亚联盟成员高度重合引发地缘政治竞争和战略定位抵牾的风险概率。

第四，中等强国与平衡印度崛起效力。毋庸讳言，中印两国战略互信严重缺失，究其深层原因在于：其一，中印短暂敌对冲突给两国关系遗留的伤痕尚未完全治愈，特别是印度难以走出"战败受辱"的心理阴影，国内官民两界部分人士总是无法解开"以武夺土、重塑国威"的死结；其二，中印比邻而居的自然地理状况，在地缘政治上难免有利益关注的交叉点和冲突点，更何况当前两国所

---

① 李兴：《欧亚联盟——普京对外新战略》，《新视野》2013 年第 5 期，第 121~124 页。

② 王树青、万青松：《上海合作组织与欧亚经济共同体的关系探析》，《世界经济与政治》2012 年第 3 期，第 20~38 页。

宣称统属的陆地边境依旧存有纠纷；其三，中印作为新兴发展中大国在共同崛起的背景下，"双雄并立、两强竞逐"的地位格局也容易制造、滋长相互疑惧和彼此敌意。① 此外，随着综合实力的不断攀升，印度的战略视线不再承袭、固守南亚次大陆和邻近印度洋两大传统"势力范围"，而是将外交目光投向东面亚太区域，更加重视获取超越周边地区的影响力。近年，在"向东看"战略推动下，印度大力开展针对东南亚国家以及日、澳、韩的穿梭外交，大幅提升亚太在其外交整体布局中的比重，力图避免因次大陆和印度洋的地理因素而游移、隔绝于欣欣向荣的亚太地区之外。与此同时，印度东向外交的转型调整又同美国"印—太亚洲"地缘概念出笼、抬高印度洋战略位次的构思，日本提倡价值观区域联盟的主张以及东南亚部分国家渴望引入域外大国来平衡、销蚀中国影响的想法不谋而合，一定程度上使中国隐约陷入"腹背受敌"的被动窘境。因此，南亚中等强国巴基斯坦在牵制印度东进势头、减轻中国承担前后包抄压力和消弭大国联合制衡方面发挥着特殊的积极意义。中国可以依据南亚形成"印度以东阵营"和"巴基斯坦以西阵营"的客观现实，② 采取区别对待、各有偏重、借巴制印的外交策略，既充分尊重印度确立大国地位和其他国家"跟随印度"的客观形势，同时又坚持中巴"全天候"友谊，通过扶助"巴基斯坦以西阵营"来适度冲淡印度持续膨胀的"霸权野心"。

四　中等强国与中国周边外交的建构

中等强国不但是中国周边外交的重要组成部分，也是中国外交稳定周边战略的主攻点和突破口，中国可以通过实现中等强国特色与周边外交特征的兼容互益和有机结合来增强周边外交的适用性，具体来说应当采取如下措施。

第一，在周边层面将中等强国归并入构建新型大国关系的范畴中，形成容纳霸权大国、既成大国、后起大国及地区大国宽维度、多向度的大国关系网络格局。中等强国尽管在全球范围只能算做稍逊于大国的二等强权，但在局部地区却

---

① 杨毅：《我国周边战略环境的基本特征与趋势》，《新视野》2013年第5期，第11~15页。
② 祁怀高、石源华：《中国的周边安全挑战与大周边外交战略》，《世界经济与政治》2013年第6期，第25~46页。

是举足轻重的关键力量，甚至在某些区域堪称首屈一指的"地区超级大国"。如西亚海湾地区便是中等强国群雄林立、多强竞逐的政治生态特征，东南亚则是印尼占据支配地位。而中亚、南太平洋则因没有大国居处该地区，中等强国更是成为称雄一方的诸侯，哈萨克斯坦和澳大利亚依凭唯一的中等强国得以长期把持区域"霸权"。考虑到中等强国在所活动的专注辖区内权力集中度更高、针对性更强，仅就周边地域的局限空间来说中等强国已经可以分担大国责任，协助提供区域公共产品的能力相比大国差距不是特别悬殊。因此，将中等强国这类兼具一定的独立意愿和自主能力，渴望维护自身较大自由度和行动灵活性的特殊国家群体，捏合糅入进现行周边大国外交中，既是对既有周边大国关系的有益补充，也是探索、拓展新型大国关系内涵的有效途径和实践渠道，从而有助于创建包容性更强、覆盖面更广的大国共生共处理念。另外，客观来说中等强国毕竟不是世界大国，将中等强国放置于周边大国外交布局中，一定意义上顾及广大中小国家的核心利益与重大关切，使中国外交的大国关系成为撬动世界和平、发展、合作、共赢的杠杆原点。① 这样不仅能够冲淡新型大国关系的权力政治味道、超越西方旧式逻辑中"唯大国决定论"的思维习惯，还可以力避部分国际舆论对新型大国关系的恶意误读和刻意曲解，进而增强中国周边外交的形象亲和力和道义感染力。

第二，以中等强国为支点推动的小型网状区域机制建设。目前，中国和绝大多数中等强国建立不同形式的战略伙伴和友好合作关系，如中哈全面战略合作伙伴关系、中韩全面战略合作伙伴关系、中沙战略性友好合作关系、中澳全面战略伙伴关系等。这些伙伴关系的相继建立表明中国和中等强国的双边关系总体处于相对平稳状态，不像同大国关系那样时常出现大起大落的剧烈波动，并积淀了一定的合作基础，存在继续深入挖掘的巨大合作潜力。在中国和中等强国双边关系基础上，按照"中国+中等强国+X"模式构建大、中、小高低混搭的小型多边机制，实现与现有区域性多边组织形成既相互分立又彼此衔接的体系化、网络化多边谱系。比如，在北约战斗部队即将撤出阿富汗、阿国内面临安全真空的背景下，中国联手巴基斯坦启动后北约时代阿富汗问题交流磋商的中—巴—阿次区域三边对话机制，便是对上述模式优越性的生动诠释和直

---

① 杨洁勉：《站在新起点的中国外交战略调整》，《国际展望》2014 年第 1 期，第 1～13 页。

观佐证。由于自然天赋决定中等强国更适合在次区域施展拳脚，影响和引导局部辖区内政治、经济事务发展走向的组织动员能力也更加突出，能够在塑造、改变同地区事务中起到"不对称"作用。同时，国力相对弱小的中等强国希望把自身意志主张转变成现实的国家利益，更需要来自崛起大国中国的支持和理解，从而也给两者之间对话合作的顺利开展提供较低的机会成本。因此，将遍布周边地舆的中等强国作为中国对外战略布设的次区域支点，通过以中国和中等强国良好的双边伙伴关系为先导，继而衍生成以此为基石的小范围区域合作机制，可以发挥中等强国在周边不同片区圈层中的提领和杠杆特性，达到以点连线、串线成片、由片到面的目的，不仅有利于丰富中国周边外交的结构搭配和合作内容，也有助于优化外交资源在集中和分散区间内的调动配置，抬升周边外交能量的投入产出绩效。

第三，重视外圈中等强国与中国周边外交的衔接呼应。当前，土耳其、墨西哥、加拿大三个中等强国位于中国"大周边"疆界的外廓边陲，确切来说并不属于中国周边定义的范畴，但上述三国却与中国周边诸多事务存在纵横交错、复杂缠绕的紧密联系。如土耳其在族系亲缘和风俗习惯方面与上海合作组织内中亚突厥语群国家具有极强的同质性，并在地缘政治和文化渊源上同伊朗、巴基斯坦、阿富汗、蒙古等上合组织观察员国和对话伙伴国保有千丝万缕的纠葛，2012 年 5 月土耳其甚至还被该组织接收为对话伙伴国。而加拿大和墨西哥则是亚太经济合作组织的成员，并且都已加入到跨太平洋伙伴关系协议相关谈判的实质进程中，两国作为太平洋沿岸国家近年在立足所在区域合作之余，更加积极地投身战略重心朝向环太平洋区块转移。加强与周边区域外三个中等强国的合作，充分调动他们所内联外接的地缘优势，一方面能够夯实巩固与之粘连的周边板块，另一方面还可以借此与其所属地区建立机制性、常态化的合作关系。比如通过加强与土耳其的磋商协调，不仅可以将中国周边西陲的多组区域合作机制相互联通、融为一体，还能够借助土耳其中东国家和欧盟潜在准入国家的双重身份，增进与中东和欧洲地区的沟通和了解。而通过与加拿大和墨西哥的合作，既有利于完善亚太经合组织的框架机制，增强该组织在促进中国东部周边和平、发展方面的建设性作用，又能够加深中国与北美自贸区和拉共体的交流互动。

第四，注重运用中等强国在人文公共外交中的集聚和扩散功能。系统梳理中等强国的情况可知，中等强国的社会制度、政治体制、价值观念和文化属性几乎涉及人类世界多种不同模式，文明类型上包含伊斯兰教、基督教和儒家三大体系及杂糅混合型国家；按政体样式分类既有共和制、也有君主制；而以发展水平的程度高低来说不仅有发达国家和发展中国家，还有新兴市场国家。同时，中等强国一般又都具有较强的政治号召力和制度塑造力，时常能够扮演部分群体代言人的角色，如伊朗以承续波斯文明的集大成者自居，又是伊斯兰教什叶派社群团体的"共主"。因此，相比大国而言，中等强国文明多样性和文化多元性的特点更加鲜明，而相比其他普通中小国家政治理念和思想意识认同度集中的优点则更为突出。一方面，中等强国复杂多样的价值体系和悬殊迥异的民俗信仰，为中国与中等强国之间的文体交流、民间往来、相互借鉴提供了广阔的合作空间和丰富的对话内容，极大地充实中国人文公共外交的导向维度。另一方面，中国与中等强国的人文交流成果又很容易传播、扩散到与其同属一个政治或文明世系的国家中间，进而影响和带动相关国家对中国国家形象的认知评判，涵养与周边国家关系长远发展的社会氛围和民意基础。例如，中国开展与沙特的人文公共交流，不但能够夯实两国友好的民众情感，还能增强中华文明在阿拉伯和伊斯兰世界的亲和力。中国按照政府主导、民间参与的方式，加大同中等强国在各界别和各阶层的交往互鉴，积极发掘和释放中等强国在人文社会领域所蕴含积聚的巨大潜质，有利于提高人文公共外交合作的集成效力，对中国加强培育厚植在周边国家民间社会中的友善感和亲近感有着极大的裨益和助力。

五　总体安全观视域下的中等强国

国家安全是国家生存和发展最基本、最重要的前提和保障，新一届中央领导集体自成立以来高度重视中国国家安全问题，2013 年 11 月中国共产党十八届三中全会后中共中央决定设立中央国家安全委员会，以完善国家安全体制和国家安全战略的顶层设计和全局统筹。2014 年 4 月，习近平主席在主持召开中央国家安全委员会第一次会议并发表重要讲话时，首度提出内外兼修、动静并举的总体国家安全观的全新理念，并进一步指出要构建集政治安全、国土安全、军事安全、经济安全、文化安全、社会安全、科技安全、信息安全、生态安全、资源安全、核安全等于一体涵盖 11 种领域的国家综合安全体系。

当前中国的国家安全内涵和外延比历史上任何时候都要丰富，时空领域比历史上任何时候都要宽广，内外因素比历史上任何时候都要复杂，因此中国总体国家安全观必须站在统筹国际国内两个大局的高度、兼顾传统与非传统安全的角度来认识和把握。而梳理中等强国群体的资源禀赋和国情条件可以发现，相比大国数量占优、相比小国实力出众的中等强国能够在中国构建总体国家安全体系中扮演特殊角色。从外部安全角度看，当前世界安全形势呈现总体和平、局部冲突，总体缓和、局部紧张，总体稳定、局部动荡的特点，尽管中国国家安全形势和外部环境的基本面整体向好，但某些局部领域的安全形势仍旧复杂、甚至异常严峻，其中部分爆发矛盾冲突、引发动荡紧张的热点地区不但影响中国维护外部安全环境的努力，而且直接威胁到中国的自身安全，例如中国周边朝鲜核危机、与部分国家领土海洋权益纷争、阿富汗动荡局势等。而一些中等强国在降温热点、排除难点局势的作用却颇为出彩亮眼，如朝鲜核问题方面，韩国与中国立场较为相近都主张半岛无核化、半岛无战事，倾向于配合中国将六方会谈逐步做足做实为东北亚地区安全机制。巴基斯坦则由于与阿富汗在政治、文化上存有密切联系，在中国主持的中、巴、阿三方会议中扮演着牵线搭桥、居间协调的角色。中国加大同韩国、巴基斯坦的友好合作有利于缓和稳定朝鲜半岛和阿富汗两大剧烈动荡地区的紧张局势。印度尼西亚在南海问题上相对保持中立态度、努力扮演着调停者角色，并同中国一样基本秉持不希望外部势力介入影响本地区和平稳定的原则立场。从内部安全的角度看，由于全球各种要素自由流动的加快，内部安全受外部环境变迁的影响与日俱增，一定程度上出现内外联动的状况。中国内地近年频频遭遇"东突"等分裂势力的暴恐袭击，恐怖分子攻击手法、频次都较以往具有实质性升级，一个重要原因就是由于中东地区极端势力和激进意识再度出现回潮抬头之势。与此同时，埃及、土耳其、沙特、印尼、巴基斯坦等中等强国有的直接身处打击极端组织的反恐战争前线，或者面对日益严重的恐怖主义危害，他们同中国一样也都在遭受恐怖主义和极端组织不断做大对国家安全的影响。中国与上述中等强国合作进行反恐经验交流和情报分享，不仅能够增强中国管控恐怖主义威胁的实战能力，还能够有助于中外联手斩断境外恐怖势力向境内恐怖组织进行思想游说和政策输送的利益纽带。

此外，在习主席综合安全体系划属的11个安全领域中，政治安全是最具挑战性和紧迫性的一项，处在总体安全观中的核心地位，这是基于中国特殊国情和国家安全形势新特点、新趋势准确把握基础上作出的论断。[①] 政治安全是指国家政治制度、意识形态等免受各种侵袭、干扰、威胁和危害的状态。政治安全的核心是国家政权,政治安全直接涉及国家政权的稳固。中国作为共产党领导的社会主义国家,国情最大的特点就是走中国特色社会主义道路,确保中国共产党的领导地位和执政地位绝对巩固,而这决定中国政治安全必然始终面临部分西方敌对势力的挑战。事实上,无论美国积极倡导的"民主国家联盟"还是日本热衷推销的"自由与繁荣之弧"都是基于西方所谓的自由、民主、人权、法治等"普世价值"和"共通理念",来达到颠覆中国政权、促成中国"西化"的目的。而与大国尤其是西方大国相比,中等强国群体政治体制更加多样、价值体系更加多元,也缺少"改造人类"的使命感和责任感,因而对中国政治议题的关注也相对较少,更为尊重和理解中国自主选择政治道路和发展模式的权利。韩国、墨西哥、印尼、土耳其、南非等中等强国虽然也是美欧所认定的民主国家,但远不像美、英、法等欧美大国经常对中国人权横加指责,并且这些国家在与中国发展双边合作时往往更侧重经贸议题。另外,沙特、伊朗、埃及等中东地区的中等强国甚至还因为民主政治不达标而不符合西方社会政治理念的要求,而时常承受西方政府的批评和打压。因此,中等强国对中国政治安全压力较小,并且当西方某些大国打着"促进民主""推广普世价值"的旗号在国际舞台上压制围堵中国之时,还能得到相当一部分中等强国的理解和支持。

---

① 刘建飞:《以总体国家安全观评估中国外部安全环境》,《国际问题研究》2014 年第 5 期,第 17~26 页。

图书在版编目（CIP）数据

新安全观与新安全体系构建/张蕴岭主编. —北京：社会科学
文献出版社，2015.4
（中国社会科学院国际研究学部集刊）
ISBN 978 - 7 - 5097 - 7268 - 3

Ⅰ. ①新…　Ⅱ. ①张…　Ⅲ. ①国际关系 - 研究　Ⅳ. ①D81

中国版本图书馆 CIP 数据核字（2015）第 052984 号

中国社会科学院国际研究学部集刊 ［第 8 卷］
新安全观与新安全体系构建

主　　编／张蕴岭
副 主 编／袁正清

出 版 人／谢寿光
项目统筹／祝得彬
责任编辑／高明秀　沈晓雷　刘国菊

出　　版／社会科学文献出版社·全球与地区问题出版中心（010）59367004
　　　　　　地址：北京市北三环中路甲 29 号院华龙大厦　邮编：100029
　　　　　　网址：www. ssap. com. cn
发　　行／市场营销中心（010）59367081　59367090
　　　　　　读者服务中心（010）59367028
印　　装／北京季蜂印刷有限公司

规　　格／开 本：787mm × 1092mm　1/16
　　　　　　印 张：20.5　字 数：352 千字
版　　次／2015 年 4 月第 1 版　2015 年 4 月第 1 次印刷
书　　号／ISBN 978 - 7 - 5097 - 7268 - 3
定　　价／89.00 元